분석활동을
중심으로 한
새로운
패러다임

CRM과 데이터마이닝

조준서

Customer Relationship Management
& Data Mining

도서출판
청람

▪ 머 리 말 ▪

기업경쟁의 심화와 함께 고객관리는 기업혁신에 있어서 매우 중요한 요소가 되었다. 특히 고객관계관리(Customer Relationship Management)는 고객에 대한 광범위하고 심층적인 지식을 바탕으로 개개인에 적합한 차별적 제품이나 서비스를 제공함으로써 고객과의 관계를 지속적으로 강화하여 기업의 수익을 극대화하는 활동을 말한다.

이러한 고객관계관리는 시장환경 및 IT의 변화와 함께 e-CRM, m-CRM, 그리고 최근에는 스마트폰 사용과 SNS의 폭발적인 증가로 s-CRM(Social CRM)으로 진화하고 있다. 글로벌시대에 맞춰 고객의 범위는 세계적으로 늘어났고, 기업은 고객들을 유치하기 위해서 많은 시간과 비용을 들여 노력하고 있다. 고객정보의 보유는 곧 그 기업의 경쟁력이다. 즉, 이러한 고객 데이터는 기업에게 가장 중요한 자산이며 이러한 데이터를 분석할 수 있도록 도와주는 데이터마이닝은 기업이 경쟁 속에서 살아남기 위한 기업경영의 전략적 필수 도구가 되고 있다. 데이터마이닝은 데이터를 활용하여 기업의 수익을 극대화할 수 있는 방법을 제시하는 것이다. 데이터마이닝을 기반으로 설명될 다양한 CRM 분석활동은 기업이 고객의 행동을 파악하고 그들의 니즈를 더욱 자세히 분석하고, 정보를 수집하여, 더 향상된 고객만족을 만들어 낼 수 있도록 한다.

본 책에서는 이러한 고객관계관리와 데이터마이닝의 기본적인 개념 및 사례 등을 통해 고객관계관리를 배우는 독자들에게 데이터마이닝과 함께 CRM 분석활동의 이해를 높이고 앞으로 이를 활용할 수 있도록 가이드라인을 제시하고자 하였다.

2013년 7월

저자 씀

▪ 차 례 ▪

Chapter 01 CRM의 이해

제1절 | CRM의 등장 3

1. 환경의 변화 3
   1) 유통채널의 다양화 3
   2) 고객충성도의 변화 3
   3) 라이프스타일의 변화 4
2. 마케팅 패러다임의 변화 4
3. CRM의 배경 5
4. CRM의 필요성 6
   1) 기존 마케팅에서의 전환 6
   2) 고객지향 7
   3) 평생고객가치의 극대화 7

제2절 | CRM의 개요 8

1. CRM의 정의 8
   1) 실무적 관점의 정의 9
   2) 학문적 관점의 정의 9
2. CRM의 목적 11
3. CRM의 특징 12

제3절 | CRM 프로세스 13

1. 환경분석 14
   1) 외부환경분석 15
   2) 내부환경분석 16
   3) 환경분석의 의의와 중요성 16
2. CRM 전략수립 17
3. 고객데이터 수집 18

1) 내부데이터 18
2) 외부데이터 19
4. CRM 분석활동 20
5. 시스템관점에서 CRM 프로세스 21

Chapter 02 CRM 전략

제1절 | CRM 전략 26
1. CRM의 전략적 의미 26
2. CRM 전략의 선행조건 27
3. CRM 전략의 기본특성 28
제2절 | 마케팅전략과 CRM 29
1. STP 전략 29
1) 시장세분화 30
2) 표적시장 선택 33
3) 포지셔닝 34
2. 고객충성도 상승전략 37
1) 충성도 성공원칙 38
2) 충성도와 예측 40
3. 마케팅믹스전략 42
1) 제품관리 43
2) 가격관리 46
3) 유통관리 47
4) 촉진관리 49
4. CRM 전략적 관리 53
1) 고객전략 53
2) 상품전략 55
3) 채널전략 56
제3절 | CRM 전략수립 57

Chapter 03 데이터웨어하우스와 데이터마이닝

제1절 | 데이터웨어하우스 66

1. 데이터웨어하우스란? 67
   1) 데이터웨어하우스의 정의 67
   2) 데이터웨어하우스의 특성 67
   3) OLAP(On-Line Analytical Processing, 다차원분석) 68
2. 데이터웨어하우스의 구축 69
   1) 데이터웨어하우스의 구축방향 70
   2) 기대효과 70
3. 데이터웨어하우스의 활용 71

제2절 | 데이터마이닝 73

1. 데이터마이닝의 정의 73
2. 데이터마이닝의 특성 및 CRM 프로세스 74
3. 데이터마이닝의 범위 76
   1) 분류 76
   2) 추정 76
   3) 예측 77
   4) 연관성규칙과 유사성 집단화 77
   5) 군집화 78
   6) 프로파일링 78
4. 데이터마이닝 프로세스 80
   1) 샘플링 80
   2) 탐색 80
   3) 변환 및 조정 81
   4) 모형화 81
   5) 평가 82
5. 데이터마이닝의 활용 82
   1) 마케팅 82
   2) 소매업 83
   3) 금융업 83
   4) 제조업 84
   5) 의학분야 84

제3절 | 데이터마이닝 방법 86
1. 의사결정나무 89
1) 의사결정나무의 정의 89
2) 의사결정나무의 활용 92
2. 인공신경망 93
1) 인공신경망의 정의 93
2) 인공신경망의 활용 95
3. 최근접이웃 98
1) 최근접이웃의 정의 98
2) 최근접이웃의 활용 99
4. 군집화 101
1) 군집화의 정의 101
2) 군집분석의 활용 105
5. 연관성규칙 107
1) 연관성규칙의 정의 107
2) 연관성분석의 활용 111
6. 순차적 패턴 113
1) 순차적 패턴의 정의 113
2) 순차적 패턴의 활용 115

Chapter 04 분석활동

제1절 | 고객 118
1. 고객의 정의 118
2. 고객의 종류 119
1) 내부고객 119
2) 중간고객 119
3) 최종고객 119
4) 기존고객 120
5) 잠재고객 120
6) 불만고객 120

제2절 | 고객평가 121
1. 고객평가의 척도 123
1) 절대평가 123

2) 상대평가 123
2. 고객평가의 시점 124
1) 정적평가 124
2) 동적(시계열적)평가 124
3. 고객평가의 다양한 관점과 점수산출 124
1) 수익성점수 125
2) 위험성점수 125
3) 커버리지점수 127
4) RFM점수 128
5) 평생고객가치 131
4. 고객충성도 135
1) 고객만족-충성도-수익의 분석 136
2) 고객충성도의 유형 138
3) 고객충성도 프로그램 140
4) 고객충성도 프로그램의 효율적 설계 141

제3절 | 고객세분화 143

1. 고객세분화의 장점 144
2. 고객세분화의 기준 146
1) 마케팅믹스에 의한 세분화 146
2) 인적 특성에 의한 세분화 147
3) 사용행태에 의한 세분화 148
4) 구매행태에 의한 세분화 148
5) e-CRM의 고객세분화 149
3. 고객세분화의 종류 150
1) 지리적 기준 151
2) 인구통계적 기준 152
3) 심리적 기준 152
4) 행동적 기준 152
5) 편익에 따른 기준 153
6) 생활주기단계에 따른 기준 153
7) 혼합적 기준 154
4. 고객세분화 방법 155
1) 그리드 방식 156
2) 군집화 방식 157

3) 의사결정나무 방식 157

제4절 | 고객획득 159

1. 고객획득 161
1) 올바른 고객획득 기준 161
2) 고객획득 요구사항 162
3) 잠재고객 발굴기법 164
2. 고객획득방법 165
1) LTV를 활용한 고객획득 166
2) RFM을 활용한 고객획득 167
3. 고객획득의 과정 168
4. 고객획득 평가 및 비용 169

제5절 | 고객유지 173

1. 고객유지를 위한 CRM 활동 175
2. 고객이탈분석과 관리 177
1) 고객이탈 분석 178
2) 고객이탈 예측 178
3) 이탈고객에 대한 대응 178
3. 고객유지전략 180
1) 최우수고객 인식하기 181
2) 우수고객 보상 프로그램을 통해 고객충성도 높이기 181
3) 품질향상을 위해 고객만족도 높이기 182
4) 고객과의 협력관계를 통해 맞춤서비스 제공하기 183
4. 고객유지방법 184
1) 평생고객가치 분석 184
2) RFM 분석 188

제6절 | 교파판매 191

1. 교차판매 192
2. 연관성분석 193
1) 연관성분석의 정의 193
2) 연관성분석의 예시 194
3. 장바구니분석 196

제7절 | 고객수익성분석 198

1. 고객수익성 199
2. 고객자산 200
3. 성과측정방법 200
1) RFM 202
2) 평생고객가치 203

Chapter 05 CRM 분류

제1절 | 운영 CRM 211
1. 정의, 구성 및 고려사항 211
1) 영업(Sales) 215
2) 마케팅(Marketing) 217
3) 서비스(Service) 219
2. 운영 CRM의 단계 222
1) 1단계 : CRM 응용시스템 구축 222
2) 2단계 : 비즈니스 인텔리전스 구축 222
3) 3단계 : 마케팅목표 설정 223
4) 4단계 : 캠페인 223
5) 5단계 : 영업 및 고객서비스 223

제2절 | 분석 CRM 223
1. 정의, 구성 및 고려사항 223
2. 분석 CRM의 단계 226
1) 1단계 : 고객분석 및 세분화 227
2) 2단계 : 캠페인관리 227
3) 3단계 : 고객판매 및 서비스제공 227
4) 4단계 : 고객반응 접수 227

제3절 | 협업 CRM 230
1. 정의, 구성 및 고려사항 230
2. 협업 CRM의 구성요소 232
1) 고객접점채널 232
2) 고객상호작용센터 233
3. 개인화 233
1) 규칙기반 필터링 235

2) 학습 에이전트 235
3) 협업 필터링 235

Chapter 06 e-CRM과 웹마이닝마이닝

제1절 | e-CRM의 시작 241
1. e-비즈니스의 출현 241
2. e-CRM의 발전단계 241
1) 대중마케팅 241
2) 세분화마케팅 242
3) 일대일마케팅 242
3. CRM에서 e-CRM으로 243
1) 증대된 고객의 파워 243
2) 기업변화의 필요성 244
3) 치열한 가격경쟁 244

제2절 | e-CRM 245
1. e-CRM 245
2. e-CRM과 CRM의 비교 248
1) 차이점 248
2) 공통점 249
3. e-CRM 활용사례 251

제3절 | m-CRM 254
1. m-CRM 도입배경 255
2. 모바일시대의 CRM 256
1) CRM의 변화 256
2) 모바일이 CRM에 미치는 영향 258
3) CRM에 있어서 모바일의 장점 259

제4절 | 웹마이닝 262
1. 웹마이닝이란? 262
1) 웹마이닝의 등장배경과 정의 262
2) 웹마이닝의 분류 264
3) 웹마이닝의 활용 269

2. e–CRM과 웹마이닝 270
1) e–CRM의 웹마이닝 작업 272
2) e–CRM의 웹마이닝 프로세스 273
3. 웹마이닝 방법 274
1) 군집분석(Cluster Analysis) 274
2) 분류분석(Classification Analysis) 276
3) 패턴분석(Pattern Analysis) 278
4) 연관성규칙(Associatioan Rules) 279
5) 순차적 패턴(Sequential Pattern) 280
6) 예측(Prediction) 280
7) 협업 필터링(Collaborative Filtering) 282

제5절 | CRM에서 웹마이닝 290

Chapter 07 소셜 CRM

제1절 | 소셜미디어 296
1. 소셜미디어의 정의 296
2. 소셜미디어의 등장배경 297
3. 소셜미디어의 형태별 분류 298

제2절 | 소셜네트워크서비스 301
1. 소셜네트워크서비스란? 301
1) 소셜네트워크서비스의 정의 301
2) 소셜네트워크서비스의 종류 및 특징 302
2. 소셜네트워크와 데이터마이닝 305
1) SNS와 데이터마이닝 활용 306
2) 소셜 CRM 적용 사례 310
3. 소셜네트워크와 CRM 317
1) CRM에서 소셜네트워크서비스의 활용방안 317
2) CRM에서 소셜네트워크서비스 활용사례 319

제3절 | 소셜 CRM 320
1. 소셜 CRM의 정의 321
2. 전통적인 CRM 환경의 변화 324

1) 소통을 통한 고객대응 및 고객정보 축적 324
2) 기업 마케팅을 위한 모바일 SNS 대두 325
3) 기업의 소셜 CRM, 온라인 고객센터까지 활용 326
3. 전통적 CRM과 소셜 CRM 326
4. 소셜 CRM의 필요성 330
1) 소셜은 선택에 큰 도움을 준다 330
2) 모두가 놀기 좋아한다 330
3) 고객의 평판은 무엇보다 중요하다 331
4) 확실히 고객을 볼 수 있다 331
5) 평가점수를 자동으로 부여한다 332
5. 소셜 CRM으로 진화 332
1) 접근전략 332
2) 소셜 CRM의 특징 333
3) 소셜 CRM의 현황 334

제4절 | 소셜 CRM과 웹마이닝 337
1. 소셜미디어와 웹마이닝 337
1) 빅데이터 시대의 도래 337
2) 빅데이터를 위한 분석기법 339
2. 소셜 CRM과 웹마이닝 340
1) 연관성규칙 340
2) 순차적 패턴 341
3) 군집화 342
4) 분류 343
5) 예측 344
6) 협업 필터링 346
3. 소셜 CRM의 활용 347
1) 채용정보서비스 347
2) 소비자반응 예측 349
3) 기업이미지 향상 및 개선 351
4) 제품개발 353
5) 제품판매 354
6) 위치기반서비스 354
7) 고객유지 355

■ 찾아보기 357

Chapter 01

CRM의 이해

제1절 | CRM의 등장
제2절 | CRM의 개요
제3절 | CRM 프로세스

Chapter 01

CRM의 이해

급격한 기술의 발전과 글로벌 경쟁이 심화됨에 따라 기업은 이전의 단순한 이윤위주에서 벗어나 보다 시장중심 혹은 고객중심으로 사고해야 할 필요성이 생겼다. 이러한 글로벌 시장경쟁의 가속화와 함께 경제환경이 변화하고 시장이 포화상태에 이름에 따라 기업은 이윤추구를 위해 수익성을 개선하기 위한 노력이 필요하다.

이러한 시장환경의 변화는 기업의 마케팅활동에 다양한 변화를 가져왔고, 이는 단순한 상품판매와 시장점유율 증대를 목적으로 하는 광고를 통한 대중마케팅(mass marketing)으로부터 장기적으로 고객과의 관계를 구축하고 더 나아가서는 고객과 기업이 관계를 형성하는 관계마케팅(relationship marketing) 단계로 나아가게 되는 고객관계관리(CRM : Customer Relationship Management)를 통한 차별화 마케팅으로 변화하게 되었다.

즉, 급변하는 경제환경, 경쟁사의 출현, 고객의 지식수준 향상, 기존 대중마케팅의 한계, 정보통신과 연계한 신기술의 등장 등으로 인해 고객의 요구사항을 적절히 파악하고, 원하는 제품과 서비스를 지속적으로 제공함으로써 고객이탈을 방지하고 장기적인 고객관계를 유지하여 수익성을 극대화하기 위한 전략이 발전하게 되었고 이것이 바로 CRM이다.

따라서 본 장에서는 먼저 CRM에 대한 이해를 돕고자 CRM의 등장배경, 개요 및 CRM 프로세스에 대해서 살펴보고자 한다.

제1절 CRM의 등장

CRM은 시장환경 변화에 따른 새로운 마케팅 접근 시각과 시장개방, 고객니즈의 다양화, 경쟁의 심화 및 고객중심의 경영변화에 따라 등장하게 되었다.

1. 환경의 변화

1) 유통채널의 다양화

IT기술의 발달과 사용이 일반화됨에 따라 누구나 인터넷이나 전자상거래에 관심을 가지고 있다. 그동안 전통적인 유통채널이었던 대리점이나 세일즈조직에서 이제는 인터넷을 이용하여 물건을 구입하는 시대로 바뀌고 있다. 물론 인터넷은 고객과의 접촉채널로서 매우 중요한 의미를 갖고 있지만, 모든 판매와 계약이 이루어지는 것은 아니다.

최근 유통채널에 있어서 가장 큰 특징은 고객과의 접촉채널이 매우 다양해졌다는 것이다. 세일즈맨, 영업점(대리점), 자동화기기(CD/ATM), 자동판매기 등에서 텔레뱅킹, 콜센터, 홈쇼핑, 사이버트레이딩, 인터넷뱅킹, 전자상거래 이외에도 많은 채널들이 생겨나고 있다.

2) 고객충성도의 변화

고객충성도(loyalty)란 기업이 지속적으로 고객에게 가치를 제공하여 고객으로 하여금 기업이나 브랜드에 충성심을 갖게 함으로써 지속적인 구매활동이 유지되도록 하는 것이다.

최근 고객충성도 현상의 특징은 일시적이다. 한 번 형성되면 오래가는 줄 알았던 충성도가 언제부터인가 몇 개월 만에 이탈되는 충성도가 되었다. 이 때문에 많은 업체가 감각적인 마케팅으로 단기적인 마케팅방법을 사용하지만, 이러한 마케팅 성공률은 계속 저하되고 보다 과학적인 마케팅방법을 찾게 되는 것이다.

현재 CRM에 대하여 적극적으로 도입을 서두르고 있는 통신, 증권, 보험 등과 같은 업체도 고객충성도의 변화로 이탈이 속출하고 있다는 판단에 따른 것이다. 따라서 고객충성도에 대한 새로운 분석, 측정이 필요하고 이에 따른 고객대응을 차별화할 필요가 있다.

3) 라이프스타일의 변화

21세기의 라이프스타일은 상당히 복잡하고 다양하다. 사회환경의 변화와 함께 개인화, 맞춤형의 라이프스타일이 등장하게 되었고, 복잡하고 다양한 라이프스타일은 고객을 개별적으로 마케팅하도록 한다. 즉 고객을 분석하고 각 고객에 대하여 변화를 살펴가면서 끊임없이 고객관계를 관리하도록 만든다.

2. 마케팅 패러다임의 변화

그 시대의 마케팅 핵심관점 및 수행방식의 기본틀을 마케팅 패러다임이라 하는데 이것은 시간의 흐름에 따라 시대적 특징을 반영하면서 변화하게 된다. 산업혁명 이후 상품을 대량생산하게 됨에 따라 고객요구를 모두 파악하는 것은 불가능하게 되었다. 시장 전체를 대상으로 균일 상품을 판매하기 위한 대중마케팅이 있었다.

시장의 다양성에 따라 세분화된 특정 시장을 타겟으로 제품에 따른 차별화된 마케팅을 수행하게 되었는데 이를 타겟마케팅(target marketing)이라 한다. 그러나 시장을 아무리 세분화해도 고객 한 사람 한 사람을 다루기에는 한계가 있었다. 오늘날에는 시장경쟁이 점점 심화되고, 제품 및 서비스 간의 차별성이 감소함에 따라 새로운 고객을 확보하거나 기존고객을 유지하는 것이 매우 어렵게 되었다. 이에 기업들은 각 고객의 특성을 미리 파악하여 그 고객의 입맛에 맞는 제품 및 서비스를 제공함으로써 고객의 반응 정도를 향상시키려는 노력을 하게 되었다. 즉, 시장점유율이 아니라, 기업과 고객 간의 우호적 관계 형성을 통한 고객점유율 향상에 마케팅목표를 두는 것이다. 이러한 마케팅 수행방식을 관계마케팅(relationship marketing) 또는 고객지향적 마케팅이라 부른다.

과거에 비해 고객수가 많이 증가했음에도 불구하고 오늘날 개별고객과의 관계 형성이 가능한 것은 정보기술의 발달로 인해 고객정보의 수집 및 활용이 가능해졌기 때문이며, 이것은 CRM(고객관계관리), DBM(데이터베이스마케팅) 등의 수단을 통해 구현되고 있다.

3. CRM의 배경

시장개방, 경쟁의 심화, 소비자 욕구의 변화에 따라 대중마케팅으로 성공을 거둔 기업들도 새로운 시장상황하에서 어떻게 경쟁할 것인가를 고민하고 있다.

기업들은 불특정다수의 대중을 향한 광고가 더 이상 기대치만큼 효과가 없다는 것을 인지하였고, 진열대에 수많은 상품들을 진열해놓고 고객들이 구매하기를 기다려 매출을 올리기는 이제 어렵다는 현실도 인지하게 되었다.

다양한 상품 못지않게 서비스의 질도 향상되어 고객들은 조금만 불만족스러운 대접을 받아도 언제든지 경쟁자의 상품으로 눈을 돌리게 된다. 이러한 현실은 '회사 수익의 65%는 만족을 얻는 고객을 통해서 이루어진다', '신규고객 획득 소요비용은 기존고객에게 제공하는 서비스비용의 약 5배가 든다', '대개의 회사들은 매년 약 15~20%의 고객을 잃는다', '고객유지율이 몇 %만 증가해도 25~100%까지의 이윤을 증가시킬 수 있다'에서 알 수 있는 바와 같다.

이러한 배경하에서 기업경쟁의 선두를 달리고자 하는 기업들은 기존 패러다임을 바꾸기 시작하였다. 관심을 거리의 불특정한 모든 고객들로부터 자사고객들에게 옮기기 시작한 것이다. 그리하여 과연 우리 회사와 거래하는 고객들은 누구이며 자주 방문하는 사람들은 누구이고, 많은 물건을 구매하는 사람들은 누구인가, 그리고 우리 회사와 거래를 끊고 떠난 사람들의 특성은 무엇인가에 대한 질문을 하게 되었다. 불특정다수를 대상으로 하는 획일화된 광고보다는 찾아진 고객의 특성과 필요에 맞는 메시지를 전달하여 보다 더 고객과 친밀한 관계를 유지, 궁극적으로 평생고객으로 유도해야 한다는 전략을 수립하게 되었다.

그렇다면 과연 기업의 이러한 고민에 대한 해결책을 어디서 어떻게 무엇을 통해 찾을 수 있을까? 기업은 과거고객과의 관계 속에서 기업 내에 축적된 대용량의 데이터를 통해 그 해결책을 찾으려고 할 것이다.

4. CRM의 필요성

여러 사회환경 등의 변화에 따라서 오랫동안 행하여 오던 기존의 마케팅방식에서 발생하는 문제점들을 극복하기 위해서 CRM의 필요성이 대두하게 되었다.

1) 기존 마케팅에서의 전환

기존의 마케팅방식은 마케팅팀을 위한 마케팅부서만의 마케팅이다. 특히, 기존의 마케팅 투자는 뚜렷한 방향이나 본질적인 요건을 정의하지 못한 채, 변화하는 시장환경에 적응하여 왔다. 이러한 마케팅의 방향을, 환경을, 제도를 바꾸는 방안이 CRM인 것이다. 고객에 대한 중요성을 마케팅의 전면에 배치하여 사내고객과 관련된 부서(예를 들면 콜센터, 영업부서, 서비스센터, 마케팅 등)에서 발생한 모든 정보의 방향과 프로세스 등 고객관계에 역량을 집중하는 것이다.

실제로 First Manhattan Consulting Group이나 라이헬드(Reichheld)와 세서(Sasser)에 의하면 '회사를 떠나는 고객의 5%만 줄이더라도 기본수익의 두 배는 얻을 수 있다', '우수고객 10%가 전체매출의 80%를 기여한다' 등의 보고가 있었듯이 현재 각 기업의 마케팅은 기존고객보다는 신규고객 획득에 초점이 맞춰져 있으며 기존고객의 니즈를 파악하지 못하고 있다. 고객들은 모든 광고와 정보의 홍수 속에 살고 있으며, 이들 고객들은 어느 누구보다도 많은 정보를 갖고 있다. 반대로 이런 고객에 대한 분석력은 항상 제자리에 머물고 있다. 고객을 이해하기에는 많은 문제점이 있는 것이다.

고객에 대한 니즈를 파악할 수 있는 시스템이 기존에는 존재하지 않았다. 고객에 관한 정보는 시시각각 변하지만 이러한 고객정보를 효율적으로 관리할 수 있는 시스템은 없었다.

어떻게 고객을 세분화할 것인가? 어떻게 목표고객을 설정할 것인가? 목표고객에 대한 포지셔닝은 어떻게 실시할 것인가? 고객에 대한 수익을 어떻게 증가시킬 것인가? 이러한 문제를 해결할 수 있는 제반 인프라가 구축되어 있지 않기에 기반조성을 통해 새로운 기회를 찾고, 새로운 고객에 대한 전략을 수립하는 것이다.

2) 고객지향

CRM은 전사적으로 고객지향적이어야 한다. 더 나은 고객을 위해서라면, 사내 어느 부서에 근무하는 그 누구라도 항상 고객을 위해, 고객에 대해 준비해야 한다. 고객의 불만, 고객의 특징, 고객의 취향 등의 정보를 마케팅부서에서 활용한다면, 직접적인 시장의 변화를 느낄 수 있으며, 고객의 변화를 통한 새로운 마케팅이 가능하게 될 것이다.

CRM은 이처럼 전사적으로 고객에 대한, 고객정보에 대한 마인드를 바꾸고 개선하며, 집중적인 관리를 통해 완전한 정착단계에 이를 수 있다. CRM은 고객, 정보, 사내 프로세스, 전략, 조직 등 경영 전반에 걸친 관리체계이며, 성공적인 수행을 위해서 IT가 밑받침되어 구성되는 것이다.

3) 평생고객가치의 극대화

CRM의 중요한 목적 중 하나는 고객과의 관계(relationship)를 바탕으로 평생고객가치(Life Time Value)를 극대화하는 것이다. 단순하게 고객과의 관계에 머무르지 않고 신규고객 및 기존고객의 다양한 고객접점[영업사원의 고객접촉, A/S직원의 방문, Inbound Call(고객으로부터 걸려온 전화), Outbound Call(고객에게 판매촉진을 위한 건 전화) 등]을 활용하여 여기서 발생한 수많은 데이터를 정리분석해 마케팅 정보로 활용함으로써 고객의 구매관련 행동을 지수화하고, 이를 바탕으로 마케팅 프로그램을 개발, 실현, 수정하는 고객중심의 경영기법을 의미한다.

따라서, CRM은 고객정보(고객 데이터웨어하우스), 분석(데이터마이닝) 그리고 이를 활용하는 마케팅 채널(TM, DM, 대리점, CM 등)을 통합하는 솔루션으로서, CRM을 도입하기 위해서는 Hardware, DB, Tool Marketing(TM), 고객서비스, 다이렉트 마케팅, 영업지원(sales support), 인터넷을 이용한 사이버마케팅(cyber marketing) 등 그 구축범위가 매우 넓다. 고객의 니즈에 초점을 두어 1:1로 차별화된 마케팅을 실시하는 것이 바로 CRM이라고 할 수 있다. 기존의 마케팅이 단발적인 마케팅전술이라면, CRM은 고객과의 지속적인 관계를 유지하면서 '한 번 고객은 평생고객'이 될 수 있는 기회를 만들며, 평생고객화를 통해 고객의 가치를 극대화하는 것이다.

지속적으로 고객에게 서비스를 제공할 방법이 없다. 고객에 대한 정보가 있어도 어떻게 서비스를 실시해야 할지를 모르고 있다. 어떠한 방향으로 고객을 만족시킬 것인지에 대한 대책이 없다면, 아무리 좋은 투자라도, 그 무엇이라도 무용지물이 될 것이다. 지속적인 관리방안을 통한 장기적인 계획수립을 통해 고객을 관리해야 한다.

제2절 CRM의 개요

1. CRM의 정의

현재와 같은 글로벌 경쟁환경하에서 CRM은 단순한 고객의 만족을 넘어서는 고객과의 관계를 유지 · 확대 · 개선시켜 주며, 이를 통해 고객만족도를 개선하고 고객충성도를 높일 수 있는 매우 중요한 도구라 할 수 있다. 따라서 CRM은 마케팅분야의 이론과 IT분야의 기술을 자연스럽게 접목하여 탄생되었다고 볼 수 있다. 즉, 고객정보를 이용하여 고객과의 관계를 최대한 효율적이고 효과적으로 관리하고자 IT분야의 기술과 마케팅분야의 이론을 활용하고 있다.

이처럼 고객중심적으로 시야를 돌릴 수밖에 없는 이유는 과거와 달리 판매자시장에서 구매자시장으로, 기업에서 고객으로 옮겨갔기 때문이다. 이런 결과 기업은 한정된 자원을 가지고 보다 치열한 시장경쟁 속에서 살아남기 위해 대중마케팅하던 시각에서 벗어나 누가 보다 수익성과 충성도가 높은 고객들인지 효과적으로 선별하고 이들을 지속적으로 유지관리하는 것이 훨씬 더 비용효율적이며 효과적이라는 사실을 인식하게 되었다. 즉, CRM은 고객과의 관계를 어떻게 맺고 맺어진 관계를 어떻게 유지관리할 것인지에 대해 고민하는 경영기법이라 할 수 있다.

따라서 '고객을 어떻게 선정할 것인가', '선정된 고객과의 관계를 어떻게 유지할 것인가' 등의 질문에 대해 고객의 데이터를 이용하여 답을 효율적으로 찾는 것이 CRM의 궁극적인 목표라고 할 수 있다. 결국 CRM은 고객정보를 이용해서 고객과의 관계를 생성하고, 유지 · 개선시킴으로써 고객의 만족과 충성도를 제고하고, 기업이나 조직의 지속적인 발전을 추구하는 고객관련 제반 프로세스와 활동을 의미한다.

CRM의 개념을 정확하게 정립하기 위해 실무적 관점에서의 정의와 학문적 관점에서의 정의로 구분하여 살펴보면 다음과 같다.

1) 실무적 관점의 정의

먼저 실무적 관점에서의 정의로 가트너그룹(Gartner Group)은 CRM을 신규고객 획득, 기존고객 유지, 고객수익성 증대 등을 위하여 지속적인 커뮤니케이션을 통해 고객행동을 이해하고 영향력을 주기 위한 광범위한 접근으로서 고객에 대해 학습하고 학습된 내용을 바탕으로 고객에 대응하는 계속적인 반복과정이라고 정의하고 있다.

프라이스워터하우스쿠퍼스(Pricewaterhouse Coopers)는 CRM을 기업들이 고객행동을 통해 경영성과를 높이고자 전략, 프로세스, 조직, 기술 등을 변화시켜 나가는 과정으로서 이를 위해 고객에 대한 지식을 획득하고 이러한 지식을 다양한 경로를 통하여 이용하며, 이를 통하여 수익을 늘리고 운영상의 효율성을 도모하는 활동으로 정의하고 있다.

한편, 국내의 경우 한국소프트웨어산업협회는 CRM을 기업이 보유하고 있는 고객데이터를 수집, 통합, 가공, 분석하여 고객 개개인의 특성에 맞게 마케팅활동을 계획, 수행, 평가, 수정하는 일련의 과정이라고 정의하고 있다. 또한 삼성경제연구소 역시 유사하게 CRM을 고객과 관련된 자료를 분석하여 고객특성에 기초한 마케팅활동을 계획, 지원, 평가하는 관리체계로 정의하고 있다.

2) 학문적 관점의 정의

이에 비해 학문적 관점에서의 CRM에 대한 정의는 다소 광범위하게 범위를 정하고 있음을 알 수 있는데, 예를 들어 Imhoff와 Gentry에 의하면 CRM은 모든 고객과의 상호작용에서 각 고객과 기업 사이에 이로운 관계를 촉진시키기 위하여 기업전략, 기업문화와 조직 그리고 정보기술 지원 등을 결합하는 것이라고 정의하고 있다.

한편, Robinson은 CRM을 전사적인 관점에서 통합된 마케팅, 판매 및 고객서비스 전략을 통해서 개별고객의 평생가치를 극대화하는 것이라고 정의하고 있으며, Swift는 CRM을 고객획득, 고객유지, 고객충성도, 고객수익성을 향상시키기 위해 의미 있는 커뮤니케이션을 통해 고객행동을 이해하고 영향을 주는 전사적인 접근방법이라고 정의하고 있다.

두 관점에서의 정의가 큰 차이는 없으나 실무적 관점의 정의는 CRM의 본질에 초점을 맞추어 보다 명확하게 정의를 내리고 있는 반면, 학문적 관점의 정의는 보다 넓게 CRM을 정의하고 있다고 볼 수 있다. 따라서 본서에서는 두 관점의 정의를 포함하여 먼저 포괄적인 개념으로 CRM을 정의하고자 한다. 즉, CRM은 고객에 대한 지식과 고객과의 장기적인 관계구축을 통해 기업의 경영성과를 개선하기 위한 전사적 경영방식으로서, 이를 위해 모든 인프라와 경영기능이 고객과 관계중심적으로 개선되는 데 기여하는 활동을 의미한다.

실제적이고 구체적인 CRM에 대해서 살펴보면 CRM은 고객과 관련된 기업의 내·외부 자료를 분석·통합하여 고객특성에 기초한 마케팅활동을 계획하고, 지원하며, 평가하는 과정을 의미한다. 즉, 다양한 고객접점을 활용하여 여기서 발생되는 수많은 데이터를 세분화하여 신규고객 획득 → 우수고객 유치 → 고객가치 증진 → 잠재고객 활성화 → 평생고객화의 순환을 통해 고객의 니즈에 초점을 둔 차별화된 마케팅전략이다.

기존 마케팅이 단발적인 마케팅전술이라면 CRM은 우리 회사의 고객이 누구인지, 고객이 무엇을 원하는지를 파악하여 고객이 원하는 제품과 서비스를 지속적으로 제공함으로써 고객을 유지시키고 이를 통해 고객의 평생가치를 극대화하여 수익성을 높이는 통합된 고객관계관리 프로세스, 즉 고객데이터와 정보를 분석·통합하여 개별고객의 특성에 기초한 마케팅활동을 계획, 지원, 평가하는 과정이다.

그렇다면 이러한 관점에서의 CRM은 무엇을 의미하는가? CRM은 일치된 정의가 없이 CRM이 사용되는 상황이나 관점에 따라 그 의미가 다양할 수 있다. 예를 들면, 영업을 담당하는 사람들은 CRM을 하나의 영업전략으로 정의하고 있고, 캠페인을 관리하는 사람은 CRM을 좀 더 개인화되고 체계화된 데이터베이스마케팅으로 간주하기도 한다. 또한 정보기술과 시스템분야에 종사하는 사람들은 CRM을 기술을 기반으로 영업, 마케팅, 고객서비스 영역의 프로세스를 자동화하고 개선시키는 통합된 프로세스라고 주장하기도 한다. 이 외에도 DB분야에 종사하는 사람들은 다양한 접점을 통해 고객데이터를 지속적으로 수집하고 이를 바탕으로 고객의 행동을 분석, 예측하여 효과적으로 고객관리에 활용하는 과정이라고 정의하고 있다.

이처럼 CRM의 다양한 정의에도 불구하고 이들 개념이 지향하는 바는 기본적으로 고객과의 관계관리 및 발전을 통해 고객이 기업에 가져다주는 가치를 극대화하자는 것이다. 이는 전통적인 기업의 경영이나 마케팅활동과는 커다란 대조를 이루는 것이다. 전통적으로 기업들이 자신의 제품이나 서비스를 팔기 위해 고객을 찾아다녔다고 한다면, 이제는 자신의 고객을 위해 제품이나 서비스를 찾아다니는 시각의 전환을 의미한다. 또한 전통적인 기업들은 상품판매실적을 운영의 잣대로 삼았지만, CRM중심의 기업은 고객으로부터 시간이 지나면서 기대되는 가치의 증대를 성공의 척도로 판단한다.

결론적으로 CRM은 차별화된 경험을 고객에게 첫 만남에서부터 평생 동안 지속적으로 제공함으로써 고객의 가치를 향상시켜 고객자산(Customer Equity)을 증대시키고, 궁극적으로 이를 통해 기업의 수익성을 높이는 것이라 할 수 있다.

2. CRM의 목적

CRM을 통해 달성하려는 목적은 다양한 방향으로 설명될 수 있다. 기본적으로 CRM의 목적은 신규고객의 유치에서부터 시작하여 그 고객의 전 생애에 걸쳐 그러한 관계를 유지하고 강화해 나가면서, 장기적으로 고객의 수익성을 극대화하고자 하는 것이다. 다시 말해 새로운 고객과의 거래를 시작한 후, 다양한 마케팅활동을 전개하여 그 고객과의 관계를 강화시켜 평생고객으로 만드는 것이 CRM의 목적이다.

이처럼 지속적인 고객과의 관계를 통해 얻을 수 있는 장기적인 수익을 극대화하려는 것이 CRM이 추구하는 근본목적이라고 할 수 있다. CRM은 개별고객의 생애에 따라 다음의 고객관계구축 단계, 고객관계유지 단계, 그리고 평생고객 단계의 세 단계로 나누어 생각해 볼 수 있다.

고객관계구축 단계는 신규고객과 처음 거래가 이루어지는 단계이다. 이를 위해 고객이 될 만한 후보를 찾아 신규고객으로 확보하여야 한다. 이 단계에서는 아무 고객이나 무차별적으로 접근하기보다는 우량고객이 될 가능성이 큰 고객들을 선별하여 적절한 접근방법과 유인을 통해 그들과 새로운 거래관계를 형성함으로써 신규고객을 유치하는 것이 바람직하다.

고객관계유지 단계는 일단 획득한 신규고객이 반복해서 거래하도록 고객과의 관계를 강화하면서 고객을 유지하는 단계이다. 물론 고객을 지속적으로 유지하는 것이 중요 목표이기는 하지만 기업 입장에서는 적절한 비용한도 내에서의 고객유지를 염두에 두어야 한다.

평생고객 단계는 거래관계가 최대한으로 확장되면서 평생고객이 되도록 하는 단계이다. 다시 말하면 평생고객 개념으로의 확장단계이다. 이 단계에서 기업은 추가적인 수익의 증진은 물론 가격변동을 통해 고객의 총거래가치를 높일 수도 있다. 또한 고정거래비용을 줄일 수 있으며 신규고객 획득에 드는 비용도 절감하여 고객수익성을 극대화할 수 있다.

3. CRM의 특징

CRM은 고객과의 관계구축과 강화를 통해 고객의 수익성을 극대화하려는 것이며, 이를 위해 기업의 모든 기능이 통합되어 운영되는 것을 추구하는 것이다.

CRM의 특징을 좀 더 살펴보면 다음과 같다.

첫째, CRM은 고객지향적이며 관계지향적이다. CRM은 고객과의 지속적인 관계를 위해 모든 마케팅활동을 고객중심적으로 맞추는 경영활동이다. 그 결과 단기적인 수익추구가 아닌 장기적인 수익을 추구하는 동적인 경영방식이다.

둘째, CMR은 시장점유율보다는 고객점유율에, 그리고 고객획득보다는 고객유지에 초점을 둔다. CRM은 우수한 고객을 통해 기업의 수익성을 높이며 이러한 우수한 고객을 유지하는 것에 초점을 둔다. 또한 기존고객을 분류하고 분류된 고객별로 차별적인 마케팅전략을 집행하고 고객의 반응결과의 피드백을 통해 보다 향상된 고객관계관리를 하고자 하는 활동이다.

셋째, CRM은 고객과의 직접적인 접촉을 통해 쌍방향 커뮤니케이션을 지속한다. 즉, 통합적이고 일관성 있는 메시지와 커뮤니케이션을 구사함으로써 고객과의 관계를 강화시켜 나간다. 이러한 상호작용적 고객접촉을 활용하여 기업은 고객의 욕구를 자세히 파악할 수 있어 더욱 능동적으로 대처할 수 있다.

넷째, CRM은 단순히 마케팅에만 역점을 두는 것이 아니라 기업의 모든 내부 프로세스의 통합과 매뉴얼화를 요구한다. 고객관계관리에 필요한 모든 부분, 즉 표준화된 업무 프로세스, 조직의 역량이나 훈련, 기술적 하부구조, 영업요건을 충족할 수 있는 시스템의 기능, 영업전략, 영업정보 등의 부분에서도 효율적이고 균형잡힌 향상을 꾀하는 고객관계관리 기법이다.

제3절 CRM 프로세스

고객관계관리(CRM)는 고객에 대한 광범위하고 심층적인 지식을 바탕으로, 개개인에 적합한 차별적 제품/서비스를 제공함으로써, 고객과의 관계를 지속적으로 강화해 나가는 활동을 말한다.

이러한 활동은 관점에 따라 다양한 과정을 가지고 있으나 대체적으로 [그림 1.1]과 같이 환경분석, CRM 전략수립, 고객데이터 수집, CRM 분석활동, 마케팅 기획, 계획 실행, 그리고 고객반응분석 등의 프로세스로 구성된다고 할 수 있다. CRM 프로세스 중에서 가장 중요한 프로세스인 환경분석, CRM 전략수립, 고객데이터 수집, CRM 분석활동에 대해서 알아보도록 하겠다.

그림 1.1 ▮ CRM 프로세스

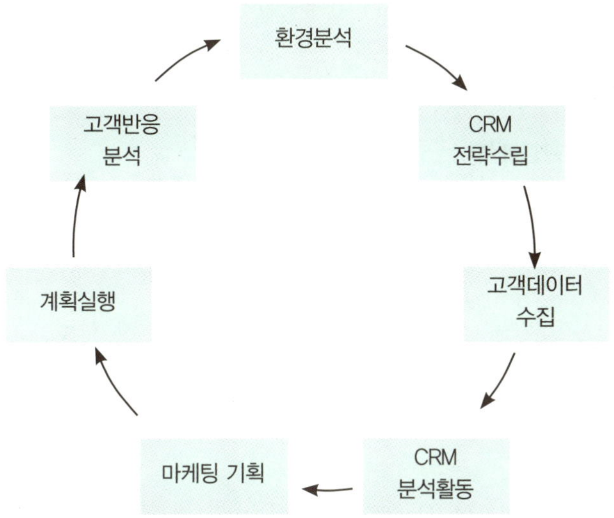

[그림 1.1]과 같이 기업을 둘러싸고 있는 경제적, 정치적, 법적, 기술적 및 경쟁적 요인들의 변화를 파악함으로써 사업에 대한 기회 및 위협에 대하여 평가하고 시장의 매력도를 분석하는 환경분석을 기본으로 자사에 알맞은 CRM 전략을 수립하고, 전략에 맞게 데이터를 수집한다. 이어 CRM 분석활동을 통해 다양한 고객들을 평가하고

세분화하여 어떤 고객에게 어떠한 방식으로 접근해야 할지를 정확하게 알게 되면, 그 결과를 통해서 마케팅이 기획되고 실행으로 옮겨지게 되는 것이다. CRM 프로세스는 실행으로 옮겨진 다음 거기서 끝나는 것이 아니라 고객의 반응을 통해서 수행된 전략이 옳았는지 부족한 점은 없었는지 다시 분석하고, 새로운 전략을 수립하는 순환적인 프로세스를 가지고 있다.

1. 환경분석

기업은 고객을 놓고 시장이라는 환경 속에서 경쟁하는 존재이다. 따라서 기업의 모든 전략은 고객과 환경을 떼어 놓고 생각할 수 없다. 진정 고객으로부터 환영받고, 그 결과 고객과 회사와의 관계가 강화되기 위해서는 고객과 환경에 바탕을 둔 것이어야 한다. 따라서 CRM으로 가는 첫걸음은 환경을 분석하는 것이다. 환경에는 외부환경뿐만 아니라, 내부환경도 포함된다. 외부환경으로는 고객과 경쟁사, 거시적 시장변화를 나타내는 거시환경이 있다. 그리고 내부환경은 자사의 현재상황이라고 할 수 있다([그림 1.2] 참조).

그림 1.2 ▮ CRM의 환경분석

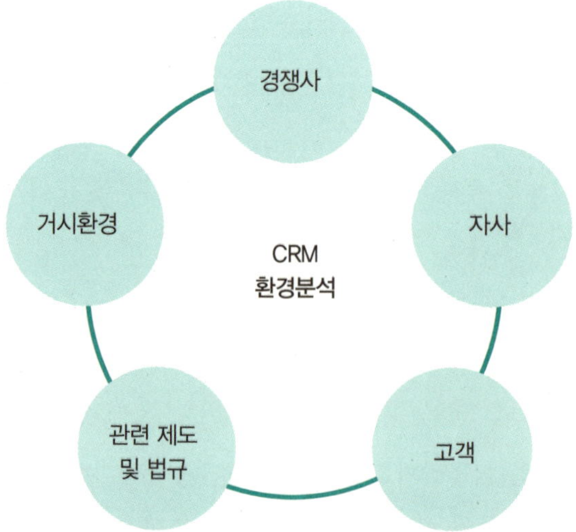

1) 외부환경분석

(1) 고객분석

먼저 고객의 전반적 니즈가 무엇이고, 주요 구매결정요소(KBF : Key Buying Factor)가 무엇인지 파악해야 한다. 니즈와 구매결정요소는 자사의 상품별로 분석해야 한다. 또 현재시점에서 니즈와 구매결정요소를 파악하는 것만으로는 불충분하며, 그 변화의 동향도 파악해야 한다.

(2) 자사분석

고객분석과 함께 기업은 자사에 대한 분석도 수행하여야 한다. 우선 고객의 니즈에 대한 자사의 강점과 약점은 무엇인지, 그리고 자사의 고객지향성은 어떠한지 등을 파악해야 한다.

(3) 경쟁사분석

경쟁사분석의 포인트는 경쟁사의 고객관리활동이 무엇인지를 파악하는 것이다. 또 고객관리용 IT시스템이 있다면 그 시스템의 특성과 문제점도 파악해야 한다. 또, 고객이 왜 경쟁사의 상품을 구매하는지, 경쟁사 상품의 강점은 무엇인지, 경쟁사 상품이 고객에게 주는 가치가 무엇인지를 분석한다. 즉, 고객의 니즈에 대한 경쟁사의 강점과 약점은 무엇인지, 경쟁사의 고객관리활동은 어떠한지, 그리고 자사상품 및 활용 솔루션의 장 · 단점은 무엇인지 등에 대한 분석이 필요하다.

(4) 거시환경분석

경제성장 추이에서부터 시작해서 자사의 사업을 둘러싼 외부환경 요인에 대한 분석이 필요하며, 이러한 환경변화 및 요인 등 사업에 영향을 미치는 여러 가지 외부요인들의 변화 방향을 살펴봐야 한다.

(5) 관련 제도 및 법규분석

외부환경의 변화에 따라 자사나 관련업계의 제도나 규제는 어떤 식으로 바뀌고 있는지, 고객정보에 관한 법적 · 제도적 규제는 어떻게 변화하는지 등에 이르기까지 사업에 영향을 미치는 제도적 · 법적인 외부요인들에 대한 분석이 필요하다.

2) 내부환경분석

자사에 대해서는 전사적 사업전략, 마케팅전략, 고객관리활동, IT시스템, 기업문화 등에 관한 분석이 이루어져야 한다. 이와 같은 측면에서 자사를 분석할 때는 다음의 세 가지 측면에 유의해야 한다.

(1) 자사의 고객지향성 분석

자사의 전략이나 IT시스템, 기업문화 등의 고객지향성을 분석해야 한다. CRM은 단순한 기법이 아니라, 고객과 접촉하고 사업을 수행하는 데 있어 방향을 제시해 주는 패러다임에 가깝다. CRM이라는 고객지향적 패러다임과 자사의 기존 상황이 얼마나 거리가 있는지 파악하면 CRM의 성패를 어느 정도 가늠할 수 있고, CRM의 성공을 위해 어떤 측면의 노력이 필요한지 알 수 있다.

(2) 전략적 적합성 분석

자사의 전사적인 전략, 마케팅전략, 고객관리활동, 기업문화 등의 적합성을 분석해야 한다. 즉, 전사적인 전략에 적합한 마케팅전략이 수립되었는지, 마케팅전략의 방향성하에서 고객관리활동이 이루어지는지, IT시스템은 이러한 고객관리활동을 잘 지원하는지, 고객관리활동을 지원하는 기업문화가 형성되어 있는지 등을 점검해야 한다. 예를 들어, 고객관리전략이 보기 좋게 수립되어 있고 고객관리에 관한 IT시스템이 구축되어 있어도, 기업문화가 외부영업과 단기성과만을 강조한다면 고객관리의 성과를 기대하기는 어렵다.

(3) 외부환경에 대한 적합성 분석

자사의 전략이나 활동이 앞 단계에서 분석한 외부환경의 특성 및 변화 방향에 부합되는지를 체크해야 한다. 개별전략이나 시스템이 우수하고 적합성이 있더라도 고객이나 경제의 변화 방향과 맞지 않는다면 곧 경쟁에서 뒤처지고 말 것이다.

3) 환경분석의 의의와 중요성

전략수립과정에서 기업의 목표가 설정된 후 가장 먼저 할 일은 기업의 외부환경에 대한 분석이다. 경영자들은 환경의 동향과 특징을 규명하고, 그것이 조직에 미치는 영향을 평가할 수 있어야 한다. 환경에 대한 이해는 전략경영자들이 올바른 의사결정을 하고, 효과적인 전략수립과 실행을 하는 데 필수적인 요건이 된다. 경영자들에게 요구되는 환경분석의 과제는 환경으로부터의 위협(threats)에 적절히 대처하면서, 다른 한편으로는 환경에 잠재되어 있는 기회(opportunities)를 적극 활용하는 것이다. 환경분석을 통해 특정 산업에서 기업의 성패에 핵심적인 영향을 미치는 요인, 즉 핵심성공요인을 도출할 수 있다. 핵심성공요인에 있어서 기업의 능력이 경쟁자보다 우월할 때, 경쟁우위를 확보할 수 있다. 따라서 핵심성공요인의 분석은 곧 경쟁우위를 창출할 수 있는 기회를 규명하는 것을 의미하므로, 환경분석에 있어서 핵심성공요인의 규명은 필수적이다.

2. CRM 전략수립

CRM은 고객만족도 향상, 고객에 대한 마케팅능력 향상, 고객이탈률 감소, 신규고객 유치, 고객의 니즈에 대한 반응 향상 등을 통해 수익 및 수익률 향상을 도모한다. 특히 수익 및 수익률 향상은 매우 중요한 최종적인 목표이며 CRM관리에 있어서 다른 방법들과 일치되어야만 한다.

전략의 실제적인 실행은 크게 세 가지로 나누어진다. 계획과 실행과 보완이다. 이들의 프로세스는 반복되며 진보되어 끊임없이 목표를 향해 나아간다. CRM에서의 중심은 고객이다. 고객에 대한 데이터분석 및 히스토리분석을 통해 고객을 이해하고 그에 적합한 형태로 적응 및 실행해 나가고 그러한 프로세스를 관리하는 것이 CRM 전략의 모체라 할 수 있다. 고객을 끊임없이 이해하고 반응하고 변화해 나가는 비즈니스 인텔리전스를 구축하는 것은 스마트한 기업을 가지기를 원하는 많은 이들의 목표라 할 수 있다.

CRM 전략을 수립하고 이를 성공적으로 수행하기 위해서 고려해야 할 사항이 몇 가지 있다.

① 다양한 고객데이터를 적극 활용해야 한다.

② 고객의 니즈를 파악하고, 이러한 고객의 변화에 적극 대응해야 한다.

③ 고객의 역량을 극대화하여 이를 활용할 수 있어야 한다.

④ 고객중심의 전사적 CRM을 수행하여야 한다.

⑤ 기업에 적합한 CRM 솔루션을 선택해야 한다.

CRM에서 중요한 것은 CRM이라는 기법을 어떻게 활용해서 고객에게 경쟁사에 비해 더 많은 가치를 줄 것인가에 대한 해답을 찾는 일이다. 이것이 바로 CRM 전략이다. CRM을 통해 달성하고자 하는 목적 혹은 기대효과를 명확하게 하고, 이러한 목적을 달성하기 위해 필요한 활동이 무엇인가를 찾아보는 것으로 누구에게 전개해야 하는지를 결정하는 것도 포함된다.

3. 고객데이터 수집

CRM에서 고객데이터는 매우 중요한 요소이며 이러한 고객데이터에 어떤 것들이 있는지 생각해 보자. 고객데이터는 먼저 기업 내부데이터와 외부데이터로 나누어 볼 수 있다.

1) 내부데이터

기업 내부데이터는 다시 기초인적데이터와 접촉/거래데이터, 조사데이터 등으로 나눌 수 있다.

기초인적데이터의 대표적인 사례는 가입신청서에 기재된 데이터(application data)이다. 오프라인 기업의 경우 주로 금융기관들이 가입신청서를 받고 있으며, 온라인 기업의 경우 상거래 모델은 회원가입을 거래의 전제조건으로 하는 경우도 많다. 가입신청서의 데이터는 고객이 직접 작성한 것이므로 신뢰성이 높다고 볼 수 있으나, 자세한 데이터를 확보하기는 어렵다. 가입신청 시 지나치게 자세한 정보를 요구할 경우 고객이 거부감을 느낄 수도 있기 때문이다. 또 기초인적데이터에는 제품포장에 포함된 고객카드나 보증서 등을 통해 입수한 데이터 등도 포함된다. 기초인적데이터는 매우 중요하지만, 쉽게 확보하기는 어렵다. 또 기초인적데이터만으로 고객의 행동을 설명하거나 예측하기는 쉽지 않다. 그래서 CRM에서는 기초인적데이터보다 접촉/거래데이터가 더 요긴하게 활용되는 경우가 많다.

접촉/거래데이터는 고객과 기업이 거래하거나 그 밖의 접촉을 했던 기록을 의미한다. 예를 들어 인터넷쇼핑몰의 경우 고객이 언제 자사 인터넷사이트에 접촉했는지,

사이트 내에서 어떤 웹페이지나 항목에 관심이 있었는지(clicks stream), 어떤 물건을 구입했는지, 어떤 불만이나 문의를 제기했는지 등의 정보를 쉽게 얻을 수 있다. 오프라인 사업의 경우 고객의 주문이력, 금융거래내역, 매장에서의 POS(point of sale) 자료 등의 접촉/반응데이터가 있다. 또, 콜센터를 통해 문의/불만데이터를 입수할 수 있으며, AS 조직을 통해서 고객의 보유상품데이터도 수집가능하다.

마지막으로 기업내부데이터에는 조사데이터가 있는데, 여기에는 고객 및 잠재고객에 대한 패널조사, 직접반응광고 등을 통해 수집하는 데이터 등이 포함된다.

2) 외부데이터

외부데이터는 다시 직접입수데이터와 제휴활용데이터로 나누어 볼 수 있다.

직접입수데이터란 고객의 동의를 얻은 제휴를 통해 타 기업으로부터 데이터를 입수하거나, 전문 고객데이터 공급업체로부터 구입한 데이터를 의미한다. 국내의 경우 고객데이터의 유통이 불법이었지만, 미국의 경우 오래전부터 마케팅 리드(marketing leads) 혹은 세일즈 리드(sales leads)라는 이름으로 동의를 구한 고객의 데이터를 유통시키는 것이 합법적이다. 예를 들어 클라리타스(Claritas), 도넬리(Donnelley) 등은 고객데이터 판매로 유명한 회사다.

제휴활용데이터란 다른 회사가 보유한 고객데이터를 간접적으로 활용할 수 있는 경우를 일컫는다. 즉, A기업이 필요로 하는 고객데이터를 B기업이 가지고 있는 경우, A기업은 B기업과 이익공유나 수수료공유 등의 계약을 맺고, B기업이 주체가 되어 A기업의 상품을 판매하는 마케팅활동을 전개할 수 있다. 물론 이런 경우는 대부분 CRM의 범위 중 신규고객 확보 측면에서 발생할 것이다. 이때 제휴사와의 협조가 원활치 못할 위험이 있고, A기업의 입맛에 맞는 고객데이터분석과 적절한 고객대응이 어렵다는 문제점이 있다. 그러나 이런 한계가 있더라도, 제휴활용데이터는 외부로부터 고객데이터를 직접적으로 입수하기 어려운 경우 선택할 수 있는 유일한 대안이다. 특히, 인터넷을 통해 많은 고객데이터를 보유한 정보중개회사가 다수 등장하면, 제휴를 통한 외부고객데이터의 간접 활용은 더 활성화될 것으로 기대된다.

4. CRM 분석활동

CRM에서 중요한 것은 CRM이라는 기법을 어떻게 활용해서 고객에게 경쟁사에 비해 더 많은 가치를 줄 것인가에 대한 해답을 찾는 일이다. CRM을 통해 달성하고자 하는 목적 혹은 기대효과를 명확하게 하고, 이러한 목적을 달성하기 위해 필요한 분석활동이 무엇인가를 결정해야 한다. 또한 수립된 CRM 전략을 수행하는 단계이기도 하다.

이러한 목적 또는 기대효과는 궁극적으로는 사업성과의 향상이지만 매출증대, 비용감축 역시 기대효과라 할 수 있다. 이를 위한 기본적인 분석활동으로는 고객획득, 고객세분화, 고객유지, 교차판매, 수익성분석, 고객분석 등이 있으며 활동내용을 [표 1.1]에서 요약하였다.

표 1.1 ▌ CRM 활동

고객획득	• 새로운 고객확보 • 이탈한 고객을 다시 고객으로 재유치 • 고객확보 단계에서는 고객의 수익성 극대화보다는 고객과 관계를 맺는 것이 중요함 • 가격할인이나 리베이트 등으로 고객유인을 하는 것이 효과적임 • 고객 재유치, 교차판매, 고객유지를 위한 캠페인 창출
고객세분화	• 고객에 대한 정보의 수집 • 고객욕구의 구매동기 등의 관점에서 고객특성을 보다 정확히 파악 • 가장 적합한 고객계층을 선택하여 효율적인 마케팅활동을 전개 • 목표시장에 맞는 마케팅활동의 평가척도 및 마케팅계획 작성자료 제공
고객유지	• 고객이탈 방지. • 고객의 기호, 가치, 요구사항, 문제점에 적절하고 차별화된 서비스를 지속적으로 제공 • 고객을 수익기여도가 높은 우수고객으로 만듦 • 고객과 맺은 관계를 유지하고 제고시키고자 상승판매와 교차판매를 함 • 고객과 다양한 채널을 통한 지속적인 대화
교차판매	• 교차판매란 관련 상품을 묶어서 판매하는 전략임. 묶음가격은 고객이 관련 상품을 개별적으로 구입하는 것보다 더 낮게 제시되므로 그만큼 판매가능성이 더 높아짐 • 묶음가격을 통해 교차판매를 하게 되면 고객과의 거래횟수 또는 거래폭이 넓어져 거래관계가 더욱 강화됨 • 기존고객 대상 판매가 신규고객 획득보다 30% 저렴하고 효과가 높음 • 기존고객과 거래기간 동안 올리는 교차판매수익이 신규고객 대상 판매보다 5배나 많음

수익성분석	• 특정 고객이 주는 수익분석 • 매출, 순이익, 거래기간 등을 고려한 수익성분석 • 현재 상황 및 미래 상황에 따른 분석
고객분석	• 고객의 요구사항 및 기대수준을 정확히 분석 • 자사의 제품이나 서비스를 기업에 대한 고객의 접촉에 대하여 분석 • 수익성을 얻을 수 있고, 지속적인 관계를 가질 수 있는 우량고객을 찾아내고, 기업에 평생가치를 제공할 수 있는 고객 발굴

5. 시스템관점에서 CRM 프로세스

시스템관점에서 바라본 CRM 분석활동의 프로세스는 앞에서 언급한 일반적인 CRM 프로세스와는 달리 CRM 환경분석, CRM 전략수립, 시스템 경제성평가, CRM 설계, CRM 활동, 고객반응분석, 시스템 유지보수 등으로 구성되어 있다([그림 1.3 참조]).

그림 1.3 ▮ 시스템관점의 CRM 프로세스

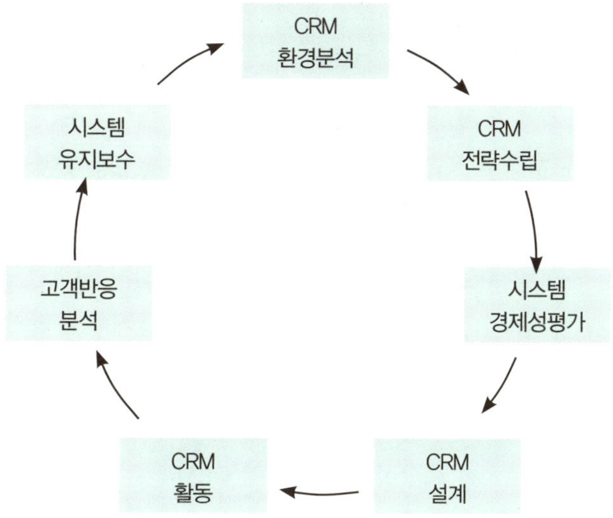

CRM 환경분석은 자사와 경쟁사의 고객특성에 대한 이해가 있어야 하며, 관련 시장동향을 파악한다. 자사의 인프라수준에 대한 파악 또한 다음 단계의 전략수립에 도

움이 된다.

CRM 전략수립은 기업 내 · 외부의 업무환경분석 결과를 바탕으로 전략수립이 이루어진다. 세부적 전략수립을 바탕으로 CRM 시스템의 구축목적이 명확해야 하며, 예상 산출물의 활용방안이 구체적이어야 한다. 마케팅담당자, CRM 시스템 설계자, CRM 분석자 간의 원활한 의사소통이 필요하다.

CRM 경제성평가는 CRM 시스템 도입 및 규모에 대한 경제적 타당성을 고려한다. 기업의 정해진 자금사용에 대한 이익이나 비용절감 등 얼마나 많은 회수가 있었는지 투자 대비 효과를 비교 · 분석한다.

CRM 설계는 CRM 시스템 도입으로 인한 경제성이 뒷받침된 후 CRM 솔루션 벤더 선택, 데이터웨어하우스 설계, 기존 시스템과의 연계 등 다양한 사항에 대한 고찰이 필요하다. 이와 더불어 수립된 전략에 부합하는 설계인지를 검토해야 한다.

CRM 활동은 구축된 모델링을 실제 수행하는 단계이다. 분석모델에서 선별한 고객을 대상으로 비즈니스 활동을 수행하는 것이다. 시험운용을 통하여 사용자 검증과 시스템의 적합성 및 안정성을 검증하고, 실제 운용을 위한 교육을 실시한다.

대상고객에게 적용한 이벤트에 대한 자세한 기록과 수행결과 나타난 고객의 직 · 간접적인 반응을 데이터웨어하우스에 기록한다. 이런 과정을 통해 향후의 예측이나 고객행동 변화에 대처가 가능하게 된다.

고객반응분석은 CRM 활동에 대한 고객의 반응을 분석하여 개선점을 발견하고 향상된 프로세스를 확보하기 위한 자료로 활용된다. 현재업무에 적용 및 평가 후, 문제점 및 개선점을 피드백한다. 고객반응은 단기적 효과를 목표로 하는 것과 장기적 효과를 목표로 하는 것을 구분하여 평가해야 한다.

시스템 유지보수는 고객반응과 더불어 전 프로세스에 걸쳐 시스템 운영자, 분석자 측면 또한 고려한 유지보수를 한다. 한 사이클 동안 각 단계에서 발견된 문제점, 개선점을 취합하는 것이 중요하다.

이와 같이 본 서에서는 고객관계관리, 즉 CRM에 대해서 살펴보고자 한다. 이를 위해 먼저 CRM 활동을 본격적으로 살펴보기 전에 CRM의 기본사항을 간략히 살펴본 후, CRM 전략에 대해서 논하고, 본격적인 CRM 분석활동을 살펴보고자 한다. 아울러 여러 가지 CRM 분류방법에 따라 다양한 CRM을 살펴보고자 하며, 또한 기존 CRM에 웹기능을 추가하여 인터넷 채널을 중심으로 발전하고 있는 e-CRM, m-CRM, 그리고 최근 새로이 등장한 소셜네트워크서비스(Social Network Service)

기반의 s-CRM에 대해 살펴보고자 한다.

이와 함께 CRM 분석활동의 기반이 되는 데이터웨어하우스, 데이터마이닝, 그리고 웹마이닝 등의 다양한 방법론에 대해서도 살펴보도록 한다.

Chapter 02

CRM 전략

제1절 | CRM 전략
제2절 | 마케팅전략과 CRM
제3절 | CRM 전략수립

Chapter 02

CRM 전략

글로벌 시장경쟁의 가속화와 함께 경제환경이 변화하고 시장이 포화상태에 이름에 따라 기업은 이윤추구를 위해 시장을 더욱 세분화해서 수익성을 개선하는 방향으로 나아가고 있다. 즉, 단순한 시장크기의 변화보다는 마케팅활동의 변화가 두드러졌다. 이에 따라 고객과의 관계를 향상시키고, 기업의 수익성을 높이기 위해서는 성공적인 CRM 활동을 통한 CRM 전략이 필요하다.

따라서 본 장에서는 먼저 CRM에 대한 전략적 의미 및 성공적인 CRM전략을 위한 선행조건을 살펴보고자 한다. 또한 마케팅의 STP, 4P, 고객충성도 상승전략 등을 통해 CRM전략의 과정을 살펴보고 CRM 전략수립 및 실행에 대해서도 살펴보도록 한다.

제1절 CRM 전략

1. CRM의 전략적 의미

과거의 마케팅은 기업이 상품을 만들어 특별한 고객정보분석 없이 상품에 대한 홍보 및 광고가 주류를 이루었다. 그러나 이러한 마케팅활동이 기업의 수익을 향상시키는 데 한계가 있게 되었고, 이를 해소하기 위해 고객에 대한 이해를 바탕으로 한 마케팅활동이 등장하게 되었다.

이러한 고객에 대한 이해를 바탕으로 영업, 마케팅, 고객서비스 프로세스를 재구성하는 일련의 활동을 전개하는 CRM은 전략적 측면에서 고객정보의 활용, 고객충성도 제고, 다양한 채널 사용, 조직 및 프로세스 재구축, 고객관계를 우호적으로 관리하기 위한 다양한 전략의 구사 등으로 나타나고 있다. 이를 종합해서 살펴보면 다음과 같다.

첫째, CRM의 전략적 의미는 고객에 대한 이해를 바탕으로 고객의 정보를 활용하여 관계를 유지 · 확대 · 개선시키는 고객관련 제반 프로세스 및 활동을 하는 데 있다.

둘째, 전략적 CRM은 고객관계관리를 통하여 고객만족과 충성도의 제고를 목적으로 한다. 이를 위해 CRM은 과거 데이터베이스 마케팅기법처럼 단지 조직 내 실무자 중심의 관점이나 접근이 아니라 고객경영철학, 고객중심의 사고에서 시작하여 고객가치를 극대화하여야 한다.

셋째, CRM의 전략적 의미는 다양한 채널을 통한 고객과의 커뮤니케이션으로부터 수집된 정보를 기반으로 고객과의 관계를 유지 · 발전하는 과정으로 이해할 수 있다.

넷째, 전략적 CRM은 고객관계전략을 실행하기 위하여 조직 및 프로세스를 고객중심으로 재편하고 이를 통합적으로 관리하는 것이다.

다섯째, 전략적 CRM은 고객관계를 우호적으로 관리하기 위해 STP 전략, 고객관계단계별 전략, 고객충성도 향상전략, CRM 믹스전략을 적절히 수립해야 한다.

이를 종합하면, CRM의 전략적 의미는 고객을 기업가치의 중심으로 인식하고, 고객에 대한 이해와 지식을 바탕으로 다양한 고객욕구에 부합하는 차별화된 맞춤형 전략을 수립하고, 이를 실행하기 위한 모든 고객접점, 프로세스, 조직 등을 고객중심으로 재편하고 통합적으로 관리하여 고객과의 지속적이고 우호적인 관계를 유지함으로써 고객의 충성도 형성을 통해 수익을 극대화하는 것이다.

2. CRM 전략의 선행조건

CRM을 성공적으로 수행하기 위해서는 전사적인 관점의 CRM 전략이 필요하고, 이를 위해서 선행되어야 할 몇 가지 조건은 다음과 같다.

첫째, 고객중심의 비즈니스 모델이 필요하다. 기업은 고객의 중요성을 인식하고 행동으로 옮겨야 하는데, 단지 그 중요성을 머릿속으로만 인식한다면 그것은 큰 문제가 될 수 있다. CRM 전략을 실행하기 위해서는 우선 기업 자신의 비즈니스 모델을 고객중심으로 변화시키는 것이 중요하다.

둘째, 전략적인 접근이 필요하다. CRM은 조직 전체에 명확한 방향성을 가지고 추진되어야 한다. 이를 위해 전략적인 접근이 반드시 필요하다. 고객은 동일한 하나의 주체가 아니라 저마다 다른 가치를 가진 존재이다. 기업은 이러한 개별화된 고객에게 저마다 다른 모습으로 다가갈 수 있어야 한다.

셋째, 고객정보의 신뢰성 확보가 필요하다. 고객의 정보는 계속 변화고 있어 최신의 정보를 CRM 시스템에 반영하는 것은 쉬운 일이 아니다. 따라서 고객접점의 범위를 넓혀 다양한 유통경로를 통한 고객정보의 수집이 필요하며, 또한 수집된 고객정보에 대한 보안도 책임질 수 있도록 신뢰성 확보가 이루어져야 한다.

넷째, 시스템 및 고객자료의 통합이 필요하다. 여러 곳으로 분산되어 있는 고객의 자료를 한곳으로 모으는 작업이 먼저 이루어져야 한다. 아무리 좋은 데이터도 통합되어 쉽게 사용할 수 없다면 아무런 효용가치가 없게 되기 때문이다.

다섯째, 적합한 CRM 솔루션 및 전문인력을 선택해야 한다. 기업들은 시시각각 발생하는 방대한 양의 고객거래데이터를 한곳으로 저장하기 위해서는 이를 자동적으로 내장하고 관리할 수 있어야 한다. 또한 소프트웨어뿐만 아니라 하드웨어의 성능도 향상되어야 한다. 따라서 철저한 타당성 검토를 통하여 솔루션을 구입하고, 구입 후 솔루션 제공업체와 지속적으로 커뮤니케이션하는 것이 중요하다. 그리고 인력의 양적인 확보보다는 CRM 전략에 많은 노하우와 기술적인 응용능력을 가지고 있는 전문인력의 질적인 확보가 보다 더 중요하다.

3. CRM 전략의 기본특성

CRM이란 부가가치가 높은 고객을 유치 · 보유하고, 그들이 기여하는 수익을 확대시키는 일련의 과정을 의미한다. 기업들은 CRM을 통해 고객과의 장기적 관계 형성 및 부가가치 획득이 가능하도록 다양한 전략을 수행하고 있다. CRM 전략은 몇 가지 기본적인 특성을 가지고 있다.

첫째, 기존고객 및 잠재고객의 정보를 전략적으로 활용한다. 즉, 고객과의 상호작용 과정에서 발생한 데이터 및 기업 외부로부터 수집한 데이터를 기업의 모든 부분에서 공유하고 활용한다.

둘째, 고객과의 거래과정을 중시한다. 모든 거래 및 서비스 관련 접촉을 고객과의 관계 발전을 위한 투자로 활용하고, 고객을 충분히 파악하여 거래의 효율을 높이고, 고객과의 모든 접촉을 마케팅과정의 일환으로 수행한다.

셋째, 기업운영에 적극적으로 정보를 활용한다. 고객과의 모든 접촉으로부터 정보를 수집하고, 획득한 정보를 기업운영 단계에서 활용하는 과정이 기업 전반에서 반복된다.

넷째, 전략적으로 다양한 채널을 관리해야 한다. 전화, 인터넷, 우편, 기업의 지점 등 복수 채널 중 고객이 선호하는 채널을 활용하여 기업과 접촉할 수 있도록 한다.

다섯째, IT를 이용하여 새로운 기회를 창출한다. 모든 고객접점에 걸쳐 비즈니스 프로세스와 전략적 고객데이터 획득과정을 체계화시킬 수 있는 CRM 인프라를 지원한다. 또한 서로 다른 판매 및 서비스 채널에 공통의 기능성을 부여하고, 조직구성원들이 고객에 대해 일관된 관점을 공유할 수 있도록 지원한다.

제2절 마케팅전략과 CRM

일반적으로 마케팅에서는 시장을 세분화하고 표적시장을 선택한 다음 포지셔닝을 결정하고, 이와 일관되게 상품을 개발하고 가격, 촉진, 유통 등에 대한 결정을 한다. 이러한 마케팅적 접근방법을 CRM 전략에서도 적용하고 있으며, 이들을 개별적으로 살펴보면 다음과 같다.

1. STP 전략

단일제품으로 수많은 고객의 욕구를 충족시켰던 대중마케팅 시대의 제품들은 다양한 소비욕구를 가진 고객들로 구성된 현재의 시장에서는 더 이상 경쟁력을 지닐 수 없게 되었다. 때문에 고객들의 욕구를 정확히 파악하고 그 유형들을 분류하여 그들의 욕구에 따라 적절한 제품을 제공하는 기업만이 살아남는 새로운 마케팅시대에 접어들고 있다. 이에 시장세분화(Segmentation), 표적시장선택(Targeting), 포지셔닝(Positioning)을 STP 전략이라고 하는데 이러한 STP 전략은 시장의 변화에 따라 도입된 마케팅전략의 개념이라 할 수 있으며, 이를 하나씩 살펴보면 다음과 같다.

1) 시장세분화

시장세분화는 다양한 욕구를 가진 소비자들을 일정한 기준에 따라 몇 개의 동질적인 소비자집단으로 나누는 것을 말한다.

(1) 시장세분화의 필요성

시장세분화는 표적시장의 선택과 포지셔닝을 수립하기 위한 전 단계의 성격을 가지고 있을 뿐만 아니라, 효과적이고 효율적인 마케팅믹스전략의 실행을 위한 전제조건이다. 시장세분화가 필요한 이유는 다음과 같다.

첫째, 고객의 욕구를 충족시켜야 한다. 기업은 시장세분화를 통하여 각 세분시장의 환경 또는 상황에 적합한 마케팅믹스를 계획하고 실행할 수 있기 때문에 고객욕구를 더욱 잘 충족시킬 수 있다.

둘째, 표적시장선택과 포지셔닝전략을 실행해야 한다. 기업은 시장세분화를 함으로써 성공가능성이 높은 표적시장을 선정할 수 있을 뿐만 아니라, 그 시장에서 제품의 위치를 확고히 구축하게 하는 포지셔닝전략을 실행할 수 있다.

셋째, 효율적으로 마케팅자원을 배분해야 한다. 기업이 보유하고 있는 마케팅자원은 한정되어 있기 때문에 모든 시장을 표적시장으로 선정하는 것은 거의 불가능하다. 그러므로 기업은 시장세분화를 통하여 각 세분시장의 특성을 파악한 후 표적시장을 선정할 뿐만 아니라, 각 표적시장에 적합한 마케팅믹스전략을 수립할 수 있다.

(2) 시장세분화의 전제조건

시장은 수많은 다양한 형태로 구성되어 있기 때문에 시장세분화를 하는 데 있어서 많은 비용이 발생할 수 있다. 무엇보다도 이러한 비용을 고려한다면 시장세분화는 다음과 같은 전제조건을 충족시켜야 한다.

① **측정가능성(Measurability)** : 세분시장은 정의하기 쉽고, 측정가능해야 한다.

② **실질성(Substantiability)** : 세분시장은 수익을 발생시킬 수 있을 정도로 충분한

시장규모를 가지고 있어야 한다.

③ **접근가능성(Accessibility)** : 세분시장에 대한 접근은 일반적으로 마케팅믹스 프로그램의 실행을 통하여 이루어진다.

④ **안정성(Stability)** : 세분시장 내에서는 동질성을 유지하고, 세분시장 간에는 이질성을 유지해야만 세분시장의 안정성이 높아진다.

⑤ **실행가능성(Actionability)** : 각 세분시장을 목표로 수립된 마케팅믹스전략은 해당 시장에서 실행될 수 있어야 한다.

(3) 시장세분화의 방법

시장세분화를 위해서 시장을 일반적으로 지리적 기준, 인구통계적 기준, 심리적 기준, 행동적 기준으로 나눌 수 있다.

① **지리적 시장세분화** : 지리적 세분화(Geographic Segmentation)는 시장을 지리적 기준에 의해 나누는 것을 말하며, 가장 널리 사용되고 있는 시장세분화 방법 중의 하나이다. 지리적 세분화의 주요 변수는 지역, 인구밀도 및 기후 등이 있으며, 이 중에서 지역을 기준으로 시장세분화를 한 예는 다음과 같다.

> 미국의 Maxwell house 커피는 제품을 전국적으로 판매하고 있으나 맛은 지역적으로 다르게 하고 있다. 즉, 강한 커피를 좋아하는 서부지역에는 진한 커피를 팔고, 동부지역에는 그보다 약한 커피를 판매한다. 또한 R.J. Reynolds 담배회사는 시카고지역을 2개로 나누어 담배를 팔고 있다. 북쪽지역은 높은 교육수준으로 건강에 많은 관심을 가지고 있기 때문에 타르가 적은 담배에 주력하고, 남동쪽지역은 공장 근로자들이 많아 보수적이기 때문에 Winston을 집중적으로 판매한다. 한편 흑인이 많이 사는 남쪽지역은 흑인용 신문 등에 Salem을 광고하고 있다.

② **인구통계적 시장세분화** : 인구통계적 세분화(Demographic Segmentation)는 연령, 성별, 가족구성, 소득, 직업, 학력, 종교 및 인종 등과 같은 인구통계적 변수를 기초로 시장을 분류하는 것이다. 아래는 성별에 따른 시장세분화의 예이다.

성에 의하며 많이 좌우되는 상품은 의류, 화장품, 잡지 등이다. 미국에서 1,2위를 서로 다투는 장난감회사는 '매텔사'와 '해즈브로사'이다. 매텔사의 주요 제품은 배추인형, 바비인형이고 여자아이들이 좋아하는 인형인 반면, 해즈브로사는 '지 아이 조(G I Joe), 트랜스포머, 퍼비인형' 등 남자아이들을 위한 인형을 주무기로 삼고 있다. 즉 목표고객을 각기 다르게 잡고 있다.

③ **심리적 시장세분화** : 심리적 세분화(Psychographic Segmentation)는 사회계층, 라이프스타일 및 개성 등과 같은 심리적 변수에 근거하여 시장을 분류하는 방법이다. 이 중에서 소비자의 라이프스타일 변화에 따른 시장세분화의 예는 다음과 같다.

과거 오랫동안 Campbell은 종류가 단순하고 값싼 수프만을 생산하였다. 이에 따라 Campbell은 수프시장의 대부분을 점유하면서도 값싼 제품이 많기 때문에 높은 이익을 올리지는 못했다. 그러나 이 회사는 점차 생활양식의 변화를 깨달았고, 그 변화에 알맞은 여러 제품을 생산하여 크게 성공하였다. 과거에는 6시 정각에 모든 가족들이 모여 손을 씻고 식탁에 앉아 규칙적인 식사를 하였고 아버지는 일하고 어머니는 가정을 돌보며 아이들은 보통 2명 정도 있었다. 그러나 지금은 생활양식이 크게 변하여 간식을 많이 먹으며 50% 이상의 가정이 식구가 2명 이하이고, 혼자 사는 경우도 많이 늘고 있다. 이에 따라 Campbell사는 수프시장을 세분화하여 6년 동안 이들에게 알맞은 334개의 신제품을 내놓아 큰 성공을 거두었다.

④ **행동적 시장세분화** : 행동적 세분화(Behavior Segmentation)는 구매, 사용시기, 추구하는 편익, 사용경험, 사용량, 브랜드충성도 및 구매준비단계 등과 같은 제품 또는 제품속성에 대하여 소비자가 지니고 있는 행동적 변수에 기초하여 시장을 분류하는 것을 의미한다. 이 중에서 소비자가 추구하는 편익에 따른 시장세분화의 예는 다음과 같다.

시계업체가 비싼 시계를 금은방에서 팔고 있을 당시 Caniel Yankelovich라는 사람은 시계업체가 소비자들이 시계를 구입함으로써 얻게 되는 이익을 전혀 무시하고 있다는 것을 알게 되었다. Yankelovich의 조사에 따르면 시계를 구입하는 소비자의 1/3은 값싼 시계를 원하며 다른 46%의 소비자는 오래 사용하고 고급품인 시계를 원하고 있다. 이에 응하여 Timex시계는 값싼 제품을 만들어 값싼 상품을 취급하는 소매상에서 판매하였고 그 결과 세계 최대의 시계회사가 되었다. Lever Brother회사는 옷에 자기 체취가 남아 있는 것을 염려하는 소비자들을 겨냥하였다. 미국인들은 운동을 많이 하고 또 인조 합성섬유로 된 옷을 많이 입기 때문에 옷에 체취가 오랫동안 남아 있었다. 여기에 초점을 맞춘 Lever Brother회사는 이 체취를 제거하는 세제 Surf를 개발하여 미국에서 두 번째로 잘 팔리는 세제가 되었다.

2) 표적시장 선택

마케팅담당자는 시장세분화를 통하여 분류된 세분화 시장들을 비교 · 평가한 후 진입할 만한 가치가 있거나 잠재성이 높은 시장과 그 범위를 결정해야 한다. 이러한 의사결정을 통하여 선정된 시장을 표적시장이라 하며, 표적시장을 선정하는 행위를 타겟팅(Targeting)이라고 한다.

(1) 표적시장선택기준

표적시장에 대한 선택기준은 네 가지로 요약될 수 있다.

첫째, 부정적 기준(Negative Criteria)이다. 부정적 기준은 시장의 정치적, 법적, 자연적 및 사회문화적 환경요인 등에 의하여 어떤 세분시장으로의 진입이 불가능한 것을 판단하거나 또는 시장이 존재하지 않는 것을 확인시켜 주는 기준을 의미한다.

둘째, 현재의 세분화된 시장의 규모와 성장잠재력이다. 기업이 표적시장을 선택할 때 가장 먼저 평가하여야 할 요소는 현재의 세분시장의 규모와 성장잠재력이다. 이러한 기준에 대한 구체적인 평가항목들은 경제적 환경분석을 통해 선정될 수 있다.

셋째, 잠재적 경쟁이다. 잠재적 경쟁은 기존의 경쟁구도에 잠재적 진출기업 또는 새로운 시장진입자가 미래의 어느 시점에 나타나는 것을 말한다. 잠재적 경쟁에 대비하기 위해서는 무엇보다도 경쟁에서 결정적인 역할을 하는 경쟁우위 또는 차별화의 능력을 향상시킬 필요가 있다.

넷째, 기업목적과의 적합성(Compatibility)과 세분화된 시장에서 마케팅활동의 실행가능성(Feasibility)이다. 기업이 진출하고자 하는 어떤 세분화시장에서 기업의 목적이 달성될 수 있는지 그리고 마케팅활동의 실행이 가능한지를 고려하여야 한다.

(2) 표적시장에서의 마케팅전략

마케팅관리자는 앞서 언급한 표적시장 선택기준에 의하여 각 세분화시장들을 평가한 후 진입할 만한 가치가 있는 표적시장을 선정한다. 그리고 이러한 과정을 거쳐 표적시장이 선정되면, 그 다음 단계로 적절한 표적시장 마케팅전략이 수행되어야 한다.

① 비차별적 마케팅전략(Undifferentiated Marketing Strategy) : 기업이 각 세분시장 간의 차이를 무시하고 이들 시장에서 동일한 마케팅믹스전략을 수행한다.

② 차별적 마케팅전략(Differentiated Marketing Strategy) : 기업이 차별화된 마케팅믹스전략을 수립하여 복수의 세분시장을 표적으로 선정한 후 마케팅활동을 수행한다.

③ 집중적 마케팅전략(Concentrated Marketing Strategy) : 기업이 마케팅믹스를 개발한 후 단일의 세분시장에 초점을 맞추어 전략을 실행한다.

④ 고객맞춤 마케팅전략(Customized Marketing Strategy) : 단일의 고객 또는 소비자를 대상으로 마케팅믹스를 구성하여 마케팅활동을 수행한다.

3) 포지셔닝

표적시장을 선정한 후 기업이 그 다음으로 수행해야 할 과제는 그 시장에서 제품 또는 서비스의 위치를 선정하는 것이다. 포지셔닝은 고객 또는 소비자의 의식 속에 제품 또는 서비스에 대한 확고한 위치를 확립하는 것을 말한다. 즉, 포지셔닝은 기업이 경쟁기업과 다른 차별적인 특징 또는 이미지를 표적시장의 고객들에게 인식시키고, 그 기업의 전략적 위치를 선정하는 것을 의미한다. 이러한 포지셔닝은 효과적이고 효율적인 마케팅믹스 프로그램의 개발을 통하여 기업의 제품 또는 서비스에 대한 이미지를 고객들에게 지속적으로 전달하는 것이다.

(1) 포지셔닝전략

포지셔닝전략에서 가장 중요한 사항은 기업이 제품에 대해서 추구하고자 하는 포지셔닝과 소비자가 제품에 대해서 인식하는 포지셔닝이 연관성을 가져야 한다는 점이다. 기업이 추구하는 이념과 정책이 제품의 포지셔닝과 다를 때 소비자는 혼란을 느끼고 제품 포지셔닝의 효과는 떨어지게 된다. 또한 기업과 제품의 포지셔닝을 기본으로 서비스의 포지셔닝 또한 일치되어야 한다. 예로 이랜드를 살펴보면 다음과 같다.

> 이랜드그룹 아울렛 BG(Business Group)의 강점으로는 CS경영을 위한 다양한 인프라와 고객지향적 프로세스, CRM시스템 등이 잘 갖춰져 있다는 점이다. 마치 기초가 튼튼한 건물처럼 뛰어난 고객서비스를 위한 좋은 기반을 갖고 있는 셈이다. 자체적으로 개발한 아울렛 정체성지수(OID)를 통해 고객이 원하는 세 가지 상품영역과 세 가지 운영영역을 파악. 서비스 제공영역에서뿐만 아니라 서비스 생산영역에서도 측정지표를 만들어 정기적으로 평가, 개선활동을 하고 있다. 2008년부터는 CS경영의 '질적 성장의 해'로 선포하여 전사적 방향성을 점검하는 '이유만들기워크숍' 등 관련 진단과 학습들을 시작했다. 또한 인적 서비스부문에 편중되어 있던 CS혁신활동을 EIMS(통합고객정보관리시스템), CRM 등 시스템 혁신과 PB 월별 기획, RTMS 서비스 등 프로세스 혁신, 그리고 VIP관리 7단계 프로그램을 개발하여 타겟마케팅 영역까지 확대, 개선해 나가고 있다. CS경영을 주도할 탁월함과 성품을 겸비한 지식자본가들로 직원들을 양성하기 위해 타겟 채용을 통해 채용단계에서부터 직원들의 서비스품성을 고려하고 있으며, 역량기반의 인재육성 체계를 구축하고 지식경영시스템을 운영함으로써 채용된 인재들이 회사 내에서 지속적으로 성장 · 발전할 수 있도록 든든한 뒷받침을 하고 있다. CS훈련을 위한 아울렛 CS아카데미를 운영하는 등 직원들의 CS역량 향상에 적극 나서고 있다.
>
> **자료 : What Customer Wants 발췌**

포지셔닝전략의 기본 방향에 따라 크게 소비자 포지셔닝전략과 경쟁적 포지셔닝전략의 두 가지로 구분할 수 있다.

첫째, 소비자 포지셔닝전략은 소비자의 니즈를 바탕으로 자사제품의 포지셔닝을 개발하는 것을 말한다. 소비자의 니즈와 자사제품이 추구하는 편익의 연관성을 어느 범위에서 전달하느냐에 따라 포지셔닝하는 전략이다. 제품의 편익과 소비자의 욕구를 연관시킬 수 있는 포지셔닝전략을 세우는 것이 중요하며, 소비자에게 정보를 제공하는 방법과 제품과 연관된 상징적인 이미지를 전달함으로써 포지셔닝하기도 한다.

둘째, 경쟁적 포지셔닝전략은 경쟁사의 제품 포지셔닝을 바탕으로 포지셔닝을 하는 전략이다. 이 전략은 주로 경쟁제품과의 차별화를 목적으로 비교광고를 통해서 많이 수행되며, 소비자 포지셔닝전략보다 수월하게 포지셔닝을 할 수 있다는 장점이 있다. 그러나 이러한 방법을 통해 소비자들이 혼란을 갖게 되기도 하고, 경쟁제품의 인지도가 오히려 더 커질 수 있다는 단점도 있다.

따라서 포지셔닝은 고객과의 적절한 커뮤니케이션을 바탕으로 이루어져야 하고 포지셔닝전략을 실행한 후에도 기업이 목표한 대로 포지셔닝이 되었는지 확인하고 포지셔닝이 제대로 되지 않았거나 소비자욕구가 경쟁환경에서 변하였다면 이에 따라 리포지셔닝도 고려해 봐야 한다.

(2) 포지셔닝의 유형

구체적인 포지셔닝의 방법을 살펴보면 다음과 같다.

첫째, 속성에 의한 포지셔닝은 자사제품이 경쟁기업의 제품과 다른 기능적, 감각적 편익이나 속성 같은 차별점이 있다는 것을 소비자에게 인식시키는 방법이다.

둘째, 사용자에 의한 포지셔닝은 자사제품이 특정 사용자 계층에 적합하다고 소비자에게 인식시키는 방법이다. 예를 들면 이를 닦기 싫어하는 어린이를 위한 젤 타입의 달콤한 냄새가 나는 어린이 전용치약, 접대가 많은 비즈니스맨을 위한 숙취해소 음료, 아침 출근준비에 바쁜 직장인을 위한 린스 겸 샴푸 등을 생각해 볼 수 있다.

셋째, 사용상황에 의한 포지셔닝은 제품이 사용될 수 있는 상황을 제시하여 소비자들에게 인식시키는 방법이다. 예를 들면 생일파티 상황을 설정하여 가족들의 모임에 적합하다고 강조하는 패밀리레스토랑 광고가 여기에 속한다.

넷째, 경쟁제품에 의한 포지셔닝은 자사제품과 경쟁제품을 비교해서 자사제품의 우위를 소비자들에게 인식시키는 방법이다. 우리나라는 법적으로 비교광고가 금지되어 있기 때문에 직접적으로 표현해서는 안 되지만 충족되지 않는 소비자의 욕구를 간접적으로 파고드는 전략을 사용할 수 있다(예 : 중국에서는 삼성이 광고하는 곳에는 LG도 광고한다. 이를 통해 삼성 하면 LG, LG 하면 삼성이 떠오르게 된다. 따라서 한국의 2대 전자기업으로 중국사람들에게 포지셔닝되는 것이다).

다섯째, 리포지셔닝으로 시간이 흘러 고객의 니즈와 경쟁환경이 변화함에 따라 최초의 포지셔닝이 효과를 거두지 못할 때가 있다. 이럴 때는 시장환경에 맞게 기존제품을 새로운 표적시장에서 다시 리포지셔닝해야 한다. 예를 들면 유아계층을 목표로 포지셔닝되었던 존슨앤드존슨의 베이비로션의 경우 처음과는 달리 순한 화장품이라는 제품 컨셉으로 연약한 피부를 가진 청소년과 여성을 목표고객으로 리포지셔닝했다.

2. 고객충성도 상승전략

CRM을 성공적으로 이끌기 위해 필요한 것 중 하나가 고객충성도의 확보이다. 고객충성도란 제품이나 서비스 구매 후 고객의 만족감에서 형성되는 호의적인 태도에 의한 행동과 재구매의도를 나타낸다. 고객충성도는 여러 가지 속성에 의해 결정된다. 이런 점에서 기업이 고객들로 하여금 자사에 대한 호감도를 높이기 위해서는 기본적으로 다음과 같은 점들을 유의해야 한다.

첫째, 고객의 잠재된 혹은 드러난 욕구들을 충족해 주기 위해 모든 노력을 경주해야 한다. 즉, 고객의 자사의 제품이나 서비스에 대해 불만을 찾아내고 원하는 것이 무엇인지를 알아내야 한다.

둘째, 이를 통해 고객은 만족스러운 체험을 경험하게 되고 회사에 대한 애착과 신뢰가 생겨나도록 유도해야 한다.

셋째, 이러한 현상이 반복될수록 고객은 회사에 대한 신뢰성을 가지게 되며, 이에 대해 회사는 헌신적인 고객들에게 기업의 비전과 목표들을 지키려는 일관된 자세를 유지해야 한다. 이러한 과정을 통해 고객충성도는 증가하게 된다.

기업은 고객의 충성도 형성을 위한 원칙과 목표들을 가져야 하며 그에 맞는 통합된 전략을 수립해야 한다. 충성도 경영의 목표는 기업의 충성스러운 고객 등 이해관계자 모두가 윈-윈할 수 있도록 모두에게 가치를 제공하는 것이다. 이러한 충성도 경영은 본질적으로 장기적 전략으로서 모든 기업이 고객의 충성도를 강조하면서 경쟁사보다 더 나은 가치를 고객들에게 제공할 것을 강조하고 있다. 이를 위해서는 경영시스템 전반의 개선이 요구되며, 고객과의 협력적인 파트너십을 지향해야 하고 그들의 충성심을 확보해야만 장기적으로 성공할 수 있다. 고객은 기업이 고객을 위해 일하고 있다는 확신을 심어줄 때 기업에 헌신하게 될 것이다. 충성도 경영의 예로 엔터프라이즈 렌트어카(Enterprise Rent-A-Car)를 들 수 있다.

"첫째는 고객, 둘째는 직원."

엔터프라이즈는 허츠와 에이비스를 능가하여 북미지역 최대의 자동차 대여업체로 자리하였다. 그리고 다른 업종의 경기가 침체된 상황에서도 매년 20% 이상의 성장을 거듭하고 있다. 엔터프라이즈 최고경영자인 테일러는 아버지에게 배운 철학을 다음과 같이 소개한다. "첫째는 고객, 둘째는 직원." 또한 그는 헌신적 관계라는 관점에서 자신의 성공비결을 설명한다. 충성도를 기반으로 하는 엔터프라이즈의 전략이 성공을 거둔 이유에 대해 그는 이렇게 말한다. "우리 회사와 경쟁업체들의 차이를 단적으로 말한다면, 다른 업체에서는 자동차가 핵심인 데 비해 우리에겐 사람이 중심이라는 점입니다. 그리고 경쟁업체들이 자동차 선단을 구축하는 데 치중한다면 우리는 직원들의 경력을 중시합니다." 또한 분권화된 조직은 작고 안정된 팀, 그래서 책임의식과 유연성이 뛰어난 팀체제로 조직을 구성하고 있으며 자유로운 의사결정을 하도록 하고 있다. 또한 웹사이트(enterprise.com)을 통해 고객 및 미래의 직원들과 솔직하고 깊이 있는 관계를 유지하고 있다.

1) 충성도 성공원칙

충성도 성공원칙에는 우수성, 단순성, 정직성, 형평성, 존중, 책임 등의 기준들이 포함된다. 이런 기준들은 일상적 업무환경에서 전혀 동떨어진 이상적인 관념들이 아니다. 오히려 측정시스템과 보상, 조직, 전략 등과 관련된 단순하고 일상적인 행위 속에 내재되어 있다. 이를 통해 보편적인 진리의 성공원칙 사이에는 큰 차이가 없다는 것을 알 수 있다. 충성도 성공원칙은 다음과 같다.

① 윈-윈 해법을 지향하라 : 파트너의 희생을 바탕으로 이윤을 추구하는 것은 파멸의 지름길이다.

② 까다롭게 선택하라 : 멤버십은 특권이어야 한다.

③ 단순화하라 : 복잡함은 속도와 유연성의 적이다.

④ 합당한 성과에 대해 보상하라 : 훌륭한 파트너는 훌륭한 보상을 받을 가치가 있다.

⑤ 열심히 듣고 솔직하게 말하라 : 장기적인 관계를 형성하기 위해서는 솔직하고 쌍방향으로 이루어지는 커뮤니케이션과 배움이 필요하다.

⑥ 몸소 실천하는 것만을 설교하라.

이를 고객의 충성도를 얻기 위해 고객관리에 접목하면 다음과 같다.

첫째, 신중하게 고객을 선정해야 한다. 지속적 성장과 이윤의 극대화를 추구하는 기업이라면 바람직한 고객을 선별하는 데 주력해야 한다. 고객유치과정에서는 상당한 비용이 들며, 이 비용에 대한 대가를 얻으려면 확보한 고객의 충성도가 형성되어야 한다. 바람직한 유형의 고객은 기업의 장기적 유동성을 담보할 뿐 아니라 소개를 통해 기업의 성장을 견인한다. 그리고 호감을 가진 고객들을 상대하는 직원들의 업무 만족도 역시 향상된다.

하지만 그렇지 못한 고객은 기업의 비용만을 희생시킨 채 발길을 돌려버리고, 기업의 평판을 떨어뜨릴 뿐 아니라, 직원들에게도 모멸감을 심어줄 뿐이다. 고객을 선정하고 필요 없는 고객들을 제외시키는 것은 기업의 이익구조에 있어서 중요한 일이다. 예를 들면 뮤츄얼펀드업계의 상위업체인 B사는 고객유지율은 탁월한 선별능력에서 비롯된다고 강조하고 있다. 또한 고객선별은 비용절감에도 크게 기여하고 비용효율에 지대한 영향을 미친다. 델컴퓨터와 애플도 컴퓨터전문가들을 대상으로 충성도를 확보하고 이를 통해 제품들을 확산시켰다. 대금의 정확한 결제, 재가입률 등은 기업의 운영비용을 줄이고 비용효용성을 극대화시킨다.

둘째, 경제적 이득을 헌신적인 고객들과 공유해야 한다. 고객으로부터 최대한의 가치를 뽑아내자는 철학이 적용되는 대표적인 사례로는 각 좌석마다 최대한의 가격을 매기는 항공업계의 산출관리시스템이 있다. 이는 CRM을 배신의 과학에 적용하는 일이다. 사우스웨스트항공은 산출관리시스템이 불공평하고 복잡할 뿐 아니라 운영비도 많이 든다는 판단에 따라 사전 구매가격과 무제약 구매가격의 두 가지만 적용하고 있다. 고객 입장에서는 이 방법이 공평하다. 경쟁업체의 회계전문가들은 이와 같은 단순하고 형평성을 중시하는 가격정책을 구사하다가는 머잖아 많은 돈을 잃게 될 것이라고 생각할지도 모르지만 사우스웨스트항공은 대형 항공사 가운데 지속적으로 흑자를 기록한 유일한 항공사이다. 이처럼 고객에 대한 이해는 고객을 위해 사용될 때 진정한 가치가 되어 돌아온다.

셋째, 단순한 규칙을 개발하여 적용해야 한다. 고객을 대하는 데 있어 규칙은 간단할수록 좋다. 단순성은 조직의 유연성과 발전을 허락해 준다. 단순한 페이스북이 다양한 조합을 통해 여러 가지 일들을 구사할 수 있는 것과 같다. 따라서 모든 파트너의 삶을 단순화하려는 노력이 필요하다. 분명하고 단순화된 원칙에 근거하는 충성도만이 유연성과 속도의 토대가 되기 때문이다.

한편 사업전략수준의 분석에서는 지나치게 세부적인 사항을 정확하게 분석하고자 하는 것은 적절하지 않다. 분석에 고려해야 할 세부사항이 많으면 오히려 전체 윤곽을 파악하는 데 방해가 되기도 한다. 큰 구조를 만들어내기 위한 경우에는 분석이 다소 단순화되어야 할 필요가 있다.

2) 충성도와 예측

항상 기업과 인간은 기업업무, 일상생활에서 예측을 하면서 지내왔다. 기업의 경우 내년의 매출, 내년의 경기 등을 예측하고, 이를 바탕으로 몇 사람을 새로 뽑을 것인지, 새로운 사업을 할지 말지 등을 결정한다. 이와 같이 미래에 어떤 일이 발생할지를 미리 판단한 것을 바탕으로 앞으로 어떤 일을 언제 할 것인지를 계획한다. 이처럼 모든 일에 예측이 일상적으로 사용되고 있음에도 유독 개별고객에 대한 관리에서는 예측치를 사용하는 데 보수적인 태도를 유지하는 경우가 많다. 하지만 예측을 한다는 것은 예측이 없는 경우에 비해 유용한 정보를 제공한다는 것은 분명하며, 예측이 없다면 앞으로 해야 할 일에 대한 계획이라는 것을 세우는 것 자체가 불가능해진다.

특히, CRM 전략에서 예측은 매우 중요하다. 전략 자체가 미래를 향해 나아가는 것이며 그러기 위해서는 미래를 예측하고 계획해야만 한다. 고객들이 새로운 제품에 어떤 반응을 보일 것인지를 미리 예상하지 못한다면 많은 비용을 투자해 개발한 신제품이 고객들의 요구와 일치하지 못하고 이를 개발하기 위해 투자했던 많은 비용과 노력이 물거품이 될 수 있다.

새로운 판매촉진 프로그램을 개발해도 어떤 고객들이 이에 민감하게 반응할지를 모른다면 성공하기 어렵다. 가격을 인상할 시점을 정한다거나 새로운 점포를 개설하는 것도 마찬가지이다. 이처럼 고객들도 변하고 시장도 변하기 때문에 미래에 어떤 상황이 될 것인지를 예상하지 못하고는 경영활동이 성공하기 어렵다. 고객을 향한 외부를 향한 눈이 항상 열려 있어야 하며 가슴은 올바른 방향으로 미래를 향하여 나아가야만 하는 것이다.

그렇다면 무엇을 예측해야만 하는가? 고객의 구매, 구매에서 얻어질 이익 또는 가치, 각종 판매촉진 프로그램 등에 대한 고객의 반응 여부 등이 대상이 될 수 있다. 고객의 상태에 대한 예측도 유용하다. 가장 먼저 각 고객들의 구매에 대한 예측이 이루어져야 한다. 고객의 가치에서 현재가치도 중요하지만 미래가치는 더욱 중요하다. 앞으로 많은 가치를 줄 수 있을 것으로 예상되는 고객에게 집중해서 고객관리활동이 이루어지는 것이 합리적이기 때문이다.

또한 기본적인 고객의 상태변화에 대해서도 예측이 필요하다. 여기서는 예측모델링이라는 방법이 가장 기본이 된다. 예측모델링은 고객 데이터베이스에서 예측모델을 바탕으로 규칙을 설정한 뒤 고객을 그 규칙에 따라 분류하여 적절한 프로모션기법을 구사하는 것이다. 그에 따른 방법으로는 데이터마이닝, 시뮬레이션기법 등이 있다.

CRM 활동에 대한 계획을 새로이 세우고 그 계획이 실행되기 위해서는 최소 일주일에서 수 주일 이상의 시간이 걸린다는 점을 생각하면 적어도 한 달 이후의 활동에 대해서 사전에 계획을 세워야 하므로 한 달 이후의 미래에 대한 예측치를 가지고 있어야 한다. CRM에서 예측 측면의 분석이 본격적으로 활용되고 있다고 할 만한 경우를 찾기가 그리 쉽지 않다. 예측모델을 전혀 사용하지 않는 경우도 있고 사용한다 해도 이탈가능성에 대한 것 하나 정도에 그치는 경우도 많다. 이는 데이터분석에 대한 막연한 거부감과 예측 정확도에 대한 확신이 없기 때문이다. 하지만 예측을 하지 않는 경우보다는 제한적으로나마 예측을 하는 경우가 훨씬 낫다.

CRM이 언제까지나 현재고객을 향해서만 움직이는 것이 될 수는 없다. 적어도 고객이 미래를 미리 예상하고 CRM 활동을 수행해야 한다. 기존의 CRM은 고객이 이미 구매한 내역이 주된 판단의 기준이 되었지만 새로운 CRM은 고객이 구매할 내역을 예상하고 움직이는 것이어야 한다. 예측이 힘들다면 여러 가지 시나리오를 세우고 시나리오별의 발생가능성을 따져서 움직이는 것도 생각할 수 있다.

예측에 따른 고객관리가 본격화되려면 상당한 준비가 필요하다. 가장 기본적으로 필요한 것은 데이터를 분석하여 예측을 하는 전담인력들을 충분히 확보하고 이들을 유지하는 것이다. 분석팀에 대한 역량을 축적해 가는 데 필요한 시간을 충분히 주어야만 한다. 또한 분석팀과 현장 및 다른 스탭 부서들 간의 커뮤니케이션이 원활하게 이어지도록 노력해야 한다. 더불어 경영진이 이를 이해하고 신뢰해야만 한다. 예측에 관한 예를 살펴보면 다음과 같다.

고객 시나리오를 이용해 전략 짜기

C·A·S·E 살펴보기

테스코의 성공은 상당부분 기업의 통찰력 있는 판단 때문이라고 할 수 있다. 이 기업은 상점에서 쇼핑을 하는 전형적인 소비자들의 시나리오를 신중하게 살펴보고 어떻게 하면 그 시나리오가 상점과 인터넷 직판의 결합을 통해 최대로 활용할 수 있을지 연구했다.

식료품 쇼핑을 할 때 소비자의 전형적인 시나리오는 다음과 같은 여섯 단계를 거친다.

1. 우리 가족이 이번 주에 필요로 하는 것이 무엇인지 결정한다.
2. 쇼핑목록을 작성한다.
3. 상점에 간다.
4. 식료품을 고르고 가격을 지불한다.

5. 쇼핑한 상품을 집으로 가져간다.
6. 가져간 물품을 정리해 치워둔다.

테스코는 온라인 판매를 통해 2번에서 5번에 이르는 과정에 있는 소비자의 시간을 대폭 줄일 수 있을 것으로 생각했다. 고객은 이전 구매이력을 바탕으로 쇼핑목록을 자동적으로 만들어낼 수 있고, 상점으로 운전해 갔다가 돌아오는 시간을 절약할 수 있으며 무거운 짐을 들고 오가는 수고를 들일 필요도 없었다. 하지만 회사가 고객과 이야기를 나누고 그들의 행동양식을 관찰한 결과, 고객의 대다수는 상점에서 쇼핑하는 행위 자체를 즐겼다. 또한 지역 슈퍼마켓이 질 좋은 상품을 공정한 가격에 제공해 줄 것으로 믿고 있었다. 대부분의 소비자는 온라인 쇼핑이 전통적인 쇼핑을 대체할 수 있을 것으로 보지 않았다. 단지 바쁠 때 시간을 아끼기 위해 잠시 들를 수 있는 오프라인 상점의 보완 정도로만 간주했다.

이러한 소비자 선호도에 대한 이해를 바탕으로 테스코는 온 · 오프라인 상점을 긴밀하게 통합하는 작업에 착수했다. 고객이 활동의 신축성을 희생하지 않고도 자신들의 쇼핑 시나리오를 효율적으로 구성할 수 있게 하려는 의도였다. 전직 상점경영자로 지금은 테스코 다이렉트를 이끄는 게리사전트는 대부분의 온라인 상점 운영전략의 근원적인 기본신조 중 하나를 과감히 철회했다. 즉 비용을 절감하기 위해 중앙창고에서 재고품목을 통합하고 주문을 처리하는 관행을 폐지한 것이다. 그는 소비자가 보통 개인적으로 자주 찾아가는 상점에서 온라인으로 주문하는 것을 더 선호한다는 사실을 알았다. 그런 식으로 하면 고객은 같은 상품에 늘 한결같은 가격을 지불할 것이며 무엇을 구매하든 같은 상품목록에서 고를 수 있기 때문이다. 그렇게 되면 두 개의 시나리오 사이에 불협화음이 없어지게 될 것이 분명했다.

그 계획을 실행에 옮기고자 테스코 다이렉트는 각 상점의 가격과 재고품목체계를 온라인 쇼핑 애플리케이션에 직접 연결시켰는데 그럼으로써 고객과 기업 양쪽에 모두 이익이 되었다.

자료 : 패트리샤 세이볼드, CRM 전략; 고객 시나리오를 파악하라

3. 마케팅믹스전략

마케팅믹스전략(Marketing Mix Strategy)은 기업이 표적시장에서 마케팅목표를 달성하기 위하여, 즉 포지셔닝의 개념을 실행하는 도구로서 그들이 보유하고 있는 통제가능한 마케팅자원을 결합하여 전략적 대안을 개발하는 것을 의미한다. 이러한 통제가능한 마케팅자원은 제품(Product), 가격(Price), 유통(Place), 그리고 촉진(Promotion) 등이며, 이것들을 총칭하여 4P라고 한다. 이를 종합해서 살펴보면 [그림 2.1]과 같다.

그림 2.1 ▮ 4P 전략

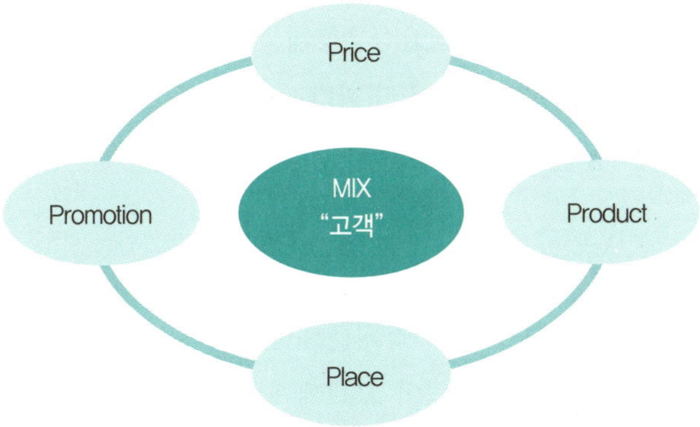

CRM 전략에서는 제품 자체가 고객을 위하여 디자인되는 것을 말하며, 고객의 니즈를 충족시킬 수 있는 효용성을 가지는 것이다. 그러한 제품에 소비자들의 구매의향에 맞는 가격을 결정해야 하며, 이를 유통시킬 수 있는 채널 및 장소들을 갖추어야 한다. 또한 소비자들에게 잘 알려지고 그들의 마음에 포지셔닝될 수 있도록 광고 및 판촉활동을 하는 것이 수반되어야 한다.

예를 들어, 애플은 선도적인 IT 사용자들에게 매우 매력적일 수 있는 속성을 가진 기기를 만들었으며, 199달러라는 경쟁제품에 비해서 상대적으로 저렴한 가격을 책정하였다. 그리고 '전문 컴퓨터사용자'들에 의한 구전마케팅을 통해 프로모션 효과를 이루었다. 그리고 애플사의 안정적인 유통채널 및 타 유통기업과의 전략적 제휴를 통해 아이폰을 공급하였다. 이는 애플사가 소비자들을 이해하고 겨냥하여 만들어내고 파급시킨 것으로서, 4P의 개념에 소비자들을 반영한 성공적인 4P 전략의 사례라 할 수 있다. 이러한 4P 전략을 개별적으로 살펴보면 다음과 같다.

1) 제품관리

제품(Product)은 노동력, 기계 및 원재료 등과 같은 생산요소를 투입하여, 가공 또는 생산과정을 거쳐 만든 완성품을 말한다. 넓은 의미에서 볼 때 제품은 유형의 제품뿐만 아니라 무형의 서비스도 포함한다. 이러한 상품은 핵심제품, 유형제품, 그리고 확장제품 등과 같은 세 가지 차원으로 분류할 수 있다.

① 핵심제품(Core Product) : 제품이 제공하는 핵심적인 편익 또는 서비스를 말한다.

② 유형제품(Tangible Product) : 핵심제품을 실제의 제품으로 형상화한 제품을 의

미한다. 브랜드, 디자인, 품질 및 포장 등과 같은 제품속성을 통하여 구체화된다.

③ 확장제품(Augmented Product) : 유형제품에 추가하여 제공되는 서비스 또는 기타의 혜택 등이 포함된 제품을 말한다. 제품보증, 판매 후 서비스 및 신용 등이 부가적으로 제공된다.

(1) CRM 제품관리

기업이 개인고객의 정보를 가지게 되는 순간부터 대중마케팅이나 시장세분화에서 해오던 제품관리의 차원을 뛰어넘어 고객에게 최적의 제품솔루션을 제공할 수 있는 일대일마케팅이 가능하게 되었다. CRM의 최종지향점이 일대일마케팅이라는 점을 감안한다면 CRM에서의 제품관리는 일 대 일 개별화된 관리여야 한다.

CRM의 궁극적 제품전략인 제품관리를 실행하기 위해서는 기업과 고객이 '학습관계'를 구축해야 한다. 고객들이 개인적으로 표출한 니즈를 충족시키기 위해 기업은 활동을 고객의 니즈에 적응시킬 필요가 있다. 이것은 제품의 생산 자체에 적용될 수도 있고, 제품 자체보다는 제품을 둘러싼 서비스를 맞춤화시키는 형태가 될 수 있다.

(2) CRM 제품관리의 네 가지 유형

CRM 제품관리의 유형은 고객에게 주는 가치를 기본으로 다음과 같이 네 가지 유형으로 분류될 수 있다. 네 가지 제품관리 중 적응형 제품관리와 장식형 제품관리는 '표준화에서 창조된 다양성' 차원으로, 또한 협력형 제품관리와 투명형 제품관리는 '고객선호의 학습차원'으로 다시 묶을 수 있다.

첫째, 적응형 제품관리는 하나의 표준을 제공하지만 개별적으로 맞춤형이 가능하도록 하는 것이다. 즉 고객이 제품을 스스로 변경할 수 있도록 설계하는 것을 말한다.

리복의 펌프 운동화

스포츠 브랜드 리복은 신발 안에 자동으로 공기를 주입, 착용자의 발에 완벽하게 맞도록 해주는 '펌프 2.0'기능을 가진 펌프 시리즈를 출시하였다. 미국항공우주국(NASA)과 매사추세츠공과대학(MIT) 기술진이 함께 개발한 자동 공기주입방식이 적용된 펌프 2.0은 걷거나 뛸 때 펌프를 다섯 걸음 안에 발 모양과 러닝 스타일에 맞춰 신발 내부의 공기실이 자동 팽창하여 신발끈 없이도 뛰어난 착용감을 제공한다.

자료 : Naver News

이 방식은 고객과의 직접적인 상호작용이 없어도 맞춤형이 가능하다는 것이 특징이다.

둘째, 장식형 제품관리는 제품의 사용방식은 동일하지만 고객에 따라 제공방식이 어떻게 적용되느냐에 따라 달라지는 방법이다. 포장이나 배달형태를 약간 변형하는 것으로 주문포장, 개인 전용라벨, 여타 규정조건에 대한 개인 전용화, 개인 편의에 맞춘 배달일정, 개인 취향에 맞춘 보너스상품 등 맞춤양식으로 제품을 포장하는 것이다. 동일한 제품을 제공하지만 고객의 이름과 같은 아주 단순한 정보만을 포함해서 쉽게 맞춤화하는 방법을 들 수 있다.

셋째, 협력형 제품관리는 개인고객과의 대화를 통해 고객의 니즈를 정확하게 파악한 후 그 니즈를 충족시킬 수 있는 구체적인 제품을 식별하여 제공하는 것이다. 특히 가구, 뉴스제공, 의류 등과 같은 업종에서 많이 사용하고 있다. 제품의 디자인 단계부터 고객을 동참시켜 고객 자신이 기업과 함께 의사결정을 내릴 수 있게 함으로써 고객에 딱 맞는 안성맞춤의 제품을 제공받을 수 있다.

베타테스트(Betatest)란 회사가 제품을 런칭하기 이전, 고객의 만족도 및 사업의 안정성을 평가하기 위하여 미리 사용자들에게 제품을 평가받기 위하여 서비스를 공개하는 방법이다. 정식으로 서비스를 런칭했을 때에 비해 사업성이 없다고 판단될 때 곧바로 그에 대한 대처를 할 수 있다.

베타테스트는 크게 '오픈베타'와 '클로즈베타'로 나뉘는데 오픈베타는 모두에게 공개하는 방법이며, 클로즈베타는 제한된 인원을 선정하여 하는 방법이다. 오픈베타는 회사에서 자체적으로 시행한 안정성평가가 좋을 경우 시행하는 것이다.

제한된 인원의 사용자가 행하는 클로즈베타테스트일 경우, 베타테스트를 하는 사용자들을 '베타테스터'라고 한다.

자료 : 위키피디아 오픈백과 발췌

넷째, 투명형 제품관리는 기업이 고객의 행동을 오랜 시간 동안 관찰하여 예측가능한 선호나 취향을 발견하여 고객이 알지 못하게 니즈를 제공하는 것이다. 고객들 몰래 고객들에게 제품을 제공하는 방법을 사용한다. 예를 들면 리츠칼튼호텔은 고객이 선택하는 것을 면밀히 관찰하고 기록해 두었다가 그 고객이 재방문하였을 때 적용한다. 지난번 고객이 베개를 하나 더 요구했었다면 재방문 시 처음부터 여분의 베개를 준비해 두는 방식이다.

2) 가격관리

가격(Price)은 제품 또는 서비스가 지니고 있는 가치를 화폐로 표시한 수치를 의미한다. 기업의 관점에서 볼 때 가격은 기업이 제품이나 서비스를 생산 또는 창출하기 위하여 투입된 모든 비용을 회수하고, 기업의 성장에 필요한 이익을 확보하기 위한 마케팅수단이다. 반면에 소비자의 관점에서는 소비자가 욕구충족을 위해 제품 또는 서비스를 구매하고 이에 대한 대가를 기업에게 지불한 금액을 말한다.

가격은 다른 마케팅믹스 요소들과 달리 쉽게 변경할 수 있으나, 가격이미지는 쉽게 바뀌지 않는다. 또한 가격변화는 기업의 매출액과 이익에 직접적이고 즉각적인 영향을 주기 때문에 기업의 수익성을 보전하기 위해서는 가격경쟁을 가능한 한 피하는 것이 바람직하다.

고객과의 관계를 제고하여 수익성을 극대화하려는 CRM에 있어서 가격은 기업의 수익성에 직접적인 영향을 미친다. 이에 CRM을 위한 가격관리는 어떠해야 하며 어떤 이슈가 있는지 살펴보자.

① **가격인하** : 명분 없는 제품이나 서비스의 가격인하는 실시하지 말아야 한다.

② **공급자결정형 가격** : 이러한 가격관리는 정작 제품을 구매할 실질구매자들의 수요정보를 충분히 반영하지 못하고 있다.

③ **차별가격** : 개별고객이 가지고 있는 가격에 대한 민감성이나 필요의 정도에 따른 가격수준을 반영해야 한다.

④ **고객의 변화를 무시한 가격** : 신규고객과 우량고객과의 고객별 가격차별화 전략에 대해서 고려해야 한다.

⑤ **나홀로가격의 과제** : 계량적인 고객 구매의사결정 모델을 통한 가격책정이 이루어지면 수익성이나 판매액 증가를 위해 훨씬 효과적일 것이다.

⑥ **고객이 직접 가격을 정할 수 없다는 편견의 과제** : 고객이 원하는 제품을 고객이 인식하는 가치에 맞는 가격으로 구매할 수 있는 가격관리가 CRM의 궁극적인 전략이다.

또한 고객생애단계에 따라 고객의 가격민감성이 변하거나 신규고객과 장기고객 사이에서 발견되는 가격민감성의 차이는 CRM을 위한 가격관리에 중요한 단서를 제공해 줄 수 있다. 이를 기업과 고객의 관계단계에 접목시켜 보면 다음과 같다.

① **고객확보** : 관계를 맺는 것이 중요하기 때문에 가격할인이나 리베이트 등으로 고객유인을 하는 것이 효과적이다. 즉, 기존의 우량고객의 인구통계적인 특성을 분석하여 닮은 신규고객들을 끌어들이는 여러 유인책을 통해 고객화하는 것을 생각할 수 있다.

② **고객유지** : 맺은 관계를 유지하고 제고시키고자 상승판매와 교차판매를 한다. 대량구매를 하는 고객은 소량구매 고객보다 단위당 더 낮은 가격을 제시하여 적절한 가격차별화를 주는 것이다. 고객과의 거래내역분석과 시장분석을 통해 구매량과 가격차별화의 기준을 확보할 수 있다.

③ **교차판매** : 관련상품을 묶어서 판매하는 전략이다. 관련상품을 개별적으로 구입하는 것보다 낮게 제시함으로써 그만큼 판매가능성이 높아진다. 교차판매를 하게 되면 고객과의 거래횟수 또는 거래폭이 넓어져 거래관계가 더욱 강화된다.

④ **관계강화** : 기업과 장기적인 거래관계를 유지하면서 고객에게 특별한 대우나 혜택을 줌으로써 기업에 대한 충성도가 점점 높아진다. 가격에 덜 민감해지며 고객이탈 위험도 사라진다. 차별화된 고객대우와 더불어 프리미엄가격을 적용하여 수익성을 극대화할 수 있다.

3) 유통관리

제품이 개발되어 가격이 결정된 후에는 시장에 유통되어야 한다. 마케터들은 소비자들이 원하는 시간에, 원하는 장소에 제품을 옮겨주고 소유권을 이전하는 수단을 마련해 줌으로써 제품의 가치를 높인다. 유통관리는 실제로 유통경로의 구축과 관리로 이루어진다.

유통경로(Distribution Channel)란 일반적으로 제품과 서비스가 생산자로부터 소비자 및 최종사용자에게로 옮겨가는 경로를 말한다. 유통기능은 구매, 판매, 수송 및 보관, 창고기능 등을 포함하고 있다. 최근의 시장환경하에서는 단순한 유통기구 간의 경쟁보다 제조업자와 유통기구를 포함한 전체 유통시스템, 즉 공급체인(Supply Chain) 간의 경쟁이 보다 치열해지고 있다. 따라서 유통시스템의 총체적 이익을 높이기 위해서는 유통경로의 구성원들인 제조업체, 도매상, 소매상 또는 대리점 간에 공동운명체라는 의식으로 파트너십 등의 관계를 통해서 서로 긴밀한 협조가 있어야 한다. 고객에게 도달하기 위한 유통경로를 계획하고 관리 또는 재배치하는 일은 CRM에 있어 중요한 역할을 차지한다.

(1) 유통경로

유통경로는 중간상으로 인해 거래횟수를 단축하고 고객과 연결하여 주는 중요한 채널의 역할을 하게 된다. 즉 중간에 통합점을 만들어 기업으로부터의 집중, 고객으로의 확산이 원활하게 이루어지는 역할을 한다. 최근 산업계에서는 수직적 마케팅시스템을 광범위하게 사용하고 있으며 다음의 [표 2.1]과 같은 형태를 가진다.

표 2.1 유통경로의 형태

형태	개념	사례
관리형 시스템	경로지배자로 행동하는 하나의 강력한 경로구성원에 의해 지배되는 유통경로	삼성전자, LG전자
기업형 시스템	하나의 조직에 의해 소유되고 운영되는 유통경로	현대자동차, 스타벅스
계약형 시스템	경로구성원 사이의 계약에 의해 조정되는 유통경로	맥도날드 햄버거

(2) 유통경로 설계

유통경로 설계는 시장의 기회와 제약요인을 고려하여 최선의 경로를 선택하는 것이다. 유통경로의 설계에는 많은 변수들이 고려되어야 하며, 이러한 유통경로의 설계는 서비스 요구수준의 파악, 경로의 목적설정, 경로대안의 평가 및 선정 등의 네 가지 의사결정단계로 이루어진다.

① 1단계 : 고객서비스 요구파악이다. 유통경로 설계는 먼저 목표고객이 유통경로로부터 무엇을 원하는지를 파악하는 것으로 시작한다.

② 2단계 : 유통경로 목표설정과 제약요인이다. 유통경로의 목표는 목표고객이 원하는 서비스수준의 관점에서 결정되어야 한다. 이 과정에서 기업은 경로비용을 최소화하도록 노력하여야 한다. 또한 목표를 정하는 데 영향을 미치는 제약요인들을 고려하여야 한다. 이러한 제약요인에는 기업의 규모, 재무특성, 제품의 특성(부패 여부 등), 중간상의 특성, 경쟁업체, 환경적 요인들이 있다.

③ 3단계 : 대안경로의 개발이다. 유통경로의 목표를 결정한 후에는 중간상의 형

태, 중간상의 숫자, 그리고 각 경로구성원의 책임을 고려하여 유통경로 대안들을 개발해야 한다.

④ 4단계 : 유통경로의 평가와 선정이다. 만약 이러한 과정에서 복수의 유통경로 대안들이 나왔다면 이 중에서 장기적 목적을 달성할 최선의 경로를 선정하기 위해 각 경로대안의 평가가 필요하다. 유통경로를 평가하는 데 일반적으로 사용하는 세 가지 기준은 경제성, 통제성, 적응성 등이 있다.

(3) 고객중심유통관리

유통경로의 갈등에는 유통경로상 동일한 차원에 있는 유통기구들 사이의 갈등인 수평적 갈등과 유통경로상 다른 경로에 있는 구성원들의 갈등인 수직적 갈등이 있다(예 : 제조업체와 대리점과의 갈등 등). 이러한 갈등의 근본원인은 유통경로 구성원들 사이의 이해관계가 서로 다르다는 것이다. 예를 들면 제조업체는 어떤 유통경로를 통하든 제품이 많이 판매되기를 원하나 대리점 및 유통상들은 그 제품이 자신들을 통해 자기들의 매출 및 이익증대에 도움이 되기를 원한다. 또한 소매상은 제조업자에게 제품과 서비스의 적시공급, 영업지역의 보호, 충분한 마진 등을 기대하는 반면에 제조업자는 소매상이나 최종소비자에게 적극적인 판촉을 해줄 것을 기대한다.

이처럼 각각의 구성원들 사이에는 목표의 상충이 일어나기 마련이며, 이를 해결하기 위해서는 모니터링을 통해 중간상의 불평, 불만 또는 욕구를 파악하여 이를 유통경로정책에 반영해야 한다. 즉, 관계마케팅 개념을 도입하여 유통상과의 관계를 평생고객 개념으로 접근하여야 한다는 것이다. 이를 통해 파트너십 관리로 중간상들도 고객과 회사시스템의 일원으로 보아 상생의 경영을 추구해야만 한다. 이를 위해 중간상과의 일관적인 커뮤니케이션과 지원활동이 이루어져야 한다. 유통경로관리에서 중요한 것은 고객접점 확대이다. 웹이나 모바일 등 가상공간에서의 접점 확대, 오프라인 접점의 강화 등이 앞으로 CRM 전략의 중요한 이슈가 될 것이다.

4) 촉진관리

촉진(Promotion)은 마케팅 커뮤니케이션을 의미한다. 촉진은 제품의 존재를 소비자들에게 알리고, 구매하도록 설득하고, 유인하는 다각적인 과업을 수행해야 하므로 하나의 수단으로는 불충분하기 때문에 다른 마케팅믹스와는 달리 광고, PR, 판매촉진, 인적판매의 네 가지 수단들이 활용된다. 이 네 가지 수단을 통틀어 촉진믹스(Promotion Mix)라고 부른다. 그런데 글로벌화의 영향으로 경쟁제품의 개수가 늘어나고 다양한 매체들이 등장하면서 주요 매체에의 광고효과가 감소하는 현상이 나타나게 되었다. 따라서 모든 촉진믹스 수단들을 활용하여 고객과의 커뮤니케이션 효과를 극대화하고자 등장한 개념이 바로 IMC(Integrated Marketing Communication)이다. 즉, IMC는 기업의 제한된 커뮤니케이션 예산을 가지고 다양한 촉진믹스 수단들을 골고루 활용하여 커뮤니케이션 목표를 달성하고자 하는 것이다.

일반적으로 촉진믹스 요소의 효용은 제품의 종류에 따라서 달라진다. 제품들을 소비재와 산업재로 나누며, 소비재의 경우 기업들은 대개 판매촉진에 가장 많은 촉진예산을 투입하고, 그 다음이 광고, 인적판매, PR 순이다. 그러나 산업재의 경우 기업들은 대개 인적판매에 가장 많은 촉진예산을 투입하고, 그 다음이 판매촉진, 광고, PR 순이다.

(1) 광고

광고(Advertising)는 기업 등의 스폰서가 비용을 지불하고 비인적 매체를 통하여, 기업이나 그 제품들을 널리 알리고 구매를 촉진하기 위하여 벌이는 모든 형태의 활동을 의미한다. 광고는 다음과 같은 의사결정과정을 거친다.

광고목표 설정 → 광고예산 결정 → 광고메시지, 광고매체 결정 → 광고효과 평가

(2) PR

많은 사람들이 PR(Public Relations)과 홍보를 동의어처럼 사용하지만 PR은 기업이 직간접적으로 관련이 있는 여러 집단들과 좋은 관계를 구축하고 유지함으로써, 기업이미지를 높이고 구매를 촉진하기 위하여 벌이는 활동이다. 반면에 홍보는 기업이 비용을 지불하지 않고 기업의 활동이나 제품에 대한 정보를 언론의 기사나 뉴스 형태로 내보내는 것이다.

(3) 판매촉진

판매촉진(Sales Promotion)은 고객의 구매를 직접적으로 자극하기 위하여 단기적으로 주어지는 인센티브를 말한다. 예를 들어 할인쿠폰, 무료샘플 배포, 사은품 증정, 세일 등이 여기에 속한다. 판매촉진은 고객에게 직접 제공되는 소비자 판매촉진과 유통경로상의 중간상들에게 주어지는 유통상 판매촉진, 그리고 기업 판매촉진으로 구분된다.

① **소비자 판매촉진 수단** : 샘플, 쿠폰, 현금 리베이트, 가격할인, 판매시점 전시물, 경품, 선물, 콘테스트 등이 있다. 여기서 현금 환불금(Refund) 또는 리베이트는 구매 이후 구매자가 구매확인 징표를 제조업자에게 보내면 제조업체는 우편으로 구매액의 일정액인 리베이트를 다시 돌려주는 것이다. 가격할인은 소비자에게 제품 정상가격의 일정액을 깎아주는 판매촉진이다. 예를 들어 한 개의 가격으로 두 개의 동일제품을 판매하는 판매촉진(Two for the price of one)이나 관련된 두 개의 제품을 동시에 할인가격으로 판매하는 판매촉진이 이에 해당된다.

프리미엄 또는 선물은 제품을 구매할 때 무료로 또는 아주 낮은 가격으로 구매할 수 있는 다른 제품을 끼워주는 것이다. 예를 들면 햄버거 구매 시 끼워주는 장난감 같은 것들이다. 경품대회 또는 콘테스트(Contest)는 소비자들에게 노력과 운으로 현금 또는 상품 등의 선물을 탈 수 있는 기회를 제공하는 것이다.

② **유통상 판매촉진 수단** : 유통상 판매촉진은 유통업자로 하여금 자사의 제품을 취급하게 하고 광고에 포함되도록 하며, 소비자에게 제품을 적극적으로 판매하도록 제공되는 인센티브이다. 제조업체들이 유통상에게 제공하는 판매촉진에는 여러 형태가 있으며, 소비자 판매촉진의 많은 수단들도 사용된다. 많이 사용되는 유통상 판매촉진 수단 중의 하나가 할인이다. 이것은 제조업체가 유통업체에 대해서 일정기간 동안에 구매한 제품에 대해서 정상가격에서 일정금액을 할인하여 주거나, 대량으로 구매하는 경우에 수량할인을 해주는 방법이다.

또 다른 유통상 판매촉진 수단은 유통업자가 광고를 하거나 특별한 전시물을 사용하였을 때 그 비용의 일부를 보상해 주는 방법이다. 또한 많은 양을 한 번에 구매하거나 또는 제품의 특정 측면을 광고해 주는 유통상에게 무료제품을 제공하는 경우도 있다. 제조업체들은 유통상에게 무료광고 판촉물을 제공하기도 한다. 이것은 기업의 이름, 판촉메시지 등이 새겨진 펜, 수첩, 유리컵 등과 같은 물건을 소매상에게 선물로 제공하는 것이다.

③ **기업 판매촉진 수단** : 기업들은 매년 기업고객들에게 판매촉진을 위하여 천문학적인 비용을 사용한다. 이러한 기업 판매촉진 수단에는 소비자 판매촉진과 유통상 판매촉진에 사용되는 수단들이 다수 포함된다.

(4) 인적판매

인적판매(Personal Selling)는 제품을 알리고, 질문에 답하며, 주문을 끌어내기 위하여 잠재고객들과 직접적으로 대면접촉하는 활동이다. 이러한 인적판매는 외부판매(Outside Selling)와 내부판매(Inside Selling)로 나눌 수 있다. 외부판매는 판매사원이 잠재구매자를 방문하여 판매활동을 하는 것이고, 내부판매는 소매 또는 도매점포에서 판매사원이 잠재구매자에게 판매활동을 하는 것이다.

① **인적판매과정** : 인적판매과정은 소비자의 파워가 커짐에 따라서 세 가지 형태로 변화되어 왔다. 즉, 과거의 거래지향적 판매방식에서 현재의 컨설턴트식 판매 내지는 관계지향적 판매방식으로 바뀌게 되었다.

- **거래지향적 판매(Transaction Selling)** : 고객의 욕구를 이해하기보다는 판매를 성사시키는 데에 초점을 맞추는 판매방식을 말한다.
- **컨설턴트식 판매(Consultative Selling)** : 판매사원이 단지 제품을 판매하는 역할만 하는 것이 아니라, 고객의 문제를 해결할 수 있는 아이디어와 지식을 제공해 주는 컨설턴트의 역할을 하게 되는 판매방식을 말한다.
- **관계지향적 판매(Relationship Selling)** : 판매사원과 고객의 관계가 한 번의 거래로 끝나는 것이 아니라, 장기적으로 유지 · 발전되는 관계구축에 초점을 두는 판매방식을 말한다.

② **인적판매관리** : 인적판매관리는 다음과 같은 과정을 거쳐 실행된다.

- **계획수립** : 판매관리는 판매계획을 수립하는 것에서부터 시작한다.
- **조직설계** : 판매조직의 형태와 함께 판매사원의 수도 결정되어야 한다.
- **판매사원 개발** : 인적판매의 성격상 어떤 사람이 판매를 하는가는 판매의 성패를 좌우할 만큼 중요한 요인이다. 따라서 최고수준의 판매사원들을 선발하고, 이들의 능력을 개발시킴으로써 경쟁자들이 모방하기 어려운 경쟁우위를 확보하고 고객들과의 관계를 강화할 수 있다.
- **판매사원 평가** : 판매사원의 동기를 부여함과 동시에 판매사원의 활동을 관리

하고 통제하기 위하여 적절한 판매사원 평가지표를 개발하여야 하며, 공정한 평가와 운영이 무엇보다 필요하다.

4. CRM 전략적 관리

기업들은 CRM 전략을 수립하여 평생고객 유치 및 고객가치를 극대화하여 장기적으로 수익을 극대화할 수 있도록 한다. CRM에서 전략은 세부적으로 고객, 제품, 그리고 채널전략으로 나누어 체계적으로 이루어져야 한다.

1) 고객전략

기업은 세분화된 고객집단의 성향과 요구사항이 무엇인지를 이해하고, 이러한 고객의 요구사항 변화와 고객에 대한 이해를 높여야 한다. 이러한 고객전략은 자사제품의 판매 및 사용과정을 추적하고 이를 모니터링해야 하며, 세분화된 개별고객별로 맞춤형 상품과 서비스를 제공해야 한다. 이를 통해서 기업은 각 고객집단별로 최적의 제품이나 서비스가 무엇인지를 판단하고, 고객의 구매결정지표 등을 판단할 수 있다.

이러한 전략을 수행하기 위해서는 고객세분화, 점수화(scoring), 고객정보 획득 및 관리방안 등이 선행되어야 한다.

고객전략은 고객획득, 유지, 관리 등 CRM 진행단계별로 차별적인 고객전략 목표설정 및 실행이 이루어진다.

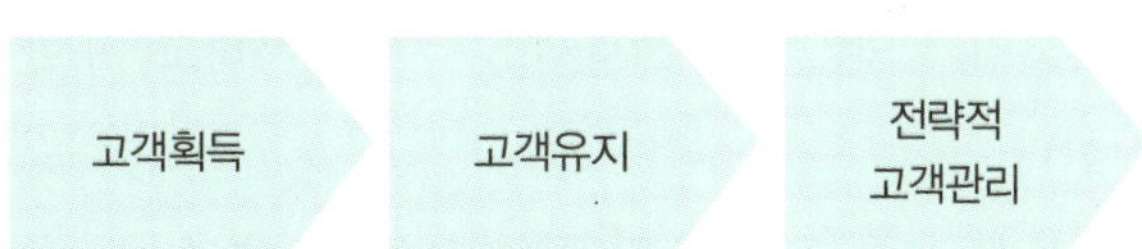

고객획득단계의 목적은 기업이 모든 고객을 중요한 존재로 인식하고 지속적으로 고객을 획득하는 것이다. 이를 실행하기 위해서 기업은 교육 및 훈련, 선진사례 벤치마킹, 고객관리 프로세스분석, 그리고 기초고객 조사시행 등을 수행하는 등 조직효율화를 통하여 고객에 대한 역량을 강화해야 한다.

고객유지단계는 기업의 기존고객을 유지하고 제한적으로 차별화를 하는 것이 목적이다. 이를 위해서 기업은 요구사항이 유사한 고객을 집단별로 세분화하여, 각 집단별로 차별화된 서비스를 제공하는 등 고객과의 관계를 강화해야 한다.

전략적 고객관리는 구분된 고객별로 제품 및 서비스를 차별화하고, 고객과 기업 간의 상호이익을 추구하는 과정을 나타낸다. 이 단계의 목적은 선별된 우량고객을 대상으로 한 서비스 차별화 및 고객과 기업 간의 상호이익을 달성하는 것이다. 이를 실행하기 위해서 기업은 정보시스템 운영을 통해 일반고객과 우량고객을 구분하고, 전체 고객 대상의 표준서비스에 덧붙여 우량고객을 대상으로 차별화된 서비스를 제공하며, 고객과 기업 양자에게 윈-윈 상황을 연출하여 상호의존도 향상 등을 통해서 실행하는 등 장기고객의 규명 및 대응을 해야 한다. 전략적 고객관리를 위해서 고려해야 할 사항은 다음과 같다.

첫째, 고객 프로필 구성이다. 구체적이고 정교한 방식으로 고객 프로필이 구성되어야 한다. 고객과의 관계 형성과정, 기업의 혁신과정, 중대사건, 신념체계 등의 내용이 포함되고, 기존에 실시한 주요 판매 및 판매촉진책 등 마케팅활동의 시책별 성공 여부 등이 구체적으로 열거되며, 고객사의 업계 및 시장에서의 핵심성공요인이 무엇이었는지 등이 나타나야 한다.

둘째, 특성화에 따른 고객세분화이다. 효율적인 세분화전략을 통해 향상된 서비스를 받을 만한 고객집단을 찾는 것으로, 자사사업에 있어서 해당고객의 점유율 및 잠재적 성장가능성을 나타내고, 자사의 제품 및 서비스가 고객사업에서 차지하는 중요도 및 파트너가 되고자 하는 의지와 혁신에 대한 고객의 수용 정도가 나타나야 한다.

셋째, 고객의 사업분야 및 관심에 대한 조사 수행이다. 이는 고객의 활동영역에 대한 광범위한 정보를 축적하고, 고객의 업무수행역량을 평가하며, 고객과의 접촉(사후서비스, 요금청구, 주문접수, 배달 등) 프로세스 등을 조사하고, 또한 고객의 만족도 및 불만사항을 조사한다.

넷째, 고객만족 솔루션 구축을 위한 기술투자이다. 기업은 전사적 애플리케이션 도입으로 정보공유 및 고객대응 지원을 해야 한다. 특정 제품 및 서비스에 적합한 고객을 규명할 수 있는 데이터베이스 마케팅시스템을 구축하고, 수익성분석, 문제해결, 기업정책관련 정보의 수집과 조직확산을 위한 지식관리시스템을 구축 · 활용해야 한다. 판매, 고객지원, 헬프데스크 등 영업관련 조직기능을 통합지원하는 애플리케이션 시스템도 구축 · 활용해야 한다.

마지막으로, 일관성 있는 고객관리이다. 고객관련 정보의 활용으로 각 고객 및 고객집단에 따라 개별화된 실행계획을 수립해야 한다. 기업은 전략고객을 대상으로 능률적인 고객관리시스템을 개발하고, 조정하여, 이를 적용해야 한다. 또한 최고경영진이 전략적고객관리에 우선권을 부여하는 조직환경을 형성해야 하고 전략고객관리부서에 객관적인 성과지표기준을 제시하여 이를 활용토록 해야 한다.

2) 상품전략

제품 라이프사이클 단축 등의 시장환경 변화로 고객관계에 있어 새로운 제품 및 서비스가 강조되고 있다. 따라서, 신제품개발 단계부터 체계화된 고객관계관리가 필요하다.

고객데이터를 통한 상품관리는 고객관계를 바탕으로 고객의 전 생애 동안 개별화된 상품을 제공하는 것이다. 이는 시간에 따른 고객의 생애단계와 니즈의 변화를 학습하고 예측하는 것이 매우 중요하며, 기업들은 고객과의 관계를 학습관계로 지향해야 한다. 또한 CRM은 고객 데이터베이스를 기반으로 일대일 관계를 유지해 나감으로써, 각 고객에게 차별화되고 맞춤화된 상품을 지속적으로 제공해 주는 데 목적이 있다.

상품전략은 수익성 있는 상품 포트폴리오를 구성하거나, 고객에게 개인화 · 차별화된 서비스를 제공하고, Time to Market을 위한 방안을 제시하는 전략을 포함한다. 이러한 상품전략은 기업의 모든 직원이 소비자자격으로 상품개발에 직간접적으로 참여해야 하며, 신상품, 신광고, 신시장, 새로운 비즈니스 모델 등에 대하여 기업은 다양한 테스트를 시행하여 그 성공가능성을 높여야 한다.

CRM 제품전략에서 고려해야 할 사항은 다음과 같다.

첫째, 새로운 제품 및 서비스를 만들어내는 것이다. 이는 고객의 요구충족 및 기업의 수익을 달성시키는 유망한 아이디어 또는 개념 등을 찾아내는 것이다. 이를 위해서는 첨단기술을 이용하여 보다 용이한 고객조사 및 시장분석이 수행되어야 하며, 웹리서치 등을 이용한 인터넷상의 이용자 추적으로 고객의 선호도 또는 패턴을 파악할 수 있어야 한다. 더불어, 고객이 인터넷을 통해 신제품 아이디어 및 신규 서비스를 제안할 수 있도록 한다. 이를 통해서 기업은 고객의 요구에 부응하는 제품과 서비스를 제공할 수 있다.

둘째, 제품과 서비스에 대한 평가이다. 유망한 제품 및 서비스 아이디어에 대한 체계적인 평가가 요구된다. 이러한 평가를 위해서 기업은 제품개발과정이나, 브랜딩 및 시장점유전략 수립과정에 고객을 직접 활용하여 평가를 얻어낼 수 있다. 또한 이러한 활동을 통해서 기업의 제품 및 서비스의 적당한 가격수준 및 가격을 통한 판촉전략의 효과를 확인할 수 있다.

셋째, 제품 및 서비스의 효용 여부 판단을 위해서 수행하는 제품 및 서비스에 대한 테스트이다. 이러한 테스트는 시장상황을 다각도로 고려하여 실제제품 및 서비스의 성공 여부 판단에 도움을 준다. 이러한 테스트과정은 기존고객뿐만 아니라 과거 자사에 불만을 표시했던 고객들까지 참여시키며, 또한 제한된 시장에서 불완전한 제품의 테스트도 실행한다.

넷째, 제품 및 서비스를 출시하는 것이다. 제품 및 서비스의 성공적인 시장진입을 위해서 타 업체의 인수 또는 타 업체와의 전략적 제휴로 대고객전략의 속도를 향상시킬 수 있으며, 미완성제품의 출시로 고객의 인지도 형성 및 반응을 유도할 수 있다.

3) 채널전략

CRM의 채널전략은 고객에게 제공하는 제품과 서비스 공급경로의 최적화 과정을 의미한다. 다시 말하면, 기업이 효율적 · 효과적으로 제품과 서비스를 공급하는 과정을 말하며, 이는 제품의 판매생산성과 채널관리의 효율성을 향상시키는 것이 목적이다. 이러한 목적을 달성하기 위해서 기업은 고객선호 및 Cost effective 채널 최적화를 이루고, 고객접촉채널 확대 및 통합방안을 수립하며, 일관성 있는 고객응대를 위한 접점관리를 수행해야 한다.

채널전략을 통해 기업은 고객에게 제공하는 제품과 서비스의 공급경로를 최적화함으로써 수익성을 향상시킬 수 있다. 채널전략은 고객의 요구에 부응하는 방식으로 제품과 서비스를 공급하는 과정을 의미하며 이를 통해 고객이 이와 같은 제품과 서비스를 쉽게 접할 수 있도록 한다. 기업으로부터 고객에게까지 제품이 전달되기 위해서는 마케팅, 판매, 유통, 서비스 등 다양한 영역과 관련된 여러 가지의 중간단계를 거친다. 이러한 중간단계는 조직의 판매 및 공급채널을 구성한다. 공급채널에 소모되는 비용은 통상적으로 최종소비자가격에서 20~40%를 차지한다. 이러한 각 채널이 고객의 기대를 만족시키는지에 대한 여부를 판단하기 위해서는 다섯 가지 고객평가기준을 고려할 수 있다. 정보, 의사소통, 거래, 공급, 서비스가 바로 그것이다. 이 평가는 제품의 유형에 따라 달라질 수 있다. 각각의 평가기준과 병행되는 채널의 형태가 달라지기 때문이다.

CRM 채널전략에서 고려해야 할 사항은 다음과 같다.

첫째, 정보의 활용이다. 기업은 제품의 특성과 서비스, 가격 등의 정보를 보유하며, 이러한 정보를 고객과 공유해야 한다. 특히, 인터넷은 지속적인 업데이트와 신속한 수정으로 정보전달의 효율을 향상시킬 수 있다.

둘째, 고객과의 의사소통이다. 기업은 고객이 제품 및 서비스를 구매하는 과정에서 갖게 되는 의문과 요구에 대해 신속하게 대응해야 한다. 인터넷을 통해 중간단계를 거치지 않고 생산자와 직접 의사소통하게 될 경우, 고객의 채널신뢰성이 높아게 된다.

셋째, 고객과의 거래이다. 기업은 거래과정에서 고객이 채널에 대해 요구하는 편의성과 안전성을 충족시켜야 한다. 예를 들어서, EDI(Electronic Data Interchange) 시스템의 도입으로 거래자동화, 거래안전성, 필요인력 최소화를 달성한다.

넷째, 제품 및 서비스의 공급이다. 기업은 고객의 입장에서 편의성을 고려한 신속한 공급을 이행해야 한다. 예를 들어, 인터넷은 디지털화가 가능한 상품을 중심으로 보다 신속하고 편리하게 제품과 서비스를 공급할 수 있는 채널이 되었다.

마지막으로, 고객에 대한 서비스이다. 기업은 제품 또는 서비스의 구매결정과 관련, 고객에게 최상의 서비스를 제공해야 한다. 인터넷의 경우 타 채널에 비해 상대적으로 광범위한 서비스를 제공하며, 상품과 관련된 특정 유형의 요구규명이 가능하다.

더불어 인터넷 등의 발전과 함께 다양한 채널전략이 필요한데, 특히 인터넷업체와의 제휴를 통해 새로운 표적고객의 설정 및 유치를 실행하고, 폭발적으로 증가하는 인터넷 사용자의 관심사가 무엇인지를 확인해야 한다.

제3절 CRM 전략수립

CRM 전략은 상호 밀접한 연관성을 지닌 고객, 상품, 채널전략이 고객을 중심으로 도출되어야 한다. 도출된 전략의 실현은 업무 프로세스의 정립 및 관련 정보시스템의 개발을 통해서 이루어진다.

CRM 전략은 비즈니스 환경분석 및 역량평가와 현행 CRM 프로세스 및 시스템분석, CRM 비전수립, CRM 전략수립, 비즈니스 요구분석, TO-BE 프로세스 및 CRM 모델수립, 그리고 변화관리 마스터플랜 수립의 단계로 구성되어 있다.

다음은 6단계의 CRM 전략 수립과정이다([그림 2.2 참조]).

그림 2.2 ▮ CRM 전략 수립 프로세스

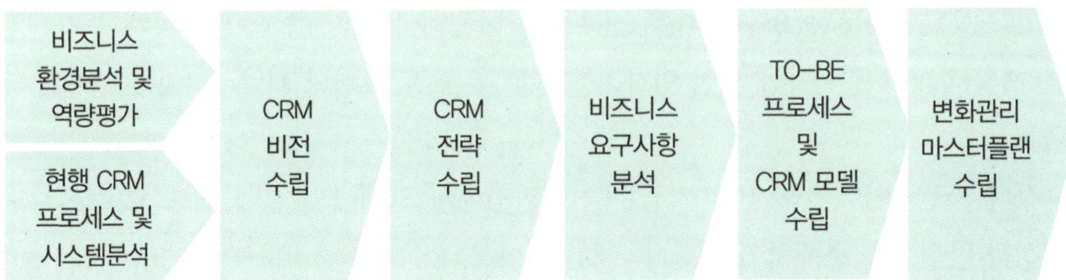

1단계는 비즈니스 환경분석 및 역량평가와 현행 CRM 프로세스 및 시스템분석 단계이다. 이 두 과정은 CRM 비전수립 전에 동시에 수행되는 과정이다. 각 과정에 대한 목표, 활동내용, 그리고 결과물에 대해 [표 2.2]에서 설명하고 있다.

표 2.2 ▮ CRM 프로세스 및 시스템분석 단계

단계	목표	활동	결과물
비즈니스 환경분석 및 역량평가	• 기존 고객의 전략 및 CRM을 위한 업무환경분석 • 시장환경 파악 및 CRM 역량진단	• 임원, 팀장 인터뷰 및 문헌조사를 통한 기업전략, 고객 및 채널전략 요약 • 비즈니스 환경분석 • 실무급 인터뷰와 설문조사를 통한 현 고객의 CRM 역량분석 • 시장변화 동인 및 경쟁관계 요약 • 업무환경 요약 • 고객에 대한 경험, 기대 요약 • 각 채널별 고객경험 및 CRM 베스트 프랙티스에 근거한 CRM 만기 프로필 작성 • 경영층 보고	• CRM 업무환경 보고서 • CRM(만기 프로필)

현행 CRM 프로세스 및 시스템분석	• 고객접촉능력 및 각 채널을 통해 얻어진 고객정보의 활용 및 공유를 중심으로 현행 CRM 프로세스 및 시스템분석	• 각 부분의 담당자와의 인터뷰를 통한 다음의 영역에 대한 평가 –현재의 고객채널의 사용상태 프로세스 –시스템 및 전체적인 통합 상황 파악 –고객정보의 소스, 수집경로 분석 및 활용상태 –연관부서의 구조와 상호 교류상황 • 기존고객에 대한 CSI survey 검토 • As–Is CRM 프로세스 분석 • As–Is CRM 시스템 아키텍처 분석 • 대고객관계에 대한 요약	• 고객접촉 포인트 역량 보고서 • As–Is 프로세스 보고서 • As–Is CRM 시스템 아키텍처 분석서

2단계는 CRM 비전수립이다. 이 단계에서는 전략적 자산으로서 고객정보관리, 지속적인 고객가치 측정, 고객의 기대사항 파악, 고객가치 및 기대와 마케팅전략 간의 조율, 모든 부서 간 고객(뷰) 통합, 고객경험의 지속적 관리 등을 고려하여 비전을 수립한다.

표 2.3 ▮ CRM 비전수립

목표	활동	결과물
• CRM 역량을 진단하고, 고객의 요구사항과 베스트 프랙티스를 기반으로 CRM 비전수립	• 경영진과 업계 베스트 프랙티스에 대한 공유 • 워크샵을 통한 CRM 비전수립 • CRM 역량 진단결과 발표 • 비전 정립을 위한 CRM 이론적 모델 소개 • 만기프로필의 차원을 통한 비전 정리 • CRM 비전 수립 • 워크샵 파인딩 정리	• CRM 비전수립

3단계는 CRM 전략수립이다. CRM 전략은 전사적인 차원의 경영전략이다. 따라서 전 단계에서 수립된 비전을 기반으로 고객전략, 제품전략, 그리고 채널전략을 수립하는 단계이다.

표 2.4 ▮ CRM 전략수립

목표	활동	결과물
• CRM 비전에 기반하여 C-P-C(Customer, Product, Channel를 중심으로 한 CRM 전략 수립	• 경영진과의 인터뷰를 통한 업계 베스트 프랙티스에 대한 공유 • 기존 전략 모델 검토 및 개선 • 장기적인 To-Be 모델에 대한 방향성 제시 • 제품재고와 고객군별 가치/요구의 분석을 통한 고객-상품매트릭스 개발 • 고객군별 채널 선호도와 채널 수익성분석을 통한 고객-채널 매트릭스 개발 • 고객군별 고객가치제안 개발 • 충성고객에 대한 관리전략 수립 • 경영층에 대한 CRM 비전 및 전략 보고	• 고객-상품 매트릭스 • 고객-채널 매트릭스 • 고객군별 가치평가 • 우수고객 관리전략

4단계는 비즈니스 요구분석이다. 기업, 고객 등 다양한 측면에서 요구되는 요구사항들을 분석하고, 향후 이러한 요구사항을 만족시켜 줄 패키지가 어떤 것이 될지에 대한 가이드라인을 제시한다.

표 2.5 ▮ 비즈니스 요구분석

목표	활동	결과물
• To-be CRM 모델 수립을 위한 비즈니스 요구사항 분석 및 패키지 선정기준 개발	• CRM 비즈니스 요구사항 파악 및 재고 개발 • CRM 패키지 선정을 위한 기준 개발 • CRM 솔루션 벤더에 대해 RFP 발송	• 비즈니스 요구사항 재고 • 패키지 선정 기준 • CRM 솔루션 벤더에 대한 RFP

5단계는 TO-BE 프로세스 및 CRM 모델수립이다. 비즈니스 요구사항과 현재 시스템을 분석하고, 고객들과 요구사항을 충족시킬 수 있는 프로세스 개선작업과 시스템 설계 등의 계획을 실행하는 단계이다.

표 2.6 ▮ TO-BE 프로세스 및 CRM 모델수립

목표	활동	결과물
• CRM 비즈니스 요구사항과 현행 시스템을 분석하고, 고객의 CRM 전략 및 비즈니스 요구사항을 충족시킬 수 있는 프로세스 개선작업과 시스템 계획을 수행	• 단계적으로 신속한 이익창출을 원하는 요구사항에 따라 CRM 전략/마스터플랜 프로젝트와 구현 프로젝트의 분석단계가 동시에 진행되므로, 현행 업무 프로세스 및 시스템분석은 DB 구축과 연계되도록 수행 • 따라서 마스터플랜 수립작업은 다채널 통합 및 각각의 CRM 구성 프로세스/시스템 통합에 역점을 둘 것이며, 다른 구현 프로젝트팀과의 긴밀한 의사소통을 통하여 전체 마스터 플랜에 대한 타당성을 높일 것 • 통합고객 DB 구축 및 활용방안	• To-Be CRM 상위 프로세스(High-Level Process) 설계도 • To-Be CRM 애플리케이션 아키텍처 설계도 • To-Be CRM 테크니컬 아키텍처 설계도

6단계는 변화관리 마스터플랜 수립이다. 이 단계는 내외 환경변화에 탄력적으로 대응하고 고객에게 최적의 대응을 할 수 있는 조직을 구현하는 단계이다.

표 2.7 ▮ 변화관리 마스터플랜 수립

목표	활동	결과물
• 고객대응력을 최상화할 수 있는 조직 구현 • 환경변화에 탄력적으로 대응할 수 있는 조직 구현 • 내부의 벽과 부문별 이기주의를 최소화 • 권한과 책임의 명확한 조직 • 간소화된 조직 구현	• 거시분석, 직무분석, 프로세스 분석, 조직문화 진단결과를 토대로 현재의 여건을 반영하여 전략적 고객에 대한 최상의 만족을 구현하고 업무수행능력을 최대한 발휘할 수 있는 조직설계 방향을 중장기 설계안과 단기 조직 설계안으로 구분하여 구체화하는 단계	• 중장기 조직발전방향 • 단기 조직설계방안 : 조직구조, 업무분장, 정원(인력단위분석), 부서별 관리지표 • 핵심기능과 보조기능의 분리 • 단계적 변화관리 마스터플랜

Chapter 03

데이터웨어하우스와 데이터마이닝

제1절 | 데이터웨어하우스
제2절 | 데이터마이닝
제3절 | 데이터마이닝 방법

Chapter 03

데이터웨어하우스와 데이터마이닝

모든 산업에 있어, 미래지향적인 기업들은 각각의 고객을 개별적으로 이해하고 이를 바탕으로 고객지향적인 경영전략을 통해 경쟁자들보다 고객들과의 업무가 쉽도록 한다는 목표를 가지고 있다. 이와 같은 기업들은 각 고객의 가치를 파악하여 어떤 고객이 투자하여 붙들어둘 만한 가치가 있는지, 어떤 고객은 그냥 두는 편이 나은지를 분석하는 법을 습득하고 있다. 과거의 포괄적인 시장세분화에서 개별적, 차별적인 고객으로 초점을 바꾸는 일은 또한 기업 전반에서 큰 변화를 요구하였다.

즉, 이러한 기업환경 변화의 위협 속에서 경쟁력을 유지하며 고객을 만족시키고 매출을 증대하기 위해서 많은 기업들이 정보통신기술을 이용한 고객관계관리를 기업의 중요한 전략의 하나로 추진하고 있다. 은행, 증권, 보험, 신용카드사 등 대규모 고객데이터베이스를 보유하고 있는 금융기관들은 이미 대부분 CRM 시스템을 구축하였으며 기반조성을 위해 콜센터 운영, 데이터웨어하우스(Data Warehouse)의 구축, 인터넷뱅킹과 같은 인터넷 채널의 구축에 기업의 경쟁력을 높이기 위해 e-CRM을 도입하였다. 또한 모바일시장의 확대 및 SNS의 사용 확대로 m-CRM, s-CRM으로 진화하였다.

CRM은 다양한 고객데이터를 내부, 외부 등으로부터 추출하여 업계에 알맞은 데이터 모델을 기반으로 데이터웨어하우스를 구축하는 것으로 시작한다. 데이터웨어하우스를 기반으로 다양한 보고서를 작성할 뿐만 아니라 분석을 통한 예측을 가능케 한다.

이와 같이 분석되고 예측된 결과를 기반으로 마케팅 기획과 실행을 수행하며 이와 같은 과정을 통하여 세일즈, 고객유지 및 관리를 다양한 접촉채널을 통하여 실시하면서 CRM을 하는 것이다. 이를 위해서는 무엇보다도 정확한 분석과 예측이 중요하다고 할 수 있다.

현재 기업의 여러 업무현장에서는 IT의 발달에 따라 데이터베이스시스템의 발달이 이루어졌고 이에 사용가능한 풍부한 정보를 가지는 대규모의 데이터베이스를 보유하고 있다. 그러나 데이터의 무제한적인 증가는 원하는 정보에 접근하는 것을 점차적으로 어려운 상황으로 만들었다.

즉, 많은 양의 데이터가 존재하지만 너무나 많은 데이터의 양 때문에 실제로 필요한 정확한 분석과 예측을 하기가 점점 힘들어졌다. 이렇게 수많은 데이터들을 잘 정제된 정보로 분석함으로써 CRM을 성공적으로 활용하는 데 원천으로 사용할 수 있다. 이러한 CRM을 위해서는 단순 데이터를 축적하는 데이터웨어하우징을 넘어 그 데이터를 정보로 변환하여 유용하게 사용할 수 있는 데이터마이닝(Data Mining) 기법이 요구된다.

데이터마이닝은 많은 데이터를 저장하고 있는 데이터베이스에서 유용한 패턴을 추출하거나 내재된 규칙들을 효과적으로 찾을 수 있도록 도와준다. 대량의 데이터로부터, 이전에 잘 알려지지는 않았지만, 묵시적이고 잠재적으로 유용한 정보를 추출하는 작업인 데이터마이닝은 기업들이 보유한 기존의 경험적 지식을 다시 확인하는 역할을 수행함과 동시에 지금까지 인식하지 못했던 새로운 정보를 제공하여 경영의사결정에 도움을 준다. 다시 말하면, 데이터마이닝은 데이터를 축적해 두는 것을 넘어서 가치 있는 정보를 효과적으로 찾아낼 수 있고, 또한 이미 알려져 있는 기대했던 정보뿐만 아니라 예상치 못했던 정보까지를 찾아내도록 하는 방법이다.

즉, 데이터웨어하우스에 축적된 거대한 데이터를 데이터마이닝을 통해 고객관계관리를 위한 중요한 정보가 될 수 있도록 할 수 있다. 그러한 정보는 기업이 고객에게 어떠한 서비스를 제공해야 하는지 알려주며, 고객에게도 또한 가치 있을 것이다.

고객 데이터저장소의 대량의 데이터를 고객 데이터웨어하우스에 통합시켜 데이터를 분석할 때의 핵심은 거대한 데이터저장소로부터 정보를 찾아내는 능력이다. 즉, 적절한 분석을 하여 최적의 값을 찾는 것이 무엇보다 중요하다. 이를 통해 기업은 수익성 있는 고객을 찾을 수 있고, 고객에 대한 이해를 통해 고객이 원하는 서비스를 제공함으로써 새로운 고객유치 및 유지가 가능해질 것이다.

본 장에서는 데이터웨어하우스에 대한 소개와 데이터마이닝의 여러 방법들에 대해서 알아보도록 하겠다.

제1절 데이터웨어하우스

기업에서는 거래관련 업무, 결제, 주문처리, 고객서비스, 급여, 복지, 직원관리 등 기업 내외의 활동을 지원 및 유지하기 위해서 데이터베이스를 필요로 하며, 이러한 데이터베이스는 기업의 효율성을 높이고 기업활동에 관한 정보제공 및 의사결정 지원의 역할을 수행한다. 데이터웨어하우스(Data Warehouse)란 기업의 각 부문에 산재해 있는 개별시스템의 데이터들을 활용목적별로 통합하여 유연한 분석이 가능하도록 만들어 놓은 방대한 양의 데이터를 저장할 수 있는 대형저장창고를 말한다.

데이터웨어하우스의 개발은 데이터에서부터 출발한다. 일단 데이터들이 얻어지면, 이를 통합하여 시스템을 개발하고, 그 다음 정보이용자들이 직접 사용하게 한 후 그들의 평가에 의해 정보이용자들의 요구사항을 파악한다. 데이터웨어하우스 환경에서는 정보이용자들의 요구사항을 알 수 없기 때문에, 이렇게 정보이용자들의 요구사항을 파악한 후 이를 반영하여 시스템을 다시 업그레이드하게 된다. 이와 같은 개발주기를 갖는 데이터웨어하우스의 특징 때문에 데이터웨어하우스의 구축은 점진적이고 반복적으로 개발되어야 한다.

한편, 기업 내의 운영시스템에 산재해 있던 데이터들을 모아서 의사결정을 효과적으로 지원해 줄 수 있는 데이터 형태로 다시 정의하고 통합하여 저장해 놓은 곳을 데이터웨어하우스라고 한다면, 이를 활용하여 개별부서 차원에서 각 부서의 특성에 맞게 데이터를 검색, 가공 및 분석할 수 있도록 해놓은 훨씬 작은 규모의 전자저장공간을 데이터마트(Data Mart)라고 한다.

전사적인 데이터웨어하우스와는 달리, 데이터마트는 특정 주제나 부서가 중심이 되며, 개별적인 부서 혹은 사용자그룹에 의해 활용되는 소규모의 데이터웨어하우스라 할 수 있다. 데이터마트는 데이터웨어하우스를 대체하는 것은 아니지만, 오늘날 많은 기업들이 대규모의 데이터웨어하우스를 구축하기 이전에 쉽게 실행에 옮길 수 있는 데이터마트부터 먼저 구축하는 경향이 있다. 이러한 데이터마트를 활용하여 현업에서 일하는 최종사용자들은 보고서 작성이나 정보의 추출 · 분석 등 다양한 작업을 수행할 수 있다.

1. 데이터웨어하우스란?

1) 데이터웨어하우스의 정의

데이터웨어하우스란 운영시스템의 데이터와는 별도로 오직 의사결정 지원을 목적으로 하는 대규모의 통합 데이터베이스를 구축하는 일련의 과정이다. 부서단위, 애플리케이션 단위 등으로 흩어져 있는 정보들을 하나의 저장창고에 통합, 저장하여 의사결정자가 직접 데이터웨어하우스에 있는 데이터로 접근하여 이를 가공 · 분석 · 활용함으로써 풍부한 정보를 바탕으로 의사결정을 내림으로써 경쟁적 우위를 확보하자는 것이다.

데이터웨어하우스의 데이터는 일반적으로 운영시스템의 데이터로부터 실시간으로 전달되어 축적되는 것이 아니고 운영시스템의 수행에 영향을 미치지 않는 시간을 이용하여 일정한 스케줄에 따라 주기적으로 데이터웨어하우스에 전달 · 적재된다.

2) 데이터웨어하우스의 특성

데이터웨어하우스의 특성으로는 주제지향성(Subject oriented), 통합성(Integrated), 비휘발성(Non-volatile), 그리고 시계열성(Time Variant)이 있다.

첫째, 주제지향성은 일상적인 업무처리중심으로 이루어지는 OLTP(On-Line Transaction Process)임에 반해 데이터웨어하우스의 데이터는 OLAP(On-Line Analysis Process) 시스템 기반으로 일정한 주제별로 구성된다는 것이다.

둘째, 통합성은 데이터웨어하우스 내의 데이터는 사용자의 요구에 맞게 표준화 및 통합화과정을 거쳐 일관된 정보를 제공해야 한다는 것이다.

셋째, 비휘발성은 데이터웨어하우스는 오직 두 가지 오퍼레이션(Operation)을 갖게 되는데, 하나는 데이터를 로딩(Loading)하는 것이고, 다른 하나는 데이터를 읽는 것, 즉 액세스하는 것으로 이를 달리 표현하면 데이터웨어하우스에 일단 데이터가 로딩되면 읽기전용으로 존재한다는 것이다. 따라서 데이터웨어하우스의 데이터는 운영시스템(Operational System)에서 수시로 발생되는 갱신이나 삭제 등이 적용되지 않으므로 수시로 변한다는 의미의 '휘발성'을 갖지 않게 된다.

넷째, 시계열성은 운영시스템 데이터는 액세스(access)하는 순간 데이터가 정확해야만 의미가 있게 되나 데이터웨어하우스의 데이터는 일정한 시간 동안의 데이터를 대변하는 것으로 "스냅 샷(Snap Shot)"과 같다고 할 수 있어서 데이터 구조상에 '시간'이 아주 중요한 요소로서 작용한다.

이와 같은 이유에서라도 데이터웨어하우스의 데이터에는 수시적인 갱신이나 변경이 발생되지 않아야 한다.[1]

3) OLAP(On-Line Analytical Processing, 다차원분석)

데이터웨어하우징의 대표적인 툴로서 OLAP는 다차원 데이터베이스 개념에 기반을 두며 데이터 사용자가 정교하고 다차원적이며 복합적인 관점에서 데이터를 분석하도록 도와준다. 다차원분석은 사용자가 분석하고자 하는 대상 수치데이터(주제 테이블에 저장되며, 판매량, 구입액, 생산량 등의 데이터가 대상이 됨)를 여러 가지 차원과 관점에서(차원 테이블에 저장되며, 지역별, 월별, 연령별로 차원이 나뉨) 분석하는 방법이다. 이러한 도구들에 대한 전형적인 업무 응용분야는 영업 프로그램, 영업 수요예측, 상품성능, 수익성, 마케팅 캠페인의 효과분석 등이 있다. OLAP 도구들은 다차원적 도구(MOLAP), 관계형 도구(ROLAP), 복합형 도구(HOLAP)로 분류되며 소프트웨어 제품으로 Oracle의 Express, Cognos의 Powerplay, Micro Strategy의 DSS 서버, Informix의 MetaCube 등이 있다.

OLAP(On-Line Analytical Processing)라는 용어는 1993년 E.F. Codd에 의해 처음 사용된 용어로 온라인 거래처리프로세싱(OLTP : On-Line Transaction Processing)에 상대되는 개념으로 주로 이야기되고 있으며, 오늘날 데이터웨어하우스 환경에서 데이터 접근전략의 중요한 요소로 자리 잡아 가고 있다.

OLAP는 "최종사용자가 다차원정보에 직접 접근하여 대화식으로 정보를 분석하고 의사결정에 활용하는 과정"으로 정의할 수 있다.[2] 예를 들어, 만약 누군가 과거 3년 동안 분기별 판매실적을 보고 싶다고 한다면 판매실적이라는 측정치를 시간대 중 분기별이라는 차원(Dimension)으로 보고 싶다는 의미이다. 또 영업채널별, 월별로 손익을 보고 싶다고 한다면 영업채널을 세로축, 그리고 가로축에는 12개의 월을 배치하고 내용에 해당손익이라는 수치를 배치하여 보자는 것이다. 이와 같이 행과 열을 이용한 분석방법을 OLAP분석이라고 한다. OLAP분석을 하기 위해서는 다차원모델

1 W.H. Inmon(1992), *What is DataWarehouse*.
2 조재희 · 박성진(2000), OLAP테크놀로지, Sigma Consulting Group.

(Multi Dimensional Model)의 데이터베이스 구조를 가져야 한다. 이러한 구조는 기존 운영계 시스템과 같이 많은 트랜잭션을 처리하기 위한 구조와는 확연히 다른 구조이다. 질의응답을 빠르게 하기 위해 중복되는 저장을 허락하며, 테이블 간의 복잡한 관계구성이 반드시 필요한 경우를 제외하고는 될 수 있으면 배제되어 빠른 질의응답을 보장하는 것이다. 이것은 분석을 위하여 많은 데이터를 읽어들여야 하기 때문이다.

OLAP의 특징으로 첫째, 분석을 위해 활용되는 정보의 형태는 다차원적이다. 다차원정보는 사용자들에 의해 이해되는 기업의 실제 차원(기간, 제품, 부서, 지역 등)을 반영한다. 정보의 다차원성은 OLAP 시스템을 다른 시스템과 구분하는 가장 중요한 개념으로, "다차원분석"이라고도 칭한다. 둘째, 최종사용자는 중간매개자(전산부서)나 매개체(리포트) 없이 온라인상에서 직접 데이터에 접근한다. 가트너그룹은 정보기술에 의한 정보매개자의 제거는 앞으로의 핵심적인 비즈니스 이슈 중의 하나라고 말한다. 이러한 의도의 방향은 OLAP의 지향점이다. 셋째, 최종사용자는 대화식(interactive)으로 정보를 분석한다. 시스템은 사용자의 사고흐름이 중간에 끊이지 않도록 신속하게 질의결과를 제시할 수 있어야 한다는 의미이다. 마지막으로 OLAP의 목적은 최종사용자가 기업의 전반적인 상황을 이해할 수 있게 하고 의사결정을 지원하는 데 있다. OLTP는 매일매일의 기업운영을 가능하게 하고 기업이 나가야 할 방향을 설정할 수 있게 한다.

2. 데이터웨어하우스의 구축

데이터웨어하우스의 구축과정은 원시데이터 단계, 데이터웨어하우스 단계, 사용자 단계로 구성되며, 데이터 추출, 데이터 저장, 데이터 조회의 활동으로 이루어진다.

① **원시데이터 단계** : 기존 메일 프레임 애플리케이션, 클라이언트 애플리케이션, 외부 데이터소스를 포함한 수많은 데이터소스들로 구성되며, 이들 데이터소스로부터 데이터가 추출되어 변환 및 표준화과정을 거쳐 데이터웨어하우스로 적재된다.

② **데이터웨어하우스 단계** : 데이터웨어하우스 단계는 의사결정을 지원하기 위해 주제중심적, 통합적, 시계열적 데이터의 집합으로서, 사용자의 요구에 따라 대량

의 데이터가 축적된 인프라를 구축한다.

③ **사용자 단계** : 사용자들이 정보에 접근하고 분석할 수 있는 수단으로 데이터웨어하우스에 대한 별도의 지식 없이 통합된 데이터의 결과를 볼 수 있도록 한다.

전사적인 데이터웨어하우스를 구축하기 위해서는 상당한 비용과 시간이 소요된다. 이러한 이유로 데이터웨어하우스를 구축하지 않고 업무별로 데이터마트를 구축해 나가는 것이 오히려 경제적이고 합리적이다. 그러나 고객관계관리의 범위는 매우 광범위하기 때문에 업무별 데이터마트를 구축하더라도 업무가 추가될 때마다 별도의 데이터마트를 구축하는 것이 아니라, 그것이 전사적 데이터웨어하우스로 쉽게 확장되어야 할 필요가 있다.

1) 데이터웨어하우스의 구축방향

데이터웨어하우스는 단순히 데이터가 저장되는 축적장소가 되어서는 안될 것이며, 다음과 같은 방향으로 구축되어야 한다.

첫째, 통합 데이터저장소의 역할을 수행할 수 있도록 구축되어야 한다. 즉, 데이터 축적이 목적이 아닌 활용을 목적으로 한 데이터웨어하우스가 구축되어야 하며, 운영 및 외부 데이터를 취합한 통합 데이터를 구축할 수 있어야 한다. 나아가 선진화된 마케팅환경을 구현할 수 있는 고객중심 데이터베이스가 구축되어야 한다.

둘째, 다양하고 신속하며 정확한 정보제공이 이루어질 수 있어야 한다. 우선 다차원적인 영업현황분석 및 실시간분석을 통하여 다양한 마케팅전략을 마련하여 최종사용자에게 제공한다. 이에 따라 고객접점에 있는 최종사용자(end user)중심의 시스템이 마련되어야 하며, 전사차원의 동일관점의 정보제공이 요구된다.

셋째, 데이터웨어하우스는 회사의 다양한 마케팅전략 수행 지원이 용이한 방향으로 구축되어야 한다. 즉, 정보의 획득, 축적 및 공유, 활용 등의 전체 프로세스상의 통합 데이터웨어하우스 구축 및 분석과정을 거쳐 차별화된 마케팅이 이루어질 수 있다.

2) 기대효과

운영업무와 시스템을 통합한 전사적인 데이터웨어하우스는 모든 사용자들에게 통합된 분석환경과 분석툴을 제공함으로써 본사 및 영업직원 등 모든 사용자들의 생산성을 극대화시킬 수 있어야 한다. 따라서 데이터웨어하우스를 구축할 경우, 우선적으로 다음의 문제점들이 해결된다.

① 단순 데이터 취합으로 인한 심도 있는 분석 불가능

② 장시간의 분석소요시간(데이터 취합에 대부분의 시간소요)

③ 다양한 수집경로로 인한 데이터 일관성 결여

④ 운영 데이터의 수정으로 인한 데이터 신뢰도 저하

⑤ 분산된 데이터로 인한 정확성 결여

데이터웨어하우스의 구축효과를 다음과 같이 예상할 수 있다.

① **업무의 생산성 향상** : 데이터웨어하우스의 구축으로 데이터의 전사적 축적/공유가 가능하게 되었다. 이에 따라 전 업무의 생산성을 극대화할 수 있을 것으로 예상된다. 예를 들어 업무분석을 할 때에는 데이터 수집시간이 80%이고, 분석이 20%에 불과하나, 데이터웨어하우스 구축으로 데이터 수집이 20~30%, 실질적인 분석이 70~80%로 전환되어 단순 실적위주의 업무생산성을 대폭 향상할 수 있게 된다.

② **고객관계관리경영을 통한 매출극대화** : 데이터웨어하우스 구축은 고객관계관리, 즉 CRM을 위한 기반 구축이며, 관련 시스템, 모델 구축이라 할 수 있다. 이에 따라, 고객니즈에 맞는 맞춤상품, 차별적 상품 및 채널을 제공할 수 있을 것이며, 합리적이고 과학적인 상품 및 서비스 설계가 가능하다. 궁극적으로 회사의 매출을 제고시킬 수 있다.

③ **수익성중시 경영강화** : 데이터웨어하우스를 구축함으로써 데이터를 정보화/지식화시키는 기반이 마련됨에 따라 궁극적으로는 회사의 경쟁력 향상과 수익률 향상이 예상된다.

3. 데이터웨어하우스의 활용

기업의 요구사항에 정확히 부응하는 잘 구조화되고 조직화된 정보를 얻는 것은 매우 중요하다. 사용자가 필요한 데이터를 조회하고, 분석하여 의사결정을 지원할 수 있는 형태로 보고할 수 있게 해주는 것까지가 데이터웨어하우스의 영역이다. 최종사용자의 요구에 부응하여 데이터웨어하우스의 탐색도구는 언제든지 사용할 수 있는 단순질의와 레포팅기능부터 다차원분석 등 보다 복잡한 분석이나 모델링을 위한 툴까지 제공할 수 있어야 한다.

OLAP는 사용자에게 비즈니스의 중요영역에 대하여 부문별로 잘 정돈된 데이터에 접근할 수 있게 해줌으로써 비즈니스에서 전사적인 데이터가 발휘할 수 있는 잠재력을 극대화한다. 데이터는 다양한 수준으로 요약되어 있고, 각기 시점을 가지고 있으며, 따라서 과거의 전반적 흐름과 경향을 살펴봄으로써 미래예측이 가능해지는 것이다.

IBM ISAS로 GS리테일 전사 데이터웨어하우스 구축 지원

C·A·S·E 살펴보기

한국IBM(대표 이휘성, www.ibm.com/kr)은 종합유통기업 GS리테일(대표 허승조, www.gsretail.com)이 IBM 스마트 애널리틱스 시스템(이하 ISAS)을 DW플랫폼으로 도입해 전사데이터웨어하우스(EDW)를 구축한다고 밝혔다. 이번 프로젝트는 유통업계에서 ISAS 어플라이언스를 도입한 첫 사례다.

GS리테일은 데이터웨어하우스(DW)의 근간이 되는 매장이 급속하게 늘어남에 따라 매장 데이터 증가와 다양한 소비자 성향에 신속히 대응하기 위해 상품-고객 간 연계분석기능을 강화할 계획이다. 또한 기존에 분리되어 있던 다수의 DW를 대체할 통합된 EDW를 구축함으로써 준실시간 DW를 구현하고, 과거 데이터를 종합적으로 분석할 뿐 아니라 분리된 데이터마트를 통합할 수 있게 됐다.

이번 EDW 구축을 통해 GS리테일은 기존 프로세스 및 온라인업무의 수행시간을 대폭 절감할 수 있게 됐으며, 데이터를 압축저장하여 데이터 보관주기도 증가할 것으로 기대한다고 밝혔다. 또 보다 많은 정보를 안정적으로 활용하여 똑똑한 비즈니스 의사결정을 내릴 수 있게 됐다.

IBM의 ISAS는 고도의 분석작업을 위해 소프트웨어와 시스템, 스토리지 능력의 균형을 최적화한 어플라이언스 제품으로 메인프레임, 유닉스, x86 등 모든 플랫폼에 코그노스 비즈 인텔리전스 소프트웨어, 인포스피어 웨어하우스 등을 결합해 비즈니스인텔리전스(BI) 업무를 지원한다.

IBM은 ISAS 솔루션이 선정된 이유로 벤치마크 테스트를 통해 기존 업무처리 대비 10~100배의 우수한 성능이 검증되었다는 점, 선형적 성능향상, 장애에 대한 가용성, OLTP 업무뿐만 아니라 배치업무를 원활하게 수행하기 위한 워크로드 밸런싱기능 등이 고객사 환경에 적합했으며, GS리테일에 대한 높은 고객이해도를 갖춘 것이 강점이라고 밝혔다. GS리테일 EDW 구축에는 리눅스 기반 DW 어플라이언스인 IBM 스마트 애널리틱스시스템5600(IBM Smart Analytics System5600) 및 인포스피어 웨어하우스 엔터프라이즈 9.7(Infosphere Warehouse Enterprise 9.7)이 도입됐다.

한국IBM 소프트웨어 브랜드 영업을 총괄하는 박혜경 상무는 "최근 국내에서도 통합시스템이

전방위로 확산되면서 시장경쟁이 가열되는 추세다. 이러한 시점에 유통 선도업체인 GS리테일에 IBM의 소프트웨어, 하드웨어, 서비스 통합역량이 집결된 통합오퍼링을 제공하게 되어 기쁘다"며 "업계에 최적화된 어플라이언스 기술 리더십을 바탕으로 시장수요에 적극적으로 대응하며 입지를 확고히 다져나갈 것"이라고 말했다.

자료 : 뉴스와이어, 2011. 2. 17

제2절 데이터마이닝

데이터마이닝(Data Mining)이란 고객데이터, 외부데이터 등 데이터들 간의 숨겨진 사실을 발견하기 위한 데이터분석방법이다. 알고 나면 당연하지만 미리 그 중요성을 인식하지 못했던 사실을 찾아내는 것이 데이터마이닝의 역할이다. 즉, 데이터마이닝은 새로운 사실이 밝혀지기 전까지는 당연하게 여겨지던 사실이 당연하지 않다는 것을 과학적으로 설명해 가는 과정이라 할 수 있다.

CRM에서의 데이터마이닝은 기업이 고객과의 관계에서 축적 · 교환된 데이터를 기업 입장에서 가치 있는 정보로 발굴하고 관리하는 일종의 정보 자동감지 및 비교 · 분석 프로세스라고 할 수 있다. 또한, 체계화되고 잘 정립된 통계적 분석처리방법과 전자적 · 기계적 학습 프로그램을 활용하여 고객의 행태를 분석 · 예측하는 모델로도 볼 수 있다.

1. 데이터마이닝의 정의

데이터마이닝(Data Mining)은 방대한 양의 데이터 속에 감추어져 잘 나타나지 않았던 유용한 정보를 찾아내는 과정이라고 말할 수 있다. 데이터마이닝의 목표는 기업이 고객을 더 잘 이해함으로써 마케팅, 판매, 고객지원업무 등을 향상시키는 것이다. 이러한 고객관계관리에 사용되는 데이터마이닝의 도구나 기술은 그 유용성과 적용가능성 덕분에 탈세방지, 천문학, 의학, 산업공정 통제 등 광범위한 분야에 사용할 수 있다.

데이터마이닝은 방향성, 무방향성의 두 가지 종류가 있다. 방향성 데이터마이닝은 수입이나 응답 여부 등의 특정한 목표 필드를 설명하거나 분류하고자 한다. 무방향성 데이터마이닝은 목표 필드나 사전에 정의된 클래스들의 집합을 사용하지 않고 규칙이나 유사성을 찾으려고 시도한다.

데이터마이닝에서 주로 사용되는 기법들은 기계학습분야와 통계분야에서 발전되었던 것들이 주종을 이루는데, 1980년대 이후 인공신경망과 의사결정나무 등의 분석기법이 개발되면서 컴퓨팅방법의 연구가 활발해져 데이터로부터의 지식발견(KDD : Knowledge Discovery in Database)이라는 용어가 등장하며 KDD가 데이터로부터 지식을 뽑아내는 총체적인 과정을 지칭하는 용어로 사용되기 시작하였다. 이런 관점에서 데이터마이닝을 정의하면, '데이터마이닝은 기업의 전략적 의사결정을 돕기 위하여 처음에는 알려지지 않았던 규칙이나 관계를 찾기 위하여 대용량의 데이터를 선택, 탐색, 모델링을 하는 과정'이라고 할 수 있다.

2. 데이터마이닝의 특성 및 CRM 프로세스

데이터마이닝은 다음과 같은 특성을 지니고 있다.

첫째, 가치 있는 정보를 창출한다. 데이터마이닝 과정을 통하여 숨겨져 있는 데이터를 가치 있는 정보로 창출(발견과 발굴, 가공, 수정, 보완, 전환, 비교)하고 분석할 수 있다.

둘째, 자동화된 분석도구의 지원기능이 있다. 데이터 확보나 통계적 처리를 뛰어넘어 대량의 데이터로부터 새롭고 의미 있는 정보로 추출 · 분석하여 마케팅이나 경영 등의 의사결정에 활용할 수 있다. 이러한 특성으로 인하여 마케팅 자동화기능과 데이터웨어하우스 구축이 병행되어야 한다.

셋째, 특정 가설조건의 추출이다. 이는 일반질의나 다차원분석을 위한 OLAP(On Line Analytical Process) 기능과는 달리 숨겨져 있는 새로운 정보의 조건적인 추출, 즉 특정 가설중심으로 결과를 도출함으로써 분석과 판단이 가능하다.

넷째, 의사결정에 활용이 가능하다. 정보활용의 가치는 고객확보나 관리차원의 업무영역도 있으나, 데이터마이닝을 통하여 단순한 관리차원을 넘어 경영에 있어서의 중요한 의사결정능력을 제고할 수 있다.

고객데이터분석을 통해 정보의 전략적 활용, 고객과의 관계관리로 이어지는 CRM에서 데이터마이닝은 필수적이다. 데이터마이닝을 통한 CRM 프로세스는 데이터 발굴과 선택, 데이터 정리와 정제, 데이터 수정 및 보완, 데이터 변환, 데이터마이닝의 보완, 비교 및 평가의 과정으로 이루어진다.

첫째, 데이터의 발굴과 선택과정이다. 이는 데이터의 수집 및 확보방법의 개선을 말한다. 데이터를 수집할 때 과거처럼 무조건적으로 채우는 식이 아니라, CRM 운영의 전략적 차원에서 데이터마이닝을 염두에 두고 접근하는 자세가 요구된다. 데이터의 발굴은 고객과의 관계개선 활동에 커다란 영향을 미치는 개인화와 밀접한 관련이 있는데, 이를 전제로 고객 개개인에 대한 데이터를 발굴하고 이용가능한 데이터를 정제 · 분류 · 통합하여 보다 효과적으로 활용할 수 있도록 한다.

둘째, 데이터의 정리와 정제과정이다. 데이터마이닝은 데이터의 정리와 정제를 기초로 데이터를 분류 · 정리할 수 있어야 한다. 과거의 고객데이터 확보 자체에 비중을 두는 고객관리기능에서 이제는 고객접점경로별로 생성되는 다양하고 실시간적인 데이터를 확보 · 분석하여 고객관계나 충성도 등에 어떠한 영향을 미치는지를 살펴보는 것이 중요하다.

셋째, 데이터의 수정과 보완과정이다. 데이터를 수정 · 보완하기 위해서는 정보처리의 기능을 강화해야 한다. 데이터는 수집과 확보→검증→분류→선별→요약과 압축→계산→보관→검색→재생과 처리→전달과 활용 등의 절차를 거쳐서 처리된다.

넷째, 데이터의 변환과정이다. 데이터의 변환은 단위별 데이터를 하나의 정보군으로 변환하는 작업이다. 기업은 이러한 데이터처리를 통하여 정보로서의 가치, 유용성, 타당성 등을 충분히 고려하고, 조직이 처하는 상황에 실시간으로 적절히 대응할 수 있게 한다. 데이터마이닝은 이러한 상황대응력을 제고시켜 준다.

다섯째, 데이터마이닝의 보완과정이다. 데이터마이닝은 단순하게 데이터를 모으고 분석하는 종전의 방식과는 구분되며, 차별화된 데이터의 보이지 않는 패턴이나 상황을 찾아내는 데 그 의의가 있다. 따라서 데이터마이닝은 기존 데이터베이스 조회기능을 상호보완하고 심층분석하며, 이를 참고로 하여 CRM의 업무영역별 · 목적별 정보를 분석할 수 있어야 한다. 즉, 데이터마이닝은 고객이탈방지, 고객성향분석, 고객데이터 가치분석, 고객접점별 마케팅효과 분석, 고객행동 가치분석, 고객별 충성도 증대방안 수립과 전개 등에 사용된다.

마지막으로 비교 및 평가과정이다. 데이터마이닝을 이용하여 전자상거래 등 온라인상에서 고객행태분석을 통해 타 경쟁기업 간의 비교가 가능하고, 자사의 제품 및 서비스에 대한 평가가 가능하다.

3. 데이터마이닝의 범위

데이터마이닝의 범위는 분류, 추정, 예측, 연관성규칙과 유사성 집단화, 군집화, 그리고 프로파일링 등으로 나타낼 수 있다.

1) 분류

분류는 새로 나타난 대상들의 특징들을 살펴보고, 사전에 정의된 분류의 집합들에 할당하는 과정을 나타낸다. 생물들을 종, 속, 과, 목 등으로 분류하고, 물질을 원소로 분류하며, 인간을 인종에 따라 나누는 것과 같이 분류는 사람들의 일상생활에서도 종종 사용하는 방법이다.

분류작업의 특징은 클래스들에 대한 사전에 명확한 정의가 존재하며, 미리 분류된 예들로 구성된 훈련집합(learning sets)들을 가진다는 것이다. 분류작업의 목적은 분류되지 않는 데이터에 적용되어 분류할 수 있도록 해주는 모형을 만들어내는 것이다. 신용평가 대상자를 위험도에 따라 상 · 중 · 하로 분류하거나 혹은 사기성 보험청구를 판단할 때 등이 이에 해당한다.

이러한 분류에 적절한 기법으로는 의사결정나무(decision tree)와 인공신경망(neural network)분석 등이 있다.

2) 추정

앞서 설명한 분류는 이산형 출력, 즉 예 혹은 아니오, 상 · 중 · 하와 같은 출력들을 다룬다. 반면 추정은 연속형 값을 가지는 결과들을 다룬다. 추정은 주어진 입력데이터에 대하여 소득, 신장, 신용카드 잔액 등과 같은 미지의 연속형 변수의 값을 산출한다.

실제 활용에서 추정은 분류작업에도 자주 사용된다. 가령 카드회사에서 스키용품에 대한 홍보를 하고자 한다면 회사는 고객들을 스키를 즐기는 사람과 그렇지 않은 사람으로 분류하여 나눌 수 있을 것이다. 그러나 이 경우에 문제점은 스키를 즐기는 사람들을 모두 다 똑같이 일관되게 평가한다는 데 있다. 어떤 고객은 스키를 겨울시즌내내 즐기는가 하면, 다른 고객은 스키를 좋아하지는 않지만 가족여행을 겸하여 한 번 정도 다녀온 적이 있는 경우가 있다고 생각해 봤을 때, 카드회사 측에서는 전자와 같은 고객들에게 스키용품 홍보를 하는 것이 바람직할 것이다. 즉 각각의 고객들에게 '스키 선호점수'와 같은 방식을 부여하여 고객 중 스키를 탈 확률 혹은 스키의 이용빈도율을 구함으로써 임계점(판단을 위한 최소기준치)보다 크거나 같은 점수를 가지는 사람들에게 홍보를 함으로써 홍보효과를 극대화할 수 있는 것이다.

한 가정의 총가계수입이나 고객의 평생가치를 판단하는 사안 등이 추정작업에 해당하고, 회귀분석(regression) 모델, 인공신경망 등이 추정작업에 유용하게 사용되는 데이터마이닝 기법이다.

3) 예측

예측은 분류나 추정과 동일하지만, 미래의 행위를 분류하거나 추정한다는 점에서 차이가 있다. 다시 쉽게 풀어 분류를 'A는 ~이다', 추정은 'A는 ~일 가능성이 있다'라고 표현할 수 있다면 예측은 'A는 아마 ~할(될) 것이다' 정도로 표현할 수 있다. 예측작업에서 분류의 정확성을 확인할 수 있는 방법은 미래의 시점까지 기다리는 방법뿐이다. 예측을 분류나 추정과 분리해서 다루는 주된 이유는 예측적 모형화에 있어서는 입력변수들과 목표변수의 예측치 간의 순차적인 관계에 대한 추가적인 고려가 필요하기 때문이다. 즉, 발생사건의 전제와 전개, 결말 등을 고려해야 한다는 것이다.

신용카드 소지자가 잔액 이체 제안을 받아들이는 경우 이체할 잔액의 양을 판단하거나 6개월 이내에 이탈할 고객들을 찾아내는 것 등이 예측의 작업이라고 할 수 있다.

4) 연관성규칙과 유사성 집단화

유사성 집단화 혹은 연관성규칙 작업은 어떤 일들이 함께 발생하는지를 판단하는 것이다. 가장 대표적인 예로서 대형마트에서 동일한 쇼핑카트 안에서 함께 구매되는 물건들을 분석하는 것이다. 소매체인에서는 진열대나 카탈로그에서 함께 구매되는 상품들이 한눈에 보일 수 있도록 진열하는 목적으로 유사성 집단화를 활용한다.

유사성 집단화는 교차판매의 기회들을 찾아내는 데 사용될 수 있고, 상품이나 서비스의 패키징을 매력적으로 설계하는 데 사용될 수 있다. 유사성 집단화는 데이터로부터 규칙들을 생성하는 단순한 접근법을 사용한다. 예를 들어서 맥주와 콜라의 연관성 혹은 유사성 집단화를 알아보고자 한다면 맥주 구매 시 콜라의 구매확률과 콜라 구매 시의 맥주 구매확률을 살펴보는 방식이라고 할 수 있다.

장바구니분석(market basket analysis)은 연관성규칙 작업을 위한 대표적인 데이터마이닝 기법이다.

5) 군집화

군집화는 이질적인 사람들의 모집단으로부터 다수의 동질적인 하위집단 혹은 군집들로 세분화하는 작업이다. 군집화가 분류와 다른 점은 사전에 정의된 클래스에 의존하지 않고 자유롭게 새로운 패턴을 찾아나가며 새로이 클래스를 할당 · 분류한다는 것이다. 즉, 군집화에서는 사전에 정의된 클래스나 분류 예시가 따로 존재하지 않고 데이터들을 상호 유사성에 근거하여 그룹화한다. 그리고 새로이 그룹지어진 군집들에 대해 새로운 의미를 부여할지 여부는 사용자의 판단에 달렸다.

군집화는 다른 형태의 데이터마이닝이나 모형화의 사전작업으로 활용될 수 있다. 가령 시장세분화를 위한 시작으로 홍보방식에 따른 고객들의 반응을 살펴보기보다는 고객들을 비슷한 취향의 고객들로 군집을 나누고, 홍보효과를 분석하여 수정을 하는 것이 보다 올바른 방법이라고 할 수 있겠다.

이러한 시장에서의 이용 이외에도 군집화는 새로운 질병의 발생에도 이용될 수 있다. 2003년도 SARS나 2009년도의 H1N1과 같은 신종 질병들은 기존의 질병증세에 따른 환자의 분류로는 가려낼 수 없는 질병이었다. 기존의 유사성에서 벗어나 새로운 유사성에 대한 탐색과 군집화를 통해 신종질병을 발견해 내는 것도 군집화의 또 다른 활용방안이다.

6) 프로파일링

데이터마이닝은 때로는 무슨 일들이 발생하는지를 단순히 설명하는 것에 사용될 수 있다. 예를 들어, 고객, 상품, 업무 프로세스 등에 무슨 일들이 일어나는지에 대한 이해를 높이는 방법으로 사용한다. 행동에 대한 설명을 통해 이를 적절히 해석하여 다른 데이터마이닝의 범주에 이용할 수 있는 것이다.

예를 들어서 범죄수사는 고도의 프로파일링을 기초로 이루어진다. 영화 〈양들의 침묵〉을 생각해 보자. 영화에 등장하는 렉터 박사는 젊은 FBI 여자요원과의 첫 만남에서 그녀의 복장과 말투, 향기를 통해 그녀가 어떤 사람인지 혹은 어떤 특성과 기질을 가졌는지를 추리해 낸다. 나아가 연쇄살인범에 대한 수사에 있어서 그의 범행방식과 지역에 대한 설명을 통해 사건의 본질을 꿰뚫어보고 이후의 사건을 예측한다.

미국 정치계에서 "여성들이 남성들에 비해 민주당을 더 많이 지지한다"는 것은 정치에 있어 성별 차이에 대한 단순한 설명이지만 이에 관해 후보자는 물론 여러 분야의 학자들은 관심을 갖고 연구를 한다.

의사결정나무는 특정 목표나 결과에 대해 고객들을 프로파일링하는 데 있어 강력한 도구이다.

불확실성의 시대… 데이터분석으로 대비하자 C·A·S·E 살펴보기

'불확실성의 시대', 데이터분석은 필요조건이다. 슈퍼크런처는 미래사회가 요구하는 인재상이 될 가능성이 높다.

미국 서브프라임 모기지에서 촉발된 오늘날 금융위기는 실물경제로까지 전이되었다. 글로벌 경기는 본격적인 후퇴 국면에 들어섰으며, 일부 신흥국은 자본유출과 통화가치 하락에 따른 디폴트 리스크 증가로 CDS프리미엄이 재차 상승하는 등의 불안한 움직임이 계속되고 있다.

결국 국내시장도 한계기업들의 부도 리스크가 높아진 상황에서 기업들은 생존전략을 위한 데이터에 근거한 의사결정을 통해 지금 위기를 슬기롭게 탈출할 수 있는 복안을 준비하는 지혜가 필요해 보인다.

일반 개인들의 경우도 상황은 비슷하다. 투자를 할 때 지인들의 이야기나 소문, 혹은 막연한 '감'에 의한 투자는 경험적으로 봤을 때 별반 수익을 내지 못하는 경우가 많았을 것이다. 〈중략〉

'슈퍼크런처'는 데이터중심에 기반한 의사결정의 중요성에 대해 역설하고 있다. 물론 데이터에 대한 잘못된 해석, 의사결정과정의 오판 등 데이터를 활용하더라도 여러 가지 변수에 따라 결과가 달라질 수 있음은 주지의 사실이다. 하지만 불확실성의 시대에 데이터를 의사결정의 나침반으로 삼는 이유는 가급적 주관을 배제하고 현상에 대한 해석을 정량화한다는 점에서 우리가 현실적으로 얻을 수 있는 대안 중 좀 더 '정답'에 가까운 결론을 도출할 수 있다는 장점 때문이다.

그래서 향후에는 '슈퍼크런처'가 각광받을 가능성이 높다. 이 책에서 저자가 정의하는 슈퍼크런처란 대규모 데이터 세트를 분석해서 외관상 무관한 일들 사이의 경험적 상관관계를 발견하는 새로운 부류의 데이터분석가들이다. 날씨, 스포츠, 정부정책, 의료계 등 전통적인 전문가의 영역이라고 여겨졌던 분야에서 두각을 나타내고 있다.

> 정보의 홍수시대에 데이터마이닝을 통해 유용하고 필요한 정보로 가공할 수 있는 능력의 슈퍼크런처는 새로운 부가가치를 창출할 수 있을 뿐 아니라 기업의 개선점을 정량화해 혁신적인 대안을 도출할 수 있다는 점에서 미래사회가 요구하는 인재상이 될 가능성이 높다.
>
> 자료 : 세계일보, 2009. 3. 27

4. 데이터마이닝 프로세스

데이터마이닝이란 단순히 방대한 데이터로부터 필요값을 불러오는 것이 아니라 많은 데이터들로부터 새로운 그리고 유용한 정보를 밝혀내고자 하는 것이다. 그렇기에 데이터의 무조건적인 수집이 아닌 다음과 같은 일정한 프로세스를 거쳐 이루어진다.

1) 샘플링

데이터마이닝은 대용량의 데이터를 기반으로 하기 때문에 방대한 양의 데이터를 모두 살펴보고자 한다면 그만큼의 비용과 시간이 발생하게 된다. 행여 진행과정에서의 치명적인 오류가 발생하기라도 한다면 이와 같은 작업과정을 몇 번이고 반복해야 되기 때문에 샘플링이라는 과정을 통해 이러한 한계점을 해결하도록 한다. 샘플링이란 방대한 양의 데이터(모집단)에서부터 모집단을 닮은 적은 양의 데이터를 추출하는 것이다. 이는 데이터마이닝 작업을 하는 데 있어서 시간과 비용을 절감하여 효율적인 작업진행을 돕고, 이를 통하여 데이터마이닝 작업의 무게를 조금 가볍게 할 수 있는 절차이다.

유의할 점은 모집단을 닮지 않은, 한쪽으로 치우친 샘플이 추출되는 경우로 이는 샘플링 후 기본적인 몇 가지의 자료탐색을 거쳐 반드시 확인하여야 한다.

2) 탐색

탐색과정은 이미 알고 있는 사실들을 확인하여 수치화하는 작업을 시작으로 하여 보유하고 있는 수많은 변수들의 관계를 살펴보는 단계이다. 예를 들어 "백화점의 A상품 구매고객들은 주로 특정 요일에 집중되어 있다"거나, "B상품의 구매고객은 주로 여자다" 등의 모르고 있던 정보 또는 기존에 현업관계자의 정략적 분석 사실들을 확인할 수 있게 되는 경우도 있고, 가끔은 반대로 이러한 사실들이 틀렸다는 것도 확인할 수 있다. "여성고객의 신용카드가 단란주점 등에서 거액으로 사용되었다면 그것은 주로 도난된 카드다"라는 고정관념은 실제 국내 한 카드사의 데이터마이닝 과정에서 사실과 다르다는 것이 드러난 바 있다.

이처럼 탐색단계는 데이터의 모양을 면밀히 검토하여 정보화할 수 있는 기반을 잡아가는 과정이다. 이 단계에서는 실제 한 모집단으로 알고 있던 것이 두 개 이상으로 나뉠 수도 있고, 수십 개 이상의 많은 변수를 실제 중요한 정보를 주는 소수의 변수로 축소시킬 수도 있으며, 기존에 있던 변수들 외에 새로운 변수를 생성할 필요성을 느끼게 될 수도 있다.

3) 변환 및 조정

이 단계에서는 탐색단계에서 얻어진 정보를 기반으로 이후 구축할 모형의 성능을 향상시키기 위해 데이터가 가지고 있는 정보를 효율적으로 사용할 수 있도록 변수변환, 수량화, 그룹화와 같은 방법을 통해서 데이터를 변형하고 조정한다.

가령 신용카드회사의 거래정보를 상상해 보자. 그 거래정보에는 각 고객의 지난달 카드사용내역이 포함되어 있겠지만 이 정보는 분석자의 요구에 반드시 적합하지는 않을 것이다. 또한 연령정보와 같은 경우는 이용의 편의성을 위해 10대, 20대, 30대 등으로 나누든지 혹은 미취업인, 직장인, 직장 후 계층 등으로 나눌 수도 있을 것이다. 이러한 작업들을 고려하는 단계가 바로 변환 및 조정단계이다.

4) 모형화

데이터마이닝 과정에서 가장 중요한 단계로서, 앞서 선행되었던 단계에서 선정된 주요 변수들을 사용하여 다양한 데이터마이닝 기법을 이용한 모델링을 적용하는 단계이다. "신용카드의 사기방지모형은 인공신경망이 잘 맞는다"와 같은 잘 알려진 모형이 있을 수도 있으나, 그렇지 않으면 다양한 모형에 적용 후 예측력이 가장 뛰어난 모형을 선택하는 것이 일반적이다.

5) 평가

여러 개의 데이터마이닝 모델을 적용한 후에 각 모형의 효과를 비교하여 가장 좋은 모형을 선택할 수 있다. 이렇게 선택된 모형은 실제 모집단에 반영하여 그 효과를 재평가할 수 있으며, 이로 인하여 새로운 문제를 제기하여 이전 작업을 다시 반복할 수도 있다.

5. 데이터마이닝의 활용

데이터마이닝은 산업 전반에 걸쳐 여러 가지 다양한 비즈니스 상황에 적용될 수 있다. 데이터마이닝이 성공적으로 전개되고 있고, 활용되고 있는 분야들을 소개하면 다음과 같다.

1) 마케팅

마케팅(Marketing)은 데이터마이닝이 가장 성공적으로 적용되고 있는 분야 중의 하나이다. 소매, 통신판매, 금융서비스, 건강, 보험, 통신, 운송, 제약 등 다양한 분야에서 활용되고 있다.

첫째로, 고객의 인구통계자료나 구매패턴의 정보를 기반으로 고객을 세분화하고 그 특성을 요약하여, 그 결과를 바탕으로 목표마케팅에 활용함으로써 적은 비용으로 최대의 효과를 얻기 위해 활용할 수 있다.

둘째로, 고객들의 성향을 파악하여, 경쟁업체로의 전환가능성이 있는 고객 혹은 더 이상 우리의 제품이나 서비스를 이용하지 않는 고객(이탈고객)들을 분류하여 고객 유지율을 향상시키고 이탈한 고객들을 다시 우리의 고객으로 되돌릴 수 있는 방안을 모색함으로써 고객과의 지속적인 관계를 유지해 나가는 데 이용한다.

셋째로, 현재 고객들의 자료를 토대로 고객들의 순위를 부여하고 이에 따라 우수한 신규고객의 유치에 이용한다. 그 외에도, 테스트 우편응답을 분석하여 경제적이고 효율적인 우편광고에 이용하는 등 기타 여러 가지 마케팅활동의 결과에 대한 효과분석을 함으로써 데이터베이스마케팅에 활용할 수 있다.

2) 소매업

소매업(Retail)의 가장 큰 활용범위로는 장바구니분석(market basket analysis)이다. 즉, 생산품들의 각 구매시점을 이용하여 생산품 간의 관련성을 찾아내고, 이익을 극대화하기 위한 전략을 세우는 데 활용된다. 잘 알려진 재미있는 일화로는 미국의 편의점 체인에서 아기 기저귀와 맥주판매량 간의 아주 강한 관련성을 찾아낸 일이다. 이는 기저귀 심부름을 간 아빠들이 기저귀와 더불어 6개 팩의 맥주를 함께 사오기 때문으로 분석되었다.

또 다른 활용 예로는, 일시적인 유행이나 구매행동을 읽을 수 있는 순차적인 패턴(sequential pattern)을 탐지하여 판매전략을 세울 수 있다. 예를 들어, 어떠한 사람이 남자 정장을 구입하였을 때, 와이셔츠와 넥타이를 구입할 가능성이 높다는 정보를 이용하여 판매원은 그 고객에게 관련 상품의 구입을 권유하여 수익을 높일 수 있다.

3) 금융업

금융업(Finance) 전반에 걸쳐 데이터마이닝 기법이 두루 사용되고 있다. 잠재된 신용카드의 도용(fraudulent transaction)패턴을 탐색해 내는 데 쓰이고, 이자율이나 유통시장에서의 환율변동 예측(forecasting)에 데이터마이닝 기법이 쓰이고 있다. 또한 주식과 채권의 포트폴리오관리에서도 응용되고 있으며, 신용위험관리(risk management)와 기업대출에서의 도산예측(bankruptcy prediction)도 데이터마이닝 기법으로 훌륭한 결과를 얻고 있다.

주식이나 환율시장에서는 수년간에 걸쳐 효율적인 시장이론(market theory)이 폭넓게 받아들여지고 있음에도 불구하고, 많은 증권연구소에서는 유능한 거래인의 경험에 의한 분석과 추측에 의존하고 있는 상황에서 데이터마이닝 기법의 적용으로 보다 객관적이고 합리적인 결과를 얻을 수가 있을 것이다. 시계열분석(time series analysis)과 복잡한 비선형구조식(complex nonlinear function)으로 이를 해결할 수 있다.

또한 신용평가에도 활용되는데 신용평가는 특정인의 신용거래 대출한도를 결정하는 것이 주 업무로서 신용거래 확대를 위한 의사결정 적용분야로는 신용카드, 주택할부금융, 소비자대출, 상업대출 등을 들 수 있다. 신용평가의 중요한 사안은 현재의 대출한도액을 유지관리하면서 불량채권에 대한 최선의 대응책을 결정하는 것이다.

신용관리는 은행, 금융서비스, 저당권보험, 소매(할부판매) 등 다양한 분야에 적용되고 있다.

데이터마이닝은 부정행위의 적발에도 활용되고 있다. 부정행위적발의 목적은 고도의 사기행위를 발견할 수 있는 패턴을 알아내는 것이다. 은행에서는 발견된 패턴을 이용하여 신용카드 거래사기 및 불량수표를 적발할 수 있고, 통신회사에서는 전화카드 거래사기를 방지하며, 보험회사에서는 허위 및 과다청구 등을 예방할 수 있다.

4) 제조업

공정환경의 복잡함과 작업의 효율성과 품질의 우수성을 동시에 요구하는 현대 제조업(Manufacturing)분야에서도 데이터마이닝의 기법이 필요시되고 있다. 작업일정계획(Job shop scheduling), 공정제어(manufacturing control)의 문제, 화학약품의 공정과정(chemical process)의 최적화, 에너지 소비(energy consumption)의 최소화 혹은 품질관리(quality control)와 자동화된 검사(automated inspection)에서도 데이터마이닝의 기법이 쓰이고 있다.

데이터마이닝 기법은 품질관리에 활용되고 있는데, 품질개선의 목적은 불량품을 찾고, 그 원인을 밝혀서 궁극적으로 이를 예방하는 것이다. 의료보험조합에서는 불필요한 장기입원 및 의료비의 과다청구에 초점을 맞추고 있으며, 제조업체에서는 불량품을 유발시키는 조업패턴의 인식, 수율증대를 위한 공정변수의 발견과 최적화, 제품보증청구를 유발시키는 불량품 감소를 통한 이윤증가에 중점을 두고 있다.

5) 의학분야

의학(Medical)분야에서의 데이터마이닝의 이용은 크게 두 가지로 나뉜다. 첫째는, 환자나 병원 측에서의 보험사기에 대한 검색과 가장 경제적인 의료제공원을 판별해내는 데 쓰이고, 다른 하나는 이 기법으로 각종 암이나 심장마비 등의 병을 자동진단하는 데 있다.

마이크로어레이(Microarray) 데이터분석을 통한 유전자 기능 파악, DNA 및 RNA의 서열분석(sequence alignment), 단백질의 구조분석 등에 데이터마이닝이 활발하게 사용되고 있다.

롯데마트, 고객동선까지 분석 연 250억 절감

C·A·S·E 살펴보기

매장 혁신 프로그램 '린' 효과
장사는 감으로 해선 안 된다
구매패턴 분석해 재고 줄이고 인력 재배치로 낭비요소 없애

"떨이 판매 안 해요?"

"죄송합니다. 고객님. 떨이상품 사시려면 한참 후에 오셔야 합니다."

지난 10일 오후 8시 롯데마트 서울역점의 수산물코너는 고등어, 삼치, 조기 등 각종 생선을 구입하러 온 '올빼미 쇼핑객'들로 북적였다. 작년 초만 해도 이 시간이면 어김없이 "생선 세일합니다"란 소리가 울려퍼졌지만 이날은 오후 9시가 넘도록 들리지 않았다.

비밀은 지난해 7월께 도입된 전자주문시스템에 있었다. 이 시스템은 본사 '창조혁신팀'이 4주일 동안 서울역점 고객의 요일별 구매패턴을 분석한 끝에 만들어낸 작품. 수산코너 담당자의 '감'에 따라 주문하던 방식에서 현재 남은 재고량만 입력하면 점포특성에 맞게 발주량이 자동계산되는 시스템으로 바뀌면서 그날 팔릴 만큼만 주문할 수 있게 된 것이다. '떨이판매'와 폐기물량이 대폭 줄어들면서 이 매장은 올 6월 말까지 1년 동안 4,300만 원을 절감했다. 이 시스템이 도입된 전국 54개 점포의 수산코너 절감액을 합치면 연간 27억 원에 달한다.

롯데마트가 2008년 도입한 혁신 프로그램인 '린 프로그램' 효과를 톡톡히 보고 있다. 과거에 모르고 넘어갔던 수많은 비효율이 하나둘씩 제거되면서 비용은 줄어드는 반면 매출은 늘어나고 있어서다. 2007년 2%대에 그쳤던 영업이익률은 린 프로젝트 덕분에 올 상반기엔 6%를 넘었다. 2012년엔 8%까지 높일 계획이다.

노병용 롯데마트 대표가 '업무에 불필요한 모든 낭비요소를 없앤다'는 내용의 이 프로그램 도입을 검토한 것은 2007년. 맥킨지컨설팅의 전문가와 내부에서 뽑은 15명의 '변화관리자'를 중심으로 창조혁신팀을 구성, 이들을 전국 점포에 투입해 각 점포운영의 비효율을 개선하도록 했다.

계산대 직원들의 업무효율을 높인 것이 대표적인 예다. 롯데마트는 2007년까지만 해도 그날 배정된 근무인원을 토대로 인력 편성표를 짰다. 고객이 몰릴 때는 계산대 업무가 마비되는 반면 한가할 때는 직원들이 할 일 없이 서 있는 상황이 반복됐다. 창조혁신팀 직원들은 점포마다 요일별, 시간대별 고객수와 매출을 측정한 뒤 고객이 많은 시간대에 계산대 인력을 집중배치했다. 한가한 시간대에는 근무인력을 최소화하거나 계산대 직원을 식품, 수산, 청과 등 다른 코너로 보내 업무를 돕도록 했다. 이 같은 인력 재배치로 롯데마트는 지난해 45억 원을 절감했다.

월드컵점 채소매장도 린 프로그램 덕분에 매출이 늘어난 케이스다. 고객동선을 분석한 결과 과일매장을 거쳐 채소매장으로 들어오는 고객이 가공식품매장을 통해 유입되는 고객수보다 20%가량 많은 것으로 나타나자 가공식품매장 근처에 있던 '잘 팔리는' 채소들을 과일매장 쪽으로 옮겼다. 이것만으로 월드컵점은 전체 채소 매출을 10% 넘게 끌어올릴 수 있었다.

감동훈 롯데마트 창조혁신팀장은 "올해는 린 프로그램 덕분에 거둘 비용절감액이 250억 원에 달할 것으로 예상된다"며 "이 프로그램을 적용한 점포의 올 상반기 매출증가율(7.3%)이 전체 성장률(4.7%)보다 2.6%포인트 높았다"고 말했다. 롯데마트는 내년 3월까지 70개 점포에 대한 린 프로그램 도입작업을 마무리지을 계획이다.

자료 : 한국경제신문, 2010. 8. 11

제3절 데이터마이닝 방법

데이터마이닝을 위해서 CRM에서는 다양한 방법들이 사용된다. 이들은 통계학, 전산학, 공학 등을 기반으로 하여 정보분석에 유용하게 변형된 형태들이다. 이들 도구는 데이터를 분류, 군집, 연관규칙의 발견을 가능하게 하고 이를 경영학의 마케팅에 활용하는 것이 CRM에서의 데이터마이닝의 활용이라고 할 수 있다.

이러한 대표적인 데이터마이닝 방법에는 의사결정나무, 인공신경망, 최근접이웃, 군집화, 연관성분석, 순차적 패턴 등이 있다([그림 3.1 참조]).

그림 3.1 ▮ 데이터마이닝 방법

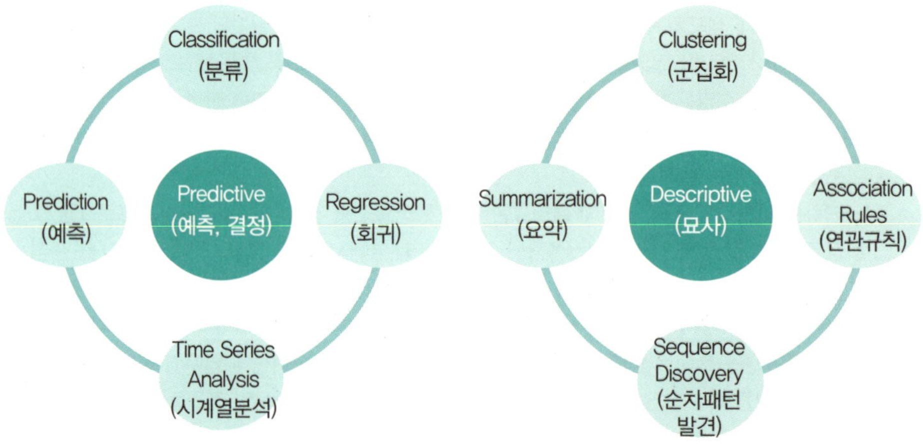

데이터마이닝은 하나의 기법을 지칭하는 것이 아니라 유용한 데이터로부터 더 많은, 더 정확한, 더 유용한 정보를 추출하기 위한 여러 가지 방법들을 총체적으로 지칭하는 용어이다. 어떠한 목적을 가지고 있는가에 따라서 각각 다른 방법들이 적용되며 각 방법은 고유한 장 · 단점을 가지고 있다([표 3.1] 참조).

표 3.1 ▮ 데이터마이닝 방법의 장 · 단점

	장점	단점
의사결정나무	• 이해가 쉽고, 데이터 선정이 용이하며, 어떠한 속성들이 각각의 분류값에 결정적인 영향을 주는가를 쉽게 파악	• 연속형 데이터를 처리하는 능력이 떨어짐 • 예측력도 감소. 표본의 크기에 민감 • 분리의 경계점에서 예측오류 가능성 • 분석용 자료에만 의존하기 때문에 새로운 자료의 예측에서는 불안정할 가능성
인공신경망	• 연속적/불연속적 자료에 적용 용이 • 입력변수들의 비선형조합을 통해 제공하기 때문에 예측력이 우수 • 다양한 문제에 적용가능 • 복잡한 문제에 대한 우수한 결과 기대	• 결과에 대한 설명력이 부족 • 변수변환의 추가적인 노력 필요 • 복잡한 학습과정이 필요하므로 모형을 구축하는 데 시간이 많이 걸림 • 비전문가들이 사용하기에 어려움
최근접이웃	• 이해가 쉽고 사용이 용이 • 정제되지 않은 데이터와 결손데이터에 대해서도 적용이 용이 • 복잡한 ROI 계산 수행에 적합 • 정확도의 측정에 있어 용이	• 제한된 데이터 형태에만 적용
군집화	• 주어진 데이터의 내부구조에 대한 사전정보 없이 의미 있는 자료구조를 찾아낼 수 있음 • 다양한 형태의 데이터에 적용이 가능 • 분석방법의 적용 용이	• 군집 결과에 대한 해석이 용이하지 않음 • 거리정의와 가중치 선택이 어려움 • 초기 군집수 설정에 민감
연관규칙	• 결과가 분명 • 거대자료분석의 시작으로 적합 • 변수의 개수가 많을 때 쉽게 사용 • 기존의 데이터를 특별한 변형 없이 계산이 용이하게 사용가능	• 품목수의 증가에 따라 계산량이 폭증 • 자료의 속성에 제한이 있음 • 적절한 품목을 결정하기가 어려움 • 거래가 드문 품목에 대한 정보를 찾기가 어려움
순차적 패턴	• 순서를 갖는 연관성규칙 • 탐색적인 기법 • 사용 편리한 분석데이터의 형태 • 계산의 용이성	• 상당한 수의 계산과정 • 적절한 품목의 결정 어려움 • 품목의 비율차이 발생

데이터마이닝은 의사결정을 위한 의미 있는 정보를 추출하는 과정으로서 크게 예측과 설명의 두 가지 목적으로 활용된다. 예측은 작업유형에 따라 분류규칙, 설명은 연관규칙과 연속규칙데이터 군집화로 나누어 달리 활용하며 다음 [표 3.2]는 데이터마이닝의 목적별 사용기법을 정리한 것이다.

표 3.2 ▮ 데이터마이닝의 목적별 사용기법

목적	작업유형	설명	도출규칙 예	사용기법
예측/결정	분류규칙	• 과거의 데이터로부터 고객특성을 찾아 분류모형을 만들고 새로운 레코드의 결과값 예측 • 타겟마케팅 및 고객신용평가 모형에 활용	• 신용평가결과가 불량인 고객은 '25~30세 가량의 미혼남으로 월평균수입 200만 원 이하인 고객'으로 신규고객 유치 시 이러한 규칙활용	• 회귀분석 • 시계열분석 • 신경망 (Neural Networks) • 의사결정나무 (Decision Tree)
설명	연관규칙	• 데이터 안에 존재하는 항목간의 종속관계를 찾아 제품이나 서비스의 교차판매, 매장진열, 첨부우편, 사기적발 등의 다양한 분야에서 활용	• 넥타이를 구매한 고객은 셔츠도 구입 • 정장과 벨트를 구입하면 코트도 함께 구입 등	• 동시발생 매트릭스
	연속규칙	• 연관규칙에 시간관련 정보가 포함된 형태로, 고객의 구매이력속성이 반드시 필요, 목표마케팅, 일대일마케팅에 활용	• 새 냉장고를 구입한 고객 중 한 달 이내에 새 오븐을 구입하는 확률이 75% 등	• 동시발생 매트릭스
	데이터 군집화	• 고객레코드들을 유사한 특성을 지닌 몇 개의 소그룹으로 분할 • 작업의 특성이 분류규칙과 유사하나 분석대상 데이터의 결과값이 없으며, 판촉활동이나 이벤트 대상을 선정하는 데 활용됨	• 고객을 평균예탁금, 월평균약정, 회전율, 월평균거래건수 등으로 고객세분화 실시 후, 이들 군의 특성을 파악하고 이탈과 복귀를 반복하는 고객군을 선별, 특성 파악 • 다른 데이터마이닝의 선행작업으로 많이 활용됨	• K-means Clustering (K평균군집)

1. 의사결정나무

1) 의사결정나무의 정의

의사결정나무(Decision Tree)는 의사결정규칙에 의해서 나무구조로 나타내는 분석방법으로 분류 및 예측을 수행하는 데 있어서 효과적으로 사용되며, 분석의 정확도보다는 분석과정의 설명이 필요한 경우에 활용된다. 의사결정나무의 나무구조는 연속적으로 발생하는 의사결정문제를 시각화하여 의사결정이 이루어지는 시점과 성과를 한눈에 볼 수 있게 하며, 계산결과가 의사결정나무에 직접 나타나게 되어 분석이 간편한 방법이다.

의사결정나무는 일련의 단순한 의사결정규칙들을 적용시켜 큰 레코드의 집합을 작은 레코드의 집단들로 나누는 데 쓰이는 구조이다. 각각의 연속적인 분할에서 결과가 되는 집합들의 구성원들은 갈수록 서로 비슷해진다.

하나의 의사결정나무 모형은 특정한 목표변수에 대하여 큰 다원적인 모집단을 좀 더 작고 일원적인 집단들로 나누는 규칙들의 집합을 포함한다. 의사결정나무는 분류 또는 예측을 목적으로 하는 어떤 경우에도 사용할 수 있으나 분석의 정확도보다는 분석과정의 설명이 필요한 경우에 더 유용하게 사용된다.

의사결정나무는 분류나 예측의 근거를 알려주기 때문에 이해하기가 쉽고, 데이터를 구성하는 속성의 수가 불필요하게 많을 경우에도 모형구축 시 분류에 영향을 미치지 않는 속성들을 자동으로 제외시키기 때문에 데이터 선정이 용이하며, 어떠한 속성들이 각각의 분류값에 결정적인 영향을 주는가를 쉽게 파악할 수 있다는 장점이 있다. 그러나 나이나 소득 등과 같은 연속형 데이터를 처리하는 능력이 신경망이나 통계기법에 비해 떨어지며, 결과적으로 예측력도 감소한다. 또한 모형을 구축하는 데 사용되는 표본의 크기에 지나치게 민감하여 보다 정확한 모형을 만들기 위해서는 서로 상이한 값을 갖는 레코드들을 가능한 한 많이 포함하는 데이터가 필요한 단점이 있다. 이러한 의사결정나무 방법의 예는 [그림 3.2]와 같다.

그림 3.2 ▮ 의사결정나무 방법의 예

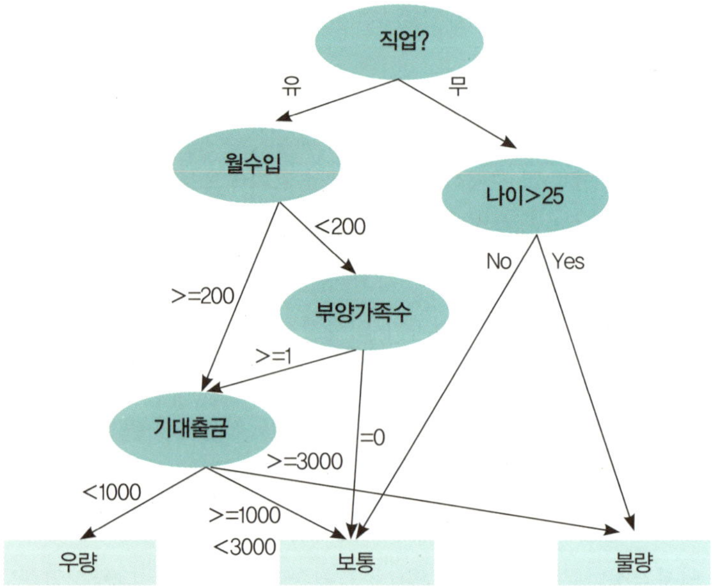

[그림 3.2]는 의사결정나무의 예로서 고객을 신용등급에 따라서 우량, 보통, 불량으로 구분하는 것을 나타낸다. 직업의 유무에 따라, 그리고 월수입, 부양가족수, 나이, 대출금 등의 변수에 따라 분류가 결정된다.

즉, 의사결정나무는 흔히 나무형태처럼 마디부터 아래로 뿌리를 내려 이어지게 되는데, 마디(Node)라고 불리는 것 중에서 맨 위에 그려지는 마디(Node)를 뿌리마디라 하며, 모든 레코드 관측치들을 의미한다. 뿌리마디를 어떤 특정한 법칙에 의하여 나누게 되면 바로 밑에 생기는 마디가 있는데, 이를 자식마디라고 한다. 결국 자식마디는 뿌리마디의 한 부분이 되는 것이다.

다시 말하면, 의사결정나무는 뿌리마디(Root Node), 자식마디(Child Node), 부모마디(Parent Node), 끝마디(Terminal Node), 중간마디(Internal Node), 가지(Branch), 깊이(Depth)로 구성되어 있다. 뿌리마디란 처음 시작되는 마디로 전체 자료로 구성되어 있는 것이다. 자식마디는 한 마디로부터 뻗어나간 2개 이상의 마디들을 의미하며 부모마디란 그렇게 뻗어나간 마디의 상위마디를 일컫는다. 끝마디는 더 이상 가지가 뻗어나가지 않는, 자식마디가 없는 마디를 가리키며, 중간마디란 부모마디와 자식마디가 모두 존재하는 마디이다. 한편 가지는 뿌리마디에서 시작하여 끝마디까지 연결된 마디들을 의미하며, 깊이라 함은 뿌리마디에서 끝마디까지 존재하는 중간마디의 수를 가리킨다. 의사결정나무를 구축하는 알고리즘에는 여러 가지가 존재하는데 이들 알고리즘의 차이는 "어떻게 적절한 크기의 나무를 결정하느냐"라는 데 있다.[3]

이런 식으로 어떤 법칙을 가지고 위의 마디를 나누는 것을 가지치기라고 하고 더 이상 가치가 쳐질 마디가 없으면 이 마디는 종단마디가 된다. 다시 말하면 종단마디는 의사결정나무의 맨 하단에 생기는 마디가 된다.

[그림 3.3]은 '커피나라'의 의사결정나무 방법 예제이다.

그림 3.3 ▮ '커피나라'의 의사결정나무

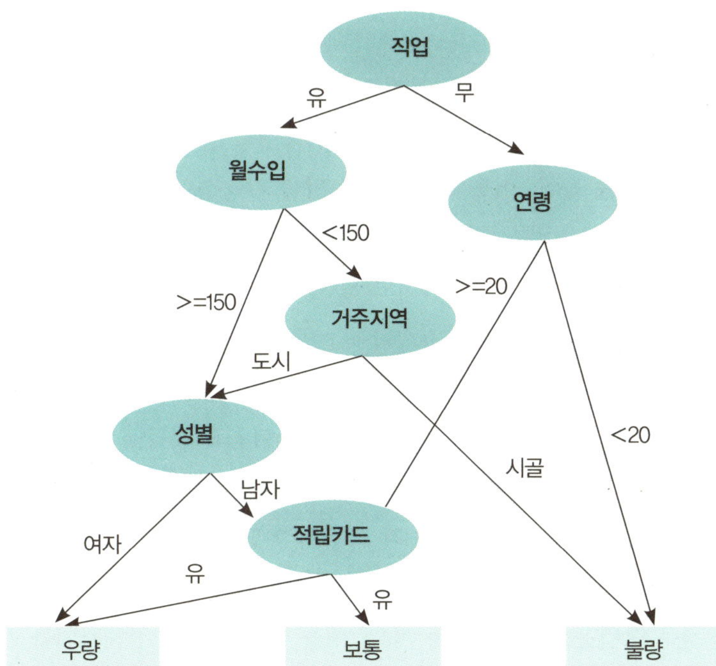

[그림 3.3]에서 보듯이 커피나라에서 고객의 형태를 파악하기 위해 의사결정나무를 사용했다. 뿌리마디는 직업이 있는지 없는지 파악하는 데 사용됐다. 다음 단계로 커피를 이용하는 고객의 특성을 찾아내어 그 특성을 기준으로 뿌리마디를 나눈다. 만약 그 특성이 연령이라면 20세 이상인 고객이 20세 미만인 고객보다 커피 이용률이

3 http://innobizard.com.ne.kr/main/it/datamining/datamining.html#36

높았다. 다음에는 20세 이상인 고객과 미만인 고객을 각각 따로 응답 여부에 가장 영향을 주는 고객특성을 찾아 가지를 계속 친다. 만약 20세 이상 고객에게 영향을 주는 특성이 거주지역이라면 20세 이상 고객들을 거주지역을 기준으로 다시 가지를 친다. 20세 미만인 고객의 경우에도 마찬가지로 영향을 주는 특성을 찾는데, 더 이상 응답률에 영향을 미치는 특성이 발견되지 않으면 가지치기를 멈추고 20세 미만의 고객으로 이루어진 노드가 향한 불량이라는 속성이 마지막 종단마디가 된다.

이렇게 형성된 의사결정나무로 20세 이상이면서 거주지역이 도시이고 성별이 여자라면 커피회사를 이용할 확률이 매우 높다는 결론을 내릴 수 있다.

2) 의사결정나무의 활용

의사결정나무는 분류 또는 예측을 목적으로 하는 어떤 경우에도 사용될 수 있으나, 앞에서 언급했듯이 분석의 정확도보다는 분석과정의 설명이 필요한 경우에 더 유용하게 사용된다. 예를 들어, 어느 회사에서 응답할 가능성이 높은 고객에게만 광고인쇄물을 보내려고 한다고 하자. 이때 단순히 광고인쇄물을 보낼 고객을 추출하는 것 못지않게 중요한 것은, 어떤 속성을 가지고 있는 고객이 응답할 가능성이 더 높은지를 찾아내는 문제라 할 수 있다. 의사결정나무는 광고인쇄물의 응답자분석, 고객들의 신용점수화, 의학연구, 시장분석, 품질관리 등 다양한 분야에서 이용될 수 있다.

일반적으로 의사결정나무가 활용되는 응용분야는 다음과 같다.

① 세분화 : 관측개체를 비슷한 특성을 갖는 몇 개의 그룹으로 분할하여 각 그룹별 특성을 발견하고자 하는 경우 또는 각 고객이 어떤 집단에 속하는지를 파악하고자 하는 경우를 나타낸다. 시장세분화, 고객세분화 등이 해당된다. 특히 고객세분화의 경우 작업은 고객의 요구, 기호, 행동 및 경제적인 잠재가치를 기반으로 수행되어야 하는데, 이런 고객의 수익성은 마케팅, 영업 및 서비스부문에 기업의 자원을 할당하는 의사결정문제에 중요한 기준으로 작용한다.

② 분류 : 여러 예측변수에 근거하여 목표변수의 범주를 몇 개의 등급으로 분류하고자 하는 경우로, 예를 들면 고객을 신용도에 따라 우량/불량으로 분류하는 것이다.

③ 예측 : 자료로부터 규칙을 찾아내고 이를 이용하여 미래의 사건을 예측하고자 하는 경우로, 예를 들면 고객속성에 따라서 대출한도액을 예측하는 것이다.

④ **차원축소 및 변수선택** : 매우 많은 수의 예측변수 중에서 목표변수에 큰 영향을 미치는 변수들을 골라내고자 하는 경우이다.

⑤ **교호작용효과의 파악** : 여러 개의 예측변수들이 결합하여 목표변수에 작용하는 교호작용을 파악하고자 하는 경우이다.

⑥ **범주의 병합 또는 연속형 변수의 이산화** : 범주형 목표변수의 범주를 소수의 몇 개로 병합하거나 연속형 목표변수를 몇 개의 등급으로 이산화하고자 하는 경우이다.

2. 인공신경망

1) 인공신경망의 정의

인공신경망(Neural Network) 모형은 데이터마이닝에 대한 관심이 모아지면서 가장 일반적으로 언급되고, 또한 다양한 응용분야를 가지고 있는 기법이다. 인간두뇌의 신경세포를 모방한 개념으로 마디(node)와 고리(link)로 구성된 망구조를 모형화하고, 의사결정나무와 마찬가지로 과거에 수집된 데이터로부터 반복적인 학습과정을 거쳐 데이터에 내재되어 있는 패턴을 찾아내는 모델링기법이다. 분류, 군집, 연관규칙 발견과 같은 작업에 널리 사용된다. 인공신경망 모형은 인간이 경험으로부터 학습해 가는 두뇌의 신경망활동을 흉내 내어 자신이 가진 데이터로부터 반복적인 학습과정을 거쳐 패턴을 찾아내고 이를 일반화함으로써 특히 향후를 예측(prediction)하고자 하는 문제에 유용하게 쓰인다.

매우 복잡한 구조를 가진 데이터들 사이의 관계나 패턴을 찾아내는 유연한 비선형모형(Flexible nonlinear Model)의 하나로, 신경생리학과의 유사성 때문에 일반적으로 다른 (통계적) 예측모형에 비해 흥미롭게 여겨지고 있다. 이러한 인공신경망 모형은 고객의 신용평가, 불량거래의 색출, 의료진단 예측, 우량고객 선정, 타겟마케팅의 여러 주제 등을 비롯한 여러 분야에 적용될 수 있는데, 주로 지도학습(supervised learning)에 적용되어 목적변수에 대한 예측이나 분류를 목적으로 감춰진 패턴을 찾고 이를 일반화하는 데 이용된다.

인공신경망 모형은 상당히 다양한 산업분야의 여러 문제에 적용될 수 있고, 입력변수와 목적변수의 관계를 그리기가 어려운 복잡한 데이터에 대해서도 좋은 결과를 얻을 수 있는 것으로 알려져 있다. 또한 입력변수와 목적변수의 속성이 연속형이나 이산형인 경우를 모두 다룰 수 있다. 그러나 인공신경망 모형은 매우 유연하기는 하지만 설명력이 부족하여 종종 블랙박스로 불리고 있다. 의사결정나무나 연관성분석은 명쾌하고 쉽게 이해할 수 있는 결과물(일종의 rule)을 제공하는 데 반해, 인공신경망 모형은 인간이 어떠한 현상을 인지하게 되는 것처럼 쉽게 설명되지 않는 내부적인 작업을 수행하고 이를 통해 얻어진 결과물을 제공할 뿐 어떠한 변수가 중요한지, 어떻게 상호작용이 이루어져 그러한 결과물을 주게 되는지에 대한 설명은 하지 않는다. 따라서 설명력보다는 정확한 예측이 중요한 경우에 이용될 수 있다.

신경망을 적용하기 좋은 문제의 특징으로는, 첫째 입력들이 잘 이해된 상태일 경우이다. 즉, 데이터의 어떤 특징들이 중요한지를 알아야 한다는 것이다. 둘째, 출력이 잘 이해된 상태로 모형을 만드는 목적이 무엇인지 분명해야 한다. 마지막으로 경험이 사용가능하므로 입력과 출력 모두가 알려진 예시들을 충분히 보유하고 있어야 한다는 것이다.

이러한 인공신경망은 예측력이 우수하여 예측에 있어 활용가능성이 매우 넓은 점과 이러한 장점을 바탕으로 기존에 상용화된 프로그램과 모형화가 잘 되어 있다는 장점이 있지만, 분류, 예측의 결과만을 제공하고 그에 대한 이유를 설명해 내지 못한다는 점과 신경망의 구축과정이 복잡하여 매개변수에 대한 전문성이 필요할 뿐만 아니라 이에 따른 구축 소요시간이 오래 걸린다는 단점을 가지고 있다. 이러한 인공신경망 방법의 예는 [그림 3.4]와 같다.

그림 3.4 ▮ 인공신경망 방법의 예

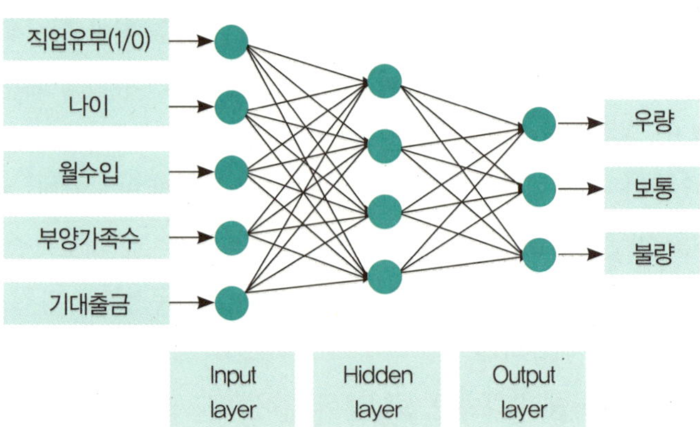

인공신경망은 인간두뇌의 정보처리과정과 그 구조를 모형화한 것으로서 이는 뇌의 신경회로망 같이 신경세포에 해당하는 다수의 처리 프로세스들을 네트워크 형태로 접속하여 상호 간에 신호를 주고받으면서 병렬로 작동하여 하나의 인공신경망으로 자료를 처리한다. 그 구조는 입력층(Input layer), 은닉층(Hidden layer), 출력층(Output layer)의 삼층구조로 나누어진다. 은닉층라고 불리는 독특한 구성요소에 의해서 일반적인 통계모형과 구별된다. 은닉층은 인간의 신경세포를 모형화한 것으로 각 은닉층은 입력변수들의 결합을 수신하여 목표변수에 전달한다. 이때 결합에 사용되는 계수(coefficient)들을 연결강도(synaptic)라고 부르며, 활성함수는 입력값을 변환하고 이를 입력으로 사용하는 다른 마디로 출력하게 된다.

① **입력층(Input layer)** : 각 입력변수에 대응되는 마디들로 구성되어 있다. 명목형(nominal) 변수에 대해서는 각 수준에 대응하는 입력마디를 가지게 되는데, 이는 통계적 선형모형에서 가변수(dummy variable)를 사용하는 것과 같다.

② **은닉층(Hidden layer)** : 여러 개의 은닉마디로 구성되어 있다. 입력층으로부터 전달되는 변수값들의 선형결합(linear combination)을 비선형함수(nonlinear-function)로 처리하여 출력층 또는 다른 은닉층에 전달한다.

③ **출력층(Output layer)** : 목표변수(target)에 대응하는 마디들을 갖는다. 여러 개의 목표변수 또는 세 개 이상의 수준을 가지는 명목형 목표변수가 있을 경우에는 여러 개의 출력마디들이 존재한다.

2) 인공신경망의 활용

신경망은 분류, 군집, 연관규칙 발견과 같은 작업에 널리 사용되는 데이터마이닝 기법으로 부도예측, 외환시장거래, 주식과 상품거래 선정, 신용카드 및 금융거래의 부정행위 발견, 고객관계관리 등 여러 금융분야에서 많은 신경망모형이 성공적으로 적용되어 왔다. 따라서 목적에 따라 사회 여러 분야에서 적용되어 사용될 수 있으며, 일반적으로 신경망의 가장 큰 장점은 높은 예측성과에 있다. 신경망의 구조는 다른 분류모형에서는 불가능한 입력변수와 출력변수 사이의 매우 복잡한 관계를 파악하는 구조를 지니고 있기 때문이며 다음과 같은 모습을 하고 있다([그림 3.5] 참조).

그림 3.5 ▮ 인공신경망의 활용

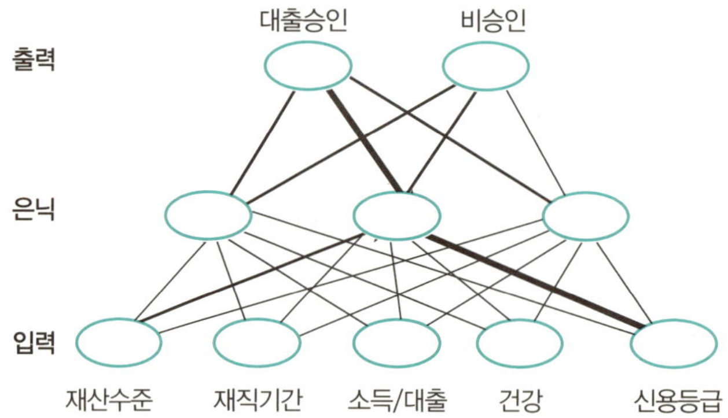

가장 널리 사용되는 역전파 학습 알고리즘이 적용가능한 인공신경망 구조는 입력층, 은닉층, 출력층이 서로 연결된 다계층구조이다. 각 계층에는 뉴런이 존재하고 이들 뉴런이 서로 연결되어 주어진 문제를 학습하고 추론기능을 수행한다. 인공신경망의 핵심은 뉴런 간의 연결강도와 이에 따른 다계층구조에 있다.

또한 신경망기술의 응용분야는 데이터마이닝, 네트워크관리, 언어인식, 의약 및 생명정보공학, 금융서비스, 머신비전, 모델링 및 과학이론 개발, 신호처리, 로봇, 화학물질 합성, 생산공정 제어 등 광범위하다.

인공신경망은 안정적인 기업환경보다는 매우 동적인 환경에서 그 진가가 발휘될 수 있는 가능성이 큰데, 인공신경망은 학습능력이 있기 때문에 변화하는 환경에 대해 적응력이 뛰어나고 새로운 사실에 대한 추론능력이 뛰어나기 때문이다. 따라서, 인공신경망을 기업의 주요 전략부서단위에 의사결정 메커니즘으로 활용한다면 기업의 경영성과 향상에 큰 도움을 줄 수 있을 것이다. 예를 들면, 오래전부터 주가예측이나 기업도산예측에 대하여 인공신경망을 주요 의사결정 메커니즘으로 사용하여 좋은 성과를 얻었다. 또한 회계감사, 생산부서의 공정관리, 그리고 마케팅 의사결정문제에 이르기까지 인공신경망을 주요 의사결정 메커니즘으로 사용하며 특히 최근에는 마케팅 고유의 영역이라 생각되는 가격결정문제까지 인공신경망을 성공적으로 활용한 사례가 발표되고 있다.

터널의 모든 걸 꿰뚫어보는 THAM

C·A·S·E 살펴보기

재난이나 사고는 예고치 않고 우리에게 찾아온다. 뼈가 부러졌을 때 직접 그 부분을 개봉해 보지 않고 다행히도 엑스레이 촬영으로 부러진 부위를 알 수 있다. 이처럼 터널도 구조물을 공사하지 않고 사전에 붕괴위험을 파악하여 더 이상 갑작스런 터널붕괴사고가 일어나는 것을 방지할 수 있게 되었다. 2004년 영동선 터널붕괴, 2008년도 성수동 지하철 분당선 지하철 터널지표함몰, 2008년 고속철도 금정산 터널붕괴사고 등 매년 중대형 터널붕괴사고는 약 20여 건 정도 발생하고 있으며, 이로 인한 복구비가 연간 평균 1,000억 원에 이르는 것으로 추정되고 있다.

… (중략) …

이와 같은 터널붕괴사고를 최소화하기 위하여 한국건설기술연구원은 최신의 인공신경망 기법을 도입하여 세계 최초로 기존 붕괴 사례에 기반을 둔 터널붕괴 위험도지수(KTH-index)를 제안하고, 이를 기반으로 둔 터널시공 위험도관리시스템(THAM system : Tunnel Hazard Management system)을 개발하였다. 인공신경망(인공지능) 기법은 인간 뇌의 학습효과와 매우 유사한 것으로 인간은 특정한 문제에 있어 원인과 이에 따른 효과를 이용하여 훈련을 하면 실제 경험하지 않더라도 훈련받은 상황과 유사한 상황이 발생할 경우 이를 해결하고 예측한다. 인공신경망 기법은 이런 뇌의 학습작용을 특정 상황에 적용하여 컴퓨터가 특정 문제에 대해 패턴을 추적, 분석하여 기존 유사한 사례를 통해 해석하는 기법을 말한다.

THAM 시스템은 100여 개의 기존 터널붕괴 사례를 데이터베이스로 구축한 뒤 연구원이 개발한 인공지능 자료분석시스템을 통해 이 데이터베이스를 학습시켜 만든 시스템이다. 이 인공지능 시스템은 축적된 데이터베이스의 자료를 통해 터널붕괴의 원인이 되었던 각각의 조건들을 위험도별로 분류하고 각 진행상태를 계량적으로 수치화하여 개별적인 조건별로 위험도를 측정할 수 있도록 학습된다.

이렇게 학습이 된 인공지능시스템은 새로운 터널공사현장에서 발생하는 몇 가지 조건, 인자들에서 측정되는 수치를 기존 데이터베이스에서 학습한 수치와 비교 · 분석하여 현재 진행하는 터널의 위험도가 얼마나 되는지를 제시하게 된다.

THAM 시스템이 판단하는 주요 분류항목은 터널의 기하형상, 지질조건, 불연속면 조건, 지하수 조건, 굴착방법, 지보패턴 등 총 6개 항목이다. 각 세부항목은 터널의 단면적과 터널의 심도, 암성강도, 막장풍화도, 불연속면상태, 단층대의 상태, 불연속면의 기하학적 상태, 지하수유입량, 환산지하수위, 강우강도, 굴착방법, 굴착성능, 굴착속도, 표준지보패턴강도 등 총 17개 항목이지만 현재는 강우강도와 굴진속도를 제외한 15개 항목으로 위험도를 측정한다.

각각의 항목을 다시 최소 0등급(양호)에서 최대 10등급(불량)으로 나누고 항목별로 가중치를 곱한 뒤 합산하는 형태로 평가점수를 주게 되며 평가는 0점에서 100점 사이에 분포하게 된다. 이 점수가 높을수록 붕괴위험이 높고 점수가 낮을수록 붕괴확률이 낮음을 의미한다.

THAM 시스템은 대표적으로 한국수자원공사에서 진행한 울산 대암댐의 보조터널공사에 적용되었다. 현장에서는 시공 초기부터 THAM 시스템을 도입하여 아무런 사고 없이 터널을 공사할 수 있었다. 이러한 방식으로 각 터널공사현장에서 THAM 시스템을 도입하게 되면 사고가 예방될 뿐만 아니라 효율적 관리를 통해 향후 10년간 약 1,000억 원의 경제적 이득이 예상된다.

자료 : 세계일보, 2009. 4. 10

3. 최근접이웃

1) 최근접이웃의 정의

최근접이웃(Nearest Neighbor) 예측기법은 가장 오래전부터 사용되고 있는 데이터마이닝 기법에 속한다. 근접이웃은 비슷한 레코드들을 하나의 그룹으로 만든다는 점에서 군집분석과 매우 비슷한 예측기법인데, 임의의 레코드에 있는 예측값에 대하여 과거 데이터베이스에서 이와 유사한 예측변수값들을 찾아 분류되지 않은 레코드에 가장 가까운 레코드의 값을 예측값으로 사용하는 것이다. 쉽게 말하면 하나의 특정한 객체(고객, 음식, 자동차 등)가 다른 제3의 객체에 가깝기보다는 또 다른 하나의 객체에 더 가까울 수 있다는 것을 의미한다. 서로 '가까운' 객체들은 유사한 예측변수를 가지게 될 것이기 때문에 객체들 중 한 예측변수를 안다면 근접이웃에 대한 값을 예측할 수 있게 된다.

최근접이웃방법은 통계적 매칭에 가장 흔히 사용되는 방법으로 가장 유사한 하나의 개체를 매칭에 사용하는 방법이다. 즉, 특정 위치의 예측값과 가장 유사한 특성을 가진 가장 가까운 예측값을 찾는 방법으로 다음과 같은 특징을 가진다.

① 가까운 예들을 연관지어 생각하는 것과 유사하기 때문에 가장 이해하기 쉽고 사용하기 쉽다.

② 알고리즘이 정제되지 않은 데이터와 결손데이터에 대해서도 적용이 용이하여 자동화라는 관점에서 수행능력이 좋다.

③ 경영시뮬레이션이 ROI(Return of Investment, 투자수익률)를 최적화하도록 수행될 수 있는 국소수준에서 예측이 되므로 복잡한 ROI 계산을 수행하는 데 특히 적합하다.

④ 타 기법에 비해 같은 수준의 정확도를 나타내므로 리프트(lift)와 같은 정확도의 측정에 있어 용이하다.

⑤ 사용자에게 예측력을 제공하는 데 있어 확신을 주는 경우 가장 가까운 이웃까지의 거리를 통해 그 신뢰수준을 제공한다. 만약 그 이웃이 매우 근접해 거의 정확하게 일치된다면 더 멀리 떨어진 경우보다 그 신뢰성이 더 높을 것이다.

최근 데이터베이스와 관련된 많은 응용들은 고차원적인 대용량 데이터에 대한 처리를 요구하고 있다. 새로운 응용분야들은 멀티미디어시스템, 기상 및 환경정보시스템, 시뮬레이션 및 실험결과분석, 분자생물학, 데이터웨어하우징이다. 이러한 응용분야들에서 가장 중요하게 요구되고 있는 기능들 중의 하나는 유사성 검색들 중 최근접이웃 또는 K-최근접이웃이다.

K-최근접이웃은 데이터중심의 단순분류기법으로서 분류된 집단과 예측변수 간의 관계를 가정하지 않는 분류방법이다. 분류하고자 하는 새로운 데이터가 있다면 학습용 데이터 집합에 있는 유사한 K개의 관찰점을 확인하여, 가장 인접한 집단으로 분류해 내는 것이다. 이때 최근접 K값에 의해 분류결과가 달라지므로 K값을 적절히 선택하는 것이 중요하다. 일반적인 모형 위주의 기법들에 비해 대량의 데이터집합을 가질 때는 최근접이웃법과 같은 단순한 기법들이 좋은 성과를 얻을 수 있다. 이미 여러 분야에서 그 유용성을 검증받았으며 기계학습분야에서도 최근 널리 사용되고 있다. 하지만 지금까지 개발된 최근접이웃 알고리즘은 몇 가지의 제한된 데이터 형태에만 적용될 수 있는 단점이 있다.

하지만 기존의 최근접이웃 기법은 새로운 레코드를 분류하는 경우 가장 유사한 이웃을 찾아서 그것과 같은 그룹에 새로운 레코드를 일방적으로 분류했기 때문에 복잡한 데이터들에 대해서는 좋지 않은 성능을 나타내었다. 이에 대한 보완책으로 나온 것이 'K-근접이웃'이며, 최근접이웃이 가장 근접한 1개의 데이터만 보는 것과는 달리, 가장 근접한 K개의 데이터에 대한 투표를 취하는 방법으로 분류하게 된다. 다양한 실험에서 K-근접이웃 방법을 적용할 경우 보다 향상된 선호도 예측결과를 얻을 수 있다. 최적의 K-근접이웃 선정을 통한 선호도 예측정확도는 가장 우수한 성과를 나타낸다.

2) 최근접이웃의 활용

다양한 분야에서 활용이 가능한데, 최근접이웃은 알려지지 않은 데이터의 예측을 위한 데이터마이닝 기법이다. 하나의 특정한 객체가 어떤 새로운 제3의 객체가 될 수 있기보다는 한 객체와 유사할 수 있다는 것을 가정을 둔다. 한 마디로 최근접이웃이란 서로 '가까운' 객체들은 유사한 예측변수를 가지게 될 것이다.[4] 그리하여 객체들 중 한 예측변수를 안다면 최근접이웃에 대한 값을 예측할 수 있는 것이다. 그렇다면

4 알렉스 버슨 저, 홍성완 역(2000), 4CRM을 위한 데이터마이닝, 대청미디어

어떤 때에 최근접이웃을 사용하는지 알아보자.

검색엔진에 있어 문장검색을 할 때 최근접이웃방법을 사용할 수 있다. 예를 들어 최종사용자의 관심분야를 정의하여 이와 유사한 서류를 더 발견하도록 시스템에 요구하여 어떤 서류는 유용한 서류이고 어떤 것은 아니다라는 것에 대해서 목표를 효과적으로 제시한다.

주식시장을 예측할 때 최근접이웃방법을 사용할 수 있다. 주가와 같이 시계열자료의 문제에 있어 구축용 레코드를 만들어 새로운 연속적인 데이터를 취하여 하나의 레코드를 매 시기마다 생성하여 예측하는 방법으로 사용한다.

데이터베이스에 모르는 데이터가 있을 때 최근접이웃방법을 사용할 수 있다. 이때 모르는 데이터를 어떻게 예측해야 할지 고민에 빠지게 된다. 첫 번째 방법은 모르는 데이터를 무시하는 것이다. 무시한 것이 소수일 경우에는 최종결과에 크게 영향을 미치지 않을 것이다. 하지만 무시한 데이터의 수가 많을 경우에는 최종결과를 신뢰하기 어렵다. 두 번째 방법은 모르는 데이터를 제외한 나머지 데이터들의 평균값을 넣는 것이다. 첫 번째 방법과 마찬가지로 그러한 데이터가 소수일 경우에는 별문제가 되지 않으나, 그러한 경우가 많을 때에는 최종결과를 신뢰하지 못하는 지경에 이를 수도 있다. 마지막 방법은 모르는 데이터가 그 모르는 데이터의 가장 근처에 있는 값과 동일하다고 예측하여 가장 근처의 값과 동일한 값으로 넣는 것이다. 만약 그 예측이 정확했을 경우, 가장 현명한 선택이다.

어떤 A라는 사람의 연봉을 알고자 하는데 A에 대한 정보는 없다고 가정하자. 그렇다면 A라는 사람의 연봉을 파악하는 데 가장 좋은 방법은 무엇일까? 첫 번째 방법은 실제 물리적으로 A와 근처에 사는 사람들의 연봉을 파악하는 것이다. 만약에 A 이웃이 연봉 5,000만 원 이상의 수입을 올린다면 A도 높은 수입을 가지고 있을 가능성이 많다는 것이다. 높은 수입을 가지고 있을 가능성은 모든 이웃들이 연봉 2,000만 원의 수입을 가지고 있을 때보다 모든 이웃들이 연봉 5,000만 원 이상의 수입을 가지고 있을 경우에 더 높아질 것이다. 그러나 A의 바로 옆집에 A보다 훨씬 잘살거나 못사는 사람이 살고 있을 가능성이 있을 수 있다. 하지만 데이터가 오직 이웃을 알고 있는 것에 기초로 한다면 가장 좋은 방법은 A에 가장 가까운 거리에 사는 이웃의 수입을 예측하는 것이 옳다. 두 번째 방법은 대학동창이나 친한 친구의 연봉을 파악하는 것이다. 수입을 예측하는 데 있어 누가 어떤 학교를 다녔으며 어떤 학위를 수여했는지를 아는 것이 훨씬 더 중요할 수 있다. 사실 가깝다는 것의 저의는 옆에 사는 사람보다는

같은 대학을 졸업한 사람이라고 하는 것이 나을지도 모른다.[5]

4. 군집화

1) 군집화의 정의

대용량의 데이터가 복잡할 때 이를 구성하고 있는 몇 개의 군집을 우선 살펴봄으로써 전체에 대한 윤곽을 잡을 수 있다. 군집분석은 어떤 목적변수를 예측하기보다는 고객수입, 연령 등과 같이 속성이 비슷한 고객들을 묶어서 몇 개의 의미 있는 군집으로 나누는 것이다. 즉, 모집단 또는 범주에 대한 사전정보가 없는 경우에 주어진 데이터들 간의 유사성을 이용하여 전체를 몇 개의 집단으로 나누고 각 집단의 성격을 파악함으로써 데이터 전체의 구조를 이해하는 데 도움이 되는 분석방법이다. 다시 말하면, 군집분석은 입력데이터 집합을 유사한 관찰값들의 군집들로 구분하여 데이터 집합 속에 존재하는 의미 있는 정보를 얻는 과정이다. 즉, 군집 내의 유사성은 최대화하고 군집들 간의 유사성은 최소화하도록 데이터집합을 분할하는 것이다.

이러한 군집 발견과정은 우리에게 군집의 데이터 분포가 갖고 있는 특징을 설명하며, 다른 분석기법을 위한 토대를 마련해 주는 역할을 수행할 수 있다.

군집화(Clustering) 기법은 기업의 고객을 구매패턴에 근거해서 분류하거나, 공간상의 군집을 분류하거나, 웹문서의 로그를 통해 비슷한 접근패턴을 그룹화하거나, 유사한 기능을 하는 유전자와 단백질을 분류하는 데 이용하는 등 다양한 응용분야에 적용이 가능하다. 최근에는 대용량의 데이터베이스로부터 유용한 정보를 발견하고 데이터 간에 존재하는 연관성을 탐색하고 분석하는 데이터마이닝에 관한 많은 연구들이 진행되고 있다. 데이터마이닝의 출현으로 인해 대용량 데이터를 대상으로 원시데이터에 대한 접근횟수를 줄이고 알고리즘이 다루어야 할 데이터 구조의 크기를 줄이는 군집화 기법에 관한 연구들이 활발하다.

의사결정나무 또는 인공신경망 모형을 이용한 데이터마이닝 작업의 목적은 대체로 목적변수가 있어서 이 결과변수에 영향을 주는 다른 변수들을 찾아내어 그들의 상호관계를 파악한 후 이 상호관계를 근거로 추후에 일어나는 사건들에게 어떤 결과가 있

5 알렉스 버슨 저, 홍성완 역(2000), 5CRM을 위한 데이터마이닝, 대청미디어

을지를 예측하는 것이다. 즉, 지도(Supervised)데이터에 적합한 분석기법들인 것이다. 반면 군집분석은 연관성규칙처럼 어떤 목적변수를 예측하기보다는 고객수입, 고객연령과 같은 속성이 비슷한 고객들을 묶어서 몇 개의 의미 있는 군집으로 나누는 것을 목적으로 한다. 숲이 너무 복잡해서 전체를 파악할 수 없을 때, 나무들부터 살펴보아야 하듯이, 대용량의 데이터가 너무 복잡할 때는 이를 구성하고 있는 몇 개의 군집을 우선 살펴봄으로써 전체에 대한 윤곽을 잡을 수 있을 것이다. 군집분석은 이런 상황에 유용하게 쓰일 수 있다.

마케터나 의사결정자들에게는 고객들을 몇 개의 군집으로 나눈다는 것이 최종적인 목표가 아닐 것이기에 군집분석은 주로 다른 분석을 위한 사전단계로 쓰일 때가 많다. 예를 들어 은행에서 이탈고객의 특성을 파악하여 이탈가능성이 높은 고객들에 대해 사전조치를 취하고 싶다고 하자. 이탈 여부에 영향을 주는 요인을 모든 고객에 대해서 고려하기보다는 사전에 고객들을 월별거래실적, 방문횟수, 거래사유 등을 기준으로 거래패턴이 비슷한 고객들을 몇 개의 군집으로 묶은 후, 각 군집 내에서 이탈할 가능성이 높은 고객들을 뽑아낸다면, 이탈의 예측률도 높일 수 있고, 고객의 거래패턴을 근간으로 한 효과적인 대응전략도 펼 수 있을 것이다. 비슷한 고객속성을 가진 고객을 군집으로 묶는다는 개념을 다음의 2차원 그래프로 이해해 보도록 하자(점이 많이 모인 곳을 묶은 것이 군집이다).

그림 3.6 ▮ 군집분석의 개념적 도해

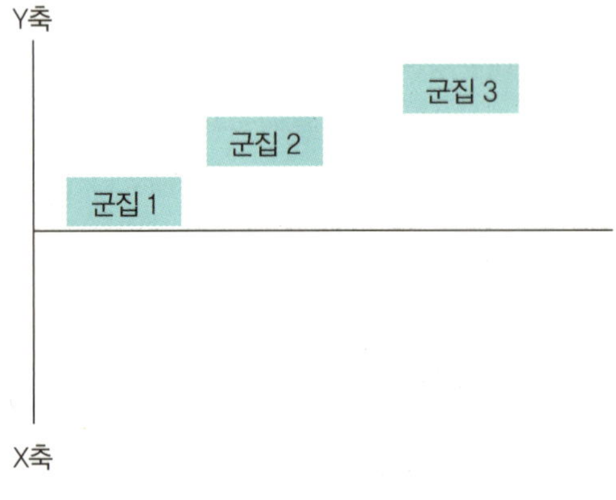

이때 3개의 군집이 형성되며 문제는 눈으로 어느 점이 가까운지를 확인할 수 없는 4차원 이상부터이다. 다음 K-Means 알고리즘은 '거리'라는 개념을 이용하여 가깝게

위치한 점들을 찾아 군집으로 묶어주는 기법으로 차원의 제약이 전혀 없다.

2차원 공간(방문횟수와 사용량으로 2개 변수로 군집화를 함)에서 이 알고리즘을 설명하여 이해를 돕고자 하나 결국 같은 원리로 다차원 이상으로 이를 쉽게 확대할 수 있을 것이다. 다음의 순으로 K-Means 알고리즘이 수행된다.

① 일단은 몇 개의 군집으로 나눌 것인지 사전에 정의한다. K-Means에서 K는 사전에 정의된 군집의 수를 의미하는 것이다. 이 예에서는 4개의 군집으로 나눈다고 가정하자.

② 군집의 수만큼 기준값이 정해진다. 이는 각 군집의 중심점이 되는 값으로 처음에는 아무 곳에나 임의로 정해진다. 즉 2차원 공간에 아무 데나 K개의 점을 찍는 것과 같은 원리이다.

③ 각 점들을 4개 중의 하나인 군집으로 배정한다. 즉, 가장 가깝게 위치한 중심값에 해당하는 군집으로 배정된다.

④ 가깝다는 것은 거리상으로 가깝다는 의미이며, 다음과 같은 공식으로 계산이 되는데 이는 두 점을 연결하는 직선의 길이로 해석할 수 있다.

$$거리^2 = (방문횟수 - 방문횟수의\ 중심값)^2 + (사용량 - 사용량의\ 중심값)^2$$

⑤ 각 군집에 속하는 점들의 방문횟수, 사용량에 대한 평균값을 계산하여 각 군집의 새로운 중심값을 구한다. 이때 중심값이 이동할 것임을 짐작할 수 있다.

⑥ 이 새로운 군집의 중심값을 기준으로 각 점들을 가까운 군집에 다시 배정한다. 처음에 배정된 군집과 같을 수도 다를 수도 있다.

⑦ 새로운 점들로 구성된 군집들에 대한 중심값을 다시 계산하여 ③, ④, ⑤과정을 반복한다.

⑧ 군집의 중심값이 변하지 않을 때 최종적인 군집이 형성되는 것이다.

유별나게 큰 값을 가지는 몇 개의 점들은 위와 같은 과정을 거쳐서 하나의 군집으로 형성될 가능성이 크기 때문에 군집분석은 특이한 값을 가지는 점들을 찾아내는 데에도 유용하게 쓰일 수 있다. 뿐만 아니라, 어떤 점의 한 값에 결측치가 있어 이를 적당한 값으로 대체하고 싶을 때에도 군집분석의 결과는 활용될 수 있다. 예를 들어 방문횟수, 사용량, 수입을 기준으로 3개의 군집으로 나누었다 하자. 어떤 새로운 고객에 대해 방문횟수, 사용량을 알지만 수입을 모를 경우, 이 값을 고객 전체에 대한 수입의 평균으로 대체하기보다는 방문횟수, 사용량을 기준으로 해당 군집을 배정한 후 그 군집의 수입평균값으로 결측치를 대체한다면 보다 더 정교한 원리로 결측치를 해결한 셈이 된다. 이와 같이 군집분석은 대용량 데이터에 대한 분석을 위한 사전작업뿐만 아니라 변수들을 정제하는 데까지도 그 활용범위를 넓힐 수 있다.

다시 말하면 K평균군집화는 가장 흔히 사용되는 군집화 알고리즘들 중 하나이다. K의 의미는 이 알고리즘이 데이터 점들의 서로에 대한 유사성을 기초로 한 고정된 수(K)의 군집들을 찾는다는 것이다([그림 3.7] 참조).

그림 3.7 K평균군집화의 원리

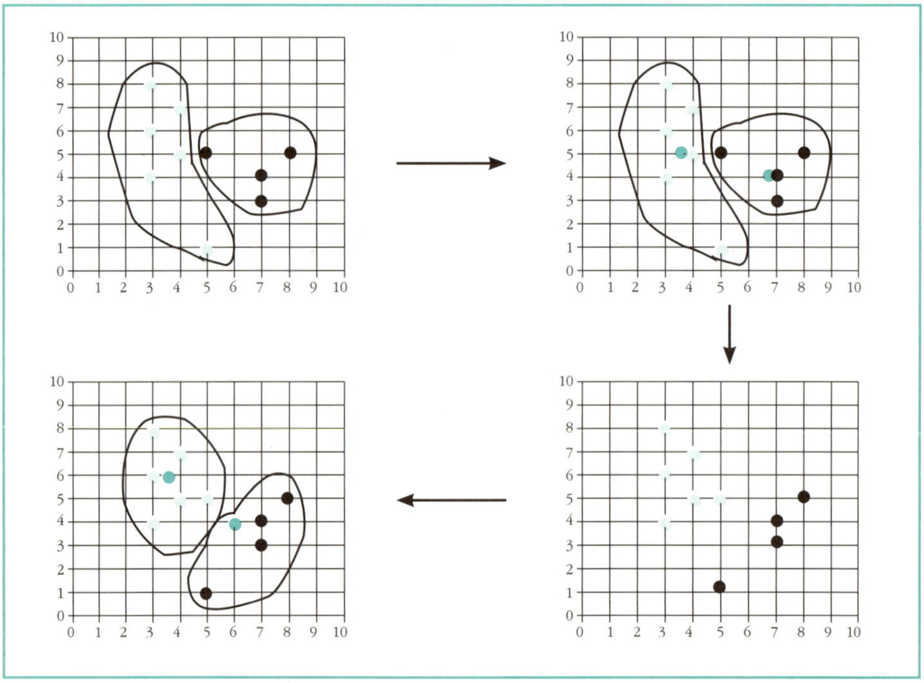

첫 번째 단계에서 알고리즘은 임의로 K개의 데이터 포인트들을 시드로 선택한다. 선택된 레코드들이 어떤 의미 있는 순서를 지니는 경우보다 넓은 공간에서 흩어진 레코드들을 선택하거나 임의로 선택된 레코드들을 활용하는 것이 좋다.

두 번째 단계에서는 각 레코드들을 가장 가까운 시드에 배정한다. 분포된 레코드들을 군집을 짓고 이들 사이의 경계를 찾아 이를 수행하는 것이 가능하다. 군집들 사이의 경계는 각 군집으로부터 같은 거리를 가지는 점들로 경계선을 이용하여 어떤 레코드들이 어떤 시드에 더 가까운지를 쉽게 알 수 있다.

마지막으로 군집들의 중심점을 찾는다. 초기 시드들에 비하여 중심점들이 군집들을 더 잘 설명할 것이다. 중심점을 찾는 것은 단순히 군집의 모든 레코드에 대해 각 차원의 평균값을 취하는 것이다.

군집들은 데이터 밑에 있는 구조를 설명한다. 그러나 그 구조에 대한 정답이 하나만 존재하는 것은 아니다. 가령 서울에 살지 않는 사람들은 서울 전체가 도심이라고 생각하겠지만, 실제 서울에 사는 여러 사람들, 서대문구에 사는 사람이나 강남구에 사는 사람들이 생각하는 도심은 모두 다를 것이다. 결국 군집화라는 것은 K의 선택, 즉 군집들이 사용될 곳에 따라 달라진다. 이러한 K 평균군집화 기법은 상용화된 제품이 많으며, 사용 또한 쉽고 간편하다.

따라서 사용자가 자신이 원하는 사양을 갖춘 제품을 이용하여 손쉽게 문제의 영역에 적용할 수 있다. 또한 군집분석 이외에도 분류 · 예측을 위한 선행작업, 특이 오류값이나 결손값 처리작업 등 다양한 분석에 사용할 수 있다는 장점이 있다. 그러나 군집결과에 대한 해석이 용이하지 않다는 문제점을 가지고 있다.

2) 군집분석의 활용

군집분석은 전자상거래, 이동통신사, 금융권 등 다양한 산업분야에서 전체 데이터의 분포상태나 패턴 등을 찾아내는 데 유용하게 사용되고 있다. 특히 문서군집화, 텍스트군집화는 정보추출, 자연어처리, 기계학습분야에서 개념을 빌려온 데이터군집과 연관이 깊다. 데이터군집화는 데이터들을 각각 다른 그룹으로 분류해 각 그룹 내의 데이터들이 유사성을 가질 수 있도록 하는 기법이고, 문서군집화는 비지도적 문서구조화, 자동토픽추출, 고속정보검색 혹은 필터링을 구현하는 데 사용된다.

또한 인구통계학적 변수, 고객의 세부 니즈 등 고객을 군집화함으로써 다른 형태의 데이터마이닝이나 모형화의 사전작업으로 활용할 수 있다. 예를 들어, 시장세분화를 위한 노력의 첫걸음으로 사용될 수도 있는데, '어떤 홍보가 고객들에게 가장 좋은 반응을 얻을 수 있을지'에 대해 하나의 규칙에 모든 고객들을 맞추는 방식보다는, 먼저 고객들을 비슷한 구매습관을 가진 고객들의 군집으로 나누고, 각 군집에 대해 어떤 홍보방식에 잘 반응하는지를 확인하는 것이다.

전자상거래업체의 구매자 리스트를 이용해 특정 상품을 구매하는 집단과 그렇지 않은 집단을 찾아내어 해당 상품과 연계한 이벤트 등을 전개할 수 있다. 또한 모든 고객의 신상정보를 이용해 그 유사성에 따라 고객을 그룹화할 수 있다. 그리고 이탈고객을 특징별로 분류하여 이탈원인별로 효과적인 이탈방지책을 수립할 수 있도록 지원할 수 있다.

그 외에도 품질개선을 위해서 군집분석을 이용할 수 있는데, 군집분석을 통해 일정한 불량패턴분석을 찾아냄으로써, 불량품을 찾고, 그 원인을 밝혀서 궁극적으로 이를 예방할 수 있다. 또한 부정행위의 적발에도 이용될 수 있다. 부정행위적발의 목적은 고도의 사기행위를 발견할 수 있는 패턴을 알아내는 것이다. 은행에서 발견된 패턴을 이용하여 신용카드 거래사기 및 불량수표를 적발할 수 있고, 통신회사에서 전화카드 거래사기를 방지하며, 보험회사에서는 허위 및 과다청구를 예방할 수 있다.[6]

대형마트 맞춤형 쿠폰이 뜬다

C·A·S·E 살펴보기

대형마트들의 할인쿠폰이 진화하고 있다. 종전에는 고객의 구매패턴과 상관없이 구매금액에 따라 할인율이나 쿠폰수를 차등화하는 수준이었지만 요즘은 개인별 상품선호도를 반영한 '맞춤형 쿠폰'으로 바뀌고 있다.

롯데마트는 이달 초 '최근 6개월간 120만 원 이상 구매고객' 8만여 명에게 맞춤형 쿠폰북을 우편으로 보냈다. 이들이 지난 3개월간 구매한 상품군을 분석해 총 70여 개 유형으로 나눈 뒤 유형마다 구매빈도가 높은 상품을 중심으로 18개를 골라 할인쿠폰을 구성했다. 쿠폰북에는 해당 고객이 가장 많이 구매한 상품군 5개도 막대그래프로 표시돼 있어 어떤 상품군을 많이 샀는지 한눈에 알 수 있도록 했다. GS리테일도 지난달 맞춤형 쿠폰북을 30만 명에게 보냈다.

GS마트와 GS슈퍼마켓에서 월평균 15만 원 이상 구매한 사람들에게 발송된 이 쿠폰북에는 고객별로 가장 많이 구입한 신선식품과 생필품 중에서 4개씩 골라 할인쿠폰이 구성됐다. 여기에 공통 추천상품 12개 쿠폰도 곁들여졌다. 지금까지 인기상품을 중심으로 공통 쿠폰만을 발송하던 것과 큰 차이다.

대형마트들이 이처럼 맞춤형 쿠폰을 도입한 것은 고객이 자주 사는 상품을 집중적으로 할인해 줌으로써 만족도와 충성도를 높일 수 있다는 판단에서다.

■ 어떻게 맞춤형 쿠폰을 만드는가?[7]

M을 활용한 맞춤형 상품 할인쿠폰은 하나의 타겟마케팅 캠페인이라고 볼 수 있다. 하지만, 한 번에 하나의 동일한 성격의 (딱딱한 말로는 동질적인) 고객집단을 선정해서 그 집단에 맞추어

6 김지현(1999), 데이터마이닝의 의사결정나무 분석을 이용한 사례분석, pp.9~10.

7 EFF(2009), "대형마트들의 맞춤형 상품 할인 쿠폰 동향 : 왜 그리고 어떻게?, http://cafe.daum.net/revisioncrm/JcEO/168?docid=1GxwI|JcEO|168|20091223174840&q=%BB%F3%C7%B0%B1%B8%B8%C5%C1%FD%B4%DC%20%B1%BA%C1%FD

마케팅을 하는 것이 아니라 한 번에 다수의 서로 다른 고객집단을 동시에 선정해서 그 집단 각각의 요구에 맞는 마케팅을 한 번에 실시하는 것이다.

때문에 기획하는 과정에서 집단을 수십 수백 가지로 구분해서(더 나아가서는 개개인별) 각각의 고객들이 원하는 상품을 각각 골라 DM을 만들게 되고, 여기에서 고급데이터 분석이 필요하다. 고객을 얼마나 많은 수의 집단으로, 그리고 어떤 기준을 사용해서 구분할 것인가 하는 문제를 해결해야 하기 때문이다.

기술적으로는 데이터마이닝의 다양한 방법들[예 : 군집분석, 협력적 필터링(collaborative filtering), 장바구니분석 등]까지를 동원해야 한다. 얼마나 고객집단과 상품을 잘 구분하는가에 따라서 좀 더 적은 수의 고객집단으로 구분하고 좀 더 적은 수의 상품을 통해 전체적인 고객요구에 맞출 수 있기 때문에 데이터분석의 능력이 맞춤형 쿠폰 프로세스 전체에 큰 영향을 끼친다.

전체적으로 본다면 맞춤형 쿠폰으로 전환하게 되면서 획일적인 상품 할인쿠폰 DM을 제작하는 것보다 적어도 1.5배 이상의 시간과 2배 이상의 비용과 노력이 들어가지만, 그러한 투자는 수십에서 수백 가지로 구분된 DM 캠페인이 한 번에 실행되는 Mass Customization의 효과를 고려하면 오히려 훨씬 경제적이라는 계산이다.

단, 이처럼 다양한 고객요구를 겨우 조금 더 투자한 것으로 쉽게 해결하려고 한다면 그만큼 업무 프로세스가 많이 자동화·준화되어야만 가능하다.

자료 : 매일경제, 2009. 9. 23

5. 연관성규칙

1) 연관성규칙의 정의

연관성규칙(Association Rule)은 상품을 구매하거나 서비스를 받는 등의 일련의 거래나 사건들의 연관성에 대한 규칙을 나타내며, 이를 이용한 분석으로 연관성분석이 있다. 연관성분석은 데이터 안에 존재하는 항목 간의 연관성규칙을 발견하는 과정이며, 마케팅분석에서 손님의 장바구니에 들어 있는 품목 간의 관계를 알아본다는 의미에서 장바구니분석(Market Basket Analysis)이라고도 한다.

장바구니분석은 연관성규칙을 찾아가는 과정으로서 단순한 하나의 기법이 아닌 거래 데이터 전체를 이해하는 과정을 지칭한다. 장바구니분석은 고객들이 무엇을 구매하는지에 대한 정보를 이용하여 그들이 누구이며, 그들의 구매에 대한 이유가 무엇인지를 알 수 있도록 한다. 장바구니분석을 통해 어떤 물품들이 함께 구매되는 경향이 있으며, 어떤 것들이 홍보의 효과를 잘 볼지를 알려주어 상품들에 대한 통찰력을 제공한다.

이런 정보는 곧바로 새로운 상점의 상품배치를 설정하거나, 어떤 상품에 대한 행사를 할지를 결정하거나, 쿠폰을 발행할 시점을 정하는 등의 결정을 즉각 실행할 수 있게 해준다. 이러한 데이터가 멤버십카드 혹은 웹사이트 등록을 통하여 개별고객들에게 연계된다면 한층 더 가치가 높아질 것이다.

장바구니분석과 관련한 가장 유명한 사례는 맥주와 기저귀 사례일 것이다. 일반적으로 전혀 관계가 없을 것 같은 두 제품이 종종 함께 구매된다는 패턴을 바탕으로 이와 관련한 상품배치를 다시 하게 된 사례는 연관성규칙의 분석의 중요성을 알려준다. 우리나라의 경우 월드컵과 같은 커다란 이벤트 경기가 열리는 경우 많은 사람들이 동료나 가족들과 함께 술집을 찾아 경기를 보려는 특징이 있는 것을 알고 많은 술집이 대형 TV를 설치하여 보다 큰 화면과 술집의 흥겨운 분위기에서 술을 즐길 수 있게 함으로써 이벤트 경기와 음주 간의 연관성을 잘 이용하여 많은 매출을 올릴 수 있었다.

이처럼 유용한 연관성규칙을 이끌어내기 위해서는 먼저 어떠한 상품들이 어느 정도의 연관성을 가지고 있는지를 측정해야 한다. 즉 관심 있는 규칙이 얼마나 가능성이 있는가를 측정하는 연관성측정의 기본은 얼마나 자주 구매되었는가 하는 빈도이며, 이 빈도를 이용하여 지지도와 신뢰도 그리고 리프트의 계산이 가능하다.

이러한 연관성규칙을 평가하는 기준으로는 지지도(Support), 신뢰도(Confidence), 향상도(Lift or Improvement)가 있다.

연관성규칙의 세 가지 평가기준에서 지지도는 잘 구매되지 않는 품목의 경우 값이 작아지게 된다. 즉, A와 B의 연관성이 깊어도 지지도는 작을 수 있다. 이러한 단점을 보완하기 위해 A가 구매되었을 때 B가 추가로 구매된 확률을 보는 것이 신뢰도이다. 또한 향상도 값이 1보다 큰 것을 찾아내는 것은 의미 있는 연관성규칙을 발견하고자 하는 경우 유용하다.

연관성규칙 A→B에서 지지도는 페이지 A와 B에 동시에 접속한 사용자의 수를 전체사용자의 수로 나눈 값이 된다. 즉 지지도는 두 사건이 동시에 일어날 확률 $Pr(A \cap B)$를 의미하며 다음과 같이 나타낼 수 있다. 지지도는 상호대칭적으로서, 연관성규칙 A→B의 지지도는 규칙 B→A의 지지도와 같다.

지지도는 전체거래항목 중 두 품목(품목 A와 품목 B)을 동시에 구매한 거래의 비율을 말한다. 즉, 지지도는 전체거래 중 품목 A와 B를 포함하는 거래가 어느 정도인가로서 품목 A와 B를 동시에 포함하는 거래수를 전체거래수로 나누어 계산한다.

$$지지도 = Pr(A \cap B) = \frac{A와\ B가\ 동시에\ 포함된\ 거래수}{전체거래수}$$

신뢰도는 어느 한 사건이 일어나는 조건하에서 다른 사건이 일어날 확률을 의미한다. 다시 말하면 신뢰도는 페이지 A와 B에 동시에 접속한 사용자의 수를 페이지 A에 접속한 사용자의 수로 나눈 값이 된다.

신뢰도는 지지도와는 달리 상호대칭적이지 않으며, 따라서 규칙 A→B의 신뢰도와 규칙 B→A의 신뢰도는 같지 않다.

신뢰도는 품목 A를 포함하는 거래 중 품목 B를 동시에 구입한 거래의 비율을 말한다. 즉 신뢰도는 품목 A를 포함하는 거래 중에서 품목 B가 포함된 거래는 어느 정도인가 하는 것으로 품목 A와 B를 동시에 포함하는 거래수를 품목 A만을 포함하는 거래수로 나누어 구할 수 있다.

$$신뢰도 = Pr(B|A) = \frac{Pr(A \cap B)}{Pr(A)} = \frac{품목\ A와\ B를\ 동시에\ 포함하는\ 거래수}{품목\ A를\ 포함하는\ 거래수}$$

향상도는 실제의 신뢰도를 독립가정하에서의 신뢰도로 나눈 값이며 지지도와 마찬가지로 상호대칭적이다.

향상도는 품목 A와 B의 거래가 발생한다고 하자. 이 경우 품목 A가 주어지지 않았을 때 품목 B의 확률 대비 품목 A가 주어졌을 때 품목 B의 확률의 증가비율을 말한다. 즉, 향상도는 임의로 B가 구매되는 경우에 비해 A와 관계가 고려되어 구매되는 경우의 비율로 다음과 같이 구할 수 있다.

$$향상도 = \frac{Pr(B|A)}{Pr(B)} = \frac{Pr(A \cap B)}{Pr(A)Pr(B)}$$

$$= \frac{품목\ A와\ B를\ 포함하는\ 거래수 \times 전체거래수}{품목\ A를\ 포함하는\ 거래수 \times 품목\ B를\ 포함하는\ 거래수}$$

품목 A와 B의 거래가 일어나는 경우 향상도를 생각해 보자. 향상도의 의미상 값이 클수록, 품목 A의 구매 여부가 품목 B의 구매 여부에 큰 영향을 미친다. 따라서 향상도가 의미가 있기 위해서는 보통 1 이상의 값을 가져야 한다.

향상도 정의에 근거하면 품목 A와 품목 B의 구매가 상호관련이 없다면 $Pr(B|A)$와

$Pr(B)$와 같게 되어 향상도가 1이 된다.

따라서 상호 독립사건인 경우 향상도값 1을 기준으로 볼 때, 어떤 규칙의 향상도가 1보다 크면, 이 규칙은 결과를 예측하는 데 있어서 우연적 기회(random chance)보다 우수하다는 것을 의미하고, 향상도가 1보다 작으면 이러한 규칙은 결과를 예측하는 데 있어서 우연적 기회보다 나쁠 것이다.

향상도	의미
1	두 품목이 독립적인 관계
< 1	두 품목이 서로 음의 상관관계
> 1	두 품목이 서로 양의 상관관계

예를 들어 세 가지 품목을 포함하는 거래가 발생한다고 하자. 전체거래에서 품목 A의 거래가 발생할 가능성은 0.45라고 하자. B와 C를 포함하는 거래 중 품목 A를 구입한 거래의 비율이 0.333이라고 하면 이 연관성규칙은 실질적으로 의미가 없다. 왜냐하면, B와 C를 포함하는 거래 중 품목 A를 구입한 거래의 확률(0.33)이 전체거래에서 품목 A의 거래가 일어날 확률(0.45)보다 작기 때문이다. 즉 이러한 경우의 연관성규칙은 향상도 기준에서 볼 때, 규칙이 없는 경우보다 못한 결과를 주기 때문에 무의미하다고 볼 수 있다.

예를 들어 온라인 예약사이트에서 호텔 예약페이지를 이용한 웹사용자와 렌터카 예약페이지를 이용한 웹사용자의 연관성규칙을 알아본다고 가정하자.

페이지	이용자수
호텔 예약	200,000
렌터카 예약	50,000
호텔과 렌터카 예약	20,000
전체	1,000,000

'If 호텔 예약, then 렌터카 예약'이라는 연관성규칙에 대해 지지도, 신뢰도, 향상도를 각각 구하면 다음과 같다.

지지도(support) : 20,000 / 1,000,000 = 2%

신뢰도(confidence) : 20,000 / 200,000 = 10%

향상도(lift) : (20,000 / 200,000) / (50,000 / 1,000,000) = 2

이 결과는 고객이 호텔 예약페이지를 이용하면 그들 중 10%는 렌터카를 예약할 것이라는 연관성규칙을 나타낸다. 일반적으로 향상도의 값이 크면 좋지만 향상도의 값이 높다고 항상 연관성규칙이 높은 것은 아니다. 기본적으로 A와 B의 구매율 혹은 이용률이 어느 정도 수준이 되어야 의미가 있다.

2) 연관성분석의 활용

연관성분석은 각 품목들의 거래횟수가 비슷한 경우에 가장 효율적으로 수행될 수 있다. 분류체계를 이용하여, 거래횟수가 비교적 작은 품목은 상위수준의 분류체계를 사용하고, 거래횟수가 많은 품목은 세분화하여 거래횟수를 줄인다. 가상품목을 지정하여 사용할 수 있다. 예를 들면, 디자이너 레벨(예 : Calvin Klein), 저지방과 무지방제품, 에너지 절약형 옵션, 현금 또는 신용카드 등을 들 수 있다. 하지만 이러한 가상품목은 품목의 개수를 지나치게 많게 할 수 있는 위험이 있다. 따라서 가상품목의 지정에 신중을 기하여야 한다.

연관성분석이 활용되는 분야는 앞에서 언급된 바와 같이 다양한데, CRM을 목적으로 백화점, 호텔 등에서 고객들이 다음에 원하는 서비스를 미리 예측하여 대응하기 위해서 활용하며, 카드사, 은행 등에서는 특정한 서비스를 받을 가능성이 높은 고객을 탐지하는데 사용한다. 또한 보험회사의 경우 장애 검출(Fault Detection)을 위해서 연관성분석을 활용하는 데 의료보험금이나 상해보험금을 청구할 때 내용이 특이한 경우 보험사기의 징조로 의심하여 이를 조사하는 데 활용한다. 그리고 병원 등 헬스분야에서도 활용이 되는데, 환자의 의무기록에서 여러 치료가 동시에 이루어진 경우 합병증 발생 등을 분석하는 데 사용한다.

연관성규칙이 발견되면 이것을 어떻게 이용하는가? 일반적으로 교차판매(Cross-Selling), 보험사기적발, 첨부우편물 선정, 상품진열 등의 마케팅전략에 유용하게 활용할 수 있게 된다. 교차판매란 은행들이 자체개발상품만을 판매하는 것에서 벗어나 전문성, 경쟁력을 갖추지 못한 상품의 개발, 운용 등의 경영활동을 과감히 외주기업이나 은행에 맡기는 한편, 타 금융기관이 개발한 상품을 적극적으로 함께 세일즈하는 방향으로 상품관련 사업모델을 수정하는 현상 그 자체를 말한다. 특정 상품에 대한 고객의 계층, 성향이 파악되면 바로 그 계층고객에 대해서 특정 상품을 홍보하는 타겟마케팅 전략에 활용가능하다. 금융업계 쪽에서는 예금, 대출, 투자 등의 상품들 사이에 내재된 연관성을 발견한다면 고객이 원하는 다른 상품의 개발을 통해 추가적으로 고객을 확보하고, 기존고객들의 충성도를 높일 수 있을 것이다. 연관성규칙의 경우 분석에 사용되는 계산방법이 간단하다. 그리고 대용량 데이터에 대한 간접웹마이닝(Undirected Web Mining) 분석기법으로 유용하다. 또 다른 예로 상품의 수, 거래수 증가에 따른 계산량 증가 문제에 상품의 그룹화를 통해 해결할 수 있다는 장점이 있다.

연관성분석의 하나인 장바구니분석은 이해와 적용이 용이하고, 사용이 편리한 분석데이터로 계산이 편리하지만, 대형마트와 같이 제품의 수가 수만 가지에 이르는 경우 각각의 경우에 대해 모두 연관성을 찾아내기가 어렵고, 때문에 적절한 품목의 결정이 힘든 단점이 있다. 이러한 장바구니분석 방법의 예는 다음과 같다.

그림 3.8 ▌장바구니분석 방법의 예

고객의 구매상품 List

ID	판매상품
1	소주, 콜라, 맥주
2	소주, 콜라, 와인
3	소주, 주스
4	콜라, 맥주
5	소주, 콜라, 맥주, 와인
6	주스

➡

지지도가 50% 이상인 연관성규칙

지지도 50% 이상인 규칙	해당 트랜젝션	신뢰도
소주 ⇒ 콜라	1, 2, 5	75%
콜라 ⇒ 맥주	1, 4, 5	75%
맥주 ⇒ 콜라	1, 4, 5	100%

Lift = P(콜라|맥주) / P(콜라) = 1/(4/6) = 1.5

- 연관성규칙 : 맥주를 구입한 사람들 모두(100%)는 콜라도 구매한다.
  - 그리고 이러한 경향을 가지는 사람들은 전체의 절반(50%) 정도이다.
  - 맥주 구매 시 콜라를 구입하게 될 가능성은 맥주 구매가 전제되지 않았을 경우보다 1.5배나 높아진다.

6. 순차적 패턴

1) 순차적 패턴의 정의

순차적 패턴(sequential pattern) 혹은 순차연관규칙(sequential association rule)은 연관성규칙에 시간의 개념을 첨가하여 시계열(time series)에 따른 패턴들의 상호 연관성을 탐색하는 것이다. 이를 시퀀스(sequence)라 하며, 순차적패턴의 탐색은 사용자가 정의한 최소지지도를 갖는 시퀀스인 빈도가 많은 시퀀스(large sequence)를 추출하고 이들 가운데 최대시퀀스(maximal sequence)를 찾는 것이다.

다시 말하면 예를 들어, "새 컴퓨터를 구입한 사람들 중 25%는 그 다음 달에 레이저프린터를 구입하고, 12개월 이내에 메모리를 구입하는 경향이 있다"와 같은 연관성규칙을 찾아내는 것을 말한다.

순차적 패턴 발견에서의 연관성규칙 X→Y는 "상품 X가 구매되면 일정시간이 경과한 다음에 상품 Y가 구매된다"라고 해석한다. 순차적 패턴 발견은 구매의 순서가 고려되어 상품 간의 연관성이 측정되고 이의 정도에 따라 유용한 연관성규칙을 찾는 기법이다. 위의 연관성 측정에서의 자료형태는 각각의 고객으로부터 발생한 구매의 시점에 대한 정보가 포함되어야 한다. 연관성규칙과 순차적 패턴이 다른 점은 연관성규칙은 X→Y, Y→X가 성립하지만, 순차적 패턴은 X→Y만 성립한다는 것이다. 다시 말해 연관성규칙은 X, Y 중 어느 것이 먼저 일어나도 관계없지만 순차적 패턴은 반드시 X가 먼저 발생하는 것을 말한다.

순차적 패턴마이닝의 주요 알고리즘은 다음의 다섯 단계로 구분할 수 있다.

① 거래의 정렬단계(Sort Phase) : 이 단계에서는 거래 데이터베이스 원본을 시퀀스 데이터베이스로 변환시키고 거래 데이터베이스는 고객의 ID를 주키로 하고, 거래시간을 보조키로 하여 정렬되어야 한다.

② 빈도가 높은 항목집합 발견단계(Litemset Phase) : 이 단계에서 빈도가 많은 항목집합(large itemset; litemest) L의 집합을 발견한다. 동시에 빈도가 높은 1-시퀀스의 모든 집합을 발견한다. 즉, 최소지지도를 만족하는 빈도가 높은 항목집합을 찾는 단계이다. 여기서 지지도는 항목집합을 포함하는 고객의 수를 의미한다. 한 고객이 다른 거래에서 같은 항목을 사더라도 지지도는 한 번만 계산된다. 구해진 빈도가 높은 항목을 연속된 정수로 변환한다.

③ 거래 데이터베이스 변환단계(Transformation Phase) : 주어진 빈도가 높은 시퀀스들의 집합이 고객의 시퀀스에 포함되어 있는지를 반복적으로 결정할 필요가 있다. 이러한 검정을 빠르게 하기 위해서 우리는 고객 각각의 시퀀스를 또 다른 표현으로 변환시킨다. 각각의 거래에서 빈도가 높은 항목집합을 포함하고 있는 거래만을 존속시킨다. 또한 고객의 시퀀스가 어떤 빈도가 높은 항목집합도 포함하고 있지 않다면 이를 제거시키지만 고객의 총수를 계산에서는 포함시킨다. 이 과정을 통하여 각 거래의 항목들이 거래에 속하는 빈도가 높은 항목으로 대체되는 것이다. 이러한 변환을 통하여 고객의 시퀀스는 이제 빈도가 높은 항목집합의 리스트만으로 표현된다.

④ 빈도가 높은 시퀀스 발견단계(Sequence Phase) : 원하는 시퀀스를 발견하기 위해서 빈도가 높은 항목의 집합을 사용한다. 알고리즘의 각 단계는 빈도가 높은 시퀀스를 초기 입력값의 집합으로 놓고 시작한다. 그러한 초기 입력값 집합을 새로운 잠재적 빈도가 높은 시퀀스를 생성하기 위해 사용하며, 이러한 잠재시퀀스를 '후보시퀀스(candidate sequence)'라 부른다. 주어진 데이터베이스를 이용하여 후보시퀀스에 대한 지지도를 구한다. 사용자가 기술한 최소지지도를 만족하는 후보시퀀스만이 실제빈도가 높은 시퀀스가 된다. 이러한 빈도가 높은 시퀀스가 다음 단계의 초기 입력값이 된다. 첫 번째 단계에서 최소지지도를 가지는 모든 1-시퀀스는 빈도가 높은 항목집합에서 얻어지며 초기 입력값 집합을 형성한다.

⑤ 최대시퀀스 발견단계(Maximal Phase) : 빈도가 높은 시퀀스들의 집합 중에서 최대시퀀스를 발견한다. 여기서 구해진 최대시퀀스(maximal sequence)가 순차적패턴 마이닝의 최종결과가 된다.

순차적 패턴마이닝 알고리즘에는 AprioriAll, AprioriSome, DynamicSome, SPADE(Sequential PAttern Discovery using Equivalence classes), GSP (Generalized Sequential Pattern), PSP(Prefix tree for Sequential Pattern), Freedom(Frequent pattern-projected Sequential PAtterN mining), PreefixSpan (Prefix-projected Sequential PAtterN mining) 등이 있다.

다른 예를 들어 보면, 대형 슈퍼마켓에서 고객들의 물품구매 행태를 데이터베이스에 저장한다고 하자. 고객 A는 처음에는 담배와 술을, 다음 날에는 담배와 신문을,

그 다음 날에는 음료수와 과자를 구매했다고 하면 이러한 구매패턴을 각각 {담배, 술}이라는 트랜잭션, {담배, 신문}이라는 트랜잭션, {음료수, 과자}라는 트랜잭션으로 나타낼 수 있다. 이들 트랜잭션의 시간적 순서를 고려하면 ({담배, 술}, {담배, 신문}, {음료수, 과자})와 같은 트랜잭션들의 사건들로 나타낼 수 있을 것이다. 그 외에 다른 고객의 구매패턴도 이런 식의 사건들로 데이터베이스에 저장되어 있을 것이다. 이 사건들을 사용자시퀀스라고 한다. 이때 모든 사용자시퀀스 중 몇 % 이상 공통으로 나타내는 사건들, 조합을 찾는 것이 순차적패턴이다.

2) 순차적 패턴의 활용

이런 순차적 패턴마이닝을 어디에 어떻게 사용할 수 있을까? 대표적으로 앞의 예와 같은 사용자 구매조합들의 패턴을 조사해, 고객이 다음 방문 시 구매할 것으로 예상되는 물품에 대한 선전물이나 쿠폰을 집으로 보내주는 등의 서비스를 할 수 있을 것이다. 이러한 서비스를 웹에 적용해 생각해 보자. 전자상거래 사이트에서 고객별로 데이터베이스에 구매패턴을 저장해 놨다면, 어떤 고객이 향후 방문 시 구매할 것으로 예상되는 물품에 대한 광고나 배너, 또는 하이퍼링크를 화면에 나타내 줌으로써 매출을 올리거나 CRM 등에 사용할 수 있다.

활용 예로서, 홈쇼핑회사에서 소비자가 구매한 물건의 목록을 관찰하여 다음에 구매할 가능성이 높은 물건들의 쿠폰이나 카탈로그를 발송한다든지, 우편주문이나 전자상거래 사이트에서 고객이 미래에 구매할 물건을 예측하는 데 사용할 수 있다. 또한 병원의 진료기록을 보고 과거의 어떤 증상이나 치료과정이 현재 걸린 병을 유발하는 원인이었는지를 찾아내는 데 이용할 수 있다.

또 다른 사례로서 유아용품을 취급하는 어떤 회사는 분유와 기저귀를 처음 구입한 사람은 6개월 후 보행기나 유모차를 구입한다는 사실을 발견하였다. 그래서 이에 기초하여 처음 분유와 기저귀를 구입하는 고객명단을 추출하여 자사의 보행기와 유모차 할인쿠폰, 팸플릿을 배포하는 방법으로 판매량을 크게 늘릴 수 있었다.

고객의 니즈가 시시각각 변화하는 경영환경에서 획일화된 매장관리방법으로 매장의 수익성을 증대시키기에는 한계가 있다. 따라서 고객의 선호변화를 예측하여 각 매장에 적절한 상품을 추천할 필요가 있다. 로드샵 화장품 브랜드 더페이스샵은 판매데이터분석을 통해 시간순서를 고려한 상품추천 및 매장관리방법을 제안받았다. 즉

자기조직화지도(Self Organizing Map) 알고리즘을 이용하여 매장의 판매 프로파일을 군집화하고, 매장 궤적의 예측을 통해 목표매장을 관리하는 방법을 제시받은 것이다. 더페이스샵은 고객의 선호변화를 조사함으로써 어떤 제품이 많이 팔리는지 알 수 있었고 그 제품을 매장에 배치함으로써 수익을 올릴 수 있다. 화장품처럼 유행에 민감하고 라이프사이클이 짧은 특징을 지닌 상품을 판매하는 매장에서 쓰기에 아주 유용한 기법이다.

순차적 패턴에 의한 대부분의 연구는 우편물첨부를 이용한 직접마케팅, 고객만족 등에서 시작되었으나 웹사이트 이용자의 접속패턴 예측이나 특정 접속자들을 대상으로 한 광고마케팅 등 다른 경영학분야에 적용되고 있다.

Chapter 04

분석활동

제1절 | 고객
제2절 | 고객평가
제3절 | 고객세분화
제4절 | 고객획득
제5절 | 고객유지
제6절 | 교차판매
제7절 | 고객수익성분석

Chapter 04

분석활동

본 장에서는 CRM 프로세스에서 가장 중요한 과정인 CRM 분석활동에 대해서 논의한다. CRM 분석활동은 다양한 데이터마이닝 방법을 이용해서 기업이 고객에게 경쟁사에 비해 더 많은 가치를 부여할 수 있도록 하는 것이다. 따라서 본 장에서는 고객에 대한 이해와 함께 CRM의 대표적인 분석활동인 고객평가, 고객세분화, 고객획득, 고객유지, 교차판매, 고객수익성분석 등에 대하여 살펴보겠다.

제1절 고객

1. 고객의 정의

고객관계관리에서 가장 중요한 개념은 고객이다. 고객관계관리는 고객과의 관계를 극대화하여 기업의 이익을 발생시키는 것이 주목적이다. 이렇듯 기업에게 고객은 매우 중요한 요소이다.

고객이란 무엇인가? 좁은 의미에서 고객이란 단순히 상품과 서비스를 구매하거나 이용하는 손님을 나타내고, 넓은 의미에서는 상품을 생산하고 이용하며 서비스를 제공하는 일련의 과정에 관계된 자기 이외의 모든 사람이라 할 수 있다.

고객에 대한 이해의 첫걸음은 본질적으로 고객이 하나가 아니라는 점이다. 고객은 저마다 다른 가치를 가지고 있다. 따라서 고객은 수많은 개별집단으로 나누어질 수밖에 없다. 기업도 나누어진 각각의 고객집단에 적합한 전략을 구사할 수밖에 없게 된 것이다. 만약 당신에게 "당신의 고객은 누구인가?"라고 질문한다면 당신은 어떻게 대답할 것인가? 어떤 기업의 고객은 그 기업의 상품이나 서비스를 구입하거나 사용하는 소비자가 될 것이며, 기업의 경우에 소비자뿐만 아니라 임직원이나 공급업자 및 협력업자, 그리고 언론 등이 확장된 의미에서의 고객에 속할 수 있다.

2. 고객의 종류

1) 내부고객

내부고객의 만족이 고객만족의 출발점이 되므로 사내고객은 기업 입장에서 가장 먼저 만족시켜야 할 고객이 된다. 불만족한 사원이 고객에게 좋은 서비스를 제공해 고객을 만족시키기는 힘들기 때문이다. 사원을 내부고객으로 대우하고 만족시켜 사기를 높여주면 최종고객인 소비자를 만족시키기 위해 최상의 노력을 할 것이다. 자신에게 주어진 역할에 만족하는 사원만이 고객에게 최선의 서비스를 제공하기 때문에 고객만족 기업으로서 경쟁력을 갖추려면 내부고객부터 만족시켜야 한다.

2) 중간고객

소비재 생산기업은 최종고객을 직접 상대하기보다는 대부분 판매점 등 중간상을 두고 거래하고 있다. 따라서 판매점은 기업과 소비자 사이에게 가치를 전달하는 중간고객이 된다. 중간고객, 즉 가치전달 고객에는 판매점이나 대리점 외에도 원료공급원 내지 협력업체들을 포함시킬 수 있다. 중간고객의 중요성은 바로 이들을 만족시키지 못하면 결국 최종고객인 소비자 역시 만족시키기 힘들다는 데에 있다.

3) 최종고객

개별적 소비자들이 모이면 커다란 힘으로 작용하여 기업의 변화를 주도하는 원천이 된다. 만족한 고객이 모이면 그 기업은 성장하게 되지만, 불만족한 고객이 모일 경우에는 어려움에 처하게 될 것이기 때문이다. 소비자는 사용자라는 점에서 가치사용 고객에 해당된다. 그런 의미에서 기업은 고객이 가장 중요한 존재인데 그 이유는 첫째, 고객은 기업에게 이윤을 안겨주는 존재이다. 둘째, 고객이 기업에 의존하는 것이 아니라 기업이 고객에게 의존하는 것이다. 셋째, 기업은 고객을 위해 존재하는 것이다. 넷째, 기업이 고객에게 서비스를 베푸는 것이 아니라 고객이 서비스할 기회를 제공해 줌으로써 호의를 베푸는 것이다. 바로 이 점들을 깨달아야 고객의 중요성을 바로 알고 있다고 할 수 있다.

4) 기존고객

다양한 제품이 쏟아져 나오고 요즘과 같이 제품의 차이가 별로 나지 않는 시장에서 새로운 고객을 찾는다는 것은 어려운 일이다. 한편 고객의 기대에 어긋나 고객을 잃는 경우가 있는데 이를 방치하면 결과는 너무나도 뻔한 일이다. 이러한 상황이라면 신규고객 유치를 위해 비용을 투자하여도 아무런 도움이 되지 않을 것이다. 따라서 고객만족경영에서는 먼저 기존의 고객을 대상으로 만족도를 향상시켜 그들 고객을 확실히 고정화시키는 것을 최우선목표로 생각한다. 즉, 고객만족경영에서 만족도를 생각할 경우 그 대상은 바로 기존의 고객이다.

5) 잠재고객

잠재고객이라 함은 판매하고자 하는 제품이나 서비스를 구매할 수 있다고 판단되는 타겟마케팅층의 고객(신규확보 대상층에 놓인 고객층)을 의미하며 현재는 다른 경쟁업체를 이용하고 있거나 지금까지 단 한 번도 해당기업의 제품이나 서비스를 이용한 적은 없지만, 해당기업의 제품이나 서비스에 대해 알고 있어 우리 고객으로 확보할 수 있다고 판단되는 고객을 말한다. 또한 특정 제품이나 서비스에 대해 문의를 하는 소비자 중에서 자신의 신분이나 연락처를 밝히는 고객을 말한다.

6) 불만고객

기업이 제품이나 서비스를 제공하는 과정 중에서 고객의 불만이 발생하게 되는데 이러한 불만에 대해 회사를 상대로 표현하고 해결을 요구하는 고객을 불만고객이라 한다. 불만을 표현하는 고객은 그렇지 않은 고객보다도 상대적으로 회사의 발전과 경쟁력 향상에 없어서는 안될 중요한 고객이라 할 수 있다.

왜냐하면, 그들의 불만을 해결하는 과정에서 회사는 문제점과 취약점을 개선할 수 있는 기회를 얻을 수 있기 때문이다. 또한 불만처리를 통하여 만족한 고객은 재구매율이 높을 뿐만 아니라 주변의 다른 사람에게 만족감을 홍보하여 신규고객을 창출하는 역할까지 수행하는 것이다.

제2절 고객평가

CRM에서는 다양한 형태의 고객이 존재하고, 모든 고객을 똑같이 보지 않는다. 고객평가는 현재 자사의 보유고객이 어떻게 구성되어 있는지를 파악한다. 즉, 자사의 고객 중 누가 과연 우량고객이고 누가 불량고객인지, 또 우량고객은 몇 명이나 되고, 불량고객의 인적 특성은 무엇인지 등에 대한 해답을 찾는 과정이 바로 고객평가이다.

그림 4.1 ▮ 고객의 분류

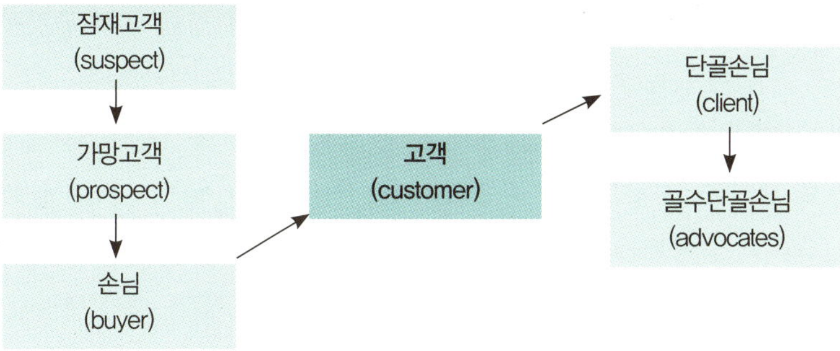

사토 도모야시(1999)는 고객의 계층(hierarchy)을 잠재고객(suspect), 가망고객(prospect), 손님(buyer), 고객(customer), 단골손님(client) 및 골수단골손님(advocates)과 같이 구분하고 있다. 잠재고객은 해당기업의 상품이나 서비스를 구매할 가능성이 있는 모든 사람으로서 구매할 가능성은 확실하지 않은 사람, 가망고객은 해당기업의 상품이나 서비스를 필요로 하고 그것을 구입할 능력이 있는 한정된 사람,

손님은 해당기업의 상품이나 서비스를 구매한 사람, 고객은 해당기업의 상품이나 서비스를 2번 이상 구매한 사람, 단골손님은 손님이 사용할 상품이나 서비스는 무엇이든지 해당기업에서 구매하는 손님, 그리고 골수단골손님은 구매활동은 단골손님과 유사하나, 특히 심리적으로 깊이 반해버린 상태에 있는 손님을 나타낸다.

이렇게 다양한 종류의 고객들 중에서 과연 어떤 고객에게 기업은 집중해야 할까? 다음과 같은 이슈에 주목해 볼 필요가 있다.

첫째, 신규고객을 획득하는 데 소용되는 비용은 기존고객에게 서비스하는 비용의 5배가 필요하다. 둘째, 상위 20%에 해당되는 고객의 매출이 나머지 80%에 해당되는 고객의 매출과 비슷하다. 셋째, 일반적인 기업의 비즈니스 중 65%는 만족도가 높은 기존고객을 통해 이루어진다. 넷째, 만족을 얻지 못한 고객의 91%는 절대로 그 기업의 제품을 다시 구매하지 않으며, 100명 중 최소한 9명에게 자신의 불만족을 말한다. 마지막으로 일주일에 5만 원을 소비하는 고객을 매일 한 사람씩 1년간 잃는다면 그 다음해 1억 원의 판매손실을 가져오게 된다.

가망고객, 잠재고객 그리고 손님을 고객 이상의 계층으로 끌어올리는 것도 중요하지만 현재 존재하는 고객 이상의 계층관리에 조금만 더 관심을 기울인다면 보다 확실한 결과를 얻을 수 있을 것이다. 이런 배경 속에서 고객평가는 현재 자사의 보유고객 혹은 잠재고객이 어떻게 구성되어 있는지를 파악하기 위하여 반드시 필요하다. 고객평가를 통하여 모든 고객을 동일하게 보지 않고, 자사의 수익에 매우 긍정적 영향을 미치는 고객과 반대로 부정적 영향을 미치는 고객, 이탈가능성이 높은 고객 등을 파악하여 마케팅활동에 유용한 정보로 활용될 수 있도록 제공할 뿐만 아니라, 고객평가를 바탕으로 생성된 고객에 대한 각종 점수는 신규고객의 획득, 이탈가능성이 높은 고객추출, 고객의 충성도를 높이는 데 활용될 수 있기 때문이다.

고객평가를 할 때는 어떤 관점에서 고객을 평가해 볼 것인지, 또 상대평가를 할 것인지 절대평가를 할 것인지, 기술평가를 할 것인지 예측평가를 할 것인지 등에 관한 것을 먼저 결정한 후, 수치화해야 한다. 또한 어떤 관점에서 고객을 평가할 것인지는 그 평가결과를 무엇에 이용할 것인가에 따라 달라진다. 평가목적이 고객유지를 위한 것인지, 교차판매를 위한 것인지에 따라 평가관점은 달라지는 것이다. 따라서 고객분석 단계에서는 일단 다양한 관점에서 고객을 분석해 보는 것이 좋다.

1. 고객평가의 척도

고객에 대한 평가로는 한 집단의 성적을 절대적 기준에 따라 평가하는 절대평가방식과 성적을 고객이 속한 집단의 결과에 비추어 상대적으로 나타내는 상대평가방식이 있다. 고객에 대한 절대평가 혹은 상대평가도 학교에서의 개념과 마찬가지로 생각하면 이해하기 쉽다. 수학이 90점이라고 하면 절대평가, 전교에서 50등이라고 하면 상대평가다. 고객을 평가할 때도 마찬가지다. A고객의 구매액이 월 200만 원 이상이라고 평가할 수도 있고, A고객은 구매액 기준으로 상위 10%에 속한다고 평가할 수도 있다. 앞의 것이 절대평가, 뒤의 것이 상대평가다.

1) 절대평가

절대평가는 정확한 일정수치를 기준으로 고객을 평가하므로, 기준이 간단명료하여 이해하기 편하다. 그러나 전체고객 속에서 특정한 고객의 위상을 파악하기는 쉽지 않다. CRM은 항상 개별고객이라는 관점에서 고객에 접근해야 하기 때문에 전체고객 속에서 개별고객의 위상을 파악하는 것이 매우 중요하다. 90점이면 일반적으로 좋은 점수라고 생각하지만, 평균이 95점이라면 90점은 높은 점수가 아니다. 마찬가지로 고객을 절대기준으로 평가할 경우 고객의 분포특성을 반영할 수 없다.

2) 상대평가

상대평가는 고객들의 상대적 분포특성을 반영하게 되므로, 고객들의 상대적인 차이를 명확하게 보여준다는 장점이 있다. 그러나 계산이 복잡하고, 절대적인 위치를 알 수 없다는 단점이 있다. 예를 들어 상위 10%에 속하는 고객이라고 하더라도 정말 많은 금액을 구매해서 상위 10%에 들었는지, 아니면 구매액이 얼마 되지 않지만 다른 고객들이 상대적으로 구매액이 적어서 상위 10%에 들었는지는 알 수 없다. 이런 점들을 고려해 볼 때 고객에 대한 평가는 절대적인 관점과 상대적인 관점 모두에서 이루어지는 것이 바람직하다.

2. 고객평가의 시점

고객평가는 시점에 따라서 특정 시점 기준으로 할 수도 있고, 일정기간 기준으로 할 수도 있다.

1) 정적평가

정적평가는 특정 시점에서 고객의 모습을 평가하는 것이다. 예를 들면 12월 말 기준으로 고객 Q가 수익을 얼마나 냈는지에 대해 점수를 평가하는 것은 정적평가에 해당된다.

2) 동적(시계열적)평가

동적평가는 일정기간 동안의 고객의 모습을 평가하는 것이다. 예를 들어 지난 3년 동안 고객 Q의 수익에 대한 점수 증감추세를 평가하는 것은 동적평가에 해당된다. CRM은 고객을 장기적 관점에서 관리하는 것이기 때문에 동적평가가 중요하다. 그러나 정적평가와 동적평가는 상호배타적인 것은 아니며, 오히려 보완적인 성격을 갖고 있어 함께 적용할 수 있다. 예를 들면 2011년 말 현재고객 Q의 수익에 대한 점수는 B등급에 해당되지만, 지난 3년간 수익에 대한 점수가 상승추세에 있다면 고객 Q의 수익성은 B+ 이상으로 평가할 수 있다. 반대로 지난 3년간 수익에 대한 점수가 하락추세에 있다면 고객 Q의 수익성은 B− 이하로 평가할 수 있다.

3. 고객평가의 다양한 관점과 점수산출

고객평가관점은 고객을 어떤 기준으로 평가할 것인가에 관한 것이다. 고객을 평가할 수 있는 관점은 아주 많다. 구매액에 의해서 고객을 평가할 수도 있고, 순수한 이익기여액에 의해서 평가할 수도 있다. 또 거래기간에 의해서 평가할 수도 있다. 이런 관점에 의한 평가의 결과로 평가점수가 산출된다. 흔히 많이 쓰이는 평가점수로는 수익성점수, 위험성점수, 커버리지점수, RFM점수, 평생고객가치, 고객충성도 등이 있다.

1) 수익성점수

수익성점수(profitability score)란 특정 고객이 우리 회사에 얼마나 많은 수익을 가져다주는지를 나타내는 점수이다. 매출액이나 순이익, 거래기간 등을 고려하여 수익성점수를 산출한다. [그림 4.2]는 고객의 수익성을 분석하는 두 가지 방법을 보여주고 있는데, 하나는 현재상황에 따른 분석이고 나머지 하나는 미래상황에 따른 분석이다.

그림 4.2 ▌ 고객의 수익성분석

현재상황

	현재 높은 수익성	현재 낮은 수익성
저비용	수익성이 가장 높은 고객	수익성이 있는 고객
고비용	수익성이 있는 고객	수익성이 가장 낮은 고객

미래상황

	현재 높은 수익성	현재 낮은 수익성
미래 높은 수익성	최고의 고객	투자고객
미래 낮은 수익성	유지고객	최악의 고객

자료 : 필립 코틀러의 마케팅 리더십 본문 中 1. 고객관계 경영관리

고객을 측정하는 방법의 예로 어떤 기업은 고객과 잠재고객에 대한 등급을 고객이 기업에 가져다주는 매출가치로 정하고 점수를 매긴다. 첫째, 플래티넘고객으로 그 기업의 활동적인 고객들 중에 상위 1%의 고객, 둘째, 골드고객으로 그 다음 4% 고객, 셋째, 아이언고객으로 그 다음 15% 고객, 마지막으로 레드고객으로 나머지 80% 고객을 나타낸다.

2) 위험성점수

위험성점수(risk score)는 특정 고객이 우리 회사에 얼마나 나쁜 영향을 주는지를 나타내는 점수이다. 그런데 수익성점수가 낮은 고객이 곧 위험한 것이 아니라고 생각할 수도 있지만, 꼭 그렇지는 않다. 은행의 예를 들어 보자. 많은 예금을 하고, 동시에 많은 대출을 받고 있는 고객이 있다. 거래규모로 봤을 때 이 고객의 우량성은 높

다. 그러나 대출이자와 원금을 연체할 가능성은 거래규모와는 별개의 문제다. 여기서 연체가능성, 나아가서 대손가능성이 곧 위험성이다.

위험성은 금융기관에만 필요한 평가관점은 아니다. 통신판매업체를 생각해 보자. 수익성은 당연히 매출을 올려주는 고객, 특히 마진율이 높은 상품을 많이 구매하는 고객이 높을 것이다. 그러나 이런 수익성과는 독립적으로 위험성이 높은 고객들이 있다. 자주 반품하는 고객들이 바로 그런 고객들이다. 반품을 하는 고객들 중에는 물건에 이상이 있거나, 순간적인 충동구매로 인해 반품하는 고객들이 있다. 그러나 처음 구매주문할 때부터 반품할 생각을 하는 고객들도 있다. 예를 들어 해수욕장에 가기 전에 비치웨어를 주문하고, 돌아와서 반납하는 고객이 있다. 또 특별한 행사용으로 귀금속을 주문하고, 행사 후 반납해 버리는 고객도 있다. 이런 고객들이 바로 위험성이 높은 고객에 해당한다. 또한 은행 대출고객 중 연체 및 채무 불이행률이 높은 고객도 위험성점수가 높은 고객이다.

그림 4.3 ▮ 위험성점수가 높은 고객의 예

- 은행의 대출고객 중 연체 및 채무 불이행률이 높은 고객
- 통신업체 고객 중 상습적으로 요금을 체납하는 고객
- 인터넷 서비스업체의 아이디(ID)를 중복사용하는 고객
- 온라인 판매상품에 대하여 상습적으로 반품하는 고객

→ 블랙리스트 대상자 '진상고객'

CRM에서는 고객을 평등하게 바라보지 않는다. 우량고객도 있고, 불량고객도, 심지어는 주의고객도 있다. 이 중에서 위험성이 높은 고객이 바로 주의고객이라고 볼 수 있다. 주의고객은 위험성이 높고 수익성이 낮은 고객이며, 위험성이 낮고 수익성도 낮은 고객은 불량고객, 위험성은 낮지만 수익성은 높은 고객은 우량고객이라고 볼 수 있다.

美 신용카드사 수익확보하려 고객 쥐어짜기

C·A·S·E 살펴보기

미국의 금융회사들이 신용카드 고객 쥐어짜기에 나서고 있다. 신용카드로 쓴 돈을 제대로 갚지 않는 고객들이 늘어나 경영에 어려움을 겪는 가운데 신용카드 고객보호를 강화하기 위한 정부규제의 시행을 앞두고 이자율과 각종 수수료를 올리고 신용한도는 줄이는 등의 방법으로 수

익성을 확보하려고 발버둥치고 있는 것이다.

뉴욕타임스(NYT)는 10일 은행들이 신용카드사업에서 돈을 버는 데 곤경을 겪으면서 소비자들이 대가를 치르고 있다며 이같이 보도했다. 미연방준비제도(Fed)가 은행들을 상대로 조사한 결과 50%의 은행들이 신용카드 이자율을 올리고 신용한도를 줄였다고 응답했다. 40%는 수수료도 높였다고 답했다. 미국의 신용카드 이자율은 평균 13.71%로 1년 전의 11.94%보다 크게 높아졌다. 일부의 경우 이자율이 10%포인트까지 오른 경우도 있다. 플로리다에 사는 애니타 홀러데이 씨는 최근 씨티뱅크로부터 자신의 신용카드 이자율이 전보다 10%포인트나 높아진 29.99%로 조정됐다는 통보를 받기도 했다.

은행들은 또 신용카드 사용한도 줄이기에 나서고 있다. 포사이트 애널리틱스의 분석에 따르면 지난 9월 말 기준으로 1년간 은행들은 고객들의 신용한도를 4조 6천억 달러에서 3조 4천억 달러로 26%나 줄였다. 은행들은 신용카드 발급기준을 강화하고, 위험성이 높은 신용카드 고객계좌를 정리하고 있다. 닐슨리포트를 발행하는 데이비드 로버트슨에 따르면 비자와 마스터카드, 아메리칸익스프레스, 디스커버 신용카드 계좌수는 9월 말 기준 5억 5,500만 개로 1년 전에 비해 7,200만 개나 감소했다.

미국 금융회사들이 이같이 신용카드 고객 쥐어짜기에 나서는 것은 경기침체 전에는 4%가량이었던 카드사용 부도율이 지금은 역대 최고인 10% 정도로 치솟아 경영사정이 어려워지고 있는 데 따른 것이다. 또한 신용카드 고객보호 강화를 위한 법안이 발효되기에 앞서 선수를 치려는 면도 있다. 하원을 통과해 상원에 계류 중인 새 법안은 기존 신용카드 계좌에 대한 이자율 조정을 어렵게 만드는 것 등을 내용으로 하고 있다.

은행들의 이런 행태가 불공정하고 많은 경우 불법이라는 비판들이 커지고 있지만 은행관계자들은 새로운 규제와 어려운 경제사정을 감안할 때 선택의 여지가 없다는 입장이다. 미국은행협회의 신용카드 담당 선임 부회장인 케네스 클레이튼은 "우리의 사업은 옷을 파는 것이 아니라 신용을 파는 것"이라면서 신용카드사업에서 수익을 확보하기'위해서는 이렇게밖에 할 수 없다고 설명했다.

자료 : 연합뉴스, 2009. 11. 11

3) 커버리지점수

커버리지점수(coverage score)는 고객이 자사의 상품 중에서 얼마나 많은 종류의 상품이나 서비스를 구매하는가를 나타내는 점수이다. 커버리지점수는 자사에 대한 고객의 충성도를 나타내는 지표가 되고, 교차판매가능성을 추정하게 해주기도 한다. 커버리지점수의 개념을 이해하기 쉽게 예를 들어 보자.

N사에서는 A, B, C, D 등 10종의 컵라면을 생산하고 있다. 고객 Q가 그 중에 8개의 제품을 구매하여 사용하고 있다면 고객 Q의 커버리지점수는 10점 만점에 8점임

을 알 수 있다. 한 회사의 10가지 컵라면 중에서 8종류의 라면을 사먹는 사람이라면 충성도가 높은 고객이라고 생각할 수 있을 것이고, 라면회사에서는 자체적으로 전문생산이 힘든 김치 같은 제품을 편의점에서 교차판매하는 전략을 내세울 수도 있다.

4) RFM점수

RFM점수(Recency, Frequency, Monetary score)란 3개의 독립된 요인에 의해 측정된 고객의 점수이다. 여기서 3개의 독립된 요인이란 거래발생의 최근성(recency), 거래빈도(frequency), 구매금액(monetary)을 의미한다. 즉, 최근에 거래하고, 거래빈도가 높고, 구매금액이 많은 고객이 우량고객이라는 의미이다.

RFM점수를 산출하는 방식은 목적에 따라 크게 두 가지로 나누어볼 수 있다. 일반적으로 세 가지 요인을 각각 5등급 또는 10등급으로 나눈 다음, 결합하여 점수를 표시하는 방식이다. 예를 들어, 5등급으로 나눈 상황에서 고객 Q가 최근성에 있어서 전체고객 중 상위 20%에 속하고, 거래빈도는 40%, 구매금액은 20%에 속하면 RFM 점수는 121이 된다. 여기서 첫째는 최근성, 둘째는 거래빈도, 셋째는 거래금액을 나타낸다. 따라서 111이 가장 우수한 고객이며 555가 가장 우수하지 못한 고객이라 할 수 있다. 그러나 이 방법은 요소 간에 중요도가 반영되지 못하는 단점이 있다.

명품 구입 연 1억 이상, 이 정도는 돼야 'VVIP'

C·A·S·E 살펴보기

"해외명품 1억 원쯤은 구매해야 VIP 중의 VIP인 LVVIP(Limited Very Very Important Person)라고 할 수 있지요." 소비심리가 회복됐다고는 하나 아직도 글로벌 경제위기 이전만도 못한 상황. 이 와중에 한 번에 수백만 원씩 연간 수천만 원에서 수억 원어치의 명품을 구입하는 VIP들이야 말로 명품관 측에서 볼 때 '왕같이' 모셔야 할 사람들이다. 명품관에서 쇼핑을 즐기는 VIP들은 과연 어떤 사람들이며 어떤 소비형태를 보이고, 백화점에서는 어떤 마케팅을 하는지 살짝 들여다봤다.

■ 어떤 사람이 VIP?

롯데백화점은 상위 우수고객을 뜻하는 MVG와 에비뉴엘을 나눠 특별관리를 하고 있다. MVG는 연간 매출액 등을 중심으로, 에비뉴엘은 해외명품 구매기준 등을 종합평가해 나눴다. 이들 우수고객들도 등급이 있어 에비뉴엘은 VIP, VVIP, LVVIP 등 3등급으로 나눈다. 대구에는 에비뉴엘회원은 300여 명 정도. 연간 해외명품 구매금액이 1억 원 이상 되는 LVVIP고객은 대구에서도 예닐곱 명이 되는 것으로 알려졌다. VIP고객을 대상으로 '애플클럽'회원제를 운영 중인 대구백화점은 블루 · 그린 애플회원과 최상위인 프라임애플회원이 있다. 프라임애플회원은 100명을 선정, 운영 중이다. 애플회원은 과연은 어떤 기준으로 선발할까? 백화점 매출만 많이 올려준다고 해서 선발되는 것이 아니다. 대백 김종해 CRM팀장은 "VIP고객 선정기준은 RFM 평가를 통해 이루어진다"고 했다. RFM은 최근성(Recency), 구매횟수(Frequency), 매출(Monetary)을 뜻한다. 특히 프라임애플회원은 RFM 기준 이외 구매브랜드, 성향, 직업 등도 고려해 선정한다. 백화점의 VIP회원들의 신분과 직업은 비밀에 부쳐져 있다. 회원의 절반 정도가 수성구에 거주하고 있고, 30~50대가 전체의 60% 이상을 차지하며, 직업은 사업가와 의사, 변호사 등 전문직종이 많다는 것만 알려져 있을 뿐이다.

▪VIP 잡기 경쟁

백화점들은 흔히 상위 20% 고객이 전체매출의 80%를 차지한다는 '파레토법칙'을 VIP마케팅에 적용한다. 이들 VIP들을 잡기 위한 유통업계들의 경쟁이 치열하다. 롯데백화점 대구점은 에비뉴엘라운지를, 대구백화점 프라자점은 프라임애플라운지 등 전용휴게공간을 제공하고 있다. 전용주차장과 발렛파킹 서비스를 제공한다. 생일과 기념일, 명절선물 챙기기와 각종 이벤트 우선 초청을 한다. 고객이 원할 경우 1 대 1 쇼핑가이드인 '퍼스널 쇼퍼(Personal shopper)'를 붙여준다. 고객이 사전에 구매하려는 품목을 예약하면 취향에 따라 선호하는 브랜드 · 디자인 등을 고려해 미리 세팅해 두고 쇼핑을 도와주는 등 최상의 서비스를 제공한다. 퍼스널 쇼퍼들은 VIP들의 쇼핑을 돕기 위해 맞춤서비스는 물론 좋아하는 차의 종류나 취미, 새롭고 특이한 명품트랜드, 시사 및 교육문제 등 다양한 '공부'를 해야 한다. 대구백화점 프라자점 PAC라운지 매니저인 정정숙 씨는 "입점 명품브랜드와 연계해 다양한 런칭쇼는 물론 자산관리 · 문화 · 건강 등 다양한 정보를 제공하는 '프리미엄클래스'를 확대하고, 각종 혜택 등 다양한 마케팅을 통해 고객을 관리하고 있다"고 전했다. 백화점의 한 간부는 "고소득층의 소비를 곱지 않은 시각으로 보는 경향이 있지만 이들 VIP들이 경제활성화를 이끄는 소비주체인 만큼 백화점에서는 VIP회원들에게 최상의 서비스는 물론 문화 · 예술적 접근, 가족사까지 챙기는 접근 등 다양한 마케팅을 하고 있다"고 말했다.

자료 : 매일신문, 2009. 11. 28

고객을 세 가지 관점에서 각각 5등급으로 나눌 경우, 고객을 125(=5×5×5)개의 등급으로 나누는 것으로, 이 방식은 고객을 몇 개의 그룹으로 나눈다는 점에서 고객세분화 기법으로도 볼 수 있다. 두 번째 산출방식에서는 R, F, M에 각각에 대하여 중요도관점에서 가중치를 주어 가중합형태로 계산되므로 고객점수화라 할 수 있다. RFM 세 가지 요인에 대한 각각의 중요성을 감안하여, 가중치를 부여한 뒤, 가중합으로써 점수를 산출한다.

RFM점수 산출방식

- 일방적인 방식

  10등급으로 나누었을 때, 전체고객 중에서 최근성 30%, 거래빈도 50%, 구매금액 40%라면

  → 최근성 3, 거래빈도 5, 구매금액 4로 RFM점수는 354점

- 가중치 적용방식

  고객 Q는 민심백화점에서만 매달 3회 쇼핑을 하는데 올 한 해 동안 1억 원을 썼다고 한다. 마케팅팀 김 대리는 정해진 가중치에 따라 올 한 해의 고객 Q의 RFM점수를 구하고자 한다.

민심백화점은 최근성, 거래빈도, 구매금액의 중요도를 20%, 40%, 40%의 비중을 두고 있다.
R점수(3개월 이내 20점, 3~6개월 15점, 6~9개월 10점, 9~12개월 5점)
F점수(40회 이상 40점, 20~40회 30점, 20~10회 20점, 10~5회 10점, 5회 이하 5점)
M점수(7,000만 원 이상 40점, 5,000~7,000만 원 30점, 3,000~5,000만 원 20점, 1,000~3,000만 원 10점)

→ 최근성 20점, 거래빈도 30점, 구매금액 40점으로 RMF점수는 90점

통신판매회사의 예를 들어 설명하자면, RFM 각 요소에 대하여 30%, 30%, 40%의 중요도를 부여한다면, 각각 고객들에게 점수를 부여하는 데 다음과 같은 방법을 사용한다. 먼저 R관련 점수는 구입일이 가까울수록 높은 점수를 준다(30점 : 과거 3개월 이내, 15점 : 과거 6개월에서 과거 3개월 사이, 10점 : 과거 9개월에서 과거 6개월 사이, 5점 : 과거 12개월에서 과거 9개월 사이). F에 따른 점수는 구매건수에 4점을 곱해 산출하되 상한점을 30점이 되도록 표준화한다. M에 따른 점수는 1만 원 단위로 1점씩 주어 계산하되 상한점을 40점이 되도록 표준화한다. 위와 같은 방식으로 100점을 만점으로 고객을 점수화한다. 그러나 이와 같은 방법은 분석자가 RFM에 대한 가중치를 사전에 정해 주어야 하기 때문에 주관적 판단이 개입되며 특이하게 한 요소에서 점수가 높은 고객에 의하여 대부분의 고객 사이의 점수차이를 작게 할 수 있는 우려가 있다. RFM점수는 CRM 이전의 DBM 단계에서 가장 많이 쓰이던 고객점수산출 기준이었으며, 지금도 상당히 유효한 기준이다. 그러나 이 점수는 고객의 위험성이나 구매스타일 등을 반영하지 못하므로 다른 지표와 함께 사용하는 것이 좋다.

5) 평생고객가치

기업들은 초기에 캠페인 활동과 여러 가지 프로모션을 통해 신규고객을 획득하게 된다. 이러한 신규고객을 획득하는 과정은 여러 마케팅활동으로 인해 매우 높은 비용이 들지만 투자비용을 회수하는 데 있어 상당한 시간이 요구된다. 더욱이 고객이 이처럼 고객획득비용을 넘어 고객과의 장기적인 관계를 유지하는 것이 바로 CRM이 되는 것이며 이러한 장기적인 관계를 유지함에 있어 고객으로부터 거둘 수 있는 가치를 평생고객가치(Life Time Value)라고 한다. 즉, 고객의 평생가치는 한 고객이 한 기업의 고객으로 존재하는 전체기간 동안 기업에게 제공할 것으로 추정되는 재무적인 공헌도의 합계라고 할 수 있다. 투자비용 회수의 문제뿐만이 아니라, 장기적인 관계유지는 다양한 부분에서 기업에게 요구되는 요소이다.

미국의 하버드 비즈니스 리뷰가 다양한 산업을 조사한 결과에 따르면 오래된 고객일수록 회사의 수익에 기여하는 금액이 점점 커진다고 한다. 가령 자동차정비업계를 예로 들면 4년차 고객이 1년차 고객이 기여했던 수익의 3배라는 것이다. 또한 고객이탈방지를 중요한 요소로 꼽을 수 있는데, 이는 이탈고객의 부정적 구전효과 때문이다. 일반적으로 만족한 고객은 제품에 대한 좋은 경험을 3명의 타인에게 전하는 반면 불만족한 고객은 최소한 9명에게 전한다. 더욱이 SNS가 중요한 사회적 이슈로 떠오르는 요즘 이러한 이탈고객의 부정적 구전효과는 이러한 수치적 요소보다 그 파급력이 훨씬 클 것임은 당연한 사실이다.

평생고객가치는 많은 고객들 중 어떤 고객들에게 우선적으로 접근해야 하는지, 그들에게 어떤 마케팅전략을 펼쳐야 하는지, 그리고 잠재고객의 획득이나 고객유치를 위해 얼마나 지출해야 타당한지 등을 제시해 준다. 그러나 실제 기업활동에 이러한 사항을 적용하는 것은 쉽지 않다. 왜냐하면 장기적인 수익과 지출에 대한 완벽한 정보를 가지고 있지 않고 "미래"라는 불확실성이 존재하기 때문이다.

이런 이유로 고객의 평생가치는 실현된 가치와 잠재적 가치로 구분된다. 실현가치는 과거부터 현재까지 고객이 기업에 제공한 가치의 현재가치이며, 잠재가치는 고객이 현재부터 생애 동안 기업에게 제공할 가치의 현재가치를 말한다. 고객의 평생가치는 기업이 수행하는 마케팅활동의 함수라고 할 수 있다. 즉, 기업이 어떻게 마케팅활동을 수행하는가에 따라 변하게 된다. 그러므로 미래와 관련된 잠재가치는 가변성을 가지며, 당장의 실현가치보다는 향후 지속적으로 발생하게 될 잠재가치의 측정이 기업에게는 매우 중요한 일이라 하겠다. CRM에서 고객평생가치의 장점과 단점은 [표 4.1]과 같다.

표 4.1 고객평생가치의 장점과 단점

장점	단점
• 기업이 보유하고 있는 무형자산인 고객의 평균가치를 파악 및 이해할 수 있으며 이로 인해 고객별 기업의 전체가치에 미치는 기여도를 파악가능 • 개별고객가치에 따라 고객을 차별화하고 가장 가치 있는 고객을 유지하기 위해 마케팅 시간과 노력을 전략적으로 활용 • 유지해야 할 고객을 정하고 이탈고객방지를 위하여 투여할 최대금액을 미리 산정함으로써 안정적인 재무운영이 가능	• 전체고객에 소요되는 비용을 측정하더라도, 이를 개별고객에게 할당하기 어려움 • 고객별로 일일이 계산하게 되므로 경우에 따라서는 과다한 비용이 소요될 가능성이 있음 • 고객유지율을 측정하기 어려움

그러면 이러한 평생고객가치는 어떠한 방식으로 산정이 가능할까? 이해를 돕기 위해 쉬운 예를 하나 들어 보자. 고깃집에 등심을 20인분 주문할 단체손님과 점심특선을 시키는 회사원 1명이 왔다고 하면 사장의 입장에서는 당연히 등심 20인분을 시키는 손님에 더 신경을 쓸 것이다. 하지만 단체손님은 지나가다 잠시 차를 세워 들른 관광객이고 회사원은 근처에서 오래 근무하게 될 직원이라면 스쳐가는 관광객에게 50만 원 벌 생각에 신나 홀대한 회사원 한 명에게서 1,700만 원을 벌 기회를 날렸을지도 모르는 일이다.

평생고객가치의 산정은 앞의 예와 같이 살펴볼 수 있는 단순 LTV 산정과 이의 단점을 보완한 개선된 LTV 모델이 있다. 단순 LTV 모델의 경우 평균구매액을 기준으로 거래기간에 대한 구매액을 산정하는 방식으로 'LTV = 평균구매액 × 거래기간'으로 나타낼 수 있고, 고객이탈률과 고정비, 이자율을 고려한 개선된 LTV 모델은 다음과 같이 계산한다.

$$LTV=\sum_{n=1}^{Period}[(R-C)(1-P^{n})]\frac{1}{(1+i)^{n-1}}]-C'$$

R : revenue, C : variable cost, C' : fixed cost, P : churn rate, n : period, i : interest rate

평생고객가치(LTV) 산출방법

- 단순 LTV 산정방법

지나다가 잠시 들린 관광객 단체손님=등심 20인분
근처에서 오래 근무하게 될 회사원=점심특선 1인분
(등심 1인분 25,000원, 점심특선 6,000원)
* 등심=25,000×20=50만 원
* 점심특선=1일 6,000원, 1주일 3번 18,000원, 1년 47주 846,000원, 20년 1,700만 원

다시 간략하게 설명하면,

LTV = (첫해에 고객이 가져다준 이익의 총합) − (신규고객 유치에 들어간 비용) + (둘째해에 고객이 남아 있을 확률) × ((둘째해에 고객이 가져다준 이익의 총합) − (고객유지에 들어간 비용)) + (셋째해에 고객이 남아 있을 확률) × ((셋째해에 고객이 가져다준 이익의 총합) − (고객유지에 들어간 비용))

$$CLV = \frac{(M-c)}{1-r+i} - AC$$

M : 고객 1인당 평균매출, 보통 1년 단위로 계산
c : 고객 1인당 평균비용, 보통 1년 단위로 계산
r : 고객유지비율(Retention Rate), 즉 어떤 고객이 그 다음 해에도 여전히 고객으로 남아 있을 확률
i : 이자율 또는 할인율
AC : 고객획득비용(Acquisition Cost), 고객이 첫 방문 또는 첫 구매를 하도록 하는 데 드는 비용

다른 예로서, 한 헤어살롱에서 20세 고객이 처음 살롱에 와서 1년에 5회 시술, 1회 평균 5만 원 정도라면 1년에 25만 원을 이 살롱에서 쓰게 될 것이고, 다시 평균 65세 정도까지 살롱에 다니게 된다고 가정하고 계산해 본다면 25만 원×45년=11,250,000원이라는 이 고객의 평생가치가 산출된다. 즉, 한 사람의 고객이 매장에 들어오면 그 고객은 5만 원짜리 고객이 아니라 11,250,000원 가치의 고객이라는 것이다. 평생고객가치는 잡지사의 월간지 정기구독 사례가 가장 기본적인 산정의 표준이 된다고 한다. 월간지 정기구독자 A는 월간지가 창간한 최초일로부터 현재까지 10년간 줄곧 1

구좌를 구독했고, 구독자 B는 최근 1년 전에 1구좌를 구독했다고 가정해 보자. A고객이 월간지를 구독하기 위해 누적적으로 지불한 금액이 B고객에 비해 절대적으로 높은 것을 알 수 있다. 여기서 A고객이 B고객에 비해 잡지사에 누적적으로 기여한 가치, 즉 많은 이익을 가져다주었다고 평가할 수 있다. 세계적인 택배회사인 Fedex의 평생고객가치 활용 사례를 보면, 1회의 택배비용이 5,000원이라고 가정한다면, 그들은 고객의 가치를 5,000원으로 인식하지 않는다. 한 번 고객이 되면 한 달에 3회, 평생 50년간 고객이 된다면 이 고객의 평생가치는 5,000원×월 3회×12개월×50년=9,000,000원이라는 결과가 나오게 된다.

이와 비슷한 사례로 도미노체인점 중에서 가장 성공했다고 평가받는 한 매장의 성공비결 역시 이 평생고객가치를 이용한 계산이었다. 이 매장에서는 단골고객 한 명의 평생가치를 약 4,000달러로 계산했다. 이는 평균 10년 동안 연간 8달러짜리 피자를 50개 주문하는 고객을 단골로 산출한 수치이다. 이 매장의 주인인 필 브레슬러는 종업원들에게 "당신들은 지금 8달러짜리 고객이 아니라, 4,000달러짜리 고객에게 피자를 배달하고 있다"고 강조했다. 그리고 이러한 고객가치 마인드는 고객으로 하여금 피자가 약속시간 내에 배달되었는지 판단하게 하고, 정성스레 피자를 만들어 배달한 최고의 종업원을 직접 선정하도록 하는 정책으로 이어지기도 했다. 만약 이 매장이 고객가치를 현재의 가치인 8달러로 계산했다면 이렇게 큰 성공을 거두지는 못했을 것이다. 마지막 사례로 힐튼호텔에서는 노년층 우량고객을 대상으로 시니어명예클럽이라는 데이터베이스를 구축하여, 이들을 대상으로 할인쿠폰이나 여행정보를 제공하는 프로그램을 실행하고 있다.

성과관리전문가 게리 코킨스… '고객평생가치를 찾아라'

C·A·S·E 살펴보기

"'착한 고객'들이 사라지고 '나쁜 고객'들이 점점 늘어나고 있습니다." 기업용 IT솔루션업체인 SAS인스티튜트의 전략가이자 세계적 성과관리전문가인 게리 코킨스. 최근 '소트 리더(thought leader) 시리즈'의 첫 번째 연사로 초청돼 강연회를 가졌다. 소트 리더란 원래 학문이나 사상의 권위자를 일컫는 말로 한국경제신문 HiCEO가 세계적인 석학 · 전문가를 초청해 갖는 포럼 명칭이다. 코킨스는 이 행사에서 최근 들어 성과관리의 필요성이 왜 커지고 있는지를 '착한 고객'과 '나쁜 고객'의 비유를 들어 역설했다. 그가 말하는 착한 고객은 별 반응을 보이지 않는 조용한 소비자인데, 이제 이런 고객들은 찾아보기 어려워졌다고 한다.

그는 "인터넷의 영향으로 공급자에서 소비자로의 권력이동이 빠르게 이루어지고 있다"며 "이제 나쁜 고객으로 명명되는 능동적 소비자들을 잡아내고 그 안에서 고객평생가치(CLV)에 따라 마케팅비용을 배분하는 능력이 필요하다"고 강조했다. "예를 들어 병원에서 10만 원을 내고 치료를 받는 60세의 환자와 4만 원 상당의 치료를 하는 25세 환자가 있다고 칩시다. 수익성을 따지자면 60세 환자에게 집중해야죠. 하지만 장기적인 관점에서 가치는 25세 환자가 더 큽니다. 한정된 예산을 가지고 최적화된 마케팅을 펼치려면 이처럼 고객평생가치를 수치로 환산해 비용을 배분해야 합니다."

하지만 이런 예산의 배분은 기업 최고경영자의 전략과 연계돼 있지 못하는 경우가 많고 대부분 과거 재무제표에 의존하고 있다. 코킨스는 "성과관리를 통해 고객가치를 적절히 파악하고 수요를 예측할 수 있다"고 강조했다. 코킨스는 특히 한국의 경우 경영진의 인식전환이 필요하다고 지적했다. 특히 비즈니스 통합시스템을 통해 한 조직의 전략을 관리하고 더 나은 의사결정을 이끌어내는 성과관리의 도입이 시급하다고 강조했다. "성과관리시스템을 거창하게 생각할 필요가 없습니다. 한국의 많은 기업들은 이미 ERP(전사적자원관리), CRM(고객관계관리), SCM(유통망관리) 등등의 IT솔루션을 갖추고 있고 6시그마 등 다양한 경쟁력 강화 프로그램을 운영하고 있습니다. 하지만 이를 한꺼번에 연결하질 못합니다." 그런 기업의 직원들은 대부분 자기 업무는 잘 알지만 회사의 전략과 비전을 물어보면 모호한 구호만 내놓게 마련이다. 기업의 비전과 직원행동 사이에 의사소통이 원활하지 않은 데서 생기는 현상이다. 이 때문에 회사 내 · 외부에서 원천자료는 쏟아지지만 이를 전략을 위한 정보로 활용하지 못한다. 그는 변화가 빠른 시대를 이겨내기 위해서는 전사적인 성과관리시스템이 필수적이라고 강조했다. "의사결정의 속도변화는 이제 기업의 핵심 경쟁력이 됐습니다. 각각의 책임자들이 의사결정을 빨리, 정확하게 해야 됩니다. 누구나 성과의 지표를 알고 거기에 최선을 다할 수 있도록 하는 성과관리 없이 열심히 일해 봐야 시행착오를 반복하는 과거 방식을 벗어날 수 없는 것이죠."

자료 : 한국경제신문, 2008. 3. 9

4. 고객충성도

지속적으로 언급한 바와 같이 오늘날 기업들의 고객에 대한 주요 이슈는 기존고객의 이탈방지와 지속적인 관계의 유지이다. 이러한 고객의 유지를 위해 기업은 고객만족을 높이기 위해 심혈을 기울인다. 고객만족은 고객을 유지시킴은 물론 충성도를 강화시키고 이러한 고객의 충성도는 기업의 수익에 영향을 미친다. 더욱이 다품종 소량생산으로의 제품과 서비스의 구조변화와 다양한 커뮤니케이션의 발달로 인하여 고객의 선택범위는 넓어졌고, 다양한 정보를 쉽게 얻을 수 있게 되어 고객을 만족시키는 것이 어려워졌다. 그렇기에 기업은 각각의 고객만족을 극대화하기 위해 고객의 충성도분석을 통해 그에 맞는 고객만족을 이끌어내는 전략을 추구해야 할 것이다.

고객충성도 90%의 마법 C·A·S·E 살펴보기

"왜 관리자들은 사내감시에만 집중하나. 고객관리가 훨씬 중요한데…." 마케팅분야 거장인 장 클로드 라레슈 교수는 기업이 물 만난 고기처럼 쑥쑥 성장하려면 고객의 '충성도'가 최소 90%는 돼야 한다고 주장한다.

A기업의 고객충성도가 50%라면 A기업은 매년 고객의 절반을 잃고 있다는 의미다. 이때 한 고객이 기업과 거래를 이어가는 평균기간은 고작 1년이다. 반면 고객충성도가 90% 이상이면 고객이 A기업의 제품을 이용하는 기간은 평균 10년으로 늘어나는 것으로 나타났다. 고객평균수명이 길수록 매출이 성장하고 수익성이 개선되는 것은 당연하다. 흥미롭게도 충성도와 고객수명 사이에는 일종의 '가속도현상'이 존재한다. 일례로 기업에 대한 충성도가 50%에서 51%로 늘어날 때는 고객수명이 2주 연장되는 데 그쳤지만 같은 1%라도 95%에서 96%로 늘어났을 때는 고객수명이 평균 5년이나 연장됐다. 충성도 90% 지점에서 자산으로서의 고객가치가 급속히 커진 것이다. 참고로 충성도가 70% 미만이라면 평균고객수명이 보잘것없고 80%라고 해도 고객과 기업 간 관계는 4년 정도 지속될 뿐이다.

자료 : 매일경제, 2010. 12. 3

1) 고객만족 – 충성도 – 수익의 분석

고객의 만족도가 높으면 기업에 대한 충성도가 높고, 따라서 이는 고객의 수익성 상승과 함께 기업의 수익성 상승을 발생시킬 수 있다. 따라서 고객의 만족도, 충성도, 그리고 수익성과의 관계는 다음과 같이 나타낼 수 있다.

① 고객만족과 고객유지율은 비대칭적이다. 만족에 비해 불만족은 고객유지에 더 큰 영향을 미치지만 고객만족이 높다고 해서 고객유지율이 높아지는 것은 아니다. 즉, 고객은 불만족한 사항에 훨씬 민감하게 반응하고 만족사항에 덜 민감하게 반응한다.

② 고객만족과 충성도의 관계는 산업에 따라 다양하게 나타난다. 가령 산업의 특성이 경쟁적인 자동차산업은 고객만족의 수준이 높으면 동일 브랜드 자동차의 재구매를 유발한다. 반대로 항공사의 경우 소비자는 기존의 항공사를 이용할 때 쌓아둔 마일리지를 고려한 전환비용을 생각하여 불만이 있더라도 크지 않다면

기존의 항공사를 다시 이용한다.

③ 충성도와 고객수익성의 관계는 고객과 기업의 관계 및 산업별 특징 등의 복잡성으로 인해 고객만족의 대용지표로 고객충성도와 고객수익성을 사용하기에는 어려움이 있다. 이에 관해 프레드릭 라이켈트는 고객유지관리에 중요한 원칙을 제시하였다. 즉, 고객과 기업의 관계가 지속될수록 고객은 더 많은 소비를 한다. 고객과 기업의 관계가 지속될수록 기업의 비용은 감소한다. 장기고객일수록 구전가능성이 높다. 그리고 장기고객은 단기고객에 비해 많은 프리미엄가격을 지불한다. 이러한 원칙은 고객과 기업의 관계형태에 따라 다소 차이가 나는데, 백화점에서 쇼핑 같은 비계약적인 관계보다 잡지구독, 인터넷서비스 등 계약관계에서 잘 맞는다.

고객만족보다 중요한 고객가치

C·A·S·E 살펴보기

한 해를 마무리하는 4분기는 '고객만족 시즌'이라 불릴 만하다. 각종 단체에서 고객만족도 조사결과를 이 시기에 발표한다. 한국능률협회컨설팅의 KCSI(한국산업의 고객만족도)와 한국생산성본부의 NCSI(국가고객만족지수)가 대표적이다. 언론사가 주관하는 각종 고객만족관련 시상도 있다. 이 중 NCSI는 분기마다 발표하지만 12월에 나오는 지수가 파급력이 크다. 은행, 보험사, 증권사, 대형마트, 주유소 등 상품차별성이 그리 크지 않아 고객만족도와 같은 외부평가에 민감할 수밖에 없는 산업에 대해 평가결과를 발표하기 때문이다. 이들 산업에 속한 기업은 소비자를 대상으로 고객만족도조사가 실시되는 가을이 오면 조금이라도 점수를 높이려고 노력한다. 직원들을 동원해 고객, 특히 만족도가 낮을 것으로 예상하는 고객들에게 전화를 하고 문자메시지나 엽서, 편지를 보내는 일이 다반사다. 일부 기업은 고객 초청행사를 열기도 한다. 이런 활동들은 꾸준히 시행되는 고객서비스라기보다 고객만족도점수를 높이기 위한 반짝 이벤트에 가깝다. 고객만족도를 발표하는 단체 중 일부는 고객만족도 향상을 위한 컨설팅사업도 벌인다. 예를 들면 가을에 실시하는 고객만족도조사와 유사한 조사를 특정 기업을 위해 봄이나 여름에 먼저 실시하고 그 결과를 분석해 고객만족도 향상방안을 제시해 준다.

고객만족도와 기업성과 간에 상관관계가 있다는 실증연구가 있다. 크리스토퍼 이트너와 데이비드 라커의 분석에 따르면 미국 기업들의 고객만족도가 10점 높아지면 고객유지율은 2% 개선되고 매출은 3% 올라갔다. 연구팀은 고객만족도 수준에 따라 기업들을 4개 군으로 분류한 후 군별 기업 시장가치 차이를 분석했다. 고객만족도 평균이 각각 71.7점과 77.2점인 1군과 2군 기업 간 시장가치 차이는 32.2%였다. 평균고객만족도가 81.2점인 3군의 시장가치는 2군보다 10.3% 높았다. 그러나 고객만족도 차이가 4.5점인 3군과 4군 간 시장가치 차이는 0.7%에 불과했다.

이런 연구결과는 일정수준 이상으로 고객만족도가 올라가면 고객만족도를 더 높여 봐야 회사 입장에서 큰 효과가 없다는 것을 보여준다. 즉 이미 높은 고객만족도를 더 높이는 데 투자하기보다는 상품의 질을 개선하고 차별화전략을 추진하거나 고객의 접근성을 개선하는 게 회사의 투자수익률(ROI) 측면에서 낫다는 것이다. 이는 최근 10여 년 동안 꾸준히 고객서비스 수준을 향상시킨 결과, 이미 유수 외국기업 수준에 가까운 고객만족도를 기록하고 있는 국내 금융사 등 한국 기업들에 시사하는 바가 크다. 반짝 이벤트로 고객만족도점수를 올려봐야 비용만 낭비할 수 있다. 근본적으로 고객에게 더 큰 가치를 줄 수 없음은 물론이다. 계열사나 사업부의 성과평가에 고객만족도를 지나치게 중시하면 에너지 낭비만 초래할 수 있다. 몇 점의 고객만족도 차이로 기업들을 비교하고 이를 크게 발표하는 행위도 자제하는 게 좋다. 이장혁 고려대 경영대학 교수는 "고객만족도는 결과지표가 아닌 중간지표"라며 "고객평생가치라는 최종성과지표와 연동해 만족도를 관리해야 한다"고 지적했다.

이제 고객만족도를 관리하는 근본이유를 돌아봐야 할 때다. 기업은 단지 '고객으로부터 얻는 가치'뿐 아니라 '고객에게 주는 가치'를 향상시키려 노력해야 한다. 고객에게 꾸준히 더 큰 가치를 줄 수 있는 기업만이 미래에 고객으로부터 더 큰 가치를 얻는 선순환 성장을 지속할 수 있다.

자료 : 동아일보, 2010. 11. 13

2) 고객충성도의 유형

고객충성도의 유형은 고객의 제품 및 서비스에 대한 상대적 애착도와 반복구매의 정도에 따라서 비충성도, 타성적 충성도, 잠재적 충성도, 그리고 초우량 충성도로 나눌 수 있다.

그림 4.4 ▌ 정도에 따른 고객충성도 유형

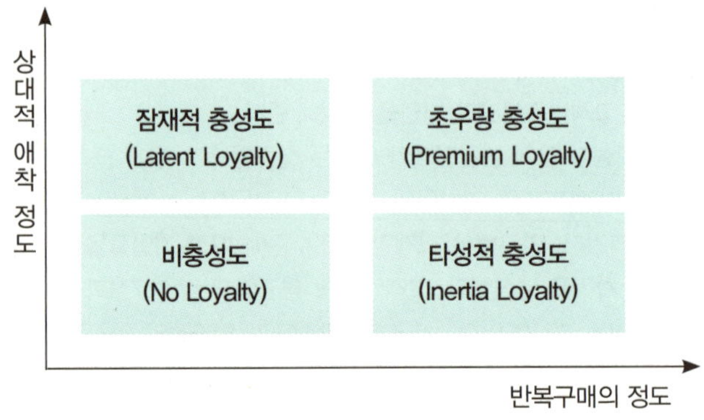

① 비충성도(No Loyalty)는 상대적으로 애착이 낮으며 반복구매의 정도가 낮은 유형으로 이들의 반복구매 정도를 높이며 호감도를 높이는 것이 중요하다. 반복구매 정도를 높이는 동시에 그들이 가지고 있는 호감의 정도를 높여서 가장 바람직한 유형인 초우량 충성도로 바꾸는 것도 가능할 수 있다. 그러나 이들을 초우량 충성도 고객으로 만드는 데에는 비용, 시간 등을 고려하였을 때 그다지 바람직하지 않다.

② 대부분의 소비자들은 타성에 젖어 과거에 소비한 제품이나 서비스에 큰 불만이 없으면 추후에도 계속 구매를 반복하며, 또한 자신의 행동을 습관화함으로써 반복구매의 정도가 높다. 타성적 충성도(Inertia Loyalty)는 소비패턴에 대한 의식적인 가치 부여가 없이 그저 단순히 소비하는 유형이다. 이들은 다른 경쟁업체로 빼앗기기도 쉬울 뿐 아니라 생각이 달라져서 기존의 행동패턴을 바꾸어 버릴 수도 있으므로 이러한 고객들에게는 호감도의 증가를 위한 노력과 차별적인 서비스의 제공이나 개별화된 메시지 제공 등을 통하여 초우량 충성도를 지닌 고객으로 바꿔야 한다.

③ 잠재적 충성도(Latent Loyalty)는 반복구매의 정도는 낮으나 관여수준이 높은 유형으로 기업에 긍정적인 태도를 가지고 있으나 주변 상황요소에 의해 타사의 제품과 서비스를 이용하는 경우로 이러한 상황요소를 잘 이해하여 개선하면 초우량 충성도 고객이 될 여지가 매우 크며, 기업 측면에서도 효율적인 관리가 가능하다. 예를 들어, 에버랜드의 경우 예전에는 거리상의 제약으로 수도권 북부지역의 고객유치가 상대적으로 어려웠으나, 교통편의 확대와 홍보에 따라 효과가 커졌다.

④ 초우량 충성도(Premium Loyalty)는 애착이나 호감의 수준도 높고 동시에 반복구매가 빈번하게 이루어지는 유형이다. 이러한 고객들은 긍정적이며 활발한 구전창출을 통한 기업의 메신저 역할도 동시에 수행하기 때문에 기업 입장에서는 이러한 고객들에 대한 집중적인 관리가 필요하다. 식당 등 서비스업을 하는 곳에서 이용 후 블로그에 추천글을 작성하면 할인권이나 이용권을 제공하는 것을 예로 들 수 있다.

표 4.2 ▮ 고객충성도 유형

유형	설명	특성
비충성도	애착이 낮으며 반복구매의 정도가 낮은 유형	• 반복구매 정도를 높이는 동시에 그들이 가지고 있는 호감의 정도를 높여서 가장 바람직한 유형인 초우량 충성도로 바꾸는 것도 가능할 수 있음 • 비용효율적인 측면과 시간비용, 기회비용을 고려할 때 바람직하지 못함
타성적 충성도	다른 대안이 존재하지 않을 경우 과거의 구매행동을 반복하는 유형	• 자신의 행동을 습관화함으로써 반복구매의 정도가 높음 • 다른 경쟁업체로 빼앗기기 쉬움 • 기본의 행동패턴을 바꾸어 버릴 수 있음
잠재적 충성도	반복구매의 정도는 낮으나 관여수준이 높은 유형	• 호감도는 높지만 물리적 거리로 인하여 반복구매 정도가 약해질 수 있음 • 심리적인 거리를 줄이고자 애써야 함
초우량 충성도	애착이나 호감의 수준도 높고 동시에 반복구매가 빈번하게 이루어지는 유형	• 이런 고객은 긍정적인 구전창출을 통한 기업의 메신저 역할도 동시에 수행함 * 기업 입장에서는 집중관리가 필요함

3) 고객충성도 프로그램

고객충성도 프로그램은 진실된 충성도 구축, 효율적 이익 달성, 고객의 효율적 관리, 고객가치 정렬을 목적으로 고객과의 지속적 관계유지를 위해 보상을 제공하는 프로세스이다. 기업들은 고객충성도 프로그램의 실행을 통하여 고객의 가치에 대한 정보를 획득할 수 있게 되고, 이를 거래정보와 결합하여 고객 개개인에 대한 특성을 파악할 수 있게 된다. 그리하여 우수고객을 더욱 충성스럽게 만드는 마케팅전략으로 이용된다.

또한, 고객충성도를 높이기 위해 행하는 사전적 고객관리와 사후적 고객관리의 수단으로 목표고객에게 제공되는 일련의 금전적 또는 비금전적인 혜택을 통하여 고객의 가치제안을 전달하는 데 직접적인 도움을 주고 있다. 이러한 고객충성도 프로그램의 유형은 [표 4.3]과 같다.

표 4.3 ▌ 고객충성도 프로그램 유형

유형	설명
프리퀀시 마케팅	고객을 보다 생산적으로 만들고자 하기 때문에 고객확보가 핵심적 요인이다. 기업과 고객의 관계 정도는 고객이 얼마나 많이 이용하고 있는지에 따라 결정된다. 고객에 대한 자료를 수집한 후 개인적 단위에서 고객과 커뮤니케이션을 형성한다(예 : 항공사 마일리지, 멤버십 등).
애프터 마케팅	처음 판매가 이루어지고 난 다음의 마케팅활동에 비중을 두는 것으로서 고객만족을 측정하고 피드백을 토대로 지속적으로 서비스를 개선하는 방식이다(예 : 판매 후 감사전화, AS 후 확인전화 등).
서비스 보증	제품보증과 달리 서비스 불만족고객에게 환불, 할인, 무료서비스를 제공하는 것으로, 예상되는 불평에 대하여 제도적으로 보상해 주는 약속이다. 품질의 우수성을 강조하는 마케팅 도구이자 서비스 품질관리와 고객만족 차원에서 주목받고 있는 프로그램이다(예 : 서비스의 삼성전자, 미용실 등)
스탬프 제도	일정 구입금액에 상당하는 스탬프를 모아서 규정된 종이에 부착하여 제시하거나 송부하면 준비된 경품을 받을 수 있는 제도로 현재고객에게 특권을 부여하여 유지, 정착시키는 역할을 수행한다. 충성도가 높은 우수고객인 단골손님의 증가를 지향하는 충성도 프로그램이다(예 : 스타벅스, 커피빈, CGV영화관 등).
회원제도	고객의 고정화를 촉진하는 제도로서 신속히 매출실적이 좋은 우수고객을 확보하여 자사의 고객으로 유지 및 관리할 수 있는 중요한 요소이다. 고객 일인당 구입금액을 높이기 위해 회원제도를 통해 수집한 데이터를 기반으로 다이렉트 마케팅기업 도입이 가능하며 고객의 구매실적에 따라 특전을 부여하기도 한다(예 : 백화점의 VVIP제도 등).
서비스 제도	여러 가지 서비스에 의한 특전을 제공하여 구매활동을 유도하는 방법이다. 성숙기 시장에서는 제품 간의 품질차이가 거의 없으므로 서비스에 의한 차별화가 중요시되어 경쟁력의 핵심으로 작용한다. 대표적인 서비스제도로서 유지관리가 있는데 이는 구입 후에도 그 상품의 기능을 유지시키기 위해 서비스를 제공하는 방법으로 주로 전문재나 비내구재 등 장기간에 걸쳐 사용되는 상품에 적합하다(예 : 엘리베이터 정기점검서비스, 피아노 구입 시 조율권, 상품 특별포장서비스, 상품 무료배달, 백화점 등의 셔틀버스 서비스 등).

4) 고객충성도 프로그램의 효율적 설계

기업은 그 목적에 따라서 고객충성도 프로그램을 설계해야 하는데 고객의 구매에 대한 보상방식으로 지연보상방식과 즉각보상방식으로 나눠 설계한다.

지연보상방식은 포인트기반 방식으로 회원으로 가입한 고객에 대해, 고객의 구매금액에 따라 일정비율의 포인트를 제공하고 포인트를 일정수준 누적시킨 고객에 대해서 보상을 해주는 것이 기본개념이다. 고객의 이탈을 최소화하고 고객의 구매량 증대와 지속적인 재구매를 유도할 수 있다는 장점과 함께 포인트의 누적에 따른 비용이 지속적으로 증대되고 보상이 지연됨에 따라 고객이 고객충성 프로그램의 효과를 직접 느끼기 어렵다는 단점이 있다.

즉각보상방식은 구매 시 바로 할인을 해주는 방식으로 고객에게 즉시보상을 제고하여 고객이 회원으로서 혜택을 즉각적 · 직접적으로 느낄 수 있고 구조 자체가 비교적 단순하다는 장점을 갖고 있으나 고객의 지속적인 거래를 유도하거나 구매량을 증대하는 측면에서는 미흡하다.

골프부킹 · 자녀 커플 맺어주기 · 상속관리서비스까지… C·A·S·E 살펴보기

서울 강남의 A은행 지점 앞. 은행 로고가 새겨진 대형버스 안에 30~40대 주부들이 짝을 지어 버스 안으로 탑승한다. 고급원두커피와 토스트로 아침식사를 하고 그들이 향한 곳은 지점장이 예약해 놓은 용인의 한 골프장. 골프에 관심 있는 VIP고객에게 제공하는 일종의 PB서비스다. 경기도의 B은행 지점은 VIP고객 자녀를 연결시켜 주는 이른바 '마담뚜'로 유명하다. 지점장이 연결해 준 커플만 10쌍이 넘는다. 비슷한 수준의 동반자를 찾기 위해 은행을 찾는 진풍경이 연출되고 있는 것이다.

VIP고객 유치와 이탈을 방지하기 위한 은행 간 프라이빗뱅킹(PB)서비스가 진화하고 있다. 빈부격차가 심화되면서 자산이 크게 증가한 계층이 늘면서 이들에게 서비스를 제공하는 PB도 다양화하고 있다. 기존에는 자산관리 위주의 지원업무가 주였다면 최근에는 커플마케팅, 2세 자녀를 위한 마케팅, 유언 · 상속관리서비스 등 고객의 생활과 더 밀착하고 있다.

신한은행은 VIP고객을 위해 1,600여 명의 담당인력을 배치하고, 차별화 PB서비스를 선보이고 있다. 특히 세대를 잇는 자산관리를 모토로 선보인 커플매칭서비스가 인기를 끌고 있다. 이 서비스는 PB고객을 연결시켜 주는 일종의 커플매칭서비스이다. 결혼정보회사 출신 커플매니저팀장의 관리를 통해 현재까지 21쌍의 커플을 배출했다. 또 고객 자녀의 커뮤니티 형성을 위한 VIC(Very Important Community)마케팅도 진행 중이다. 2세 마케팅의 일환인 요트체험행사, 재테크교육, 문화강좌를 지원하는 PB스쿨도 운영하고 있다. 특히 신한은행은 국내 최초로 유언 · 상속관리서비스와 부동산 종합관리서비스를 제공하며 경쟁사와 확실한 차별화를 시도하고 있다.

기업은행도 지난 5월과 6월 결혼 적령기를 맞은 PB고객 자녀를 대상으로 커플매칭이벤트를 실시했다. PB고객 가족의 지속적인 거래를 유도하는 데 도움이 된다는 이유에서다. 또 은행이 주선할 경우 신뢰도가 높고, 성사 여부를 떠나 젊은 커뮤니티를 형성할 수 있는 계기가 돼 호응이 좋다. 기업은행은 자녀교육에 관심이 많은 PB고객을 위해 조기유학 컨설팅서비스를 제공하

고 있으며, 오는 11월 중 수험생 자녀를 둔 PB고객 대상의 입시설명회를 연다.

KB국민은행은 글로벌 약세장 상황에서 펀드손실을 많이 본 VIP고객 대상으로 듀얼관리 및 웰스클리닉 서비스를 도입, 인기를 끌고 있다. 웰스클리닉(Wealth Clinic) 서비스는 PB사업본부 소속 분야별 전문가에 의한 상담서비스이다. 거시경제 현황 및 전망 브리핑, 자산운용 현황 진단, 자산관리 관련 이슈에 대한 처방을 제시하며 사전에 별도요청 시 세무 및 부동산상담까지 가능하다. 또 국민은행은 국내금융권 최초로 VVIP고객을 대상으로 건강, 교육, 문화, 여행 등 고객의 모든 생활과 관련된 맞춤형 라이프 케어서비스를 망라한 '스타아우름' 서비스를 선보였다.

우리은행은 고객의 직업적 특성에 따라 전문직군, CEO, 연예인 등으로 세분화해 약 340여 개 PB영업점을 운영 중이다. 국내 최초로 시도된 은행, 증권, 보험, 카드, 세무 등의 원스톱뱅킹이 가능한 'TWO CHAIRS 센터'를 열어 호응을 얻고 있다.

씨티은행은 VIP고객 자녀를 대상으로 글로벌 금융 인턴십 프로그램과 연계해 취업기회까지 제공하고 있다. 씨티은행 글로벌 금융 인턴십 프로그램에서는 본인의 희망부서 배치를 통해 참가학생들의 만족도를 높였고 심층 인터뷰를 통해 선정된 해외거주 유학생에게는 뉴욕본사 인턴 배치의 기회를 제공한다. 씨티은행 관계자는 "VVIP 마케팅 경쟁 속에 각 은행들이 보다 차별화된 서비스를 선보이기 위해 서비스 프로그램과 내용을 다양화하고 있다"고 말했다.

SC제일은행은 고객 한 명에게 두 명의 금융전문가를 배정해 자산을 효과적으로 관리해 주는 듀얼케어 자산관리서비스로 인기를 얻고 있다. 이 서비스는 고객마다 전담 상담전문가(PB)와 투자컨설턴트(IC)를 배정해 고객 개개인의 투자 및 거래 성향에 맞게 전문적인 자산관리서비스를 제공한다. 특히 고객전담 PB는 고객과 대면해 금융상담을 제공하며 고객의 성향과 선호를 파악하고, 동시에 투자컨설턴트(IC)는 시장상황 분석 및 예측을 통해 고객이 고민하는 문제에 대해 과학적인 해결방법을 제시한다.

자료 : 디지털타임즈, 2010. 10. 13

제3절 고객세분화

마케팅활동의 효율성 제고를 위해서는 시장 및 고객에 대한 정보의 수집과 이를 기초한 고객세분화가 전제되지 않으면 안 된다. 이는 소득증대와 함께 점차 다양화, 개성화되고 있는 이용고객들의 요구(Needs)에 대응하여 서비스도 다양화 · 세분화되어야 한다는 것을 의미한다. 고객시장을 세분함으로써 세분시장의 특성에 적합한 마케팅전략을 통해서만이 생존할 수 있기 때문이다.

고객을 세분화함으로써 다음과 같은 이점을 얻을 수 있다. 첫째, 고객욕구의 구매

동기 등의 관점에서 고객특성을 보다 정확히 파악할 수 있다. 이를 통해 변화하는 고객욕구에 대응할 수 있는 마케팅믹스를 개발함으로써 고객만족과 수익성을 제고시킬 수 있다. 둘째, 자사의 경쟁적 강점과 약점을 평가하고 가장 유리한 고객계층을 선택하여 효율적인 마케팅활동을 전개해 나감으로써 경쟁력 있는 지위를 획득할 수 있다. 셋째, 고객세분화를 통해서 고객들의 욕구를 정확히 충족시킬 수 있으므로 금융기관에 대한 충성도를 제고시킬 수 있다. 또한 마케팅활동에 대한 고객들의 반응을 손쉽게 파악할 수 있고 그 반응에 적합하게 마케팅자원에 배분함으로써 가장 효과적인 결과를 얻을 수 있다. 넷째, 고객세분화를 통해서 목표시장을 뚜렷이 설정할 수 있게 되며, 마케팅활동의 평가척도 및 마케팅계획 작성에 있어 기본적인 자료를 제공해 준다. 그러나 고객세분화를 통해서 마케팅과정상 일어날 수 있는 모든 문제를 해결할 수 있는 것은 아니며, 마케팅담당자는 고객세분화의 한계점을 인식해야만 한다. 세분화는 단지 특정 집단의 복합적인 측면을 고려하는 것으로 세분화된 시장 내의 개별구매자의 특성과 같은 정보를 포함하고 있지는 못하다. 특히 점차 다양화되고 있는 고객들의 라이프스타일은 고객세분화를 더욱 어렵게 만들고 있다. 또한 세분화연구가 다른 마케팅 또는 조직의 결함을 치유할 수 있는 구체적 수단은 아니며 최선의 세분화방법도 정기적으로 평가되고, 새로운 상품(product), 촉진(promotion), 가격(price), 유통(place)전략이 뒷받침되지 않는 한 효과를 얻기 힘들다.

고객평가가 고객에 대해 점수를 매기는 것이라면, 고객세분화는 고객을 몇 개의 군집으로 나누어 보는 것이다. 물론, 고객평가도 수익성이나 우량성 등을 기준으로 아주 자세하게 점수로 고객을 나누는 것이므로 넓은 의미의 고객세분화에 포함된다. 즉, 양적인 고객세분화라고 볼 수 있다.

반면, 지금부터 논의하는 고객세분화는 질적인 측면의 고객세분화이다. 고객세분화는 어떤 기준을 적용하느냐에 따라 무수히 많은 집단으로의 세분화가 가능하다. 고객세분화의 기준은 매우 다양하다. 그 중 CRM 측면에서 의미 있는 세분화기준으로는 마케팅믹스, 인적 특성, 사용행태, 구매행태 등을 생각해 볼 수 있다.

1. 고객세분화의 장점

고객세분화는 선진국 시장의 이질적인 특성의 파생에서 비롯되었다. 제품과 서비스를 소비자의 필요와 욕구에 따라 제공해야만 했고, 이것은 또한 인구에 따라 널리 다각화되었으며 회사들은 제품과 서비스를 차별화시켜 제공하고자 하였다. 따라서 아이디어와 시장세분화를 위한 주요 목적은 마케터가 고객들 간의 차이를 알아냄으로써 그들에 대한 결정을 실행하는 데 있었다.

결과적으로, 그들의 마케팅전략으로 세분화와 관련된 조직은 대량시장을 위한 표준제품과 서비스를 제공하는 경쟁자와 비교하여 추가혜택을 받을 수 있다. Dagmar Recklies[1]는 이러한 혜택을 그들의 고객을 분류하고 있는 기업들을 위해 일곱 가지 이유로 나누고 있다.

① **소비자의 니즈와 그들이 원하는 것에 대한 보다 나은 대응** : 각 소비자그룹의 요구사항을 알아내는 것은 기업으로 하여금 동일한 제품이지만 보다 매력적으로 어필할 수 있으며 사용자 정의 버전을 통해 더 매력적으로 다가갈 수 있으며 번들, 양식 인센티브 등 판촉활동을 준비하는 데 도움이 된다.

② **이익극대화** : 시장을 분리하는 것은 마케터로 하여금 같은 제품을 가격 측면에서 다각화할 수 있도록 한다. 그리고 자기시장 잠식의 우려가 없이 프리미엄 및 소비자를 위한 높고 낮은 마진으로 판매가 가능하다.

③ **시장을 넓힐 수 있는 기회** : 개인화된 제품은 까다롭거나 정통한 소비자의 관심을 끌 뿐만 아니라 새로운 고객을 충성도 높은 고객으로 이끌 수 있다.

④ **소비자의 최근 라이프사이클에 따른 적절한 조정** : 생활의 경제적 · 시간적 측면에서 파생된 소비자의 행동태도 및 환경설정의 끊임없는 변화는 생활주기에서 클라이언트의 현재단계에 해당하는 제품의 적절한 버전을 제공하여 관리할 수 있다.

⑤ **타겟팅된 의사소통(Targeted communication)** : 선택한 세분화에 따라 같은 제품은 소비자그룹의 각각의 특징과 혜택의 다양한 설정을 통해 인식될 수도 있다. 따라서 더 많은 고객을 유인하기 위해 마케팅 메시지의 차별을 시행하여야 한다.

⑥ **혁신적 자극** : 인화된 회사의 제품 포트폴리오는 소비자들의 욕구를 충족하고 제품을 구입하는 데 추가비용을 지불할 수 있도록 하고, 회사 입장에서는 경쟁회사에 비하여 이득 혁신적인 부분에서 자신을 차별화할 수 있도록 한다.

⑦ **마켓 쉐어의 증가** : 시장에 진출함에 있어 경쟁제품에 비하여 추가시장점유율을

1 Recklies, D., *Why segmentation?*, www.themanager.org

얻을 수 있고, 시장을 나눔으로써 고객으로 하여금 매력적인 그룹서비스를 전달할 수 있다.

레클리스(Recklies)는 소비자 세분화의 커뮤니케이션 및 제품기반의 장점에 초점을 맞추고 있지만 코틀러(Kotler)는 전체적인 마케팅믹스 접근법을 제안한다. 동질적인 그룹으로 소비자를 나누어 관리한다는 그의 의견은 대량시장에서 표적시장으로 시장철학이 바뀌게 되어 돋보이게 되었다. 4P에 적합한 매개변수의 결정을 통하여 회사는 시장침투를 위한 더 나은 기회를 얻게 된다. 따라서, 자원을 호의적이지 못한 고객에게 낭비하는 일을 방지할 수 있다. 즉 사전에 정의한 고객세분화를 통해 해당하는 가격을 설정하고 매력적인 판촉전략을 채택하여 그것과 일치하는 유통채널을 만드는 것은 회사의 비용절감과 올바른 제품을(마케팅믹스 요소의 패키지 조합으로 인식) 올바른 마켓에 전달함으로써 시장이익의 극대화로 이어질 것이다.

2. 고객세분화의 기준

1) 마케팅믹스에 의한 세분화

마케팅믹스는 고객세분화를 위한 기준은 아니다. 오히려 고객세분화의 결과에 따라 마케팅믹스를 전개하는 것이 원칙이다. 그러나 미래의 마케팅믹스는 고객세분화의 기준으로 유용하게 활용될 수 있다. 마케팅믹스에 의한 세분화기준은 제품, 가격, 채널, 프로모션 반응도 등으로 나누어 생각해 볼 수 있다.

(1) 제품에 의한 세분화

고객이 구매한 제품 혹은 선호하는 제품을 기준으로 고객을 나누어 보는 방법이다. 예를 들어 TV 구매고객을 제품기준으로 세분화해 보자. 먼저 대형 TV, 중형 TV, 소형 TV 등 제품의 크기를 기준으로 세분화할 수 있다. 또 PDP, LCD, LED 등으로 구분할 수 있다. 또한 수평해상도와 같은 성능, 음성다중이나 스테레오와 같은 부가기능, 디자인에 의해서도 세분화할 수 있다. 이와 같은 제품세분화를 정리해 보면 제품의 용도에 의한 세분화, 기능에 의한 세분화, 디자인에 의한 세분화 등으로 나누어 볼 수 있다.

(2) 가격에 의한 세분화

비슷한 용도, 기능, 디자인의 제품이라도 비싼 제품과 싼 제품이 있다. 고객이 어떤 가격대의 제품을 좋아하느냐는 중요한 세분화기준이 될 수 있다. 가격에 대한 선호도는 고객의 취향뿐만 아니라 구매력을 반영하기도 한다. 또, 가격은 제품의 기능이나 디자인을 사실상 결정짓기도 한다. 가격에 의한 세분화는 대중마케팅에서 가장 기본이 되는 세분화기준이며, CRM에서도 역시 중요한 기준이다.

(3) 채널에 의한 세분화

복수채널(multi channel)을 보유한 기업의 경우, 고객이 인터넷을 통해 구매하는 것을 좋아하는지, 전화주문을 좋아하는지, 아니면 일반매장에서 구매하는 것을 좋아하는지, 또 일반매장 중에서도 백화점매장을 좋아하는지, 전문 독립매장을 좋아하는지를 기준으로 고객을 세분화할 수 있다.

(4) 프로모션 반응도에 의한 세분화

기업 간의 경쟁이 치열해지면서 다양한 프로모션활동이 벌어지고 있다. 그런데 작은 판촉물에도 쉽게 움직이는 고객이 있는가 하면, 프로모션에 아주 무감각한 고객도 있다. 이와 같은 프로모션활동에 대한 반응도 차이는 고객세분화의 기준이 될 수 있다.

프로모션 반응도가 낮은 고객에게 이런저런 상품구매를 권유하는 것은 비효율을 넘어서 해가 될 수도 있다. 프로모션 반응도가 낮은 고객은 상품 권유를 귀찮아하기 때문이다. 한편, 프로모션 반응도가 낮게 나타나는 것은 고객의 특성보다 프로모션 자체의 문제 때문일 수도 있다. 타사에 비해 차별화되지 않은 프로모션에 고객은 쉽게 반응하기는 어렵기 때문이다.

2) 인적 특성에 의한 세분화

인적 특성에 의한 세분화는 인구통계적 특성이라 불리는 기초인적 속성에 의한 세분화와 심리적 특성에 의한 세분화로 나눌 수 있다. 기초인적 속성에는 성별, 연령, 소득, 직업, 거주지 등이 포함되며, 심리적 특성에는 성격과 가치관이 포함된다. 또, 최근 중요하게 대두되는 기술에 대한 태도도 심리적 특성에 포함된다고 볼 수 있다.

기술에 대한 특성은 기술통계적 특성이라고 따로 분리하여 논의하기도 하지만, 성격이나 가치관의 일종이라고 보는 것이 더 타당하다.

3) 사용행태에 의한 세분화

고객이 해당 제품을 얼마나 많이 이용하는지, 그렇지 않으면 조금 이용하는지를 기준으로 한 세분화이다. 대량사용자는 소량사용자에 비해 수익기여도가 클 뿐만 아니라 제품에 대한 관여도가 높아서, 다른 소비자들에 대해 의견선도자의 역할을 하는 경우가 많다. 예를 들어서 이동통신 가입자를 사용량에 따라 세분화하는 경우이다.

4) 구매행태에 의한 세분화

고객이 상품을 구매할 때 얼마나 자주, 얼마만큼 구매하는지, 또 어떤 구매의사결정 프로세스를 밟는지, 구매 시에 무엇의 영향을 받는지 등을 기준으로 고객을 세분화할 수 있다.

(1) 구매빈도/구매량

똑같은 치약을 사더라도 한 번에 1개씩 사는 사람이 있는가 하면 한 번에 한 박스씩 사는 사람도 있다. 이처럼 고객마다 다른 구매빈도 및 구매량에 따라서 고객을 세분화할 수 있다. 특히 인터넷을 통한 구매의 경우, 매장에 직접 찾아갈 필요가 없으므로 구매빈도나 1회 구매량 등이 오프라인 매장에서의 구매와 달라지게 된다.

(2) 의사결정 프로세스

의사결정 프로세스는 두 가지로 나누어 볼 수 있다. 하나는 정보탐색과정을 거치지 않는 단순한 의사결정 프로세스이다. 여기서는 정보탐색을 위해 특별한 활동을 벌이지 않고 습관적으로 결정하게 된다. 또 하나는 정보탐색과정을 거치는 복잡한 의사결정 프로세스이다. 여기서는 특별한 정보탐색활동을 수반하여 결정하게 된다. 이 같은 의사결정 프로세스의 차이는 기본적으로 구매의사결정의 대상이 되는 상품의 중요성에 의해 좌우된다. 즉, 자동차를 사는 것은 중요성이 높은 의사결정이지만, 치약을 사는 것은 중요성이 낮은 의사결정이다. 그렇지만 똑같은 상품이라도 고객의 특성에 따라서 의사결정 프로세스는 다를 수 있다. 식빵 하나를 사더라도 꼼꼼히 생각하고 비교하는 고객이 있는가 하면, 아무 생각 없이 반복구매하는 고객도 있다. 이와 같은 의사결정 프로세스의 차이에 따라 고객을 세분화할 수 있다.

5) e-CRM의 고객세분화

고객세분화는 일반적으로 성별, 연령, 소득, 취미 등과 같은 비슷한 성향과 니즈를 가진 집단을 나누는 작업을 말한다. 고객을 세분화하는 목적은 고객의 다양한 욕구를 파악하고 손쉽게 비즈니스전략을 수립하는 데 있다. 고객세분화의 가장 중요한 포인트는 '무엇을 기준으로 고객을 세분화할 것인가?', '세분화된 고객에게 어떤 의미를 부여할 것인가?' 그리고 '어떤 전략을 위해 또는 어떤 목적을 위해 고객을 세분화할 것인가?'이다.

e-CRM에서도 고객세분화의 목적은 동일하다. 그러나 e-비즈니스의 특성에 따라 고객을 분류하고 세분화하는 방법론과 고객세분화에 필요한 정보는 오프라인에서의 고객세분화와는 조금 차이점이 있다.

(1) 고객식별(인식)에 대한 세분화(익명방문자 vs. 비익명방문자)

익명방문자는 웹사이트를 이용할 때 자기 자신이 누구인지 밝히지 않는 고객을 의미하거나, 웹서비스를 제공하는 기업에서 식별이 불가능한 방문자를 의미한다. 익명방문자는 전체 웹사이트를 이용하는 방문자의 80%를 차지할 정도로 상당히 많은 비율을 차지하고 있다. 반대로 식별가능한 방문자를 비익명방문자(회원, 고객)로 분류할 수 있다. 익명방문자는 향후 회원이나 고객으로 전환이 예상되는 잠재고객으로서 관리되고 익명고객의 성향 및 웹사이트 이용현황을 분석할 수 있어야 한다.

(2) 웹사이트 방문에 따른 고객세분화(최초방문자 vs. 재방문자)

웹사이트를 처음으로 이용하는 방문자를 최초방문자, 2회 이상 웹사이트에 방문한 방문자를 재방문자라고 한다. 기업은 웹사이트 홍보를 위한 도메인 등록, 배너광고 등 온라인 매체를 이용하여 다양한 프로모션을 수행한다. 이는 다양한 마케팅활동을 통해 최초방문자의 유입을 이끌고, 유입된 방문자를 회원 혹은 고객으로 전환시키기 위함이다.

재방문자의 증가는 웹사이트를 이용하는 방문자와의 관계성숙도를 의미한다. 재차 웹사이트를 이용한다는 것은 웹사이트 내에 방문자가 원하는 정보와 서비스가 있기 때문이다. 한 번 방문한 고객이 다시 웹사이트를 찾지 않는다면, 기업은 웹사이트의 컨텐츠 개선, 이용서비스의 증대, 고객편의를 위한 다양한 서비스 개발 등에 주력하여야 한다.

(3) 방문자의 가치에 대한 고객세분화(익명, 회원, 고객, 우수고객)

웹사이트를 이용하는 방문자의 가치는 기업에 미치는 기여도, 특히 회원가입 여부, 구매 여부 등 기업이 고객의 니즈를 파악하기 위한 다양한 정보 유무와 기업의 수익에 어떠한 영향을 미치는지에 따라 분류될 수 있다. 처음에 익명방문자로서 웹사이트를 이용하고, 회원가입을 통해 유용한 정보와 서비스를 찾고 지속적으로 이용한다. 또한 유료서비스 혹은 상품구매를 통해 고객으로서 활동하게 되며, 서비스의 품질과 만족에 따라 지속적인 구매활동을 수행하게 된다. 이처럼 웹사이트 이용에 따른 방문자의 라이프사이클(life cycle) 또는 고객전환(conversion) 구조에 따라 방문자를 분류할 수 있다.

기업은 익명고객을 회원으로 유도하기 위한 다양한 정보와 서비스를 제공하고, 또한 기업의 매출과 수익을 극대화하기 위한 노력을 통해 고객의 질적 · 양적 증대를 추구한다.

(4) 고객관리 측면에 따른 세분화(획득고객, 개발고객, 유지고객, 이탈고객)

웹사이트를 이용하는 방문자는 방문자와 웹사이트 또는 해당기업의 관계성에 따라 다양한 세분화가 가능하다. 기업은 웹사이트를 방문하는 방문자와의 관계성을 측정하고 이에 몇 가지 가치기준을 통해 관리한다. 현재 CRM에서는 고객과의 관계에 따라 획득(Acquisition), 개발(Cultivation), 유지(Retention), 이탈고객으로 관계를 규정하며, 이에 따라 개별그룹에 맞는 전략을 수행하고 있다.

3. 고객세분화의 종류

기업이 성공적인 시장세분화를 수행하기 위해서는 성취하고자 하는 최종목표를 알고 있어야 할 뿐만 아니라 차별기준의 유형을 알고 있어야 한다. 각각의 고유한 조직은 우선순위 및 제품 포트폴리오의 독자적인 설정뿐만 아니라 고객의 특성을 가지고 있어야 하며 특히 특성변수의 복잡함을 인식해야 한다. 따라서 소비자에 대한 깊이 있고 정확한 설명은 매우 비용이 많이 소요되어도 많은 회사들에게 불가능한 일이다. 따라서 마케터들은 보다 큰 세그먼트로 각각의 고객을 특성에 따라 병합하고 그룹화한다.

이런 여러 가지 유형의 차이점은 모든 조직의 비즈니스와 관련된 특정 주제를 기반으로 한다. 코틀러(Kotler)와 켈러(Keller)는 세분화 프로세스에서 사용되는 네 가지, 즉 지리적, 인구통계적, 심리학적 그리고 행동적 기준으로 주요 방법을 구별하였다. 변수에 대한 가장 명확하고 합리적인 형식으로서 언급한 네 가지 소비자 특성을 이용하였다. 하지만 많은 조직들이 언급한 유형에서 발생하는 기능이 부족하다는 결론에 도달하여 일상업무에서 또 다른 두 가지 기준인 혜택 및 생활환경을 구별하기 시작하였다. 여섯 가지 세분화 기준에 대한 간략한 설명과 그것들에 의해 만들어진 것들은 다음 단락에서 설명된다.

1) 지리적 기준

이 방법에 의한 소비자세분화는 지리적 위치에 기초하여 특정 그룹으로 할당되고 있다. 제품에 따라 변수로 표현한 것은 지역, 도시, 카운티, 주, 국가 및 대륙이다.

지리적 세분화에 대한 간단한 예제로 로컬 피자를 제공하는 홈배달서비스의 경우를 들 수 있다. 소비자세분화를 할 때 회사의 위치가 고려될 수 있다.

① **현장고객** : 현장에서 식사하므로 배달비용을 필요로 하지 않는다.
② **가까운 지역주문** : 회사의 가까운 곳이나 이웃에 위치하며 무료로 배달한다.
③ **지역주문** : 같은 지역이지만 약간 먼 지역에 위치한 주문자로 최소한 두 판의 피자를 주문 시 무료배송한다.
④ **원거리주문** : 배달지역 밖에 위치하며 서비스에서 제외한다.

이러한 방법이 세분화를 하는데 가장 편리하고 효율적인 유형 중 하나이지만, 고객이 보유한 고유한 특성을 표현하지 않으므로 고객의 고유한 특성을 이해하지 못한다는 단점이 있다.

2) 인구통계적 기준

사회계급, 소득, 교육, 가족크기, 성별이나 연령에 근거하여 소비자를 구별하는 것이 인구통계학적 세분화의 특징이다. 이 변수는 가장 흔히 사용되는데, 소비자의 욕구나 구매행동에 밀접한 관련이 있기 때문이다.

페이셜크림을 생산하는 회사의 경우, 화장품시장의 특성상 남자와 여자, 두 주요 그룹으로 구별할 수 있다. 이에 추가하여, 소득이 높은 소비자를 위하여 프리미엄 보습크림과 40세 이상 되는 주름방지크림을 만들도록 결정할 것이다. 그러나 크림을 구입하는 소비자의 연령, 성별 등에 대한 경제적 능력을 반영하지 않는 정의로서 한계를 가지고 있다.

3) 심리적 기준

시장세분화의 심리적인 기준은 인구통계학적 특성을 공유하는 고객의 문제에 대응하기 위해 만들어졌지만 동시에 서로 다른 심리적 프로파일을 표현한다. 이러한 상황은 기업으로 하여금 강제로 두 기준의 결합과 같은 가치, 라이프스타일 혹은 심리적/성격적 특성과 같은 심리적인 집합을 만들게끔 한다.

심리적 세분화의 기준에 대한 예로 큰 도시의 중심에 있는 편의점과 하이퍼마켓을 들 수 있다. 라이프스타일의 변화로 인해 밤시간에 상점을 운영할 필요성이 생기게 되어 24시간 시스템의 점포운영으로 전환하였다. 이러한 라이프스타일은 개성변수와 함께 자신을 나타내는 수단이 되기 때문에 중요시되는데 주로 소비자들의 행동, 관심, 의견에 따라 구분된다.

소비자 판별에서 오는 가장 강한 장점은 각 사회의 계급(소득수준), 개성에 따른 그룹과(브랜드에 대한 감정 첨부) 라이프스타일(그들이 계절적 상품과 서비스를 구입하기 전까지)에서 특정 제품에 대한 설명을 하는 능력이다.

4) 행동적 기준

행동적인 면에서 고객을 나눌 수 있어야 하며, 과거와 미래의 상호작용을 기대할 만한 회사를 향한 충성심과 태도와 같은 조건에 따라 평가하여야 한다(문제가 과거에 발생한 경우 앞으로도 반복해야 한다).

시장세분화에 대한 행동예제 중 하나는 도시 운송회사의 정기권 티켓이다. 고객이 버스를 얼마나 이용하는가에 기초하여 그 고객을 캐주얼, 세미캐주얼, 혹은 자주 이용하는 그룹에 분류하고 티켓의 특수유형을 구입할 때 제공된다(한 번, 10번, 1주일권, 한 달권).

하지만 이 기준으로 세분화를 하면 매우 유용하지만, 너무 복잡하여 실수를 야기할 수 있고 고객의 태도와 요구사항을 설명하고 이러한 프로세스를 운영하는 데 어려움이 있다.

5) 편익에 따른 기준

이러한 유형의 세분화는 단독 아이디어에서 파생된다. 혜택을 기반으로 차별화된 소비자는 특정 제품을 사용하여 안전을 추구한다. 종종 이 유형은 별도로 볼 수 있지만, 혜택 베이스는 행동세분화의 일부로 인식될 수 있다.

편익에 따른 기준으로 한 세분화는 게임산업에 일반적이다. 기업의 대부분은 게임을 설계할 때, 그들의 고객이 새로운 친구들과 온라인으로 연결할 수 있는 기회를 추구하고 자신의 가상세계를 탐험하며 많은 시간을 보내고 신속하게 이야기를 완성하거나 성취 포인트의 개수를 통해 친구들과 경쟁할 것인가를 선택하고자 한다. 이러한 니즈에 부합하여 개발자가 게임을 하는 데 있어 다양한 조합에 초점을 맞추어야 하고 주요 줄거리의 예상시간이 필요하다.

앞에서 언급한 세분화를 위한 접근방식은 클라이언트그룹에 따라서 훨씬 더 완전하고 의미 있는 그룹을 만들어 오히려 세분화분석을 통해 만들어진 전통적 방법과는 달리 특히 '평균소비자'에 접근함에 있어 신선함을 줄 수 있다.

6) 생활주기단계에 따른 기준

생활주기단계에 따른 세분화방법은 연령, 인구구조 변수들이 실제 사용패턴에 따라 소비자를 할당하는 데 실패한 것에 대한 해결책으로서 만들어지게 되었다. 세대와 사회의 빠른 변화 때문이다. 최근 조부모 또는 대학생이 되는 것은 더 이상 특정 연령에만 해당되는 것이 아니다. 그러므로 그 삶의 단계와 연결된 제품이 광고에 관계없이 모든 연령의 잠재고객을 모두 만족하는 조정이 필요하다.

시장세분화의 이러한 유형은 또한 인구통계학적 세분화 기준의 일부로 사용될 수 있다. 코틀러와 켈러는 새집을 사거나 이혼을 결정하거나 노년의 부모를 돌보거나 하는 일을 고객들이 특정 문제를 다룰 필요가 있는 인생의 한 지점으로 설명한다.

생활주기단계에 따른 세분화의 장점은 마케팅 메시지를 이해할 수 있는 문제의 단순성과 낮은 속도, 높은 수준의 특징을 가질 수 있는 부문을 포함한다.

7) 혼합적 기준

이상 위에서 언급한 세분화 변수들은 모두 논리적으로 시장상황에 연결되어 있고 소비자를 나누는 토대를 제시하고 있지만, 현실에서 기업의 대부분은 다른 기준의 믹스를 사용한다. 이 상황의 주된 이유는 일반적으로 요소의 다양함, 소비자행동의 복잡성이다. 소비자세분화의 혼합기준에 대한 것은 [그림 4.5]에 제시하였다. 그림에서 고객은 다양한 유형과 기준들로 분류될 수 있다. 단주제의 특징(하나의 기준에만 적용되는 변수)으로 나눌 수도 있지만, 최종적인 분류기준은 기업이 추구하는 이익에 상응하는 여러 가지 변수의 혼합으로 만들어진다.

혼합된 기준으로 세분화한 것의 사례는 샴푸산업에서 찾을 수 있다. 여러 가지 변수들 중에서 세 가지 집단은 쉽게 식별할 수 있다. 남자와 여자(인구통계적), 아이와 어른(인구통계적), 비듬치료와 보습(편익), 염색(행동적)이다. 기준들의 결합만이 마

그림 4.5 ▮ 고객세분화 기준

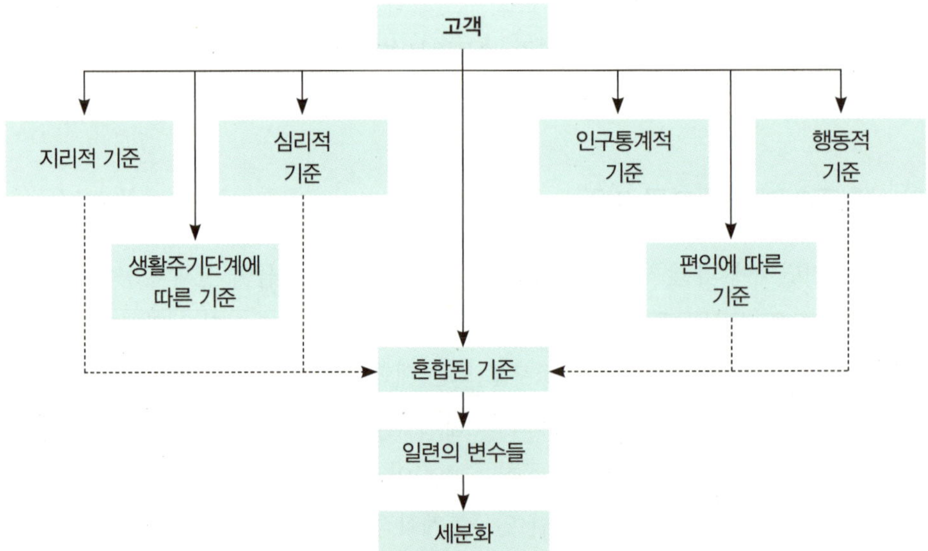

케터들로 하여금 유의미한 세그먼트의 분류를 가능하게 하고, 이처럼 적절한 제품을 적절한 고객과 연결시킬 수 있게 한다.

한편, 이렇게 복잡한 기준으로 고객을 기술하는 것은 자료를 분석하는 일과 동종의 고객을 일관된 집단으로 만드는 일을 더 복잡하게 만든다. 세분화를 이롭게 하기 위해 적절한 변수를 고른다고 해서 반드시 이 과정을 운영하는 법을 알게 되거나, 실제로 운영할 수 있게 되는 것은 아니다. 많은 수의 고객과 차별화가 큰 제품들의 경우에 특히 그렇다. 이러한 경우, "어떻게?"라는 질문에는 CRM 솔루션에 의한 컴퓨터기반 분석으로 답할 수 있다.

4. 고객세분화 방법

고객을 세분화하는 마지막 단계로서 기업은 고객을 그룹화하고 고객데이터를 실제적으로 분할한다. 소비자가 상대적으로 적은 소규모기업의 경우 차별적인 프로세스는 컴퓨터의 도움 없이 갈 수 있지만, 고객의 경향과 행동방식에 대하여 정확하고 완벽하게 정보를 만드는 측면에서는 충분치 않다. 따라서 많은 기업들은 고객관계관리를 위한 데이터마이닝 기법을 바탕으로 적절한 프로그램과 고객데이터분석을 통하여 표준분할과정을 강화하고자 한다. 그것들의 핵심은 알고리즘(원래 조직의 마케팅부서에서 사용하는 질문세트)을 기반으로 한 모델로 소비자의 구매패턴 발견과 상호작용을 알고자 하는 것이다.

분석이 이루어지기 이전에 조직은 먼저 접점을 통한 적절한 데이터를 수집해야 한다(즉, 클라이언트가 회사와 연락을 주고받는 모든 수단, 예를 들면 구매, 상담, 인터넷 문의전화 등). 목적에 따라, 새로 구성된 클라이언트 또는 잠재 프로파일은 동질적인 고객 세그먼트를 생성하여 기타 유사한 항목과 함께 특정 그룹에 할당할 수 있다. 자세한 데이터가 있으면, 더 정확하고 유용한 차별적인 결과가 된다. 그러므로 마케팅적 관점에서처럼, 개인과 비슷한 정도의 고객그룹을 만들 수 있다.

고객세분화는 나누는 기준에 따라 여러 가지 측면에서 분류 가능하다. 방법상의 측면에서 본다면 그리드(grid) 방식, 군집화 방식, 그리고 의사결정나무(decision tree)를 사용하는 방법 정도가 대표적이다. 그리드 방식과 군집화 방식은 데이터마이닝이나 기계학습(machine learning)에서 부르는 용어로 본다면 기술적(descriptive) 분석에 해당하고 의사결정나무를 사용하는 방식은 예측적(predictive) 분석에 속한다. 예측적 분석이라 함은 분류의 기준으로 사용할 값이 미리 정해져(알려져) 있다는 것을 의미한다.

표 4.4 고객세분화 방법 비교

고객세분화 방식	장점	단점
그리드	• 간단함 • 직관적	• 공란 발생이 많음 • 여러 차원에서 사용 어려움
군집화	• 통계적 유사성 반영 • 사전지식 불필요 • 공란 발생 없음 • 여러 차원 동시사용 용이	• 통계적으로 생성된 집단의 의미해석 어려움
의사결정나무	• 명시적으로 목적을 지정 • 집단의 중요도 반영	• 지정된 목표값에 종속적 • 여러 목표값의 종합반영 어려움

1) 그리드 방식

소수의 미리 설정된 분류기준을 사용하여 각 기준의 일정값에 해당하는 고객들을 동일한 집단으로 구분하는 방식이다. 대표적인 예가 [그림 4.6]에서와 같이 고객충성도와 고객가치를 사용해 2×2 또는 3×3 매트릭스를 구성하고 각 셀에 속하는 고객을 해당 집단의 구성원으로 여기는 것이다. 극단적으로 한 가지의 항목, 예를 들면 고객의 구매액만을 사용해서 구매액이 많은 집단과 적은 집단 두 집단으로 분류하는 것도 크게 보면 그리드 방식의 고객세분화에 속한다.

그리드 방식은 매우 간단하고 직관적이라는 장점을 가지고 있으나 조합 중의 일부가 소속되는 고객이 없는 공란(empty cell)이 될 수도 있으며 집단구성원의 수가 각 집단마다 크게 달라질 수 있다는 문제점을 가지고 있다. 이와 같은 현상들은 R, F, M 세 변수를 조합한 그리드 방식의 세분화에서라면 쉽게 목격할 수 있다. 또 세분화에 사용하는 차원이 늘어나면 기하급수적으로 집단의 수가 증가하므로 두세 가지를 넘는 수의 차원을 한 번에 사용하기가 곤란하다.

그림 4.6 ▌ 그리드 방식 고객세분화

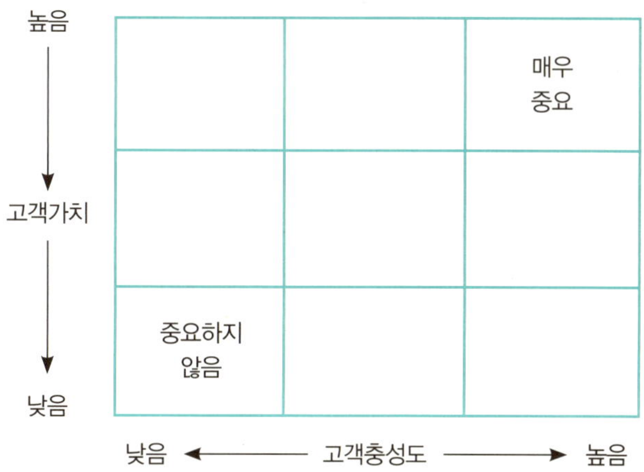

2) 군집화 방식

K-Means 또는 Konene/SOM(Self Organizing Map) 등의 거리 또는 유사성을 계산하는 통계적 알고리즘을 활용하여 집단을 구분해 내는 방식이다. 예를 들어서 4×3의 Kohonen 네트워크를 사용하여 전체고객을 군집화한다면 지정된 대로 최대 12개의 집단으로 고객이 나누어지며 서로 다른 수의 고객들이 각 집단에 포함된다.

이렇게 구분된 집단이 가지는 의미는 어떤 고객들의 집합인가에 따라 정해지므로 통상 데이터마이닝을 위한 도구들은 나누어진 집단이 어떤 특성을 가지고 있는가를 집단을 구분하기 위해 사용한 기준변수 또는 다른 변수들을 사용하여 프로파일링할 수 있도록 하는 기능을 제공한다.

군집화 방식은 비교적 객관적인 과정을 통해 고객세분화를 실행할 수 있다는 큰 장점이 있으나 몇 개의 집단을 나누는 것이 적절할 것인지 그리고 어떤 집단들이 만들어져야 할 것인지 등에 관해서 사전에 어떤 기준을 세워 적용하는 것이 아니라는 문제가 존재한다. 또 한 번에 많은 변수를 사용하더라도 그들을 종합적으로 고려해서 집단을 구분하기 때문에 문제가 되지 않으나 군집화 결과로 생성되는 집단이 많아지면 해석하는 과정이 복잡해질 수 있다.

3) 의사결정나무 방식

의사결정나무는 고객세분화보다는 통상 예측이나 분류를 위해 사용된다. 군집을 만드는 것과는 달리 목표가 되는 값을 알 수 없는 고객들에 대해 목표값을 예상하고자 할 때 사용한다. 하지만 의사결정나무를 구성하는 각 집단을 목표값을 예측하기 위한 용도가 아니라 유사한 고객의 집단으로 간주하기 위해 사용하는 것도 가능하다.

예를 들어 고객들의 내년 구매가능성을 예측하기 위한 의사결정나무를 생성하는 과정에서 구분된 십여 개의 집단(노드)이 존재한다면 이 각각의 집단을 유사한 특성을 가진 집단이라고 판단하는 방식이다.

의사결정나무를 사용한 고객세분화는 목표값을 정확히 예측하는 것을 목표로 집단을 구분한 것이다 보니 노드 내의 구성원 간의 여러 가지 측면에서의 유사성보다는 목표값과의 관련성이 우선적인 기준이 된다는 것이 문제가 된다. 또 목표값으로 여러 가지를 동시에 고려하기 위한 방법이 아니므로 각각에 대해 의사결정나무를 만든다면 이들을 종합해 사용하기에 어려움이 있을 수 있다. 하지만 군집화에서는 기대할 수 없는 또 다른 측면을 직관적으로 보여준다는 점은 장점이 된다.

지역 백화점들은 VIP를 정할 때 'RFM 분석기법'을 적용한다 C·A·S·E 살펴보기

대구백화점은 자사카드 및 멤버십카드 고객을 대상으로 'RFM 분석'을 통해 6개월마다 약 1천 명의 상위고객을 '애플클럽' 회원으로 관리한다.

대구백화점카드 매출액을 기준으로 상위 1%의 애플고객이 전체 카드매출 중 무려 13%를 차지하며, 상위 20%가 매출의 70%를 책임진다.

대구백화점은 지난달 최상위 100여 명을 선정하는 '프라임애플클럽' 제도를 시작했다.

동아백화점은 '퍼스트카드' 고객을 대상으로 귀족마케팅을 펼친다. 동아백화점 조희수 CRM(고객관계관리) 팀장은 "아직 퍼스트카드 고객으로 한정돼 있지만 향후 최우수 VIP고객을 별도로 선정해 차별화된 서비스를 제공하겠다"고 했다.

롯데백화점의 VIP고객관리는 별도 멤버십카드가 발급되는 MVG(Most Valuable Guest) 고객과 에비뉴엘(Avenuel) 고객으로 구분된다. MVG 고객은 연간 구매액기준으로, 에비뉴엘 고객은 명품브랜드로부터 추천받은 고객들을 대상으로 선정한다.

회원수는 각각 1천 명과 500명. 전체 롯데카드 고객의 0.3%에 불과한 이들의 매출비중은 5%에 이른다.

자료 : 매일신문, 2005. 11. 17

제4절 고객획득

고객획득은 CRM 분석활동에 포함되는 과정의 하나이다. CRM 분석활동에는 고객을 다양한 단계에 따라 나누는 고객분석, 다양한 고객평가방법을 통한 현재 기업의 보유고객의 우량 정도를 파악할 수 있는 고객평가, 서로 다른 고객군에게 각기 다른 차별화된 마케팅을 실시하기 위해 같은 속성끼리 고객군을 묶어내는 고객세분화, 다양한 고객획득방법을 통한 고객획득, 획득한 고객을 지속적인 자사의 고객으로 유지하는 고객유지단계가 있다.

일련의 단계 중에서 고객획득에 초점을 맞추어 고객획득의 구체적인 정의를 알아보고 이와 관련된 사례를 조사하여 사례에 사용된 고객획득 방법 등을 논의하겠다.

고객의 획득이란 잠재고객의 확인과 잠재고객의 전환을 통한 신규고객의 창출과정으로 정의할 수 있다. 즉, 현재 우리 기업의 고객이 아니지만 향후에 우리 기업의 고객이 될 수 있는 잠재고객을 파악하고 이들에게 적절한 마케팅활동을 제공함으로써 잠재고객이 우리 기업의 신규고객으로 전환될 수 있도록 하는 과정을 의미한다.

따라서 고객획득은 현재 우리 기업의 고객이 아닌 잠재고객에 대한 자료를 얼마나 충분히 확보할 수 있느냐에 따라 분석결과의 정확성 정도가 결정된다고 할 수 있다. 잠재고객을 파악하기 위한 고객자료가 충분히 확보되면 이 자료들 중에서 우리 기업의 잠재고객이 될 가능성이 있는 자료들을 추출해야 하며 이를 위해서는 현재 우리 기업 고객들의 일반적인 특성을 미리 파악해야 한다.

다시 말하면, 고객획득이란 기업이 사업을 위해 새로운 고객을 확보하는 과정이다. 고객획득의 중요성은 조직의 특정 비즈니스 상황에 따라 다르다. 적은 비용으로 가능한 한 많은 고객을 확보하고, 비즈니스를 하기 원하는 고객을 획득, 새로운 비즈니스 채널을 활용하는 고객을 확보하는 것이 고객획득의 목적이라고 할 수 있다.

주로 고객의 구매결정 및 심리변화에 초점을 두고, 고객에게 제시할 제품들을 잘 선정하는 과정이 중요하다. 고객의 비즈니스 문화, 기술, 미디어 등 고객들이 영향을 받는 주변 환경을 조사하는 것 또한 고객획득에 있어서 중요한 활동이라고 할 수 있다.

특정한 제품을 구입하면서 나타나는 고객들의 행동과 경향을 분석하고, 고객의 의사결정에 영향을 미치는 지식처리능력과 감정을 파악하고, 효과적으로 새로운 고객을 설득하고 마케팅 캠페인을 개선하는 전략방안을 만드는 것 등은 모두 고객획득에 도움이 되는 과정이다.

고객획득 기술은 기술변화에 따라 달라질 수 있다. 기술흐름에 따라 적절한 마케팅 채널을 선정하는 활동을 통해 고객을 유치하는 것이 가능하다.

IT기술로 은행고객 늘리는 '스마트 브랜치'

C·A·S·E 살펴보기

스마트 TV, 스마트 냉장고 등 가전제품에 불고 있는 스마트 열풍이 금융권으로 옮겨가고 있다. 스마트폰이나 태블릿 PC에서 이용하는 모바일 랭킹수준을 넘어 IT기술을 접목해 점포를 꾸미는 '스마트 브랜치(Smart Branch)'가 그것이다. 은행을 방문한 고객들로선 직접 금융관련 현안을 살펴보고 거래를 선택할 수 있어서 좋고 금융권은 적은 인력으로도 더 많은 신규고객을 확보할 수 있다는 기대감 때문에 스마트 브랜치는 최근 핫이슈로 떠오르고 있다.

자료 : 아이뉴스24, 2011. 9. 13

체크인 데이터 활용한 맞춤정보 전달에 집중

C·A·S·E 살펴보기

모바일의 이동성과 GPS 기능을 활용한 위치기반서비스(LBS)가 대거 등장하고 있다. 그중에서도 모바일 LBS의 선구자라고 할 수 있는 포스퀘어는 오락/정보성 서비스에서 더 나아가 실제로 지역의 상인들과 사용자들에게 유용한 기능을 제공하고, 자사의 수익창출을 위한 여러 가지 시도를 앞장서서 진행하고 있다.

포스퀘어는 체크인 데이터를 활용해, 개인형 맞춤 제안, 업데이트, 팁, 스페셜과 같은 독자적인 서비스를 만들었다. 이를 통해 2,500만 사용자들의 커뮤니티가 구축됐으며, 사용자가 위치를 기반으로 정보를 제공하고 사용자 경험을 공유할 수 있도록 돕고 있다. 포스퀘어는 7월 중순 비즈니스용으로 완전히 탈바꿈한 서비스인 '로컬 업데이트'를 시작했다. 로컬 업데이트는 상인들이 가장 충성도가 높은 고객과 소통하도록 돕고 있으며, 고객의 위치가 상점 반경에 들어오면 특별할인정보나 이벤트정보를 제공하는 역할을 한다. 가령 식당은 새롭게 선보인 메뉴를 고객에게 업데이트하고, 서점의 경우 책 저자와의 만남과 같은 이벤트 공지를 할 수도 있다. 로컬 업데이트 서비스를 시작하고 몇 주 후, 포스퀘어의 첫 번째 유료서비스인 '프로모티드 업데이트(Promoted Update)' 파일럿 서비스를 발표했다. 로컬 업데이트 서비스가 비즈니스 사업자와 충성고객 간 관계강화에 중점을 두었다면, 프로모티드 업데이트는 새로운 고객창출에 기여한다는 데 의미가 있다. 이 서비스는 검색엔진을 통한 광고의 역할과 유사한데, 예를 들어 누군가가 '커피전문점'을 검색하면 그들 주변에 위치한 커피전문점에 대한 정보를 프로모티드 업데이트를 통해 제공하는 식이다.

포스퀘어는 로컬 업데이트와 프로모티드 업데이트와 더불어 폭넓은 서비스 툴을 제공함으로써 대기업 및 소상공인들이 신규고객을 유치하고, 기존고객과의 관계를 강화하고, 혜택을 줄 수 있는 기능들을 지원하고 있다.

자료 : IT WORLD

1. 고객획득

고객획득이란 잠재적으로 고객이 될 수 있는 사람들을 확인하고, 그들을 신규고객으로 창출해 내는 과정이다. 즉, 새로운 고객과의 관계 맺기라고 할 수 있다. 특히 기업들은 수익성이 높은 신규고객을 더 많이 창출함으로써 추가적인 가치를 창출할 수 있다.

수익성이 높은 신규고객이란 곧 우량고객을 의미하는데, 이들을 새로운 고객으로 창출해 내기 위해서는 기존 우량고객들의 특성을 미리 분석하는 것이 필요하다. 유사한 성향을 가지고 있는 잠재고객을 선별하고 공략하는 것이 새로운 고객획득에 더욱 유리하기 때문이다. 한편, 기존의 우량고객이 추천해 준 신규고객은 장기고객이 될 가능성이 높다. 비교적 그들 주위의 유사한 소비성향이나 생활패턴을 갖고 있는 사람들에게 소개하기 때문이다. 그들에 의한 구전효과는 장기적 관계를 맺을 가능성이 높은 신규고객의 유치를 용이하게 한다.

앞서 설명한 고객수익성분석 후 우량고객/우량고객이 될 가능성이 높은 고객들을 획득하는 과정은 CRM에 있어서 매우 중요하다. 신규고객의 획득은 이후 그들을 유지하고 평생고객화하는 데 있어 시작이 되는 부분이기 때문이다. 먼저 고객을 획득하여야 이후 다양한 전략을 사용하여 고객을 유지하고 이들과의 관계를 강화함으로써 평생고객으로 만들어야 기업의 수익성에 있어서도 매우 긍정적인 효과를 발휘할 수 있다.

1) 올바른 고객획득 기준

고객획득, 즉 관계맺기 단계에서는 무엇보다 기업과의 관계를 통해 서로 장기적인 이익을 얻는 것이 중요하다. 그리고 이를 위해서는 지속적인 만족, 신뢰를 쌓아나가야 한다. 올바른 고객을 판별하는 기준으로 라이헬드(Frederick Reichheld)는 다음의 세 가지를 말하고 있다. 다음에 언급하는 세 가지 기준 중 하나 이상에 속하는 고객을 유치하는 것이 매우 중요하다는 것이다.

(1) 선천적 충성도

어떤 고객은 어떤 기업과 거래하든 간에 예측가능하고 충성스럽다. 그들은 안정되고 장기적인 관계를 선호한다. 이는 곧 애초에 기업과의 관계를 중시하는 고객들이 중요하다는 의미이다. 이러한 고객들은 적은 마케팅/유지비용에 비해 높은 충성도를 가질 수 있기 때문에 기업 입장에서 꼭 유치해야 하는 고객들이다.

(2) 수익성

어떤 고객은 다른 고객보다 유익하다. 그들은 많이 구매하고, 신속하게 청구금액을 지불하며, 다른 고객에 비해 요구사항은 적은 편이다. 일반적으로 해당고객의 재무상태가 튼튼할 경우 이러한 수익성이 높다고 할 수 있을 것이다. 하지만 수익성은 재무상태뿐만 아니라, 해당고객의 성향과도 연관되어 있다. 따라서 수익성이 높은 적절한 고객을 유치하는 것은 매우 중요하다.

(3) 적합성

어떤 고객은 기업이 제공하는 상품과 서비스가 경쟁사보다 가치 있다고 느낄 것이다. 모든 고객으로부터 선호받는 기업은 없다. 회사의 특별한 능력이 특정 고객의 요구와 기회에 상대적으로 더 적합한 경우가 있는 것이다. 아무리 많은 사람들에게 좋은 기업이라고 일컬어질지라도 1,000억의 자본가와는 그 성향이 맞지 않을 수 있다. 이렇듯, 회사 입장에서 모든 고객에게 선호되지 못하는 만큼 자신의 기업에 적합한 고객은 유치할 수 있도록 노력해야 한다.

2) 고객획득 요구사항

(1) 관계지향적 구매자 분류

고객의 유형에는 일반적으로 거래지향적 구매자와 관계지향적 구매자 두 가지가 있다. 거래지향적 구매자는 오직 가격에만 관심이 있는 고객으로서 이들에겐 기업과의 신뢰, 장기간의 거래를 기대할 수 없다. 이들은 만약 경쟁사에서 가격을 내린다면 주저하지 않고 경쟁사의 제품을 구매할 고객들이며, 우리 기업으로 하여금 계속 낮은 수익성을 제공하는 인물들이라고 말할 수 있다. 오히려 최저가로 제품을 구매한 것을 자랑스러워하는 고객들이기 때문이다.

하지만 관계지향적 구매자는 가격이 아닌, 무엇보다 신뢰할 수 있는 기업을 선택한다. 믿을 수 있는 제품을 보유한 친근하고 믿을 수 있으며, 고객을 인정하고 기억하는 기업을 찾는다. 당장의 가격보다는 고객에게 여러 혜택을 부여하며 바람직한 관계를 형성할 수 있는 기업을 바라는 것이다. 그리고 이들에게 적절한 혜택을 부여할 수 있다면 이들과의 관계는 매우 길어질 수 있다.

이러한 고객들을 분류해 내는 데 고객분석을 사용할 수 있다. 일반적으로 할인권이나 염가판매, 쿠폰교환 등 각종 할인거래나 특별 세일기간만을 통해 구매하는 고객을 분석하는 것이 이 방법 중 하나이다. 이들의 행동을 분석하여 거래지향적 고객을 분석해 내고 이들에게 소모되던 고객관계비용을 관계지향 구매자들에게 이용할 수 있다.

이 경우 거래지향적 구매자에게는 가격, 세일기간 등과 같은 기준에 맞춰 만족수준을 강화할 수 있다. 그리고 관계지향적 구매자에게는 지속적인 관계강화를 통해 서로 간의 신뢰를 강화하는 방법을 사용할 수 있을 것이다.

이 경우 기업 입장에서는 불필요한 관계유지비용을 줄일 수 있는 동시에 각 구매자의 만족도를 높일 수 있다.

(2) 충성도계수분석

선천적으로 높은 충성도를 가진 고객은 타고난 성향 자체가 다른 사람보다 더 충성스러운 사람이다. 충성도의 경향을 충성도계수라는 용어로 표현하는데, 이는 각기 다른 유형의 고객들을 경쟁사로 이동시키는 데 필요한 경제력을 말한다.

예를 들어, A고객은 경쟁사의 5% 할인만으로도 이탈할 수 있는 반면, 어떤 고객은 경쟁사가 20% 할인을 해도 그대로 남아 있으려 한다. 이 경우 B의 충성도계수가 더 높다고 할 수 있다. 그리고 고객들의 충성도계수에 대한 단서는 인구통계학적 특성, 구매기록을 보면 알 수 있다. 그리고 광고보다는 추천을 통해 기업과의 관계를 시작한 고객이, 할인 가격보다는 정상가격에 구입한 고객의 충성도계수가 더 높다고 한다.

(3) LTV측정, RFM분석을 통한 수익성분석

앞서 고객수익성분석에서 언급했듯이 LTV값을 측정하고, RFM을 통해서 고객의 수익성을 분석하는 노력은 중요하다. 하지만 의문점이 하나 생길 수 있다. 바로 LTV값과 RFM값은 기존고객의 거래내용에 기초하기 때문이다. 하지만 LTV값과 RFM값이 높은 고객은 상대적으로 기업의 다른 분야에 있어서도 우량고객이 될 확률이 매우 높다고 생각할 수 있다. 만약 현재 우량고객이 관심을 갖고 있는 분야를 우리 회사의 자회사 혹은 다른 파트에서 하고 있다면 해당고객을 획득하기 위한 노력이 필요함은 당연할 것이다. 더불어 이들을 통한 구전효과는 고객획득 노력 이상으로 긍정적인 결과를 만들어낼 수 있다.

(4) 고객세분화를 통한 분류

지금까지 보아온 고객획득을 위한 요구사항들을 종합해 보면 올바른 고객획득을 위해서는 관계를 맺고자 하면서, 충성도가 높고, 수익성이 높은 고객들이 필요하다는 것을 알 수 있다. 다만 이 모든 것을 충족한다고 할지라도 해당고객이 우리 기업과 적합하지 않다면 아무 소용이 없을 것이다. 즉, 고객세분화를 통해서 해당고객이 기업이 제공하는 제품/서비스와 얼마나 적합한지를 미리 분석해야 한다. 그리고 기업이 고객의 니즈를 충족시켜 줄 수 있다면 그 고객은 획득에 필수적인 요소를 갖는다고 할 수 있다.

3) 잠재고객 발굴기법

(1) 고객 프로필분석

고객정보를 획득하는 방법에는 기존고객의 정보확인이 있다. 물론 타 업종과의 전략적 제휴 등을 통해 다른 기업이 보유하고 있는 고객에게 접촉을 시도할 수 있으며, 리스트 공급업체를 통해 고객데이터를 구입하는 방법들이 있을 수도 있다. 하지만 이렇듯 외부데이터를 이용하여 고객에게 접촉을 시도할 경우 잠재고객이 원하지 않는 판촉으로 오히려 부정적인 결과를 얻을 수 있다. 그러므로 기업이 고객으로부터 직접 입수한 내부정보를 우선적으로 활용하면서 간접적인 외부자료를 추가하는 것이 바람직하다. 현재 우리 고객들의 프로필을 다각적으로 분석함으로써 잠재적인 고객들을 발굴해 내는 기법이 바로 고객 프로필분석이다.

이러한 고객 프로필분석에서는 연령, 직업, 취미, 지역, 재산, 학력 및 관계기간에 따른 전체 고객층분석이 필요하다.

(2) 우량고객 특성 발견 및 활용

앞서 언급했듯이 기존고객에 대한 분석은 매우 중요하다. 그리고 이러한 분석은 나아가 우량고객에 대한 통찰력을 전달해 줄 수 있다. 우량고객을 분석함으로써 그들의 생활패턴, 소비성향 등을 파악하여 그들과 가장 비슷한 모습을 지닌 고객들을 찾아낼 수 있기 때문이다. 그리고 새롭게 찾은 잠재고객들은 우량고객이 될 가능성이 매우 높다. 따라서 비슷한 모습을 지닌 그룹을 찾아내기 위해 하우스홀딩(house-holding)분석이 사용되기도 한다. 하우스홀딩분석은 현재고객의 가족, 혹은 단체구성원 중 향후 잠재성이 높은 고객을 발굴해 내는 방법이다. 곧 현재고객의 가족상황, 프로필, 계약동기, 상품, 성향, 추세분석, 인구통계적 자료, 사이코그래픽 자료분석, 구매의사결정, 의견제시 등 다양한 정보분석을 통해 우량고객들의 주위 사람들을 잠재적인 고객으로 인식하는 분석방법이다.

(3) 외부데이터 활용

기업들은 다양한 방법으로 개인정보를 수집한다. 기업 홈페이지 회원가입에서부터, 제휴사의 정보를 제공받기도 한다. 고객발굴에 있어 내부데이터를 이용하는 것이 가장 긍정적이겠지만 좀 더 다양한 고객을 발굴해 내기 위해서 외부데이터를 사용하기도 한다. 대규모의 고객데이터를 자사의 비용부담만으로 완벽하게 확보한다는 것은 실제로 상당한 비용을 수반하기 때문에 이러한 외부데이터는 기업 입장에서 매우 매력적이다. 그리고 모든 고객이 완벽한 정보를 제공하지는 않기 때문에 각각의 제휴를 통해 서로가 부족한 정보 혹은 다른 정보를 채워나가려는 노력의 일환으로 이해할 수 있다.

예를 들어 많은 온라인 쇼핑몰에서는 회원등록 시에 회원 개인정보취급방침으로서 개인정보를 제휴사로부터 제공받는다는 것을 언급하고 있다. 즉, 제휴업체의 고객데이터 등을 활용하여 향후 잠재성이 높은 고객을 발굴한다는 것으로 이해할 수 있다. 이 경우에도 외부데이터 고객의 프로필, 성향, 추세분석, 인구통계적 자료, 사이코그래픽 자료분석, 구매의사결정, 의견제시 상황 등 다양한 내용을 분석할 수 있다.

2. 고객획득방법

지금까지 고객획득의 의의, 올바른 고객의 기준, 고객획득 과정, 잠재고객 발굴방법을 알아보았다. 잠재고객을 발굴하는 방법을 알았다면 이제 이러한 잠재고객들을 획득하는 방법을 알아볼 필요가 있다. 계속 언급했듯이 우수한 잠재고객을 유치하는 것은 매우 중요하며, 그 중에서도 기업에 먼저 관심을 보이는 고객, 경쟁사의 고객, 우량고객의 주위 사람들을 획득하는 노력이 함께 이루어져야 할 것이다.

먼저 고객이 기업과의 관계맺기를 시도했다면, 이러한 고객은 기업의 고객이 될 수 있는 잠재성이 높다고 할 수 있다. 만약 직접방문, 전화문의, 홈페이지방문, 조회, 문의 등을 한 고객은 어느 정도 구매의향이 있다고 판단할 수 있다. 이러한 고객에 대한 분석과 마케팅 전개에 대해서는 신속하고 정성을 기울여야 한다. 이를 위해서 후속조치로 메일, 전화, 세일즈방문 등을 통한 추가적인 제품정보 제공이나 인근 영업소 안내, 앙케이트 조사를 통한 고객정보의 추가입수, 견본품이나 쿠폰 등 특별구매제안, 자료우송 후 재확인전화 등이 있다. 하지만 가장 먼저 이러한 잠재고객들과 접촉하는 채널의 데이터를 일괄관리, 처리, 분석하는 노력이 선행되어야 한다.

경쟁기업의 고객을 직접 겨냥하여 고객들의 상표전환을 유도하는 것도 잠재고객을 확보할 수 있는 효과적인 방법이다. 경쟁기업 고객 중 우리 기업의 올바른 고객기준에 맞는 잠재고객을 정확히 식별하고 다양한 매체를 활용하여, 다양한 상황에서 목표고객을 보다 효율적으로 겨냥할 수 있어야 한다.

예를 들어, 펩시콜라는 다이어트 코크 애용 가정 100만 세대를 대상으로 다이어트 펩시를 발송하여 선호도 설문조사를 시행하였다. 그리고 이에 50만 명이 응하는 결과를 얻었는데 이는 곧 경쟁사의 동일제품을 사용하는 사람들이 우리 고객의 잠재적인 고객이 될 수 있음을 의미한다.

우량고객들 혹은 일반고객들이라도 그들을 통한 구전효과는 상당하다. 특히 이들 기존고객을 매개체로 신규고객을 유도하는 회원모집, 친구소개 프로그램은 구전효과를 직접 이용하는 전략이다. 여기서 기존고객은 각각이 판촉채널의 역할일 뿐만 아니라, 친근하고 설득력 있는 독립적인 채널이 될 수 있다.

1) LTV를 활용한 고객획득

LTV는 어떤 고객으로부터 얻게 되는 이익흐름의 현재가치를 뜻한다. LTV를 통해 성공적으로 고객을 획득한 예로 미국에서의 현대자동차 사례를 생각해 볼 수 있다.

현대자동차는 미국에서 1999년부터 10년/10만 마일 무상보증기간을 제공하고 있다. 언뜻 생각하면 일본이나 미국업체들보다도 훨씬 긴 무상보증기간을 제공하는 것은 비용부담 때문에 스스로의 발등을 찍는 무모한 행동으로 비칠 수 있다. 하지만 이를 통해 미국 내 판매량은 1998년에 9만 대였으나, 이 제도를 도입한 직후인 1999년에는 16만 대, 그리고 2003년에는 40만 대로 늘어나 자기 발등을 찍는 도끼가 아닌 금도끼였음이 밝혀졌다. 우리나라와 달리 미국의 경우, 자동차를 판매한 딜러가 자동차 정비공장도 운영하고 있으며, 차를 구매한 고객은 무상보증기간 내에는 딜러의 정비공장에 차정비를 맡긴다. 하지만 이 기간이 끝나면 보다 저렴한 다른 정비업체를 찾아가기 때문에 이에 착안해서 무상보증기간을 10년으로 늘림으로써 고객과의 관계를 지속할 수 있었던 것이다. 이를 통해 딜러는 소나타를 산 고객에게 그랜저를 팔고, 그랜저를 산 고객에게 산타페를 파는 등 새 차를 판매할 수 있는 기회를 포착하여 고객확보뿐만 아니라 고객유지 역시 성공적으로 할 수 있었던 것이다.[2]

LTV를 통한 고객획득의 또 다른 사례로 FedEx의 사례가 있다. FedEx는 고객의 가치를 객단가(고객 1인당 평균매입액, 매출액/고객수)로 계산하지 않고 LTV를 통해 고객의 가치를 계산한다. 예를 들어 1회 택배비용이 5,000원이면 이들은 고객의 가치를 5,000원으로 인식하지 않고 한 달에 3회, 평생 50년간 이용할 것이라고 예측하여 LTV를 계산한다. 이를 계산해 보면 5,000원×월 3회×12개월×50년=9,000,000원으로 결국 5,000원으로 고객가치를 볼 때보다 단적으로 1,800배로 고객을 소중하게 여겨 관계를 유치하려는 그들의 앞을 내다보는 선견지명을 엿볼 수 있다.[3] 하지만 LTV는 고객별로 일일이 계산하기 때문에 경우에 따라서는 과다한 비용이 소요될 가능성이 있고 특히나 불확실성과 가변성이 크기 때문에 설사 고객으로 유치한다 하더라도 그 후 유지율 측정이 어렵다는 단점이 있다.

2) RFM을 활용한 고객획득

RFM은 3개의 독립된 요인, 최근성, 빈도, 그리고 구매금액을 통해 우량고객을 선별하는 고객을 평가하는 방법 중 하나이다. RFM을 통해 기존고객과 잠재고객을 나누어 고객이 기업에 가져다줄 수익성을 예측할 수 있다. 이러한 RFM 개념에 따라 기업들은 기업의 매출기여도에 따른 고객분류를 하고 있다. RFM 개념을 적용하여 고객을 선정한 예로서 롯데백화점을 들 수 있다. 롯데백화점은 RFM을 통한 고객수익

2 박찬수(2012), 마케팅원리 제4판, 법문사, p.19.
3 FedEx의 고객평생가치(고객생애가치) 활용사례(고객관계관리), 2009년 9월 23일

성분석을 통해 우량고객이 될 가능성이 높은 고객을 선별하여 이들을 확보한다. 그 중에서도 VIP, VVIP급의 고객을 유치하려고 노력한다. 이는 상위 20%의 고객이 전체매출의 80%를 차지한다는 '파레토법칙'을 적용한 것이다. 충분한 경제력을 갖춘, 경기에 덜 민감하며 일정액 이상의 매출을 보장하는 30~50대 중산층 이상의 고객을 확보하는 데 집중한다.[4]

다음에서 실시하는 온라인 쇼핑몰 d&shop에서는 RFM을 이용하여 우수고객 스코어 계산법을 홈페이지에 기재하였다. 이를 통해 우수고객에게 주는 혜택을 고객이 인지하게 하고 다른 온라인 쇼핑몰과 차별화하는 것을 보여준다. 고객은 그들의 구매 스코어를 통해 그들의 등급을 확인할 수 있고 우량고객으로 남도록 노력한다.

3. 고객획득의 과정

어떤 산업이든 잠재고객 발굴은 기존고객에 대한 분석에서부터 시작된다. 기존고객의 연령, 직업, 주소 등 기본적인 인구통계학적 분석에서부터 학력, 재산, 구매상품 등에 대한 체계적인 분석이 필요하다. 고객 프로필의 다각적이고 지속적인 분석을 통해서 기존고객의 모습과 가장 비슷한 모습을 가지고 있는 고객그룹을 잠재성이 높은 고객이라고 가정한다.

일반적으로 잠재고객그룹은 바로 가족이나 동료 또는 친구일 것이다. 이러한 분석을 하우스홀딩(house-holding)분석이라고 하는데, 단순히 가족뿐 아니라 그 사람이 속해 있는 법인이나 단체 등을 의미하기도 하며, 우수고객의 하우스홀딩그룹 또한 우수고객일 확률이 높고 잠재성이 높은 고객으로 알려져 있다. 이 외에도 기존고객에 대한 충분한 자료를 확보하고 이를 분석하여 각 고객의 생애가치(life-time value)나 구매성향(propensity to purchase) 등을 추정하여야 한다. 여기서 생애가치란 고객이 우리 기업에서 평생 동안 구매해 줄 구매액에 시간가치를 고려하여 현재가치로 할인한 값이라고 할 수 있다. 새로운 고객은 기존고객의 자료분석결과를 바탕으로 생애가치나 구매성향 등을 추정할 수 있으며 이를 통해 신규고객의 수익성을 예측할 수 있다.

신규고객을 유치할 때 기업은 장기적인 고객이 될 수 있는 고객을 선별적으로 유치

4 유통 VIP를 잡아라, 매일신문, 2005년 11월 17일

하는 것이 필요하다. 이를 위해서 시장세분화를 하게 되며, 이를 통해 고객들과 지속적인 관계를 맺는 데 필수적인 표적시장에 대한 이해를 하게 된다. 이러한 관계가 점차 지속되면, 고객들은 자연스럽게 기업 및 브랜드에 대한 애고(loyal)를 보이게 되며, 이들은 구전과 같은 행동을 통해 잠재적으로 관계를 맺을 가능성이 있는 새로운 고객들을 유인할 수 있도록 도와주게 된다. 예를 들어 기존의 우량고객이 추천해 준 신규고객은 장기고객이 될 가능성이 높을 것이다. 즉, 관계마케팅을 수행하고 있는 기업에게는 구전효과에 의한 신규고객의 유치가 용이해지며, 이들 고객은 장기고객이 될 가능성이 높다. 이때 구전에 의한 신규고객의 유치를 도모하기 위해 기업은 기존의 고객이 신규고객을 추천할 때 인센티브를 주는 것이 필요하다.

라이헬드(Riechheld)는 신규고객을 선정하기 위한 기준으로 선천적 충성도, 수익성, 적합성의 세 가지를 제시했다. 선천적 충성도가 높은 고객은 예측가능하고 충성도를 유지할 가능성이 높은 고객을 의미하는데, 이러한 고객들은 적은 마케팅과 적은 유지비용에 비해 높은 충성도를 가진다. 일반적으로 광고보다는 추천을 통해 기업과의 관계를 시작한 고객, 할인가격보다는 정상가격에 구입한 고객의 충성도계수가 더 높다고 볼 수 있다. 수익성은 수익성에 대한 기여도가 높을 것으로 예상되는 고객으로, 일반적으로 해당고객의 재무상태가 튼튼할 경우 수익성이 높다고 볼 수 있다. 마지막으로 적합성이란 기업이 제공하는 제품 및 서비스를 경쟁사보다 선호할 가능성이 높은 고객을 말하는데, 회사 입장에서는 모든 고객에게 선호될 수 없기 때문에 자신의 기업에 적합한 고객을 유치할 수 있도록 노력해야 한다.

기업은 분석된 고객데이터를 활용하여 잠재성 높은 고객을 알아내고 제공 상품과 가장 적합한 고객을 추출하여 캠페인을 전개하여 그 효과를 분석하게 된다. 가장 잠재성이 높은 고객은 회사에 관심을 보이는 이른바 인바운드고객일 것이다. 예를 들어 직접방문, 전화문의, 인터넷 홈페이지방문, 인터넷 조회 및 문의를 한 고객은 어느 정도 구매의향이 있다고 판단되며 이 고객에 대한 분석과 마케팅 전개야말로 가장 신속하게 우선순위를 두어 추진해야 한다.

4. 고객획득 평가 및 비용

새로운 고객을 확보하기 위해 기업은 고객차원의 마케팅활동을 펼치고, 이것이 성공했는지를 측정하는 것 또한 중요하다. 두 가지 중요한 측정방법으로 획득률과 획득비용이 있다. 기업은 고객의 획득을 시도할 때 특정 잠재고객을 목표로 한다. 고객획득 프로그램 시행 후 목표된 잠재고객에서 소비자로 전환된 잠재고객수를 비율로 표현한 것을 획득률(Acquisition Rate)이라고 한다. 즉, 고객의 획득을 위한 마케팅 활용의 성과를 측정하는 지표이다.

$$\text{획득률(\%)} = 100 \times \frac{\text{획득된 잠재고객수}}{\text{목표된 잠재고객수}}$$

예를 들어, 2,000,000명의 잠재고객에게 고객획득 프로그램을 실행한 후 60,000명의 고객을 획득했다면 획득률은 3%가 된다. 기업마다 획득률에 대한 정의가 다소 차이가 있지만 획득률을 이해할 때 주목할 점은 고객획득에 관한 마케팅활동을 전개한 후 목표로 한 모집단에서 평균적으로 획득된 확률을 의미한다.

하지만 고객획득률은 고객획득 마케팅활동의 비용에 대한 효율성을 측정하지 못한다. 효율성을 측정하기 위해 획득비용(Acquisition Cost)을 구할 수 있다. 고객획득 마케팅활동에서 사용된 비용을 획득된 잠재고객으로 나누어 새로운 고객 한 명을 획득하는 데 든 비용을 계산한 것이 획득비용이다. 즉 획득비용은 한 명의 잠재고객을 우리의 실질적인 고객으로 만들어내는 데 소모되는 비용을 의미한다.

$$\text{획득비용(₩)} = 100 \times \frac{\text{획득비용(\%)}}{\text{획득된 잠재고객수}}$$

고객획득비용을 계상하는 이유는 여러 가지 마케팅믹스의 효율성을 판단하기 위해서이다. 가령, 마케팅수단을 가격할인, 매체광고, DM, 인적판매, 웹사이트 등 여러 수단을 사용하였을 경우 개별믹스들의 고객획득비용을 계상함으로써 보다 효율적인 마케팅믹스를 개발하는 데도 유용한 시사점을 얻을 수 있기 때문이다.

고객획득비용은 말 그대로 한 명의 잠재고객을 우리의 실제적인 고객으로 만들어내는 데 소모되는 비용을 의미한다. 다시 말해서 고객획득비용은 배너광고나 마케팅캠페인에서 목표로 하는 일련의 고객들의 행동을 분석함으로써 구할 수 있다. 고객획득비용은 각 기업마다, 부서마다 혹은 캠페인마다 그 방법을 달리하기 때문에 여기서는 인터넷사이트를 예로 들어 설명하도록 하겠다.

예를 들어 인터넷 광고를 주요 프로모션전략으로 선택하고 이에 대한 고객획득비용을 계산하게 되면 그 공식은 다음과 같다.

$$\text{고객획득비용} = \frac{\text{광고\&프로모션비용}}{\text{클릭쓰루(click through)지수}}$$

(클릭쓰루지수 : 인터넷 유저가 몇 번 클릭하여 해당 홈페이지에 접속했는지를 나타냄)

위 예시는 고객획득비용을 매우 단순화시켜 설명한 것으로 앞서 설명했듯이 상황에 따라 분자와 분모에 들어가는 데이터가 다름을 명심해야 한다.

고객획득비용 계산과 관련하여 다른 몇 가지의 계산법을 더 이해할 필요가 있다. 포기행위의 측정, 전환비용 측정이 그것이다.

먼저 포기행위는 마케팅 캠페인을 통하여 웹사이트를 방문했으나 웹사이트 내비게이션이나 정보의 부족, 가격 등의 문제점들에 의해서 실질적인 마케팅 목표행위를 포기하는 고객을 분석하는 것이다. 이는 고객획득비율에 따른 포기행위분석을 통해 그 비율과 원인을 분석할 수 있다. 고객획득비율은 말 그대로 우리의 고객으로 인식된 고객들을 말하며, 포기행위는 사람들이 결과적으로 구매행위 자체를 포기한 것을 말한다. 예를 들어, 고객포기행위는 (하루평균 취소카트/완료된 구매) or (취소된 카트당 상품수/완료된 거래당 상품수)임을 알 수 있다.

다음으로 고객전환비용은 마케팅 캠페인을 통하여 확보된 잠재고객들이 웹사이트의 궁극적인 비즈니스 목표인 회원가입이나 상품구매 등의 활동을 수행하여 실질적인 고객으로 전환되는 비율을 측정하는 것이다.

$$\text{고객전환비용} = \frac{\text{광고\&프로모션비용}}{\text{판매지수}}$$

지금까지와 같이 고객획득비용을 분석하는 것은 해당고객을 유치하기 위해 얼마의 비용이 소모되고, 잠재고객을 실질고객으로 변화시키는 데 얼마나 효율적이었나를 알 수 있는 방법이다. 그리고 이와 같은 맥락에서 고객이 떠나갈 때 그 원인과 비율, 대고객 마케팅의 효과에 대해서도 알 수 있다. 이러한 계산을 통해 기업 입장에서는 좀 더 효율적인 경영을 위해 노력할 수 있는 것이다. 그리고 CRM 측면에서 이러한 계산이 중요한 이유는 CRM 데이터베이스의 방대한 자료를 데이터마이닝을 통해 상대적으로 손쉽게 알아낼 수 있기 때문이다.

결실 맺은 최치훈 삼성카드 사장의 꿈

C·A·S·E 살펴보기

삼성카드 숫자 시리즈 완성, 출시 1년 만에 138만좌 판매…
최치훈 삼성카드 사장의 뚝심이 통했다.

삼성카드가 지난해 11월 첫선을 보인 '숫자카드'가 올 카드업계 최고 히트상품으로 떠올랐다. 여세를 모아 삼성카드가 숫자카드 시리즈의 완결판이라 할 수 있는 '삼성카드6'를 출시하며, 숫자카드 시리즈의 라인업까지 모두 갖추게 됐다.

지난해 11월 최 사장이 숫자카드 시리즈를 선보일 때만 해도 성공을 점치는 시각이 그리 많지 않았다. 카드사들의 유치경쟁이 워낙 과열된데다 경쟁사인 현대카드의 알파벳 시리즈와 표절시비에 휘말리며 고비를 겪기도 했기 때문이다.

하지만 최 사장은 우려를 단숨에 날려버렸다. 숫자카드는 출시 1년 만에 지난 12일 기준으로 신규발매 138만좌를 기록, 올해 최고 히트상품 반열에 올랐다. 극심한 경기침체로 카드 신규모집이 힘들다는 점을 감안하면 숫자카드의 위력을 짐작할 수 있다. 삼성카드는 숫자카드에 힘입어 체크카드를 제외한 신용카드부문에서 올해 업계 2위 자리를 꿰차기도 했다.

숫자카드의 성공은 고객에 대한 치밀한 분석과 카드시장에 대한 최 사장의 통찰력이 밑거름이 됐다. 최 사장은 카드 주력 소비계층과 소비처를 정밀하게 분석하고 카드별로 목표고객을 세분화했다. 이를 바탕으로 연령대별 · 라이프스타일별로 맞춤형 숫자카드 상품을 출시했던 전략이 적중했다. 복잡한 카드 이름 없이 카드혜택 및 대상고객에 따라 숫자로 구분하는 '단순미학'에도 고객들이 호응을 보냈다.

삼성카드 관계자는 "고객들에게 가장 솔직하고 실용적인 브랜드를 만들어보자는 상품목표가 좋은 반응을 얻은 것 같다"고 평가했다.

삼성카드는 30 · 40대 남성들을 겨냥한 삼성카드6를 출시해 연말까지 150만좌 발매를 달성하겠다는 목표를 세우고 있다. 아울러 삼성카드6를 출시하며 삼성카드 1에서 7까지 숫자 시리즈의 라인업을 모두 갖추게 됐다.

삼성카드가 새로 선보이는 삼성카드6는 전국 모든 가맹점에서 이용금액의 0.5%가 포인트로 기본적립되며, 남성들이 부서 회식 등에서 자주 이용하게 되는 음식점 및 주점, 대중교통요금, 이동통신요금 등에서 이용금액의 1%가 포인트로 쌓인다. 이 밖에 택시, 편의점, 골프연습장 이용 시 할인을 비롯해 주유 및 차량정비서비스 시 결제금액에 따라 할인혜택을 제공한다.

자료 : 서울경제, 2012. 11. 13

제5절 고객유지

이전의 마케터들은 신규고객 유치에 집중했는데, 직원들은 기존의 고객들에게 관심을 가질 때보다 신규고객을 많이 유치할 때 더 많은 보상을 받았기 때문이었다. 이에 반해 현재의 마케터들은 기존고객을 유지하는 데 드는 비용보다 신규고객을 유지하는 데 드는 비용이 훨씬 더 크다는 것을 발견하고 기존고객 유지에 집중하기 시작했다. 이러한 고객 간의 관계유지는 고객욕구의 파악을 위해 직접적인 접촉을 통하여 쌍방향 커뮤니케이션을 지속하는 것이 중요하다.

이제는 제품을 생산하는 단계에서 충성스러운 고객을 만들어내는 단계로, 거래지향적인 단계에서 관계지향적인 단계로 이동하였다. 기업은 고객에 대해 더 많이 알고 이에 따른 신속한 대응을 하지 못하면 생존할 수 없는 시대를 맞이하였기 때문이다. 이제는 고객이 상품 및 서비스를 판매하는 곳을 찾아야 하는 판매자중심의 시장에서, 상품 및 서비스를 판매하는 기업이 고객을 찾아야 하는 고객중심의 시장으로 변화하였다. 마케팅 패러다임이 제품판매중심에서 기존의 우수고객을 유지하고 이탈고객을 최소화하려는 관계마케팅으로 이동하여 온 것이다.

고객유지란 거래에 적극적으로 참여한 현재의 고객을 지속적으로 만족시키고 고객으로 유지하려고 노력하는 것이다.

기존고객을 유지하는 것이 외부로부터 어떤 가치를 가져다주는가를 살펴보면 다음과 같다.

① 불만족한 고객은 평균 10명에게 그들의 나쁜 경험을 이야기한다. 이 중 12%는 무려 20명까지 이를 퍼트린다.

② 새로운 고객을 유치하는 것이 기존고객 유지보다 5배의 지출이 든다는 것이 산출되었다.

③ 만약 20명의 고객이 기업에게 불만족하였다면 이 중 19명은 그 불만을 기업에게 굳이 이야기하지 않는다. 대신 그들은 다른 회사와 거래할 뿐이다.

④ 반면, 만족한 고객은 단지 평균 5명에게 그 경험을 이야기할 뿐이다.

⑤ 기업이 고객을 어떻게 대하는가가 경쟁기업과 자사를 구별 짓는 요소이다.

⑥ 만족한 고객은 대부분 언제든지 기업에게 다른 잠재고객을 소개해 주려 한다.

고객을 평생 유지하는 일은 고객의 니즈에 부합되는 상품을 정당한 가격에 판매하는 것으로부터 시작된다. 이는 고객이 자기가 산 상품의 내용과 그 상품이 자신의 니즈에 어떻게 기여하는지를 제대로 이해하면, 그 상품은 정기적으로 검토를 할 때마다 그 자신의 최선의 이익에 지속적으로 기여해야 한다는 것을 의미하는 것이다.

고객이 기업과 관계를 맺은 후 관계를 유지하는 동안 고객은 기업에게 수익을 가져다준다. 이러한 수익을 관계기간에 따라 살펴보면 맨 처음 기업이 고객을 유치한 해에는 고객에게서 얻을 수 있는 수익보다 고객을 유치하는 데에 드는 비용이 더 커서 한 고객당 수익이 음의 값을 기록할 수도 있지만 시간이 흐르면 흐를수록 고객의 수익성은 점점 높아지는 것을 알 수 있다. 즉, 고객과의 관계를 유지하는 데 드는 비용은 관계기간이 증가할수록 감소하므로 고객 한 사람을 유지하는 데 따른 수익성은 시간이 흐를수록 기하급수적으로 증가한다. 이는 고객과의 관계기간이 길어짐에 따라 기업이 고객에 대한 지식을 더 많이 갖게 되고 고객을 더 잘 알게 되어 더욱 효과적으로 고객과의 관계를 유지해 나갈 수 있기 때문이다.

고객유지는 수익성에 중요한 영향을 미치게 되는데 그것은 새로운 고객을 취득하는 것은 기존고객을 유지하는 것보다 더 많은 비용이 들어가고 더 많은 문제점을 갖고 있기 때문이다. 그래서 고객을 유지하는 것이 신규고객을 획득하는 것보다 효과적이라고 할 수 있다. 기존의 마케팅방법으로 매년 신규고객을 획득해서 이탈하는 고객을 채우는 것이 소모적이고 단기적인 전략으로 인식되고 있다. 비용적인 관점에서 보면 고객을 유지하는 것이 신규고객을 획득하는 것에 비해서 5배가 효과적이다. 대부분의 기업에서는 매년 15~20%의 고객을 잃어버린다. 따라서 유지율을 몇 %만 증가해도 25~100%까지 수익증대를 가져올 수 있다는 결과가 많은 연구와 실제 사례에서 찾아볼 수 있다.

고객유지로 기존고객을 유지시켜 매출의 증가와 이익이 창출되고, 서비스를 체험한 경험을 기존고객이 다른 고객에게 전달하여 구전효과를 통한 무료광고효과를 얻을 수도 있다. 또한, 기업의 최우량고객인 충성고객을 세분화하고 확보하여 유지 및 관리가 가능하게 된다. 1990년대에 들어, 경제가 발전하고 수많은 신상품들이 쏟아져 나오면서 고객들은 여러 상품과 기업에 호감은 가져도, 결국 자신들만의 잣대로 상품과 기업을 선택하고 있다. 이는 고객만족도가 실제 소비행동, 나아가 기업의 매출, 수익과 반드시 일치하지는 않는다는 것을 의미한다. 그래서 이후 기업들은 고객의 생각이나 태도가 아닌, 구매빈도와 구매량, 서비스비용 등 실제 행동변수를 사용해서 고객을 차별화하는 작업을 진행하게 되었다. 이런 배경 속에서 고객의 기업 이익기여도인 평생고객가치가 주요 이슈로 떠올랐다.

고객님이 추천해 더레이디베스트(The Lady Best) 카드를 발급받으신 지인의 수에 따라 감사의 선물을 드립니다

C·A·S·E 살펴보기

신한카드가 초우량고객(VIP)카드인 '더레이디베스트 카드' 고객을 대상으로 시행하고 있는 이벤트의 홍보문구다. 추천한 지인들의 카드발급수가 많으면 많을수록 추천인에게 지급되는 포인트나 상품의 양과 질도 높아진다는 내용이다.

'더레이디베스트' 카드를 소지한 고객이 지인에게 신한카드 발급전용번호를 알려주면 지인이 직접 상담원과 통화해 참여하는 방식이다.

신한카드의 이 같은 영업행태는 불특정다수인 잠재고객 중 해당조건(신용조건, 여성 등)을 갖춘 고객을 찾기가 어려워 모집인보다는 지인추천을 통해 고객을 유치하려는 의도라는 분석이다.

신한카드 관계자는 "이번 이벤트는 MGM(Members Get Members) 마케팅 일환으로, 카드특성상 고급화 카드이기도 하면서 여성고객전용이다 보니 여성이 가지고 있는 폭넓은 커뮤니티를 활용한 측면이 있다"며 "대량발급을 위한 전략이라기보다는 상대적으로 리스크가 적은 우량고객을 확보하기 위한 전략"이라고 설명했다.

MGM(Members Get Members) 마케팅은 기존고객을 통해 새로운 고객을 유치하는 판매촉진 방식을 말한다.

자료 : 뉴스토마토, 2012. 3. 22

1. 고객유지를 위한 CRM 활동

고객유지를 위한 대표적인 CRM 활동으로는 2차 구매유도, 고객정보 확보 및 관리, 고객순자산가치 분석, 제품 및 서비스의 차별화, 고객이탈방지, 그리고 로열티 프로그램 등이 있다.

첫째, 2차 구매유도는 다음과 같이 설명될 수 있다. 즉, 한 번의 구매가 이루어졌다고 해서 자사의 완전한 고객이 되었다고 볼 수 없다. 유통업의 경우 초기구매의 약 60% 이상이 곧바로 타사로 전환해 버리며, 많은 경우 특별한 할인행사나 제품 프로모션에 의한 단기적 구매일 가능성이 높기 때문이다. 보통 기업에 유의미한 고객으로 인식될 수 있는 시작점은 2차 구매가 일어난 시기 이후부터라고 볼 수 있기 때문에 초기 구매고객들에 대한 2차 구매유도는 고객유지활동의 첫 번째 이슈라고 볼 수 있다. 한편, 초기 구매고객들의 낮은 재구매율 특성 때문에 기업에 따라 이러한 2차 구매유도를 고객관계 획득전략의 일환으로 보는 경우도 있다.

둘째, 고객정보 확보 및 관리이다. 고객정보를 확보하고 관리하려는 일련의 노력 역시 고객과의 관계유지를 위한 활동으로 간주되어야 한다. 어떤 개체이든 상호 간의 관계 형성과 발전은 서로에 대해 잘 알고 이해하는 것에서 출발하기 때문이다. 따라서, 고객정보를 확보하고 관리하는 것은 단순히 제품판매를 통해 얻어지는 구매관련 데이터를 얻는 것에만 한정되지 않으며, 지속적인 커뮤니케이션을 통해 고객의 신상정보와 더불어 그들의 취미와 특성, 그리고 관심영역 등을 파악하여 고객의 니즈를 직간접적으로 유추할 수 있는 다양한 정보를 파악하고 관리하고자 하는 노력이 필요하다.

셋째, 고객순자산가치의 분석이다. 획득된 다양한 고객정보는 고객이 기여하는 가치를 분석 및 평가하기 위한 직접적인 원천으로 활용된다. 고객들의 니즈뿐만 아니라 그들이 제공하는 가치 역시 매우 이질적이기 때문에 고객순자산가치의 수준에 따라 마케팅전략을 차별화하는 것은 당연하다. 또한 고객순자산가치 분석결과는 제품 및 서비스를 고객등급별로 차별화시키거나 잠재이탈고객들에 대한 이탈방지활동의 기준으로 활용되기도 한다. 이를 위해서는 확보가능한 고객정보를 바탕으로 자사만의 고객순자산가치를 분석할 수 있는 평가모델을 개발하는 것이 선행되어야 한다.

넷째, 제품 및 서비스의 차별화이다. 고객의 가치와 니즈에 따라 자사의 제품과 서비스를 차별화시키는 노력 역시 자사의 고객을 유지시키기 위한 활동이라고 볼 수 있다. 즉, CRM에서는 고객을 중심으로 이들과의 관계를 유지시키기 위해서는 자사의 제품이나 서비스를 얼마든지 변화, 발전 혹은 폐기시킬 수 있어야 함을 시사한다. CRM 활동을 통해 유입된 다양한 고객정보와 이를 바탕으로 한 고객가치 및 니즈의 세분화를 중심으로 자사의 제품과 서비스 역시 주요 유형별로 차별화시킬 수 있는데, 차별화의 대상에는 제품의 기능, 품질, 가격, 사후서비스, 그리고 고객대응절차 등이 포함될 수 있다. 이러한 대량맞춤화의 역량은 고객의 지속적인 거래를 유도하는 요소인 구매가치(가치자산), 브랜드가치(브랜드자산), 관계가치(관계자산) 중에서 가장 근본적인 요소라고 할 수 있는 구매가치 영역에 직접적인 영향을 미치게 된다.

다섯째, 고객이탈의 방지이다. 고객과의 관계를 유지한다는 것은 다른 표현으로 고객들의 이탈을 방지하는 것이라고 볼 수 있다. 물론 고객니즈에 맞는 제품이나 서비스를 제공하는 것 자체가 고객이탈방지를 위한 근본적인 접근방법이지만, 기업의 이러한 노력에도 불구하고 이탈고객은 항상 발생할 수 있다. 따라서, 적절한 이탈예측모형을 통해 이탈할 가능성이 높게 평가된 핵심고객의 경우는 별도의 이탈방지활동을 전개해 주는 것이 필요하다. 가장 전형적인 이탈방지활동은 기업에서 일정한 주기마다 잠재이탈고객을 예측하고, 이들에 대한 이탈방지 캠페인을 전개하는 것이다. 이 캠페인의 대상으로 선정되는 잠재이탈고객들에게는 개별적인 접촉을 시도하여 개인적인 상담이나 문제해결을 도모하고, 특별한 할인기회나 부가서비스를 제공하는 등의 혜택을 제공하게 된다.

마지막으로 로열티 프로그램이다. 로열티 프로그램 자체가 기업에 대한 고객의 진실한 충성도를 형성해 줄 수는 없지만, 고객이 지속적으로 기업과 관계를 유지할 수 있는 제도적인 이탈장벽을 형성해 줄 수는 있다. 고객은 로열티 프로그램이 제공하는 구매에 따른 누적포인트나 각종 인센티브로 인하여 심리적으로 이탈장벽을 느끼게 되며, 효과적으로 설계된 로열티 프로그램은 고객의 구매패턴을 더욱 강화시키기도 한다.

2. 고객이탈분석과 관리

CRM 전략의 핵심과제는 고객들과의 관계역량을 강화하여 자사의 고객들을 장기적으로 유지시키고자 하는 것이라고 할 수 있다. 고객유지율(retention rate)이 CRM에 있어서 중요한 핵심성과지표로 활용되는 이유도 여기에 있다. 따라서 본 장에서 논의되어 왔던 다양한 고객가치평가기법 역시 수익성 높은 고객을 선별하고 이들과의 관계를 유지 및 강화시켜 나가기 위한 일련의 활동이라고 보는 것이 타당하다. 그런데 고객유지는 달리 말해 고객이탈의 방지라는 의미이기도 하다. 이는 고객유지율이 고객이탈률과 반비례하는 현상에서도 알 수 있다. 그러므로, 고객가치평가를 통해 수익성 높은 고객을 선별하고 관리하는 것은 고객이탈방지와 직접적인 연관성이 있다. 실제로 많은 기업들은 핵심 CRM 이슈 중의 하나로서 이탈고객을 미연에 방지하여 고객이탈률을 감소시키려는 노력을 기울이고 있다.

1) 고객이탈 분석

고객이 이탈하는 이유는 기업에 불만이나 기존 혜택보다 다른 좋은 혜택이 생겨서 이탈하게 된다. 고객이 기업을 왜 이탈했는지를 파악한다면 고객을 다시 돌아오게 할 대책을 강구할 수 있다. 또 한 명의 고객이 이탈했다는 것은 곧 다른 고객들이 이탈할 가능성이 크다는 것을 의미하기 때문에 고객이탈 원인을 빠른 시간 안에 파악하여 다른 고객들이 이탈하는 것을 예방해야 한다.

2) 고객이탈 예측

고객의 인구통계학적 데이터, 구매데이터 등 고객에 대한 방대한 데이터를 가지고 고도의 데이터마이팅 기법을 활용하면 왜 고객이 이탈하고 어떤 고객이 앞으로 이전할 확률이 높은가를 알 수 있다. 고객 개개인의 이탈스코어를 구해 고객이 이탈할 확률이 어느 정도인지를 예측하는 것이 가능하면 기업은 이탈확률이 높은 고객을 구분할 수 있어 이들을 대상으로 한 로열티 프로그램을 실시하거나 관심을 가질 만한 제품이나 서비스를 제공해 이들의 이탈확률을 낮출 수 있다.

이탈원인 분석과 특이한 이탈스코어를 보이는 고객집단에 대한 체계적인 분석을 함께하면 기업의 문제점을 밝혀낼 수 있을 뿐만 아니라 이를 개선할 수 있는 방안까지도 모색할 수 있다.

그리고 고객이탈을 방지하기 위해서 고객유지율 혹은 고객이탈률, 고객생애가치 변화, 고객점유율, 지갑점유율 등은 기본적으로 항상 측정하고 작은 변화라도 그 원인을 분석해야 한다. 그러나 여기서 한 걸음 더 나아가 자사가 속한 업계나 기업환경에 맞게 다양한 종류의 매트릭스를 작성하여 우리 기업을 이탈한 고객이 그 후에 어떻게 움직이는지, 이탈로 인해 지각점유율이 어느 정도 떨어졌는지를 파악해야 한다.

3) 이탈고객에 대한 대응

고객이탈에 대한 대응방법으로, 첫째는 이탈고객 정보를 활용하는 것이다. 이탈한 고객을 추적하여 접촉한 이탈고객이 제공하는 정보는 어떠한 특성을 지닌 고객이 이탈확률이 높은지를 발견할 수 있다. 또한 기업 내에서 알지 못했던 기업활동을 새로운 시각에서 바라볼 수 있어 예전에는 알지 못했던 개선사항들을 파악할 수 있다. 그러나 많은 비용과 노력을 들이는 데도 불구하고 그 효과가 점점 떨어지고 있는 마케팅조사와는 달리 이탈고객으로부터의 피드백은 더욱 구체적이고 세부적인 정보인 경우가 많다. 이탈고객으로부터의 정보를 잘 활용하면 기업활동에 있어 잘못된 점을 파악할 수 있고 이 문제점을 적절히 개선한다면 고객이탈은 더 이상 기업에게 있어 위협이 아닌 더 견고한 토대 위에서 고객과의 관계를 쌓아갈 수 있는 좋은 기회가 될 수 있다.

둘째는 이탈고객의 복귀를 유도하는 것이다. 이탈고객을 추적하는 것은 무엇보다 이탈한 고객이 다시 돌아오게 하는 것이다. 이탈고객의 복귀는 기업이 제공하는 상품에 고객이 실망할 시점에 계속 남아 있도록 설득하거나 이탈했을 때 다시 돌아오도록 하는 과정이다. 연구결과에 따르면 고객이 이탈한 후 7일 안에 고객에게 접촉이 이루어지는 경우가 4주 안에 고객과 접촉하는 경우보다 고객이 돌아올 확률이 4배 이상 높다고 한다. 이탈고객의 복귀 프로그램은 처음에는 완전히 떠난 고객들만을 대상으로 고객복귀활동을 벌였지만 최근에는 부분이탈고객의 중요성이 인식되면서 복귀활동의 대상이 넓혀지고 있다.

셋째는 휴면고객을 부활시키는 것이다. 휴면고객의 부활은 과거에는 이용했지만 최근에 이용하지 않은 소위 휴면고객을 다시 고객으로 환원시키는 전략이다. 고객이 잠시 쉬고 있는 이유를 분석하고 이에 대처함으로써 다시 고객을 되찾고자 하는 것이다. 비록 이 프로그램에 드는 비용은 많지만 시장조사를 해서 잠재고객을 발견하는 것이나, 잠재력 있는 고객을 잃고 신규고객을 확보하는 데에 드는 비용보다는 적게 든다.

넷째는 이탈률 제로의 문화를 형성하는 것이다. 고객이탈률을 제로로 만들기 위해서는 기업 내의 모든 사람들이 제도의 목적과 이유 그리고 고객이탈률 제로가 기업의 중요한 목표 중 하나라는 것을 인식하고 있어야 한다. 추상적으로 고객유지를 강조하는 것보다는 구체적인 수치로 종업원들에게 알려주는 것도 효과적인 방법이다. 기업의 모든 사람들이 고객유지의 중요성을 인식하고 기존고객을 유지했는가에 따라 보상체계가 좌우된다면 기업 내에서 고객이탈률 제로를 향한 분위기가 형성될 수 있다. 이는 직원들로 하여금 고객의 문제를 고민하고 고객의 불만을 제거할 수 있도록 독려함으로써 직원들과 고객들과의 관계를 우호적으로 발전시킬 수 있다.

3. 고객유지전략

지속적이고 가파른 성장이 이루어지고 대부분의 수요가 신규구매로 이루어지는 개발도상국의 성장기 시장과는 달리 우리나라는 이제 선진국 대열로 들어서면서 시장은 성숙기에 접어들었고 신규고객을 확보하는 것보다 기존의 고객을 지키는 효과적인 고객유지전략이 더욱더 중요해졌다. 또한 시장은 점점 더 개방되어 확대되는 반면에 경기가 지속적인 침체국면에 머무름에 따라 기업들이 안정된 고객을 확보하는 것이 더 어려워졌다. 과거에는 매년 목표로 정한 매출액을 달성하기 위해 시장점유율을 끌어올리는 데 기업의 모든 마케팅활동이 이루어졌다. 지금에 비해 상대적으로 새롭게 개척할 수 있는 신규고객의 수가 무한했기 때문이다.

하지만 이제는 시장환경의 다양하고 급진적인 변화로 이러한 양상이 변화하고 있다. 새롭게 확보할 수 있는 고객의 수가 점차적으로 줄어들면서 기업들은 기존에 확보한 고객들과의 관계를 지속적으로 유지하고, 경쟁사의 고객들을 뺏어오기 위해 많은 노력을 기울이고 있다. 다시 말해 지금은 신규고객을 확보하고 늘리기 위해 수많은 노력들을 기울이기보다는 기존고객의 충성도를 높임으로써 자사고객의 경쟁사 이탈을 막는 고객유지전략이 보다 더 중요해졌다는 것이다. 수많은 자원과 인력들을 투입하여 신규고객을 많이 확보했다 하더라도 이들의 지속적이고 반복적인 구매가 일어나지 않고 고객들의 이탈률이 높아진다면 기업에 있어서는 그동안 해왔던 활동들이 물거품이 되어버리고 만다.

그렇다면 시장점유율을 높이기 위한 것이 아닌 고객점유율을 높이기 위해서는 어떤 전략들이 어떻게 실행되어야 할까? 먼저 고객관계를 유지하기 위해서는 선별적인 접근을 통해 확보한 신규고객이 반복해서 지속적으로 거래할 수 있도록 고객과의 관계를 강화하면서 고객을 유지하는 전략이 필요하다. 기존고객을 유지하면서 제한적인 차별화를 하는 것이 목적이기 때문이다. 따라서 이러한 단계에서 기업은 고객을 장기적이고 지속적으로 유지하는 것에 초점을 맞추고 있지만 기업 입장에서는 적절한 비용한도 내에서 고객을 유지할 수 있도록 하는 것도 중요하다. 요구사항이 유사한 고객을 집단별로 세분화하여 각 집단별로 차별화된 서비스를 제공하면서 고객과의 관계를 강화해야 한다.

다음은 기업이 확보하고 있는 기존고객들의 행동특성들을 먼저 알아보도록 한다. 만족하는 고객의 특성에는 ① 반복구매율이 높다. ② 구매하는 금액과 실제 이용금액이 늘어난다. ③ 고객유지기간이 길어진다. ④ 고객으로서의 자부심과 긍지를 지니고 있다. ⑤ 자신이 느끼는 소비만족감을 주변 사람들에게 알린다. ⑥ 다른 사람들에게 추천한다. ⑦ 기업에 대한 관심, 참여, 제안활동이 활발하다.

불만족하는 고객의 특성으로는 ① 재구매의사가 희박한 편이다. ② 자신이 느낀 불만족감을 다른 사람들에게도 알린다. ③ 다른 경쟁기업으로 구매결정을 이동하고자 한다. ④ 계약해약 및 이탈을 고려한다. ⑤ 기업과 고객 간에 이루어지는 마케팅 접촉에 무관심하거나 부정적인 반응을 보인다. ⑥ 해당 제품 및 서비스뿐만 아니라 기업 전체에 대해 부정적인 이미지를 갖는다. ⑦ 궁극적으로는 스스로 이탈하는 경향을 보인다.

기업은 이처럼 고객들의 다양한 특성들을 고려하여 전략을 수립하고 시행해야 한다. 다음에서는 고객관계강화로 지속적인 관계를 유지하기 위한 전략들을 구체적으로 알아보도록 한다.

1) 최우수고객 인식하기

누구나 다른 사람보다 좋은 대우를 받기를 기대한다. 기업에게 있어 우량고객 한 명과 일반고객 한 명의 가치는 같을 수 없다. 따라서 기업에게 좀 더 많은 가치를 가져다주는 최우수고객들을 인식하고 특별대우를 통해 고객관계를 유지 · 발전시켜 나가야 한다. 고객인식 프로그램은 개별적이고 현실적이어야 한다. 고객인식 프로그램에서 '고객최우선(best-interests)' 마케팅이라는 것이 있는데, 이것은 현재 시행되고 있는 어떤 정책이나 마케팅 프로그램보다도 고객의 이익을 최우선으로 하는 관행이다. '고객최우선' 마케팅은 모든 고객을 상대로 시행되어야 마땅하지만, 개별적인 관심이 필요하기 때문에 최우수고객 이하의 고객에게 적용하는 것은 비현실적인 경우가 많다. 최우수고객을 위한 특별대우로는, VIP에게만 제공되는 할인혜택이나, 부가서비스 제공, 생일날이나 기념일 등에 개인적인 카드를 보내는 등의 특별한 교류를 통해 신뢰를 구축하는 것이 있다.

2) 우수고객 보상 프로그램을 통해 고객충성도 높이기

고객충성도를 높이는 대표적인 방식으로는 마일리지 프로그램이 있다. 마일리지가 축적되는 것은 보상이 커지는 것이기 때문에 고객충성도를 높이는 데 매우 효과적인 방법이라고 할 수 있다. 따라서 많은 기업들이 이러한 고객보상 프로그램을 활용하고 있다. 하지만 장기적으로 봤을 때 이는 경쟁사들도 쉽게 따라 할 수 있는 방법으로, 어떻게 보면 신규고객을 유치하기 위해 가격경쟁을 벌이는 것과 다름없다.

시간이 갈수록 점차 전형적인 고객의 프로파일이 변모하고 있으며, 세분화되고 다양화된 고객의 욕구를 만족시키는 것이 점점 어려워지고 있다. 고객은 자급능력이 커지고 가격에 민감해지며 만족한 고객이 반드시 충성된 고객이 되지 않기 때문에 고객 충성도를 높이기 위해서 기업들은 다양한 전략을 펼치고 있다.

충성도를 높이는 대표적인 방식은 마일리지 프로그램이다. 마일리지가 축적될수록 보상이 커지기 때문에 고객의 충성도를 높이는 데 아주 효과적이다. 대항항공 같은 항공사의 경우, 마일리지 서비스를 통한 고객유지전략이 대표적인 예이다. 고객유지 기간 동안 쌓인 마일리지로 얻을 수 있는 혜택이 크기 때문에 쉽사리 다른 항공사로 옮기지 못하는 것이다.

따라서 많은 기업들은 고객이 크게 줄면 우수고객 보상 프로그램을 실시하지만 전술적인 차원에서 보면 장기적으로는 큰 효과가 없을 수도 있다. 경쟁업체가 따라 하기 쉬운데다가 고객에게는 싸구려 마케팅 판촉으로 보일 수 있기 때문이다. 장기적으로 보면, 고객의 충성도를 높이기 위해 우수고객 보상 프로그램을 실시하는 것은 신규고객 유치를 위해 가격을 인하하는 것과 비슷한 셈이다.

3) 품질향상을 위해 고객만족도 높이기

기업들은 고객만족지수(CIS)를 측정해 고객이 제품 및 서비스에 대해 가지고 있는 만족도를 측정한다. 단순히 '좋다, 만족할 만하다' 정도로는 고객유지전략을 효과적으로 펼칠 수 없기 때문에 만족지수를 월등히 높여 고객충성도가 눈에 띄는 혜택을 얻을 수 있도록 해야 하기 때문이다.

많은 회사들이 고객만족지수(CIS)를 측정해 고객이 제품에 대해 '매우 만족'하고 있는지, 또는 '매우 불만족'하고 있는지 알아보고 있다. CIS가 월등히 높지 않으면 의미가 없다는 사실은 CIS를 도입한 회사들에게는 널리 알려진 사실이다. 지금까지의 조사에 따르면, 단순히 '좋다'나 '만족할 만하다' 정도로는 고객유지에 충분하지 않았다. 만족지수가 월등히 높아야만 고객충성도 면에서 눈에 띄는 혜택을 얻을 수 있었다.

또 판매 후 관리도 중요하다. 고객이 상품구입 후 필요한 수리나 서비스를 받을 때 사업자는 상품의 불량을 숨기지 말아야 한다. 판매 후에도 지속적인 서비스와 사후관리를 해야 하며 각 거래에 대한 고객만족을 조절해야 한다. 일회성 판매가 아닌 추가적인 구매로 이어지고 고객이탈을 방지하기 위해서는 진심 어린 관심과 구매 후 만족도 유지가 중요하다.

4) 고객과의 협력관계를 통해 맞춤서비스 제공하기

고객의 필요에 따라 맞춤서비스를 제공하는 것이 가장 효과적인 고객유지전략이다. 고객이 받고 싶어 하는 제품이나 서비스를 기업이 사전에 파악하여 그러한 구체적인 요구사항에 따라 서비스를 제공하는 것이다. 이는 고객이 기업에게 많은 정보를 제공할수록 다른 기업과는 차별화된 수준의 서비스를 제공받을 수 있게 된다. 따라서 기업은 고객충성도를 높이고 협력관계를 강화하기 위해 각 고객으로부터 피드백을 원활하게 받아 맞춤제품과 서비스를 제공해야 한다. 이러한 노력을 통해 기업은 고객충성도를 높이고 장기적으로는 이윤을 극대화할 수 있다.

고객의 필요에 따라 맞춤서비스를 제공하는 것이 가장 효과적인 고객유지전략이다. 고객이 받고 싶은 서비스를 회사에 가르쳐 주면 회사는 고객의 구체적인 요구사항에 따라 서비스나 제품을 제공하는 것이다. 고객이 회사에게 많이 가르쳐 줄수록 다른 회사로부터 같은 수준의 서비스를 제공받기가 더 어려워진다. 왜냐하면 이전에 가르쳤던 것을 새로운 회사에게 처음부터 다시 가르쳐야 하기 때문이다. 이것이 고객과의 '학습관계(Learning Relationship)'의 본질이다. 즉, 기업과 고객이 대화를 하면 할수록 더 원하는 혜택을 정확히 받을 수 있게 되는 것이다.

안심할 수 있는 단계는 고객이 경쟁업체가 아닌 그 회사와만 충성스럽게 거래하게 되었을 때이다. 그렇게 하기 위한 가장 좋은 방법은 각 고객으로부터 피드백을 받아 맞춤제품과 서비스를 제공하는 것이다. 기업이 고객으로부터 개인적인 취향과 니즈를 가르쳐 달라고 설득할 수 있다면 그 고객의 충성을 오랫동안 유지할 수 있다. 그 기업과 거래를 유지하는 것이 고객 자신에게도 이롭기 때문이다. 고객이 자신의 정보를 제공하는 데 투자하는 시간과 수고가 늘어날수록 경쟁업체로부터 같은 수준의 맞춤서비스를 받는 것이 더 어려워질 것이다.

'학습관계'의 근본개념은 아주 간단하다. 고객이 회사에게 자신의 취향을 가르칠수록 고객 스스로가 그 학습의 혜택에 점점 매달리게 된다는 것이다. 진정으로 고객의 충성도를 높이고 싶은 회사라면 고객의 필요와 취향을 존중해서 개별화된 제품과 서비스를 제공해야 한다. 그리고 그러한 개별화된 제품을 이용해서 고객을 계속 학습관계에 묶어 두어야 한다.

그러한 고객의 정보를 획득하는 것이 쉽지는 않다. 고객이 수고와 노력을 들여 기업에게 정보를 주어야 하고, 또 그 정보가 정확한 정보여야 하기 때문이다. 정확하고 자세한 고객정보를 갖게 되면 고객과의 상호관계에서 더욱 대응적이고 표적화가 가능하고, 상품과 서비스 제공에 있어 더욱 현명하게 대처할 수 있게 하며 고객의 니즈와 가치에 더욱 전략적으로 대응하여 경쟁우위에 설 수 있게 한다.

4. 고객유지방법

일반적인 고객유지를 위한 방법으로 평생고객가치 분석을 이용한 방법과 RFM 분석을 이용한 방법이 있다.

1) 평생고객가치 분석

한정된 예산을 가지고 최적화된 마케팅을 펼치려면 고객평생가치를 수치로 환산해 비용을 배분해야 한다. 그렇다면 고객평생가치란 무엇이며 어떻게 산정할 수 있을지 알아야 할 것이다.

(1) 평생고객가치의 정의

평생고객가치(Life Time Value)란 한 고객이 한 기업의 고객으로 존재하는 전체 기간 동안 기업에게 제공할 것으로 추정되는 재무적인 공헌도의 합계를 의미한다. 고객 한 사람이 한 회사에 최초 가입한 날로부터 현재까지 그 회사에 누적적으로 기여한 순이익가치로서, 이것을 금전적으로 표시 · 평가한 것이다.

또, 고객과의 장기적인 관계를 유지함에 있어 고객으로부터 거둘 수 있는 가치라고도 할 수 있다. 여기서 고객의 평생가치란 고객이 자사의 제품을 최초로 구매한 시점부터 최종거래에 이르는 기간 동안에 구입하고 제공받은 서비스의 총이용금액을 말하는 것이기도 하다. 이것은 고객의 입장에서는 구매행동의 역사를 의미하고, 기업의 입장에서는 고객이 기업에 기여한 공로, 즉 고객기여도를 의미한다.

평생고객가치는 데이터베이스 마케팅의 비용과 가능한 이익을 모두 포함하고 있으므로, 제안된 마케팅 프로그램의 성공 여부를 평가하는 척도가 된다. 이러한 평생고객가치를 보험사에서 사용한다고 예를 들어 본다면, 한 번 잡은 고객의 전 생애를 같이 하면서 상시 접촉을 통해 젊었을 때 보장성 판매, 중년 들어 투자상품 판매, 그리고 60대가 되면 자산관리로 그 고객 개인의 가치를 극대화함은 물론 그 과정에서 가족이나 소개를 통해 그 가치를 극대화할 수 있다는 것이다. 고객을 만들어 유지한다는 것은 어려운 일이지만, 고객의 생애가치를 극대화하는 것보다 더 큰 보상을 가져다주는 것은 없다고 해도 과언이 아닐 것이다.

고객의 평생가치이익시스템은 고객획득비용, DM제작발송비, 매출액, 제품원가, 텔레마케팅 등의 경비를 고려하여 영업수익을 산출하고 산출된 생산성을 기초로 고객 1인당 누적가치를 산출하는 것이다. 즉, 고객관리에서 발생하는 데이터를 과학화 · 계량화하여 고객의 평생가치이익이 자사원가를 상회하여 이익을 내고 있는지 손실을 초래하고 있는지를 평가하는 시스템이다. 따라서 고객의 평생가치이익시스템 개발과 활용에 많은 노력과 비용을 투입한다면 데이터베이스마케팅의 새로운 자산을 구축할 수 있을 것이다. 고객획득비용이 많이 소모되는 회사, 특히 신규고객으로 확보는 하였으나 가동률 또는 사용률이 저조하여 고객관리의 개선 또는 고정고객화가 시급한 회사는 고객의 평생가치이익시스템을 적극적으로 활용하게 되면 마케팅전략 수립에 필요한 기초자료는 물론 양질의 고객을 획득하기 위한 분석과 대응이 가능할 것이다.

(2) 평생고객가치 사례

앞서는 실질적인 계산을 위해 순이익, 현재가치 등의 개념을 적용한 평생고객가치 분석방법이었다면, 이해를 좀 더 돕기 위하여 대략적으로 고객평생가치의 중요성을 이해하기 위해 단순 평생고객가치 계산방법을 사용한 사례들을 들어보도록 하겠다.

먼저, 간단한 예로서 고객 A가 있다. A는 커피를 하루에 한 잔씩 마시기 때문에 일주일에 7번, 한 달에 30번 정도 커피를 마신다. 그래서 A는 한 달에 한 번 가격이 3,000원 하는 '커피나라(가칭)'의 아메리카노를 산다. 그렇다면 커피나라에서 생각하는 고객 A의 고객가치는 얼마일까? 지금 당장 A가 사는 아메리카노 하나의 값인 3,000원이 전부일까? 아니다. 만약 그 고객이 커피나라의 단골이 된다면 그 가치는 단순히 3,000원이 아니라 1년에 36,000원, 10년에 360,000원, 50년에는 1,800,000원이 되는 것이다. 이 개념을 평생고객가치라고 한다.

이처럼 간단하고 알기 쉽게 평생고객가치를 계산한다면 평생고객가치는 평균구매액을 기준으로 하여 거래기간에 대한 구매액을 산정하는 방식, 즉 LTV = 평균구매액 × 거래기간으로 나타낼 수 있겠다.

그러나 이러한 단순 LTV 계산은 미래의 불확실성을 고려하지 않은 경우로서 고객행동의 변동, 현재가치, 이익관점 등을 고려하지 않은 방법이라고 할 수 있다. 그러므로 좀 더 정확하게 LTV를 산정하기 위해서는 고객의 과거 데이터를 분석해서 이탈확률, 재구매확률, 구전확률, 예상되는 구매량과 수익 등을 예측하고, 이런 변수들을 사용해서 그 고객이 평생 우리 기업에 기여하는 금전적인 가치를 구하는 작업이 병행되어야 할 것이다. 또한 LTV 산정 시에 고려해야 하는 사항으로는 다음과 같이 네 가지 정도를 들 수 있다.

첫째는 업종 또는 제품의 특성을 명확하게 준비해야 한다는 것이다. 업종이 다르고 제품의 성격이 다르다면 이에 대한 산정방식도 달라지게 된다. 예를 들면, 마진이 매우 낮은 유형의 제품(예 : 화장지, 구두약, 연필)의 경우 고객과의 관계구축에 대한 원가를 특정 제품에 대한 반복구매를 통하여 회수할 수 없게 된다. 또한 기술변동성이 심한 상품(예 : 반도체)의 경우도 LTV 산정에 문제점을 갖게 된다.

둘째는 대상고객이 누구인가 하는 점이다. 10대 고객인지, 20대 고객인지, 고객의 생활방식은 어떠한지에 대한 면밀한 조사가 필요하다.

셋째로는 어느 정도 정확성을 요구하는가 하는 것이다. 고객의 가치산정방식은 여러 가지 통계적인 방법이 적용되며, 적용범위도 다르기 때문에 각각의 상황에 따른 신뢰도가 필요하다.

마지막으로 각각의 구성요소별로 별도의 모델을 구축할 것인가 하는 점이다. 주요 변수가 달라지면 구축을 위한 모델도 달라져야 한다.

위와 같은 고려사항들을 세밀하게 고려한 이후에 LTV를 산정해야 좀 더 정확한 LTV가 가능해질 것이다. 여러 가지 환경을 고려한 LTV 산정방식을 통하여 좀 더 정확한 고객수익성을 계산한다면 한정된 예산을 가지고 최적화된 마케팅을 펼쳐 보일 수 있을 것이다.

또 다른 예를 살펴보자. 신제품 화장품이 출시되었다. 마트에서 나에게 5천 원 할인쿠폰을 주었다고 해보자. 쿠폰을 받아 지갑에 넣어두고 잊어버리고 있었는데, 이번

엔 버스를 타고 가다 보니 광고가 보였다. "아 참, 저거 한번 사봐야지…" 하다가 또 잊어버렸다. 화장품이 필요해 인터넷 검색을 하다가 광고가 보여 클릭해서 보니 괜찮아 보인다. 안그래도 전부터 궁금했는데 그 제품을 사기로 한다. 결국, 그 제품을 사게 하기 위해 화장품회사는 지금까지 쿠폰값, 버스광고비, 서치엔진 광고비 등으로 나에게 총 3만 원을 썼다고 가정하자. 이 3만 원을 고객획득비용(Acquisition Cost)이라고 한다. 5만 원짜리 스킨을 샀다. 마진이 30%라고 하면 화장품회사는 1만 5천 원을 벌었다. 1년 동안 약 30만 원을 썼다고 하자. 화장품회사는 1년간 총 9만 원(30만 원×30%)을 벌었지만, 고객획득비용으로 3만 원을 이미 썼으니까 실마진은 6만 원이다.

첫해의 이익=획득고객의 가치=9만 원(30만 원×30%)−3만 원=6만 원

다음 해 생일날, 1만 원 쿠폰을 보내주었고, 1년간 총 50만 원을 썼다고 하면, 화장품회사는 나에게 총 14만 원(50만 원×30%−1만 원)을 벌었다.

둘째해의 이익=(50만 원×30%)−1만 원=14만 원

셋째해는 20만 원을 쓴 후 1만 원짜리 생일쿠폰을 한 번 사용했다.

셋째해의 이익=(20만 원×30%)−1만 원=5만 원

이 값을 모두 합한 것이 A고객의 고객생애가치(LTV)=6만 원+14만 원+5만 원=25만 원이다.

할인율을 10%로 가정하면, LTV=6만 원+13만 원/(1+0.1)+5만 원/(1+0.1)(1+0.1)=23만 원으로 지금 이 순간 고객 한 명을 유치했을 때 현재가치로 환산해서 그 고객이 떠나기 전까지 23만 원의 이득을 본다는 뜻이다.

장기적인 관점에서 기업에 진정한 가치를 주는 고객에 대하여 지속적인 관계를 형성함으로써 고객이 해당기업 제품에 대하여 창출하는 생애가치(Lifetime Value)를 극대화한다는 개념인 동시에 기업 입장에서는 고객과 관련된 자료를 분석하여 고객특성에 기초한 마케팅활동을 계획, 지원, 평가하는 관리체제를 의미한다. 여기서 말하

는 마케팅은 일대일의 직접적 · 지속적인 관계 형성을 지향하는 것이며, CRM의 궁극적인 목표는 장기적 · 지속적인 기업의 수익기반을 구축하는 것이다. 따라서 CRM은 가치있는 고객, 즉 기존의 우수고객을 유지하고 이탈고객을 최소화하는 관계마케팅, 간단히 말하면 '단골관리'인 셈이라고 생각한다.

2) RFM 분석

평생고객가치의 분석과 마찬가지로 고객유지를 위해서 필요한 것이 바로 RFM 분석을 통한 고객서열 선정이다. RFM은 가치 있는 고객을 추출해 내어 이를 기준으로 고객을 분류할 수 있는 매우 간단하면서도 유용하게 사용될 수 있는 방법으로 알려져 있어, 마케팅에서 가장 많이 사용되고 있는 분석방법 중 하나이다. RFM은 구매가능성이 높은 고객을 선정하기 위한 데이터분석방법으로서, 분석과정을 통해 데이터는 의미 있는 정보로 전환된다.

먼저, 자사에서 충성도가 가장 높은 고객층은 누구이며, 그들은 얼마나 많은 기여를 했는지, 또 그들은 어떤 제품이나 서비스를 자주 애용하는지, 그리고 어떤 이유로 충성도 고객이 되었는지에 대한 정확한 해답을 도출할 수 있다면 이미 그 기업은 CRM 경영의 기본을 갖추었다고 볼 수 있을 것이다. 하지만 국내 대다수의 기업들은 충성도 고객에 대한 명확한 이해는 물론, 이에 대한 관리 프로세스조차 미숙한 것이 현실이다. RFM 분석을 통해 가장 합리적인 기준을 설정하여 구매기록을 데이터화하고, 이를 분석 · 정리하여 고객 개인별로 철저하게 분류한 후 반드시 고객서열을 정하여 고객집단을 분류함으로써 궁극적으로는 고객의 충성도를 측정하는 것이 필요하다.

첫 번째로 R은 recency, 즉 구매기간 범위이다. 최초 가입일에서 최근일까지의 제품구매 또는 서비스 이용기간 범위를 말하는 것이다. 즉, 최근일로부터 3개월 이내, 3~6개월, 6~9개월 등 어느 기간에서 구매가 일어났는지 그 범위를 말하는 것이다. 여기에 측정기준과 가중치를 부여하여 고객충성도 기준을 마련하게 된다.

두 번째로 F는 frequency, 구매횟수 또는 구매빈도를 말한다. 일정기간 동안 얼만큼의 구매가 발생했는지에 따라 고객충성도가 달라진다. 구매횟수가 많으면 상대적으로 구매횟수가 적은 고객보다는 고객충성도 확률이 높게 나타나게 된다.

마지막으로 M은 monetary로, 구매금액을 말한다. 이는 최초 가입일에서 지금까지, 또는 일정기간 동안 발생한 이용금액의 크기를 말한다. 이 세 가지 요소를 기준으로 고객 각각에 대해 점수를 부여하고 이 세 가지 기준으로 가중치를 주어 지표로 삼는 방법이 RFM에 의한 고객점수 부여방법이라고 할 수 있다. 이렇게 하여 고객 개개인에 대한 점수 부여가 되면 고객을 점수가 높은 순서대로 나열한 후, 이를 몇 개의 집단으로 분류함으로써 고객의 세분화가 이루어지게 된다. 이 중에서 첫 번째로 분류된 집단이 마케팅활동에 대한 응답률이 가장 높은 집단이 된다.

RFM 데이터는 대금의 결제나 기업의 회계처리 목적상 혹은 다른 운용상의 이유로 이미 회사 어디에선가 이용되고 있는 기본자료들이기 때문에 단지 마케팅 목적을 위해 이전하여 활용하는 것은 매우 용이한 일이다.

은행 외국인 고객 200만 명 시대

C·A·S·E 살펴 보기

ATM에서 6개 국어 서비스도…

국내 체류 외국인수가 많아지면서 시중은행들의 외국인 고객 유치경쟁도 치열해지고 있다. 해외송금 수수료뿐만 아니라 급여이체 통장을 통한 수익도 안정적으로 확보할 수 있어서다. 국민 · 우리 등 4대 은행의 외국인 고객은 200만 명을 돌파했다.

국민은행은 외국인 고객전용 예금상품을 4일 출시한다. 지난달 25일 외국인 고객수가 100만 명을 돌파한 만큼 이들 고객을 장기적으로 유지할 수 있도록 상품을 개발했다는 설명이다. 국민은행 측은 "외국인 고객이 앞으로 계속해서 증가할 것이기 때문에 이들 고객에 대한 선점효과를 노리고 계속해서 상품을 내놓을 계획"이라고 말했다.

우리은행의 외국인 고객수도 2009년 31만 명에서 올해 50만 명을 육박할 만큼 증가했다. 우리은행은 지난 5월부터 기존 한국어와 영어로 표시된 은행거래신청서에 중국, 베트남, 몽골, 인도네시아, 네팔, 스리랑카, 방글라데시 등 7개 국어를 추가했다.

신한은행의 외국인 고객은 현재 46만 명에 달한다. 이를 위해 자동화기기(ATM)에서도 영어, 중국어, 일본어, 베트남어, 태국어, 인도네시아어 등 6개 외국어로도 사용가능하도록 하고 있다. 이달 말에는 러시아어와 몽골어도 서비스 목록에 추가할 예정이다. 외국인 고객들을 위해 30개의 외국인 상담전용창구인 글로벌데스크도 운영 중이다.

하나은행은 지난 6월부터 국내거주 외국인 고객 대상으로 '하나168적금'을 판매 중이다. 해외송금을 위해 적금을 중도해지할 경우에도 기본금리를 보장해 준다.

자료 : 한국경제신문, 2012. 10. 4

내달부터 휴면카드 자동해지…카드사 '충성고객 잡아라'

C·A·S·E 살펴보기

내달부터 1년 이상 이용실적이 없는 휴면카드를 자동으로 해지하는 방안이 본격 시행되면서 카드사들이 기존고객을 붙들어 놓기 위해 각종 마케팅에 열을 올리고 있다. 12일 카드업계에 따르면 금융당국은 지난해 발표한 '신용카드 종합대책'의 일환으로 약 1년 4~5개월간 사용실적이 없는 카드는 자동해지될 수 있도록 하는 내용의 개선안을 다음 달부터 시행할 계획이다. 이는 신규모집 시 지출되는 비용보다 기존회원을 대상으로 마케팅하는 것이 비용 면에서 유리한 카드사들이 기존고객을 유지시키기 위해 다양한 이벤트로 고객을 붙들고 있다. 신한카드의 경우 상대적으로 탈퇴비중이 낮은 충성고객 모시기에 나섰다. 갑작스런 질병이나 사고발생 시 납부해야 할 채무액을 면제해 주는 유료 부가서비스를 권유하며 장기고객을 만들기도 한다.

자료 : 뉴스토마토, 2012. 11. 12

벤츠코리아 체계적인 로열티 마케팅 '눈길'

C·A·S·E 살펴보기

메르세데스-벤츠코리아는 체계적이고 장기적인 고객 프로그램을 통해 일회성이나 단기간의 대고객활동이 아닌 장기적인 관점에서의 차별화된 고객서비스를 제공하고 있다고 7일 밝혔다.

벤츠코리아는 메르세데스카드를 통해 자사고객들에게 벤츠가 선사하는 특별한 경험을 도로 위에서뿐 아니라 생활 속 언제 어디서나 누릴 수 있도록 품격에 맞는 특화된 서비스와 다양한 혜택을 제공하고 있다. 메르세데스카드는 국내 벤츠딜러를 통해 차를 산 고객은 누구나 신청이 가능한 멤버십카드다.

메르세데스카드 고객은 벤츠코리아가 주최하는 각종 이벤트 및 문화행사에 초청된다. 신차 발표회를 비롯해 클래식음악회와 뮤지컬, 재즈공연 등 다양한 문화행사와 벤츠 패밀리만의 골프대회인 메르세데스트로피, 키즈 골프아카데미와 같은 스포츠 이벤트, 모터쇼, F1 등 자동차관련 이벤트, 메르세데스카드 레이디스데이, 패션쇼, 메이크업 클래스 등 다양한 라이프스타일 이벤트를 통해 고객들 간의 커뮤니티를 형성하고 있다.

벤츠코리아는 메르세데스카드 고객들을 대상으로 고품격 골프 프로그램을 지속적으로 개최함으로써 스포츠를 통해 벤츠브랜드를 경험할 수 있는 기회도 다양하게 제공하고 있다. 그 중에서도 '메르세데스트로피 골프대회'는 세계 벤츠고객들이 참가하는 아마추어 골프대회다. 스포츠를 통해 벤츠브랜드를 경험할 수 있고, 세계고객들과 교류할 수 있는 국제적인 축제다.

벤츠코리아는 이에 따라 메르세데스카드 고객들을 대상으로 매년 5월부터 국내대회인 '메르세데스트로피 코리아' 골프대회를 개최한다. 예선을 거쳐 국내 본선에서 최종우승한 고객 3명은 '팀 코리아'의 일원으로 벤츠 본사가 있는 독일 슈투트가르트에서 열리는 월드파이널에 참가한다. 월드파이널 참가자는 골프대회 외에도 벤츠 박물관, 벤츠 플랜트 투어 등을 포함한 프로그램을 통해 벤츠브랜드를 경험하게 된다.

올해로 15회를 맞은 메르세데스트로피 코리아 2012는 메르세데스카드 고객 중 아마추어 골퍼 700여 명을 대상으로 진행 중이다. 지난 4월 30일부터 한 달간 총 5회의 예선 및 본선을 통해 한국대표를 선발한다. 예선전을 통해 총 70명을 뽑으며, 본선은 제주도 클럽나인브릿지에서 연다. 골프대회는 메르세데스카드 고객 또는 직계가족 1인에 한하며 순수 아마추어 골퍼를 대상으로 한다.

한편, 벤츠코리아는 골프대회 참가자들이 라운딩 중일 때 23개 항목에 대해 차를 점검, 그 결과를 일일이 차 안에 비치해 감동을 주고 있다.

자료 : 머니타임즈, 2012. 6. 7

제6절 교차판매

교차판매에 대하여 알아보기에 앞서, 하나의 상품과 서비스가 팔렸다고 가정해 보자. 상품과 서비스라는 측면에서만 생각하면, 이 판매로 인하여 수요충족은 이루어진다. 하지만 여기에는 포착하지 못한 거대한 수익기회가 존재하고 있다. 하나의 상품과 서비스 판매는 전체시장에서 거대한 수요의 한 부분에 불과하다. 고객의 입장에서 생각할 경우, 우선 고객의 속마음은 단일 상품과 서비스의 구매만으로는 만족하지 않는다. 극단적으로 말하면 고객은 그 상품과 서비스 자체가 탐이 나서 그것을 사는 것이 아니라는 것이다. 예를 들어, 텐트를 사는 것은 텐트가 갖고 싶어서가 아니라 텐트를 사서 캠프에서 치고 싶기 때문이며, 또한 스스로 텐트를 치고 생활하는 야외파가 되고 싶기 때문이라는 것이다. 이러한 고객의 구매를 돕기 위해서는 텐트 주변에 있는 상품과 서비스 일체를 제안할 수 있는 능력이 필요하다. 텐트를 치는 요령뿐만 아니라, 캠프파이어를 즐기는 방법까지 가르쳐 준다면 고객은 캠프에서의 밤을 상상하며 자연스럽게 바비큐 세트까지 구입할 것이다. 이는 단순한 세트판매가 아닌 교차판매(Cross Selling)인 것이다.

1. 교차판매

교차판매는 기업이 여러 가지 상품을 취급하고 있는 경우, 한 상품을 구매하는 고객으로 하여금 다른 상품도 구매하도록 하는 것이다. 즉, 한 상품을 구매하려는 고객에게 그와 관련된 다른 상품도 추천하여 고객이 여러 상품을 구매하도록 유도함으로써 매출을 증대시키는 방법이다. 다시 말하면, 동시에 구매가능성이 큰 상품군을 찾아내어 동시에 판매하거나 상품의 배치문제, 패키지상품의 구성, 쿠폰 발행, 카탈로그의 구성, 신상품의 카테고리 선정 등에 이용할 수 있다. 이는 또한 고객의 거래폭을 넓혀서 이탈을 방지하고 고객충성도를 향상시키는 효과와도 관련이 있다.

먼저 교차판매의 정의는, 예를 들어서 금융회사들이 자체개발한 상품에만 의존하지 않고 다른 금융회사가 개발한 상품까지 판매하는 적극적인 판매방식이라고 할 수 있다. 즉, 금융기관들의 대형화 · 겸업화 추세가 가속화되면서 나타난 현상 가운데 하나로, 자체개발한 상품에만 의존하던 전통적인 수익모델로는 더 이상 이윤을 창출하기 어렵다는 현실인식에서 등장한 새로운 유형의 수익모델을 말한다. 금융시장의 예를 들어 보면, 그동안 은행들은 전통적인 예금과 대출업무에 주력해 왔으나, 갈수록 적정규모의 수익성을 확보하기 어려워지자 투자신탁회사나 보험회사의 상품 등 다른 금융부문의 판매채널을 이용해 자사상품을 판매하는 마케팅전략까지 구사하는 등 새로운 활로를 모색해 왔다. 이를 방카슈랑스라고 하는데, 방카슈랑스 역시 크게는 교차판매의 범위에 포함된다고 할 수 있다. 그러나 교차판매는 은행과 보험회사 등 부분적인 금융기관 사이의 합작으로 이루어지는 방카슈랑스에 머물지 않는, 보다 적극적이고 거시적인 개념의 마케팅전략이다.

이렇게 금융업 용어로 사용되는 교차판매는 금융계뿐만 아니라 다른 판매업계에서도 유용한 전략으로 쓰이고 있다. 고객에 대한 여러 가지 정보를 컴퓨터에 의해 데이터베이스화하고, 구축된 고객 데이터베이스를 전략적으로 활용하여 고객 개개인과의 접촉을 통해 직접적인 반응 혹은 판매를 유도하거나 장기적인 일대일 관계를 구축하고자 하는 제반 마케팅활동인 DB마케팅을 이용하여 교차판매전략을 사용할 수 있다. 이러한 사례로, 출판사나 비디오 렌트사와 같이 같은 제품을 반복적으로 팔지 않는 업종에서는 교차판매의 필요성이 매우 높다. 월든북스사는 고객이 10달러를 내고 'Preferred Readers'에 가입하면 책 구입 시 10%를 할인해 주고 있다고 한다. 이는 고객 DB를 구축하려는 수단이며, 10달러의 가입비를 받는 것은 책을 비교적 많이 구입하는 고객만을 선별해 내기 위한 방편이라고 할 수 있다. 이를 통해 월든북스사는 거래하는 모든 정보를 축적할 수 있었으며, 이러한 정보를 바탕으로 고객의 선호도를 분석하여 유사한 서적이 출간되었을 때 이를 고객에게 알려줌으로써 고객의 니즈에 부응하는 판촉전략을 구사하고 있다. 비디오 렌트사인 브룩버스터사는 기존고객의 대여기록을 바탕으로 아직 빌려보지 않은 테이프 가운데 그 고객의 취향에 맞는 10여 개의 영화를 열거한 메일을 발송하고 있다. 체이스맨해튼은행은 고객에 대한 보다 깊은 이해를 위해 계정별로 작성된 고객파일을 하나로 통합하고 이 과정에서 고객에 대한 인구통계적 변수와 라이프스타일에 대한 자료를 추가시켰다. 이렇게 구축된 데이터베이스를 이용해 이 은행은 여러 가지 다른 상품의 구매를 권유하는 메일을 발송하였다. 그리고 메일 발송 시에도 개인의 특성에 따라 적합한 상품을 권유했다.

교차판매를 위해서는 연관성규칙을 발견하고, 연관성과 연속구매패턴, 장바구니 등의 분석이 필요하다. 이러한 분석들에 대하여 알아보도록 하겠다.

2. 연관성분석

1) 연관성분석의 정의

연관성분석의 개념에 대해 먼저 설명하자면, 연관성분석은 하나의 거래나 사건에 포함되어 있는 항목들의 관련성을 파악하여 둘 이상의 항목들로 구성된 연관성규칙을 도출하는 탐색적 자료분석방법이다. 다시 말해, 대용량의 데이터에서 각 항목 간의 의미 있는 상관관계를 찾아내는 과정이라고 할 수 있다. 연관성분석이 적용될 수 있는 자료는 거래(transaction)와 항목(item)으로 구성되며, 연관성분석의 목적은 품목 간의 연관관계를 수치로 정량화하는 데 있다. 연관성규칙은 교차판매뿐만 아니라, 묶음판매, 상품의 진열, 쿠폰 배부, 카탈로그 디자인 등의 여러 분야에서 활용될 수 있다. 연관성규칙의 평가기준으로는 지지도(Support), 신뢰도(Confidence), 향상도(Lift)가 있다. 먼저 지지도는 전체 자료에 관련성이 있다고 판단되는 품목 A와 B, 두 개의 항목이 동시에 일어날 확률로서, 상호대칭적이라고 할 수 있다. 지지도를 식으로 나타내면 '(항목 A와 항목 B가 같이 거래된수)/(전체거래수)'라고 할 수 있다. 다음으로 신뢰도는 품목 A가 구매되었을 때 품목 B가 추가로 구매될 확률인 조건부확률로서, 상호대칭적이 아니다. 신뢰도 역시 식으로 나타내면 '(항목 A와 항목 B가 같이 거래된 수)/(항목 A의 거래수)이다. 마지막으로 향상도란 실제의 신뢰도를 독립가정하에서의 신뢰도로 나눈 값으로, 실제의 지지도를 독립가정하에서의 지지도로 나눈 값과도 동일하다. 신뢰도와 지지도는 자주 구매되는 항목에 대해서는 연관성 때문이 아니라 우연하게 높게 나올 수 있기 때문에 향상도를 보는 것이다. 향상도는 (항목 A와 B를 동시에 포함하는 거래수×전체거래수)/(항목 A를 포함하는 거래수×항목 B를 포함하는 거래수)라는 식으로 표현할 수 있다. 향상도는 간단히 말해서 두 품목의 거래가 독립적인지 아닌지를 판단하는 척도이다.

2) 연관성분석의 예시

이제, 헬스용품을 판매하는 쇼핑몰의 관리자라고 가정하고 실제 데이터를 이용해 연관성분석을 해보도록 하겠다. 이번 프로젝트는 그간 판매된 상품들의 연관성을 파악하여 교차판매 및 패키지상품 설계도에 이용하고자 하며, 판매된 데이터 목록은 다음에 제시된 표와 같다고 하자.

거래번호	판매항목
1	런닝머신, 운동화, 훌라후프, 운동복
2	런닝머신, 운동화, 운동복
3	운동화, 운동복, 훌라후프
4	런닝머신, 운동화, 훌라후프
5	운동복
6	런닝머신, 운동화, 줄넘기

위의 거래예시에서 지지도가 50% 이상인 항목은 런닝머신과 운동화, 운동화와 운동복, 런닝머신과 훌라후프, 그리고 운동화와 런닝머신이다. 이 중에서도 런닝머신과 운동화의 신뢰도는 런닝머신의 거래수인 4에서 런닝머신과 운동화의 동시거래수인 4를 나누면 1이라는 결과가 나온다. 즉, 신뢰도의 분석으로 런닝머신을 구매한 사람 모두는 운동화도 구매한다는 가설을 설정할 수가 있다. 이 두 항목의 향상도를 계산해 보면 1.25가 나오게 되고, 이는 런닝머신 구매 시 운동화를 구입하게 될 가능성은 런닝머신 구매가 전제되지 않았을 경우보다 1.25배가 높아진다는 말이다. 즉, 두 품목이 서로 양의 상관관계에 있다고 볼 수 있는데, 다시 말해 런닝머신을 사면 운동화

도 같이 구매하는 확률이 높다는 것이다. 향상도 결과값에 따른 항목 간 연관관계는 다음과 같다.

향상도	의미	예
1	두 품목이 서로 독립적인 관계	과자와 후추
> 1	두 품목이 서로 양의 상관관계	빵과 버터
< 1	두 품목이 서로 음의 상관관계	지사제와 변비약

평가기준을 적용할 때 주의할 사항은 첫째로, 두 항목의 신뢰도가 높다고 해서 꼭 두 항목이 높은 연관관계가 있는 것은 아니라는 것이다. 이때, 지지도를 함께 고려해야 한다. 만일 두 항목의 신뢰도가 높게 나왔어도 전체 항목 중 두 항목의 동시구매율인 지지도가 낮게 나온다면 두 항목 간 연관성을 신뢰하기에는 부족한 점이 있다. 즉, 구매율 자체가 낮은 항목이기 때문에 일반적인 상관관계로 보기에는 어렵다는 것이다. 둘째로, 지지도와 신뢰도가 모두 높게 나왔더라도, 꼭 두 항목이 높은 연관관계가 있는 것은 아니라는 것이다. 이 경우에는 향상도를 함께 고려해야 한다. 앞에서도 언급했지만, 일반적으로 빈번하게 구매되는 항목들에 대해서는 지지도와 신뢰도가 높게 나올 수 있기 때문이다. 마지막으로, A와 B 두 항목의 신뢰도가 높게 나왔을 때 전체거래에서 B의 자체구매율보다 A 자체의 구매율이 더 높아야 의미 있는 정보라는 것을 기억해야 한다. 이 역시 향상도를 분석하면 알 수 있다.

연관성분석은 데이터의 형태와 계산방법이 간단하고 분석결과의 이해가 용이한 반면에, 품목의 수가 많을 경우 상당한 계산과정이 필요하므로 적절한 대상항목을 선정하여 적용하는 것이 중요하다. 연관성분석의 결과는 이해와 적용이 용이하고, 데이터를 변환 없이 그 자체로 이용할 수 있는 사용이 편리한 분석데이터 형태의 간단한 자료구조라는 장점이 있다. 또한, 계산이 용이하다. 수많은 거래, 품목을 포함하는 대용량 데이터일 경우, 계산의 수가 크게 증가하기는 하지만 분석을 위한 계산은 상당히 간단하며, 단순한 결과만을 위해서는 기초적인 워크시트의 사용법만을 알고 있는 분석자도 분석이 가능하다는 것 역시 장점이라고 할 수 있다. 이에 반해, 품목수 증가에 따라 계산의 수가 기하급수적으로 증가하여 상당한 수의 계산과정이 필요하다는 점과, 수많은 품목을 세세하게 구분할 경우 발생비율 면에서 의미가 없다는 단점이 있다. 그리고 품목들이 동일한 빈도를 갖지 못하거나, 거래수가 적은 품목의 경우

규칙발견과정 중에 제외되기도 쉽다.

이러한 연관성규칙의 발견을 통해, 기업에서는 많이 구매하는 패턴을 이용하여 세트상품을 만들어 판매하기도 한다. 연관성규칙이란 것은 쉽게 말해, A라는 사건이 발생한 후 B라는 사건이 발생하는 것이다. 잘 알려진 예로서, 새 컴퓨터를 구입한 사람 중 25%는 그 다음 날 레이저프린트를 구매할 것이다. 이는 컴퓨터를 구입한 고객들과 레이저프린터를 구입한 사람들의 데이터를 조사해 본 결과 발견된 연관성규칙을 통해 도출된 결과이다. 앞에는 연관성규칙의 측량화 방법에 대해 알아봤다면 지금부터는 장바구니분석, 즉 연관성규칙 발견에 대해서 알아보도록 하자.

3. 장바구니분석

앞서 말한 연관성분석과 별개의 개념은 아니지만 장바구니분석이란 하나의 거래나 사건에 포함되어 있는 항목들의 경향을 파악해서 상호연관성을 발견하는 것이다. 장바구니분석은 말 그대로 소비자들이 어떤 상품을 구매하는지, 그 상품을 구매할 때 어떤 다른 상품을 함께 구매하는지 그 패턴을 발견하는 것이다. 앞에서 다룬 연관성분석은 이와 같은 연관성규칙이 얼마나 유용한지에 대한 답을 위해, 확률을 사용해 수치적으로 계산하는 측량화 방법이었다. 예를 들면 한 구매자가 쇼핑카트에 담은 물품들이 청정재, 윈도우 클리너, 우유 2개, 바나나, 오렌지주스를 구입했다고 한다면 마트에서는 다음과 같은 질문들을 통해 이 고객의 구매패턴을 분석해 볼 수 있다.

① 구매자가 제품을 구매할 때 이웃의 영향이 있었는가?
② 오렌지주스와 청정재 구입 시 윈도우 클리너를 같이 구입하는가?
③ 우유를 바나나 구입 시 함께 구입하는가? 또한, 구입할 때 특정 브랜드를 구입하는가?
④ 청정재를 어느 곳에 위치시켜야 판매고를 최대화하는가?

연관성이 전혀 없어 보이는 제품군들일지라도 고객들의 연속적인 구매패턴을 분석해 보고 그 제품군들을 가까운 곳에 진열함으로써 구매를 더 향상시킬 수 있다. 널리 알려진 예로서, '기저귀를 사는 사람들은 맥주를 같이 산다.' 기저귀와 맥주는 전혀 연관성이 없어 보이는 두 제품군이지만, 고객들의 패턴을 조금 더 생각해 본다면 그렇지 않다는 것을 알 수 있다. 기저귀를 사는 사람들은 어린 아기를 키우고 있는 젊은 부부가 많을 것이고, 젊은 부부는 맥주를 즐겨할 것이라는 가정과 실제 데이터분석 결과가 검증된 사실이다. 진열장의 위치뿐만 아니라 서로 관련 없는 상품끼리의 세트 판매도 장바구니분석 결과가 핵심요인 중 하나임을 알 수 있게 하는 예라고 할 수 있다.

다음은 의류매장에서 어떤 조합의 옷을 많이 사는지 직관적으로 알 수 있는 크로스탭을 이용한 장바구니분석 보고서이다.

	티셔츠	점퍼	남방	청바지	바지	트레이닝복	양복
티셔츠	15	30	33	28	20	21	32
점퍼	11	27	32	27	18	19	28
남방	13	26	32	27	15	16	26
청바지	9	20	26	21	15	14	25
바지	9	21	25	19	14	13	28
트레이닝복	16	28	28	15	14	10	15
양복	7	15	15	5	9	5	20

의류매장에서 옷을 구매하는 경우, 하나의 옷만 구매하는 경우도 많지만, 몇 가지 의류를 동시에 구매하는 경우도 많다. 이런 경우에도 많이 구매하는 패턴을 이용하여 세트상품을 만들어서 판매한다. 가로와 세로가 모두 티셔츠인 것은 티셔츠만을 구매한 경우고, 가로는 티셔츠, 세로는 점퍼인 것은 티셔츠와 점퍼를 같이 구매한 경우이다. 이 보고서에서의 문제점은 티셔츠, 점퍼, 바지의 세 가지 상품을 구매한 경우에는 두 제품씩 나누어서 분리되어 표현된다는 것이다. 이는 크로스탭 보고서가 2차원이기 때문에 생길 수밖에 없는 한계이다.

다음의 자료를 바탕으로 각각의 지지율, 신뢰도, 향상도를 구하여 보자.

거 래	품 목
1	우유, 빵, 버터
2	우유, 버터, 콜라
3	빵, 버터, 콜라

4	우유, 콜라, 라면
5	빵, 버터, 라면

거래에 대한 연관성규칙의 지지율과 신뢰도 그리고 향상도는 다음과 같다.

연관성규칙	지지율	신뢰도	향상도	연관성규칙	지지율	신뢰도	향상도
버터→빵	60	75	1.25	콜라, 우유→라면	20	50	1.25
빵→버터	60	100	1.25	버터→라면, 빵	20	25	1.25
콜라→우유	40	67	1.11	빵→라면, 버터	20	33	1.67
우유→콜라	40	67	1.11	라면, 버터→빵	20	100	1.67
라면→콜라, 우유	20	50	1.25	라면, 빵→버터	20	100	1.25
콜라→라면, 우유	20	33	1.67	버터→콜라, 빵	20	25	1.25
우유→라면, 콜라	20	33	1.67	콜라, 빵→버터	20	100	1.25
라면, 콜라→우유	20	100	1.67	버터→빵, 우유	20	25	1.25
라면, 우유→콜라	20	100	1.67	빵, 우유→버터	20	100	1.25

이처럼 어떤 항목집합의 존재가 다른 항목집합의 존재를 암시하는 것을 의미하는 연관성규칙을 발견하고 이를 분석함으로써 함께 구매하는 상품의 조합이나 서비스패턴을 발견하거나, 특정 제품 또는 사건들이 동시에 발생하는 패턴을 파악하여 판매에 응용할 수 있다. 이러한 교차판매의 효과가 높아질수록 당연히 수익성이 개선되는 것이다.

제7절 고객수익성분석

'고객중심시대'로 특징지을 수 있는 오늘날의 기업환경하에서 기업이 경쟁력을 갖기 위해서는 제조 이전의 전방단계에서 공급자와의 협력을 모색하는 '공급자관리'는 물론 자신들이 거래하는 '고객'에 대한 올바른 이해를 토대로 한 '고객만족경영'을 통해 내실을 기할 수 있어야 한다. 이 때문에 공급자와의 전략적 제휴를 통한 조달부문의 원가절감과 품질관리를 중시하는 공급사슬관리와 더불어 수익성 높은 고객중심의 마케팅전략을 실행하는 고객관계관리가 새로운 경영전략의 핵심으로 부각되고 있으며, 제조업의 경우 원가절감의 제3의 원천으로서의 마케팅 및 물류원가관리 차원에서 그리고 서비스기업의 경우 판매재편 및 확대를 통한 기업가치 제고목적에서 고객수익성분석은 매우 중요하다.

고객수익성(Customer Profitability)은 개별고객이 한 조직에 기여하는 순화폐가치를 말하며, 고객수익성분석은 개별고객 또는 한 집단고객이 수익성 차원에서 어떻게 차이를 보이는가를 검토하는 것을 말한다. 구체적으로 개별고객으로부터 벌어들인 수익에서 고객에게 약속한 제품 또는 용역을 제공함에 소요된 원가를 차감하여 구한 이익이 고객 간에 어떠한 차이를 보이며 어떠한 고객의 이익이 최대인가 등을 파악하는 것을 말한다. 두 가지 의미의 차이는 고객수익성이 측정(즉, 계산)에 초점을 맞춘 것이라면 고객수익성분석은 의사결정(고객관계관리 및 전략 수정 등)에의 활용을 전제로 한다는 것이다.

1. 고객수익성

고객수익성은 간단히 말해서 해당고객으로부터 기업이 얻을 수 있는 수익성(Profitability)을 일컫는다. 이러한 고객수익성을 분석하기 위해서는 먼저 고객과 수익성에 대해서 인지하는 노력이 필요할 것이다. 먼저, 고객은 해당기업이나 경제적 활동주체에 따라 그 해석이 다양할 수 있다. 고객은 상황에 따라 수익을 제공하는 주체일 수도 있고, 혹은 개개인, 한 가구, 한 기업과 같이 다를 수 있다. 따라서 고객수익성을 분석하는 데에는 먼저 해당고객을 결정해야 한다. 일단 고객이 누구인지를 정의내렸다면, 다음으로는 해당기업이 가지고 있는 데이터베이스 내에서 그 고객을 추출해 낼 수 있는지 파악해야 한다. 다음으로 수익성에 있어 어떠한 방법으로 수익성을 계산해 낼 것인지 결정하는 과정이 필요하다. 수익성은 일반적으로 '수익 – 지출'로써 도출해 낼 수 있다고 여겨지나 여기에는 평생고객가치, RFM분석, 고객실적평가법 등 다양한 방법들이 사용된다.

이러한 고객수익성이 중요한 이유는 이 개념이 일반적으로 고객평가의 척도로 사용되기 때문이다. CRM에서의 중요한 개념 중의 하나인 수익성 높은 고객에 대한 집중관리는 고객수익성의 분석을 통해 가능하다. 그리고 이러한 고객수익성의 향상은 곧 기업이익의 확대로 이어진다.

고객의 수익성이 높고 낮음에 따라 고객관리는 다르게 수행되어야 하는데 우선 수익성 높은 고객의 관리는 수익성을 제고시키려는 기업의 노력을 보다 빛나게 하고 그것에 관한 노력이 단지 하나 더 팔려는 장사자의 실수로 전락하지 않기 위해서 제안형 마케팅을 지향하고 역선택의 함정을 피해야 하며 고객의 역동성에 함께 발맞추어야 하고 또한 동시에 고객중심으로 데이터의 통합이 이루어져야 한다. 반면에 수익성 낮은 고객의 관리에 있어서 최후의 방법은 관계 종료, 즉 고객거부라 할 수 있다. 그러나 이는 우선 경쟁자에게 새로운 사업기회(고객)를 제공할 수 있으며, 기업이 고객에게 비우호적인 서비스를 제공하는 것으로 인식돼 높은 가치를 제공하는 기존고객과의 관계에 악영향을 끼칠 수도 있다. 또한 소비자에 대한 윤리적 · 도덕적 책임을 위반하는 것으로 보일 수도 있는 등 그로 인한 피해가 예상보다 클 수 있다.

2. 고객자산

고객수익성은 고객을 기업의 자산으로 여기는 것으로부터 시작된다. 고객은 기업유지와 성장에 가장 중요한 요소이기 때문이다. 고객자산은 기업의 시장가치평가를 위한 도구로서 사용되며, 이러한 고객자산의 증가는 곧 기업의 가치향상과 연결된다.

일반적으로 기업의 마케팅이 고객획득, 고객유지, 교차판매와 같은 고객행동에 영향을 주고, 이러한 고객행동이 고객생애가치 또는 고객자산에 영향을 주며, 고객생애가치 또는 고객자산이 기업의 가치 또는 주식가치에 다시 영향을 주는 관계를 가지고 있다. 이렇듯 기업의 성장에 필연적인 관련을 맺고 있는 고객자산은 현재고객들의 평생고객가치와 미래고객들의 평생고객가치의 합이라고 정의된다. 한 고객의 생애가치는 앞으로 기업이 벌어들일 수 있는 수익의 값이기 때문이다. 현재고객과 미래고객 모두의 평생고객가치값이 모두 사용되는 이유가 바로 여기에 있다.

3. 성과측정방법

고객가치의 관리는 기본적으로 상이한 고객들에게 지원을 차별적으로 할당한다는 점을 기본으로 한다. 이러한 차별적인 자원할당의 기초가 되는 것은 각 고객들이 기업에게 제공해 주는 경제적 가치관이다. 따라서 고객관리에 앞서 무엇보다 중요한 것은 각 고객들이 기업들에게 기여하는 가치를 어떻게 계산할 것인지에 대한 충분한 이해이다.

표 4.5 ▌ 성과측정방법

측정방법		설명
전통적인 마케팅 척도	시장점유율 (Market Share)	• 시장에서 모든 고객을 대상으로 관련된 모든 기업의 매출액에 대한 개별기업의 매출액의 비중 • 제품중심적 마케팅 접근법의 척도로서 마케팅의 성과를 측정하기 쉽고 시장의 정보를 쉽게 파악할 수 있어 일반적인 척도로 사용 • 개별고객이 매출액에서 차지하는 매출액의 비율의 정보를 파악할 수 없다는 단점
	매출액 성장률 (Sales Growth)	• 브랜드, 제품 그리고 기업의 특정 기간의 매출량 혹은 매출액을 이전 기간과 비교하여 증가 또는 감소를 나타내는 척도로서 퍼센트로 표현 • 특정 기간의 판매성과가 어느 정도 개선 또는 악화되었는지 그 정도를 측정 • 기업의 현재 현황을 나타내는 척도로서, 자사의 성과를 경쟁사의 판매량과 비교하여 파악, 그러나 소비자의 수가 증가했는지 또는 감소했는지는 파악할 수 없다는 한계
고객에 기초한 척도	범주지출액 (Size of Wallet)	• 소비자가 정해진 제품범주에 지출한 총액 • 제품범주에 속한 모든 기업에 대한 개별고객의 지출액을 화폐단위로 표현한 척도
	SCR(Share of Category Requirement)	• SCR은 해당기업의 제품 혹은 서비스를 구매한 고객만을 대상으로 해당기업에서의 구매량을 제품범주 내의 전체 구매량으로 나눈 비율량 • SCR은 고객충성도를 측정하는 척도로 사용
고객활동 척도	획득률 (Acquisition Rate)	• 기업은 고객의 획득을 시도할 때 특정 잠재고객을 목표
	획득비용 (Acquisition Cost)	• 고객획득 마케팅활동에서 사용된 비용을 획득된 잠재고객으로 나눠 새로운 고객 한 명을 획득하는 데 든 비용을 계산한 것

고객활동 척도	평균구매시간(AIT : Average Inter-Purchase Time)	• 구매와 구매 사이의 평균간격을 의미, 특정 기간 동안 구매빈도를 역수를 취해서 계산하여 일, 주, 월 등의 시간 단위로 측정
	유지율(Retention)과 이탈률(Defection)	• 유지율은 소비자가 이전기간에 비하여 현재기간 동안 지속적으로 구매할 평균적인 확률 • 이탈률은 소비자가 이전기간에 비하여 현재기간 동안 거래를 중단할 평균적인 확률
	생존율 (Survival rate)	• 소비자가 관찰된 시점부터 t기간까지 소비자가 살아 있을 비율 • $생존율_t(\%) = 100 \times 평균유지율_t \times 생존율_{t-1}$
	P(Active)	• 고객과 소비자의 관계형태가 비계약적인 관계에서는 소비자의 활동에 대해서 P(active)는 시점에서 소비자가 활동하고 있을 확률 $P(active) = T^n$ (n=주어진 기간의 구입횟수, T=마지막 구입한 시간)
전략적 CRM 척도	RFM분석	• RFM 분석은 Recently(최근구매일), Frequency(구매빈도), Monetary value(구매금액)를 나타내며, 세 가지 측정기준으로 고객의 행동과 가치를 평가 $P_i = Ar_{ij} + bF_{ij} + cM_{ij} + \text{error}$ (i=고객 i , P_i=고객 i의 축적되어온 점수, j=j번째 거래, R_{ij}=Recently 변수, F_{ij}=Frequency 변수, M_{ij}=Monetary value 변수, a, b, c=각 변수들에게 주어진 가중치)
	이전고객가치 (Past Customer Value)	• 이전의 거래실적을 기초로 미래의 가치를 평가하는 방법으로, 이전고객가치모형에서는 이전고객의 공헌수익에 의해 결정. 각기 다른 시점상의 모든 거래를 화폐의 시간가치를 사용하여 조정하여 계산 $이전고객가치 = Gc_{in} \times (1+r)n$ (i=고객, r=할인율, n=구매가 일어난 시점에서 현재까지 경과된 시간 Gc_{in}=n번째 기간에서 i번째 고객의 거래에 대한 총공헌수익)

1) RFM

고객의 수익성을 분석하기 위한 최근성, 구매빈도, 그리고 구매금액 기법은 앞에서 설명되었기 때문에 세분화와 수익성분석은 CRM에서 사용되는 분리된 기법보다는 같은 활동에 대한 두 가지 접근법으로 인식될 것이다.

분산적인 관점에서 RFM 모델은 주어진 고객을 유지하거나 이동시키고 기업과의 상호작용에 대한 미래비용의 한도를 정하는 것의 금전적인 결과를 평가하는 데 특히 유용하다. 충성도/수익성에 근거하여 고객명단을 분류하면 마케터는 어떤 개인 혹은 최소단위에게 마케팅 의사소통의 비용을 인상할 가치가 있는지, 그리고 누가 기업에서 삭제될 운명인지가 분명하게 나타나는 교훈을 얻을 수 있다.

RFM 모델의 변수 클래스를 조정하면, CRM의 전문적인 부분을 강화하는 데 집중하는 파생적인 기법을 창조할 수 있다. 개조된 방법의 하나는 온라인 고객관리에 적용될 수 있다. RFM 모델은 웹사이트를 통해 이루어진 고객의 마지막 교류, 구매의 횟수, 판매된 상품과 서비스에서 파생하는 구매빈도와 마진을 요약한다.[5] 얻어진 데이터는 나중에 고객의 온라인 행동패턴의 정교화된 이미지를 만들거나 그것들을 가능하면 오프라인 행동들과 비교하기 위해서 사용될 수 있다.

고객의 가치를 분석하는 데 유용할지라도, RFM 모델에는 단점이 있다. 첫 번째는 구매빈도에서 같은 값을 갖는 두 고객을 비교할 때와 관련이 있다. 한 명은 1년 전에 구매를 했고, 다른 한 명은 불과 며칠 전에 주문을 한 새로운 고객일 때, 그 둘을 어떻게 비교해야 하는가? 두 번째 문제 역시도 구매빈도 가치와 연결되어 있다. 그것의 가치를 평가하는 데 사용될 수 있는 가장 효율적인 시간단위는 무엇인가? 정해진 시기에 고객이 구매빈도 점수를 하나밖에 얻지 못했다면 수집된 데이터는 그를 평가하기에 모자라는 것으로 보인다.[6]

2) 평생고객가치

평생고객가치(Life Time Value)에 대해서는 일반적으로 두 가지 정의가 통용되고 있다. 먼저, 기업이 개인고객으로부터 발생할 것이라고 기대되는 미래현금흐름의 순현재가치라는 정의가 있다. 다음으로 한 고객이 한 기업의 고객으로 존재하는 전체기간 동안 기업이 얻을 수 있는 수익의 순현재가치라는 정의가 사용된다. 다시 말하면, 자사에게 생애에 걸쳐 제공하는 이익을 현재가치로 환산한 금액을 말한다. 즉, 평생가치란 주어진 기간 동안 고객으로부터 실현된 이익의 순현재가치 또는 한 고객이 한 기업의 고객으로 존재하는 전체기간 동안 기업에게 제공할 것으로 추정되는 재무적 공헌도의 합계라 할 수 있다. 간단히 말해서 고객생애가치는 기업이 고객으로부터 얻

5 Baran, J.R., Galka, J.R., Strunk, D.P., *Principals*…, op.cit., p.357.

6 Berry, M.J.A., Linoff, G.S., *Data*…, op.cit., p.576.

을 수 있는 현재와 미래가치의 합이라고 할 수 있다. 물론, 최초구매자로서 고객의 가치는 미미하지만, 그 고객이 반복구매를 통해 지속적인 관계를 맺는 핵심고객이 되면 그 가치도 급상승하게 된다. 따라서 고객의 가치를 높이기 위해서는 고객과의 장기적인 관계구축이 반드시 필요하다.

이를 실제 기업활동에 연관시켜 생각해 보면 다음과 같다. 기업들은 고객획득 초기에 캠페인활동과 여러 가지 프로모션을 통해 신규고객을 획득하게 된다. 이러한 신규고객을 획득하는 과정은 여러 마케팅활동으로 인해 많은 노력과 높은 비용이 들지만 투자비용을 회수하는 데 있어 상당한 시간이 요구된다. 더욱이 고객이 일찍 이탈할 경우에는 고객획득비용조차 회수하지 못하는 경우가 발생하게 된다. 따라서 이처럼 고객획득비용을 넘어 고객과의 장기적인 관계를 유지하는 것이 중요하며, 이를 유지함에 있어 고객으로부터 거둘 수 있는 가치가 바로 평생고객가치이다.

(1) 실현가치와 잠재가치

고객 LTV 개념은 무수한 잠재고객 중 어떤 고객들을 우선으로 접근해야 하는가, 잠재고객을 획득하는 데 어느 정도의 촉진비용을 지출해야 하는가, 어떻게 어떠한 경로를 접근해야 하는가에 대한 마케팅활동의 해답을 제시하는 것이다.

또한 기존고객에 대해서는 고객 마케팅활동의 표적은 누구인지 어떤 종류의 고객유지전략을 해야 하는지, 그리고 고객유지를 위해 얼마나 지출해야 하는지에 대한 해답을 제시하는 것이기도 하다.

그러나 실제 기업활동에 적용하는 것은 쉬운 게 아니다. 실제로 고객으로부터 장기적인 수입과 기업의 지출에 대한 완벽한 정보는 기업이 가지고 있지 않기 때문이다.

$$\text{고객의 LTV} = \text{실현가치} + \text{잠재가치}$$

실현가치는 과거에서부터 현재시점까지 고객이 기업에게 제공한 현재가치이며, 잠재가치는 고객이 현재부터 생애 동안 기업에게 제공할 가치의 현재가치를 말한다. 이러한 두 가지의 가치가 합쳐져서 고객의 전체적인 생애가치를 이룬다.

1차년도 고객 LTV는 실현가치이며 2, 3차년도의 고객 LTV는 잠재가치라고 볼 수 있다. 기업에게 의미가 있는 고객은 실현가치가 큰 고객보다는 잠재가치가 큰 고객이라 할 수 있다.

고객의 잠재가치를 예측하는 것은 매우 어려운 일이다. 기업이 앞으로 수행하게 될 마케팅활동에 따라서 고객의 잠재가치를 추정하고 각 마케팅전략 중에서 고객의 잠재가치를 극대화할 수 있는 전략을 선택하는 것이 중요하다.

잠재가치의 추정은 종종 마케팅관리자의 직관이나 간단한 분석에 의해 이루어지며, 기업의 실현가치는 이러한 점에서 매우 유용한 분석으로 활용된다. 즉, 기존고객의 자료를 바탕으로 일정한 규칙이나 상관관계를 찾을 수 있고, 이러한 결과를 바탕으로 미래의 고객행동을 예측할 수 있다.

(2) 평생고객가치의 중요성

평생고객가치는 "고객과의 장기적인 관계를 유지함에 있어 고객으로 거둘 수 있는 가치"를 의미한다. 여기서 고객가치는 고객 측면과 기업 측면에서 다시 나타낼 수 있다. 고객 측면의 고객가치는 기업이 제공하는 제품 또는 서비스의 가치에 대해 고객이 지불한 비용 대비 고객이 지각한 편익을 의미하며, 기업 측면의 고객가치는 고객을 획득하고 유지하기 위해 기업이 지불한 비용 대비 기업이 고객으로부터 얻은 이익을 의미한다. 즉 기업의 이익 측면에서 볼 때 한 고객의 가치는 그 고객이 기업에게 제공하는 수입, 기업이 그 고객을 유치하고 유치하기 위해 지불하는 비용, 그리고 그 고객이 기업의 고객으로 유지되는 기간의 함수로 정의할 수 있다.

지금까지 기업들은 신규고객을 무리하게 확보하기 위해 상당한 마케팅비용을 투자하고 있다. 모든 고객과의 관계에 동일하게 투자를 하면서 수익의 상당수를 창출하는 소수의 고객들에 대한 적절한 관계의 구축에 소홀이 하고 있는 게 현실이다. 이는 과거에 많은 기업들이 시장점유율을 높이기 위해 고객의 가치는 고려하지 않고 신규고객 확보에만 주력함으로써 수익성이 낮은 고객 및 부실고객 증가로 이어져 IMF 시대에 우리 기업들이 실패하는 큰 요인 중 하나였다.

따라서 기업이 성공하기 위해서는 '고객의 가치는 다르다' 라는 인식하에 고객가치 측정을 통한 수익성 있는 고객을 선별해 내고, 이들 고객에 대해 기업의 자원을 보다 집중하는 것이 필요하며, 단일고객보다는 장기간에 걸쳐서 기업의 상품 및 관련상품을 구매해 줄 수 있는 고객의 생애가치를 극대화하는 것이 보다 효과적일 것이다.

(3) 평생고객가치의 측정

① 초기 LTV 모델

LTV 산정은 크게 초기 LTV의 산정과 이의 단점을 보완한 개선된 LTV 모델이 있다. 초기 LTV 모델의 경우 평균구매액을 기준으로 거래기간에 대한 구매액을 산정하는 방식으로 LTV = 평균구매액 × 거래기간으로 나타낼 수 있다. 즉, 초기의 LTV 모형은 개별고객으로부터 얻어지는 수입과 예상되는 거래기간을 고려하여 매우 간단하게 나타낼 수 있다.

$$\text{LTV} = \text{평균구매액}(MB) \times \text{거래기간}(nt)$$

예를 들어 고객 1이 개당 1만 원의 상품을 2년간 10개, 개당 2만 원의 상품을 1년간 5개, 개당 3만 원의 상품을 3년간 4개씩 구매한다고 하면, 고객 1의 평생가치는 66만 원이 된다. 그러나 이러한 단순 LTV 계산은 미래의 불확실성을 고려하지 않은 경우로서 고객행동의 변동, 현재가치, 이익관점 등을 고려하지 않은 방법이라고 할 수 있다. 하지만 이러한 단순 LTV 모델은 계산이 용이하고 결과도출에 소요되는 시간이 적어 계산상의 장점을 갖는다.

② 현재 LTV 모델

초기 LTV 모델은 미래의 불확실성을 간과하고 있다는 단점을 갖는다. 현재 수익성이 높은 고객이라고 할지라도 미래에 구입을 멈출 수도 있고, 심지어는 경쟁사로 이동할 수도 있다는 가능성을 갖고 있다. 이러한 초기 LTV 모델의 단점을 보완한 것이 여러 가지 불확실성과 적정한 할인율을 이용한 현재의 LTV 산정방식이다.

일반적으로 현재 사용되고 있는 LTV 모델은 고객과 기업의 관계 형성을 통해 창출되는 수익, 고객에게 투입된 비용, 할인율 등 3개의 요인으로 구성된다. 또한 미래의 변동가능성을 항상 염두에 두고 있다.

고객의 LTV는 실현가치(realized)와 잠재가치(potential)로 분류된다. 여기서 실현가치는 이미 실현된 이익의 순현재가치(net present value)를 의미하며, 잠재가치는 실현되지 않은 미래의 잠재적 수익에 대한 순현재가치를 의미한다.

LTV 구성 요소는 다음과 같다.

- 수익(고객의 지불에 의한 수익)

- 비용(기업이 고객에게 지출하는 비용)
- 잔존가능성(1 – 예상이탈률)
- 현가산정을 위한 시장이자율
- LTV 고려기간

고객의 생애가치를 증대시키기 위해 비용을 절감하며, 고객이탈을 최소화하고 보다 장기적인 고객과의 관계수립을 통한 LTV 고려기간을 연장함으로써 전체적인 LTV 수치를 높일 수 있다.

고객생애가치를 측정하기 위해서는 우선 미래의 일정기간 동안 고객이 제공할 것으로 예측되는 수익기여도값을 구해야 한다. 예를 들어 항공사 A를 이용하고 있는 고객 B가 분기별 또는 계절별로 항공사의 서비스를 이용할 구입량을 예측하고 고객 B에게 항공서비스를 제공하기 위해 투자해야 하는 원가와 마케팅비용을 구한다. 그리고 고객 B가 앞으로 구입할 모든 상품의 가격에서 원가와 마케팅비용을 빼면 분기별 수익을 구할 수 있다. 이 값에 고객 B가 앞으로 항공사 A를 이용할 것으로 예측되는 일정기간을 합산하여 전체수익을 구하고 이 값의 현재가치를 구하면 이 값이 바로 고객 B의 최종고객가치가 된다.

불확실성을 고려한, 즉 여러 가지 환경을 고려한 LTV 산정방식을 통하여 좀 더 정확한 고객수익성을 계산할 수 있게 되었으며, LTV의 값을 통하여 더욱 세밀한 고객 세분화를 이루게 된다.

(4) 평생고객가치 산정 시 고려사항

LTV 산정 시에는 단순히 값을 도출해 내는 것뿐만 아니라 다음의 사항을 고려해야 한다. 첫째, 업종 또는 제품의 특성을 명확하게 파악해야 한다. 업종이 다르고 제품의 성격이 다르다면 이에 대한 산정방식도 달라지게 된다. 예를 들면, 마진이 매우 낮은 유형의 제품의 경우 관계구축비용의 원가를 회수하기 매우 어렵다. 매우 저렴한 문구용품을 판매하는 기업의 경우 LTV 산정이 어렵다. 고객 파악부터 어려울 뿐 아니라 이들의 사업특성상 한 소비자에 대한 판매보다는 다수의 고객에 대한 다량의 판매가 더 비중 있기 때문이다. 따라서 이들은 고객과의 관계구축에 대한 원가를 특정 제품에 대한 반복구매를 통하여 회수할 수 없게 된다. 기술변동성이 심한 제품의 경우 역시 LTV 산정에 문제가 발생한다. 기술변동이 매우 심한 MP3와 핸드폰 같은 경우에는 고객의 이동이 매우 자유롭다. 이 경우 해당 브랜드에 대한 충성고객을 최대화하는 방안을 먼저 마련하고, 현재고객의 LTV 측정에 있어 '타 브랜드로의 이동'이라는 변수를 고려해야 한다.

둘째, 대상고객에 대한 정확한 파악이 선행되어야 한다. 고객의 연령층에 따라 충성도가 다르며 브랜드 간 이동현상, 구매빈도 등의 차이가 심하다. 10대 고객층이 일반적으로 브랜드 간의 이동이 크다면, 상대적으로 50대 고객은 브랜드 이동이 적다는 등의 차이에 대한 이해가 필요하다.

마지막으로 이러한 점을 고려하여 각각의 구성요소별로 별도의 모델을 구축해야 함을 알아야 한다. 주요변수가 달라지면 구축을 위한 모델도 달라져야 한다. 위와 같은 고려사항들을 세밀하게 고려한 이후에 LTV를 산정해야 정확한 LTV가 가능해진다.

Chapter 05

CRM 분류

제1절 | 운영 CRM

제2절 | 분석 CRM

제3절 | 협업 CRM

Chapter 05

CRM 분류

대표적인 CRM 분류방법으로 주로 [그림 5.1]과 같은 Meta Group의 The Customer Relationship Management Ecosystem(1999)에 대한 분류기준을 따른다. 이 분류에 따르면 CRM은 프로세스관점에 따라 운영 CRM(Operational CRM), 분석 CRM(Analytical CRM), 협업 CRM(Collaborative CRM)으로 구분된다. 이러한 분류방법은 CRM을 구성하는 IT 기반 기술 위주의 분류이기에 CRM 솔루션을 공급하는 벤더들의 종류를 구분하거나 프로젝트의 성격을 구분하는 중요한 기준이 될 수 있다.

그림 5.1 ▮ CRM 분류

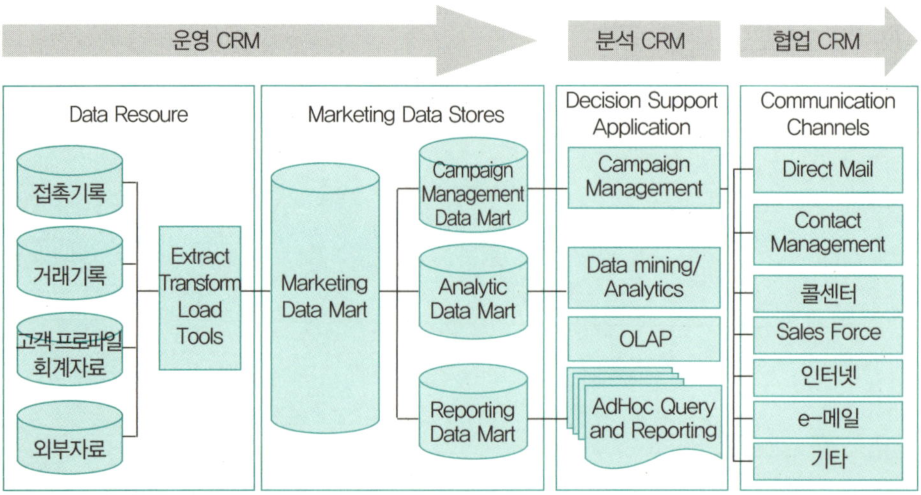

먼저 운영 CRM이란 CRM의 구체적인 실행을 지원하는 시스템이다. 기존 ERP(Enterprise Resource Planning) 시스템이 조직 내부의 관리효율화를 담당하는 후방(Back-end) 시스템임에 반해, 운영 CRM은 조직과 고객 간의 관계향상, 즉 ERP 시스템의 기능(거래처리, 재무, 생산, 재고 및 인사관리) 중에서 고객접촉과 관련된 기능을 강화하여 조직의 전방(Front-end)업무를 지원하는 시스템이다. 이는 주로 세일즈와 서비스를 위한 시스템이다.

다음으로 분석 CRM은 영업(Sales), 마케팅(Marketing), 서비스(Service) 측면에서 고객정보를 활용하기 위해 고객데이터를 추출 · 분석하고 고객의 행동을 예측하기 위한 시스템이다. 이를 통해 사업에 필요한 고객 및 시장세분화, 고객 프로파일링, 제품 컨셉트의 발견, 캠페인 관리, 이벤트 계획, 프로모션 계획 등의 기회 및 방법에 대한 아이디어가 도출될 수 있다. 고객데이터의 과학적인 분석을 위하여 데이터마이닝 기술이 매우 중요한 이슈로 부각되며 CRM의 다른 구성요소인 운영 CRM, 협업 CRM과 밀접하게 연관되어야 한다.

마지막으로 협업 CRM이란 1990년대 후반부터 인터넷을 기반으로 한 비즈니스의 성장 및 오프라인 기업의 온라인화가 가속화되며 인터넷에 대응하는 신개념의 CRM으로 e-CRM이라고도 한다. 또한 협업은 분석과 운영시스템의 통합을 의미하며, e-비즈니스 환경에서 각 고객별로 차별화된 서비스를 제공하는 웹 개인화시스템이 대표적인 예이다.

제1절 운영 CRM

1. 정의, 구성 및 고려사항

운영 CRM(Operational CRM)은 전방 비즈니스 프로세스(front-end processes)로 불리는 마케팅, 영업 및 고객서비스에 관한 업무 프로세스의 자동화에 주안점을 두고 있으며, 이의 기반이 되는 응용시스템들이 통합되도록 하며, 주문처리, 생산, 구매, 재고, 물류, 회계 등의 후방 비즈니스 프로세스(back-end processes)와도 연계되게 하는 통합적 고객관계관리 자동화시스템이다. 주로 고객관계관리의 표면적인 운영을 담당하기 때문에 운영 CRM이라고 한다.

인터넷, e-메일, 전화, 팩스, 우편, 고객센터 등의 다양한 고객접점에서 얻어지는 고객관련 데이터가 분산되지 않고 일관성 있게 수집되게 하고 전후방 프로세스에서 축적되는 고객데이터와도 연동되게 하여, 고객 개개인에 대한 정보를 실시간으로 파악하게 하며, 마케팅, 영업 및 고객서비스가 원활하게 이루어지도록 자동화한다. 여기서 얻어진 통합데이터는 분석(Analytical) CRM에서 활용할 수 있도록 하고 있다.

운영 CRM은 후방위(back office)에서 분석 CRM 시스템을 통해 도출된 고객정보를 활용하여 마케팅, 영업, 그리고 고객서비스와 같은 전방위(front office)영역에서 실질적인 CRM 업무 프로세스를 통합하고 자동화하기 위한 시스템영역으로, 핵심 구성요소로는 마케팅자동화시스템, 영업자동화시스템, 그리고 고객서비스시스템이 있는데 다음 [그림 5.2]는 운영 CRM의 전형적인 구성요소와 각 운영 CRM 시스템이 제공하는 기능을 요약하고 있다.

그림 5.2 ▮ 운영 CRM의 개념

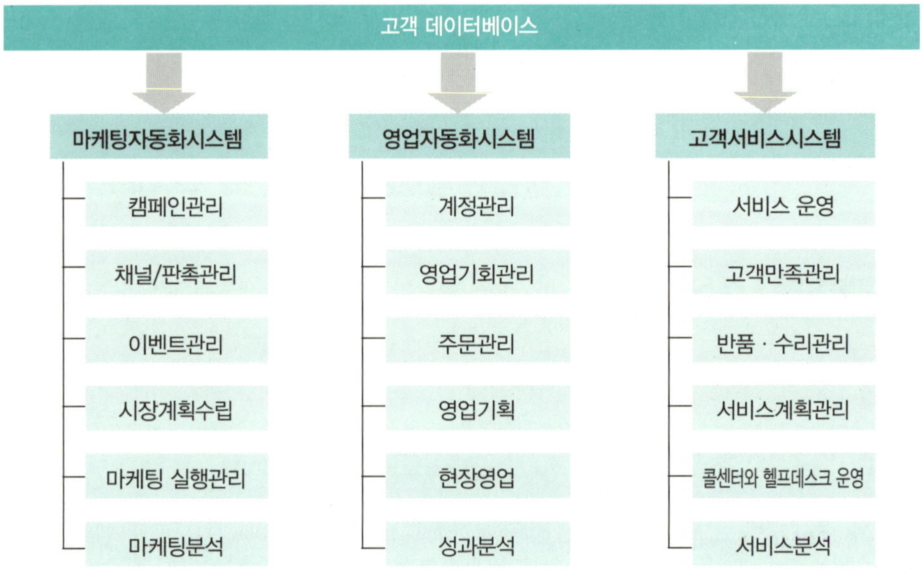

최근에는 이러한 운영 CRM을 구현하기 위한 방법으로서 전사적 자원관리(ERP : Enterprise Resource Planning)가 가지고 있는 기능(재무, 생산, 재고 및 인사관리

등) 중에서 고객접촉과 관련된 기능을 강화하여 ERP의 기능을 확장하거나, 고객관계관리를 위해 전용으로 개발된 모듈과 기존 ERP를 통합하는 방법으로 CRM 시스템의 개발이 이루어지고 있다. 예를 들어 Oracle사의 CRM 시스템은 고객과 직접 상호작용을 하는 모듈의 집합체로 콜센터, 영업활동자동화, 마케팅자동화의 세 가지의 모듈로 구성되어 있다.

운영 CRM을 도입하는 주요한 목표 중의 하나는 진정한 일대일(one to one)마케팅을 실현하고자 하는 것이다. 일대일마케팅은 기업과 고객 양방향에서 실현되어야 한다. 즉, 기업은 개별고객을 별개의 대상으로 보고 데이터를 축적 · 분석 · 이해하고 그 고객과 이루어지는 어떤 접촉의 순간에도 고객을 개별고객으로 보려는 것이다. 역으로 고객에게는 기업도 하나로 보여 원스톱 거래를 지원할 필요가 있다.

그러나 현실의 기업은 고객과의 의사소통을 부문별, 사업별, 지역별로 균형을 맞추고 있어서 다대일(many to one)로 되어 있는 경우가 많다. 진정한 일대일마케팅이 구현되려면, 기업도 개별고객에 관해 조직 내에서 부서에 관계없이 단일한 기억을 가질 수 있도록 형성되어 있는 것이 결정적으로 중요하며, 이렇게 하기 위해서는 마케팅 단계뿐만 아니라, 영업과 사후서비스의 일련의 고객접점 프로세스 모든 면에서 고객의 정보는 취득되고 활용될 필요가 있다.

운영 CRM은 두 가지로 구분이 가능하다. 기업 입장에서의 운영 CRM(Company Facing Operational CRM)이 있고 고객 측면에서의 운영 CRM(Customer Facing Operational CRM)이 있다. 기업 입장의 운영 CRM은 기업이 고객에게 고객의 정보를 획득하고 이를 고객접점부서에 있는 모든 관련 인력과 공유하며 분석 CRM에서 분석된 결과를 바탕으로 보다 고객에 적정한 대고객활동을 할 수 있도록 도와주는 도구를 의미하며 영업활동자동화(SFA), 서비스 구성요소가 바로 그러한 것이다. 특히 서비스의 구성요소 두 가지 중에 Contact Center가 바로 기업 입장에서의 운영 CRM이 될 것이다.

또한 고객 측면의 운영 CRM은 고객이 가장 접근하기 쉬운 웹, 그리고 최근에는 모든 고객이 아침에 항상 확인하고 생활화되어 있는 e-메일이 바로 고객과 직접대면하고 통신하고 상호작용할 수 있는 운영 CRM이다.

고객과의 대화는 개인화, 웹채팅, 서비스포털 그리고 서베이 등을 통하게 된다. 웹은 수동적인 상호작용 채널이며 e-메일은 적극적이고 능동적인 채널이라고 할 수 있다. 그렇지만 웹은 오늘날 가장 고객에게 노출되기 쉬운 채널이기에 웹을 통해서 고객의 유형이나 분류에 따라 보다 편리하고 유용한 컨텐츠를 그리고 고객이 수용할 확률이 높은 오퍼를 제공해야 한다. 그러기 위해서 필요한 CRM의 요소가 Contents Management Solution(CMS)와 Personalization이다. 이것이 기능을 발휘하여 웹이나 e-메일에 개개인의 고객의 특성에 맞는 컨텐츠나 오퍼를 제공하는 것이다.

또한 고객 측면의 운영 CRM으로 중요한 요소를 두는 것이 서비스포털이다. 서비스포털은 고객이 컨택 센터에 전화를 하거나 e-메일을 보내어 컨택 에이전시가 별도의 응대작업을 하는 비용을 줄이기 위해 고객이 직접 필요한 서비스를 받을 수 있도록 하는 소위 셀프서비스 강화요소이다. 고객이 필요한 상품정보를 찾아 내고 또 FAQ를 통해 서비스요청을 대신할 수 있는 것은 대신한다.

컨택 에이전트는 자주 요청되어 오는 요구사항에 대해서는 FAQ로 빠르게 등록될 수 있도록 지원하며, 이것을 통해서 웹 채팅, Web Collaboration 등을 지원한다. 웹 채팅은 컨택 에이전트와 실시간 채팅을 하는 것이고 Web Collaboration은 컨택 에이전트와 전화를 하면서 화이트보드나, 어떤 문서파일을 공유하면서 서비스요청을 해결하는 것이다. 뿐만 아니라 코-브라우징(Co-Browsing)이라 하여 컨택 센터의 에이전트가 움직이는 마우스의 움직임이 고객의 화면에 나타나면서 원하는 자료를 쉽게 가이드할 수 있게 도와주는 기능도 존재한다. 이러한 기능들이 운영 CRM이라고 할 수 있다.

운영 CRM의 구성은 [표 5.1]과 같이 크게 영업, 마케팅, 서비스의 세 부분으로 나눌 수 있다.

표 5.1 ▮ 운영 CRM의 구성

분야	시점	솔루션
영업	Sales	• 영업계획 수립 및 관리(영업기회관리) • 인터넷 & 모바일 세일즈 • 영업사원자동화(Sales Force Automation) • 고객정보관리
마케팅	Pre-Sales	• 캠페인 계획(Campaign Plan) • 타겟그룹 생성(Segment Builder) • 캠페인 실행관리 • 리드관리

서비스	Post-Sales	• 모바일 서비스 • 고객 셀프서비스 • 서비스 수요 · 고객예측 • 소모성 자재 · 부품관리 • 반품 · 수리품 처리

또한 운영 CRM에서 고려할 사항은 다음과 같다. 먼저 운영 CRM은 협업 CRM과의 효과적인 접목이 중요하다. 또한 채널별 프로세스 통합과 고객접촉이력 통합관리가 필요하다. 그리고 새로운 비즈니스 기능의 신속한 구현 및 백오피스와의 통합, 연계가 주요 고려사항이라 할 수 있다.

1) 영업(Sales)

(1) 영업계획 수립

생성된 영업계획에 따라 영업기회에 대한 계획(opportunity plan)을 수립하고 기회계획(opportunity plan)은 여러 가지 현재상황을 참고로 작성할 수 있는데, 특히 경쟁사에 대한 정보, 주된 판매제품, 추진팀의 설정, 파트너 및 접촉고객 등에 대한 전반적인 내역을 주된 내역으로 하여 계획을 수립할 수 있다. 계획을 공유하는 추진팀들은 변화되는 내역을 함께 공유할 수 있으며, 특별히 알아야 할 사항에 대해서는 관리자나 이슈를 관리하는 영업사원이 문서(파워포인트, 엑셀, 워드 등 모든 문서 가능) 형태로 저장하여 공유시킬 수 있다.

또한 수립된 기회관리(opportunity management)계획에 따라 보다 구체적인 영업계획을 수립할 수 있다. 영업활동계획은 영업사원별로 월별, 주별, 일별 계획을 수립하게 되며, 고객과 약속이 잡히기 전의 계획은 일상업무(task)로, 고객과 약속이 잡힌 후의 계획은 실제적인 활동(activity)으로 관리한다.

(2) 인터넷영업(Internet Sales)

콜센터의 기능을 활용하여 다양한 텔레 세일즈(Tele Sales) 활동을 수행할 수 있으며 인터넷세일과의 통합적인 제품 카탈로그(Product catalog)관리 및 기능(예 : Cross-selling) 공유가 가능하다. 또한 실시간 재고 및 생산가능성(real-time ATP) 체크도 실행한다. 교차/업/다운셀링 기능을 지원하여 고객이 필요한 물품을 제시하고 또한 효과적인 매출증대를 기대할 수 있도록 관리한다.

(3) 모바일영업(Mobile Sales)

모바일영업은 대단히 광범위한 개념이다. 왜냐하면 기존의 e-비즈니스 개념과 무선인터넷의 결합으로 탄생한 것이 모바일영업이기 때문이다. 무선네트워크를 통한 통신의 기반을 확보하고, 이동이 용이한 멀티 디바이스를 통해서 여러 가지 전자상거래를 할 수 있게 된 것도 모바일영업 덕분이다.

모바일영업의 기반이 되는 핵심요소인 모바일 인터넷은 일반적으로 알고 있듯이 기존의 랜선 등의 유선이 아닌 무선을 통해 데이터와 서비스를 받을 수 있다는 것이 핵심기술이다. 일반적으로 모바일이라는 것은 이동(mobile)과 무선(wireless) 두 가지를 모두 포함하지만, 두 가지 중에 좀 더 주요한 개념은 이동성이라 할 수 있다.

유선인터넷과 무선인터넷의 특성을 비교해 보면 현재까지는 무선인터넷이 유선에 비해 안정성과 속도, 데이터 저장의 용이성에서 많이 뒤떨어지는 것이 사실이지만, 네트워크와 모바일장치의 발전에 따라 상당부분의 문제가 해결되는 과정에 있다.

(4) 영업사원자동화

영업사원자동화, 즉 Sales Force Automation(SFA)이란 영업사원의 업무를 효율적으로 지원하기 위한 일련의 프로세스와 시스템의 집합체라고 할 수 있다. SFA는 가장 급성장하고 있는 CRM 구성요소이다. 기업이 잠재고객과 만나서 잠재고객을 실제고객으로 전환시키고, 고객충성도를 유지하기 위한 가장 중요한 고객접점 중의 하나이다. 이 SFA는 영업을 지원하는 애플리케이션, 즉 고객전방업무(front-office)를 근간으로 하고 있다.

기업에서는 SFA를 통해 종전에 수동으로 진행했던 영업활동을 자동화하여 주문접수 시의 중복적인 노력을 줄이고 재고상황 조회를 원활히 하며 고객의 이력을 유지하고 다른 영업조직과의 의사소통을 용이하게 한다. 또한 고객에게 정보를 손쉽게 보여줄 수 있고 고객과의 접촉관리가 가능하고 가격견적을 쉽게 만들 수 있게 한다.

영업사원자동화는 영업력의 자동화를 위한 것으로서 영업사원들이 각자 관리하던 기존의 고객 및 잠재고객의 요청사항, 구매정보, 취향 등의 고객에 관한 정보 및 대고객 영업전략 등을 전사적으로 관리하는 기능이다. 영업사원들은 매일매일의 영업내용, 일정고객과의 접촉결과, 판매실적 및 예상판매계획 등의 자세한 영업정보를 입력하고 이들 영업사원의 관리자는 이들 정보를 종합해서 현재의 영업상태를 파악할 수 있다. 또한 달력기능을 사용하여 영업활동을 계획할 수 있다. 영업매니저는 각 영업사원의 달력을 하나로 합쳐 부서원 전체의 활동계획을 한눈에 파악할 수 있다.

SFA는 영업사원의 성과급을 책정하는 데 있어서의 정량적인 근거를 제공하는 역할을 한다. 이를 위해서는 영업사원의 잡무제거와 사무처리자동화를 위해 접촉관리, 일정관리, 수금관리를 자동화하여 제공되어야 하며 모든 필요한 정보는 데이터웨어하우스에 축적되어 해당 영업사원이 필요할 때 언제든지 조회할 수 있는 환경이 필요하다.

또한, 영업사원이 수행한 모든 영업활동은 영업매니저가 모니터링할 수 있으며, 성공이나 실패 여부와 그 이유 등을 살펴볼 수 있어 향후 계획을 수립할 때 참고할 수 있다. 그리고 현장에서 주문이 확정되어 고객이 주문내역을 문서로 요구하게 되는 경우, 영업사원은 자신의 노트북에 저장되어 있는 모바일 클라이언트(mobile client) 기능을 활용하여 즉석에서 영업문서를 출력해 줄 수 있다.

2) 마케팅(Marketing)

(1) 캠페인 계획(Campaign Plan)

대부분의 경우에 다이렉트 마케팅 매체를 중심으로 활동이 전개되기 때문에 기업에서는 마케팅 프로그램을 다이렉트 마케팅 캠페인이라고 부른다. 계획서는 내부결제 목적으로만 필요한 것이 아니다. 모든 참여자에게 목적 및 방향에 대해서 충분히 설명이 되어야 하고 외부 관련업체(리스트 공급회사, 협력업체 등)에도 계획서의 내용을 충분히 숙지시키고 일치된 방향으로 추진되어야 한다.

캠페인 내용이 경쟁사에 노출될지 보안문제를 너무 의식하여 참여자에게 계획을 충분히 이해시키지 않으면 사소한 몇 가지 실수로 캠페인을 망치는 중대한 결과가 초래될 수 있다. 보안문제는 별도로 해결책을 강구하기로 하고 일단 목표 등 계획에 대해 일치된 생각을 갖도록 해야 한다.

(2) 타겟그룹 생성(Segment Builder)

고객데이터(Customer Data)를 통해 제품특성별 프로파일을 생성 · 수정할 수 있으며 프로파일의 각 속성들은 다양한 기준에 의해 자유롭게 정의하여 사용한다. 오라

클 같은 회사에서 만든 프로그램인 세그먼트 빌더(Segment Builder) 툴을 이용하여 다양한 세크멘테이션을 분류하거나 조건에 맞는 샘플 비즈니스 파트너를 추출한다.

실행결과는 분석 CRM을 통해 분석하여 분류 · 평가된 주요 세크멘테이션별로 적합한 마케팅활동이 가능하도록 지원하며 고객과의 모든 채널을 통한 거래데이터는 분석 CRM에 축적되고 통합되어, 분석 CRM을 이용하여 적정분석결과를 제공한다.

(3) 캠페인 실행관리

고객의 구매행위를 유발하거나 고객의 충성도를 높이는 행위를 캠페인이라고 하는데 대개 모든 고객에게 동일하게 행해지는 것이 아니고 고객을 여러 계층으로 분할하여 각 계층별 캠페인을 달리 하는 방법으로 이루어지게 된다. 따라서 이러한 캠페인을 관리하는 도구는 메일, 콜센터, 인터넷 등 다양한 고객접점을 활용하여 캠페인을 실시하였을 경우에 캠페인에 대한 목적, 형태, 전략을 제시하여 대상고객에 대한 캠페인을 실시한 이후 고객의 반응까지 확인할 수 있는 전 과정을 한눈에 볼 수 있는 프로세스로 제공하는 관리도구라고 할 수 있다.

분류된 고객 개개인에 대한 특성을 바탕으로 해당고객에 대한 적절한 캠페인 전략을 지원 · 관리하는 이런 도구는 다양한 형식으로 관련 부서 및 사용자의 목적에 따라 이용될 수 있다. 또한 추출된 타겟그룹을 대상으로 캠페인을 실행한다. 캠페인 실행은 전화, 웹, 모바일, e-메일, 팩스, SMS 등을 통하여 처리될 수 있으며 그 중에 인터넷 마케팅을 위한 고객중심의 개인화된 메일양식을 개인화된 e-메일로 구성할 수 있다.

(4) 리드관리(Lead Management)

먼저 리드란, 영업/거래계약의 계기 또는 실마리가 되는 것을 의미한다. 즉 '고객의 문의' 또는 '문의하는 고객'을 뜻하는데 리드도 운영적 CRM 마케팅부분에서 전사적으로 잘 관리해야 한다.

리드관리는 CRM 마케팅 내용 중에서 새로운 고객을 찾아내고 향후 자사의 실제 고객화하기 위한 고객의 특성 및 마케팅 기획관리를 수행하는 부분이다. 리드관리는 영업부서가 보다 가치 있는 기대고객(prospects)이나 기회(opportunities)에 역량을 집중할 수 있도록 초기 사전영업(pre-sales) 단계를 자동화할 수 있으며, 일정기간 동안 반복적으로 상호작용적으로 리드를 평가한다.

한편, 활동관리와 통합리드는 활동을 참조하여 생성될 수 있다. 리드와 관련된 다양한 활동이력을 생성할 수 있으며 향후 고객으로 전환 시에도 통합하여 관리된다. 또한 리드를 분석할 수 있는 다양한 질의가 제공된다.

(5) 마케팅분석

시장 및 경쟁사분석은 새로운 기회와 잠재성을 평가하고, 새로운 전략수립을 지원한다. 또한 마케팅계획 및 최적화는 기간별, 지역별, 유통채널별 등 마케팅효과에 대한 사전계획 및 분석을 지원하며 시뮬레이션 결과 및 모니터링을 기반으로 캠페인 및 프로모션 계획을 효과적으로 수행할 수 있도록 한다.

한편 캠페인의 성공요인으로서 고객응답률, 기여도, ROI 등을 쉽게 분석할 수 있도록 한다. 상품 및 브랜드분석은 개별상품 또는 상품그룹별로 가능하다. 효율적 분석을 통해 알맞은 고객그룹을 대상으로 적합한 캠페인을 수행할 수 있도록 지원한다.

3) 서비스(Service)

(1) 모바일서비스

콜센터 또는 인터넷을 통해 요청된 서비스내역은 모바일서비스 기능을 탑재한 노트북을 이용하여 현장 서비스요원에게 할당되어 신속하게 처리가 가능하다. 특히 제품과 관련된 서비스요청은 기존고객이 구입한 상품에 대한 서비스요청이므로 과거 주문내역을 확인하여 어떠한 고객에게 어떠한 제품이 어느 시기에 판매되었다는 정보를 조회하여 신속하게 처리가 가능하다.

현장 서비스요원들은 워크센터(work center)에 등록되어 제품별 · 지역별로 서비스를 수행할 수 있도록 구성할 수 있으며, 서비스와 관련된 내용은 모바일서비스 클라이언트에 저장되어 서비스요원이 서비스처리 후 CRM 온라인으로 그 내역을 전송할 수 있다. 또한 모바일 디바이스(PDA, smartphone 등)를 이용하여 워크플레이스를 구축하여 서비스와 관련된 내역을 현장에서 접수, 신속하게 처리할 수 있다.

(2) 고객 셀프서비스

고객은 인터넷에서 상품정보 또는 문제해결을 위해서 CRM이 제공하는 컨텐츠관리기능과 검색기능을 사용하여 원하는 정보를 얻을 수 있다. 인터넷 셀프서비스 기능은 고객이 원하는 때에 언제든지 사용할 수 있으며 인터넷에서 원하는 답을 찾지 못했을 경우에는 VOIP(인터넷전화), e-메일, 채팅, 콜백기능을 사용하여 상담원과 접촉할 수 있다. 여기서 콜백기능이란, 우리가 흔히 볼 수 있는 것으로 기업에서 고객의 핸드폰에 새로운 제품이나 공지사항, 고객에게 필요한 정보를 전송하거나 이미지화시켜 보낸다면 고객은 그 정보를 확인한 후 다시 그 기업에 전화를 거는 기능을 말한다.

또한 고객과 연결된 후 코-브라우징(Co-browsing)기능을 사용하여 고객의 이해를 쉽게 하며 문제를 해결할 수 있다. 코-브라우징이란 기업 고객담당자가 고객의 웹브라우저를 통해 무엇인가를 보여주기 위해 고객과 대화할 수 있는 소프트웨어 기법을 의미한다.

고객의 불만사항은 서비스센터로 직접 전화를 한 경우와 인터넷을 통한 인터넷고객셀프서비스(ICCS : Internet Customer Self Service)를 통해 접수될 수 있으며, 마스터에 등록된 제품 및 서비스항목에 대하여 모두 처리가 가능하다. 접수된 불만사항은 무상반품, 제품교환, 환불 등 고객이 원하는 프로세스를 정의하여 처리가 가능하고, 불만사항에 대한 내용을 저장하고 분석하여 향후 불만사항에 대한 예측 및 관리를 가능하게 한다.

CRM의 고객응대센터(CIC : Customer Interaction Center) 컴포넌트는 기존의 컴퓨터 전화통신(CTI : Computer Telephony Integration)과의 용이한 통합성을 지원하며, 고객전화에 대한 통계적 분석기능 및 인바운드(inbound), 아웃바운드(outbound) 전화관리기능을 지원한다. 여기서 인바운드란, 고객이 주도하여 기업에게 전화나 인터넷을 통해 연락을 취하는 것으로서 불만제기, 주문, 문의 등을 행할 때 이루어지고 아웃바운드란 기업이 주도하여 고객에게 연락을 취해 상품판매, 추천, 공지사항 전달 등을 행하는 것이다.

(3) 콜센터

콜센터란 기업이 고객을 대상으로 정보안내, 고객문의, 불만접수 · 처리 등 고객과 커뮤니케이션 활동을 하기 위해 마련된 온/오프상의 채널이다. 고객이 전화나 인터넷으로 상담원과 연결하여 상담을 할 수 있고 의견을 제시할 수 있고 불만도 제기할 수 있다.

이에 따라 상담원들이 상담을 하면서 각각의 내용들(고객정보, 마케팅정보, 분석시스템)을 콜센터 통합 데이터베이스에 축적한 후 데이터베이스를 토대로 고객만족을 실현하고 효율적 전략을 수립하고 상품을 개선하거나 신제품을 만든다. 이러한 과정이 [그림 5.3]과 같이 다시 고객에게 피드백되어 계속해서 반복하는 구조를 지닌다.

그림 5.3 ▮ 콜센터

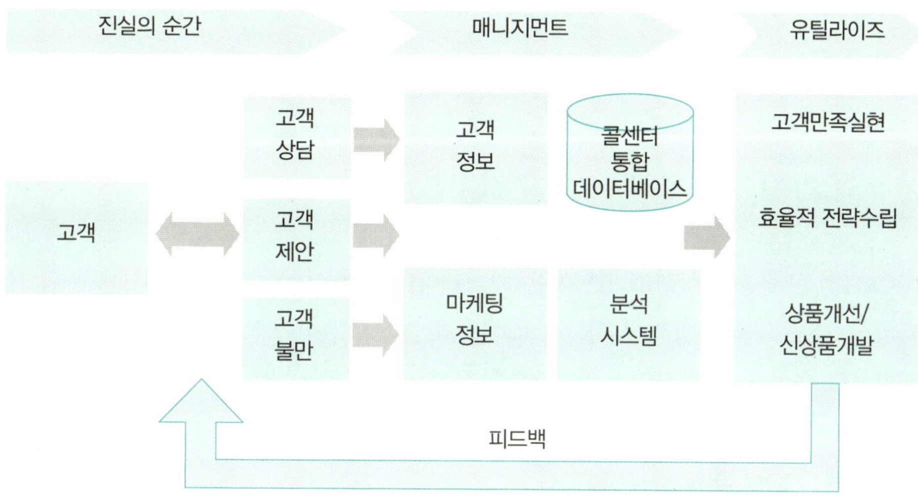

① 콜센터 특징

마케팅, 영업서비스에 대한 실시간 데이터의 고객정보 및 비즈니스 데이터와의 연동으로 인하여 컨택 센터의 효율성을 증대시키며 차별화된 고객의 상세한 요구에 따라 설계된 시스템으로서 에이전트 교육에 대한 요구사항이 줄어든다.

콜센터 에이전트들의 높은 직무만족으로 인한 이직률의 감소로 관리비용을 절감하고 고객/비즈니스 정보의 허브인 고객 콜센터의 이용으로 고객에 대한 서비스 대응체계의 수립 및 매출을 증대시킨다.

② 콜센터와 CTI의 구성

CTI(Computer Telephony Integration)라 불리는 기술은 쉽게 말해서, 개인컴퓨터와 통신기술의 결합이라고 말할 수 있다. 이 기술 덕분에 수백 회선의 전화를 한꺼번에 받거나 자동으로 고객에게 전화를 하는 것이 가능해졌다.

이와 같은 정보기술의 발전으로 콜센터는 더욱 고객에 밀착된 응대와 마케팅을 제공할 수 있게 되었다. 콜센터의 기능 중에서 가장 중요한 것은 고객이력의 제공이다. 수많은 고객을 상대하면서 그들 각각에 대한 사례를 기억하는 것은 불가능하므로, 고객이력을 단일한 자료로 만들어 관리하는 것이 필요하게 된다.

그리고 고객의 문의에 신속하고 정확하게 응대하기 위하여 필요한 정보를 데이터베이스로 보관하였다가 신속하게 응답할 수 있는 장치 역시 중요한 필요기능 중 하나이다. 콜센터의 최종목적은 아웃바운드 콜(Outbound Call)을 통한 상담원의 1 대 1 통화나 다이렉트메일(Direct Mail) 그리고 e-메일을 이용하여 마케팅과 동시에 판매를 이루어내는 데 있다.

2. 운영 CRM의 단계

CRM의 구체적인 실행을 지원하는 시스템이다. 운영 CRM은 조직과 고객 간의 관계향상, 즉 조직의 전방위업무를 지원하는 시스템이다. 이것은 주로 영업과 서비스를 위한 시스템이다. 운영적 CRM의 단계를 살펴보면 다음과 같다.

1) 1단계 : CRM 응용시스템 구축

마케팅 데이터베이스, 판매관리시스템, 회계관리시스템, 콜센터시스템, 생산출하시스템 등 각 업무에 따라 기업 전반에 분산되어 흩어져 있는 고객정보가 통합되어야 한다. 통합된 고객정보, 구매정보, 그리고 상품정보 등을 유기적으로 결합시켜 추후 분석적 CRM에서 활용할 유용한 정보들을 적절히 뽑아낼 수 있도록 구축되어야 한다.

2) 2단계 : 비즈니스 인텔리전스 구축

축적된 고객지식은 비즈니스 인텔리전스로 발전되어 실시간 다차원분석을 통하여 고객을 세분화하는 데 고객정보가 쉽게 이용될 수 있고, 효율적으로 캠페인관리와 연계 및 활용될 수 있도록 하는 지원체계를 확립하는 데 기반이 된다.

3) 3단계 : 마케팅목표 설정

앞서 두 단계를 통해 구축된 고객정보와 비즈니스 인텔리전스를 통해 고객집단을 세분화하고 마케팅의 대상이 되는 목표고객집단을 설정한다. 마케팅목표의 설정은 고객수익성 증대가 이루어질 수 있도록 정확하게 이루어져야 한다.

4) 4단계 : 캠페인

3단계에서 설정한 목표고객집단에 대해 앞서 분석한 고객정보를 기반으로 적절한 캠페인을 개발하고 수행한다. 캠페인 결과는 다시 고객분석을 위한 기초자료로 이용된다.

5) 5단계 : 영업 및 고객서비스

캠페인에서 발생된 잠재고객들에게 영업 프로세스를 모든 채널에서 수행한다. 영업 프로세스에서는 교차판매와 상향판매를 수행할 수 있게 지원이 되어야 한다. 고객서비스란 고객관계를 원활히 하고, 이윤증가와 고객의 충성도를 증진시키기 위해 최적의 채널을 통해 고객을 지원하고, 고객의 불만이나 질의사항에 응함으로써 사후 유지 · 보수하는 것을 말한다.

제2절 분석 CRM

1. 정의, 구성 및 고려사항

분석 CRM(Analytical CRM)은 CRM 운영환경에서 생성되는 데이터를 축적 및 분석하는 것을 의미한다. 운영업무에서 발생하는 데이터를 이용하여 마케팅분석과 판매분석, 고객분석 작업을 지원 및 수행하며, 협업 CRM을 이루기 위한 데이터와 운영 CRM에서의 의사결정을 위한 데이터를 제공하는 후방(back-end)관리를 하게 된다. 분석결과는 사업성과관리(Business Performance Management)의 개념으로 이어지며, 데이터웨어하우스 아키텍처(Data Warehouse Architecture)와 필수적으로 연계하여 데이터마트(Data Mart)를 효과적으로 활용하게 해주는 분석 애플리케이션을 통해 구현된다.

다시 말하면 분석 CRM은 고객관리에 관련된 데이터의 분석 및 가공을 담당하는 모듈의 집합체로 OLAP, 데이터마이닝, 통계적 분석, 데이터웨어하우스 등의 기능이 이에 포함된다. 주로 자료의 분석에 중점을 두기 때문에 분석 CRM이라 한다. 또한 분석 CRM의 특성상 운영 CRM과의 유기적인 관계가 매우 중요한데 이를 보다 이해가 용이하도록 표현하면 [그림 5.4]와 같은 관계를 가지고 있다.

그림 5.4 ▮ 운영 CRM과 분석 CRM과의 관계

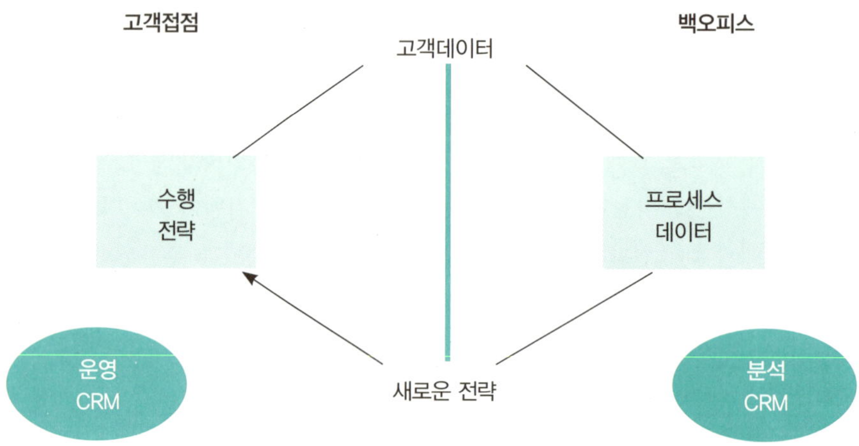

자료 : Siddiqi, Akhgar & Wise, Framework for Implementation of CRM Strategy in Retail Sector.

다시 말해 분석 CRM은 고객접점으로부터 데이터를 축적하여 영업, 마케팅, 서비스 측면에서의 분석을 통해 다시 전방위(Front-end office)로 이에 대한 지식 및 정보를 제공하는 [그림 5.5]와 같은 형태의 구조를 가지고 있는 것이다.

그림 5.5 ▮ 분석 CRM의 사업구조

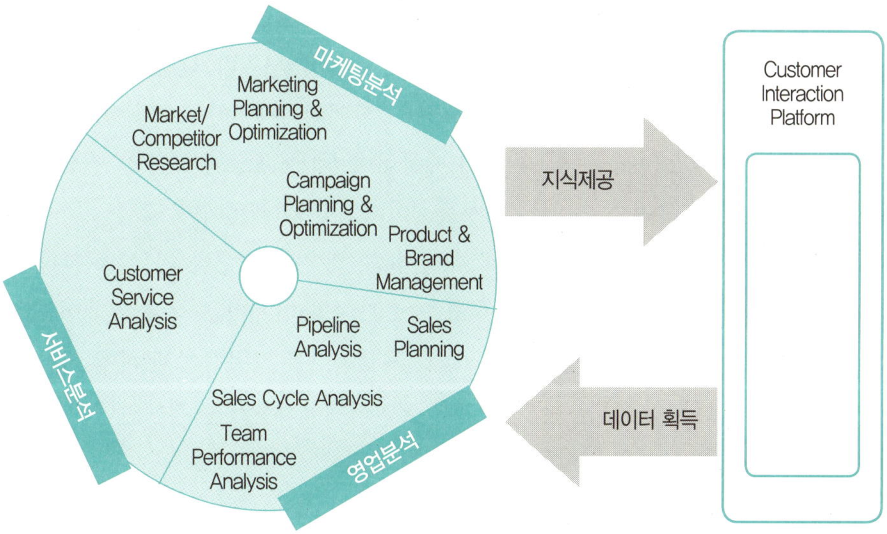

자료 : SAP White Paper 'Analytical CRM'

분석 CRM의 구성은 크게 마케팅데이터분석(Marketing Data Analysis), 영업데이터분석(Sales Data Analysis), 고객데이터분석(Customer Data Analysis)의 세 분야로 이루어져 있다고 할 수 있다. 먼저 마케팅데이터분석의 경우 주로 Query & Report 형태의 기술을 통해 조회 및 분석을 하게 된다. 고객세분화 및 목표고객의 선별, 캠페인효과분석, 이탈고객예측에 의한 접근주기 산출 등의 기능을 담당한다. 영업데이터분석의 경우 주로 OLAP 등에 의한 분석이 주를 이루며, 고객데이터분석은 주로 데이터마이닝에 의한 분석이 주를 이룬다.

일반적으로 분석 CRM이라고 말하면 고객분석, 상품분석, 고객 대 상품분석 등의 분석작업을 하도록 해주는 CRM을 의미한다. 분석이란 단어가 의미하듯 OLAP를 위한 고객 데이터웨어하우스, 이를 기반으로 하는 데이터마이닝이 분석 CRM의 기술적인 요소로 주류를 이루고 있다. 최근에는 온라인채널에서의 고객활동, 특히 웹이나 모바일채널을 통한 고객활동이 활발하여 이를 고객의 프로파일이나 특성을 찾아내는 주요한 수단으로 생각하고 있어 이를 기존고객 데이터웨어하우스에 반영시켜 분석하고 있다.

최근에 기업에서 분석 CRM을 구축했다라고 하면 이러한 OLAP 및 통합된 고객 데이터웨어하우스를 구축하고 이를 OLAP으로 볼 수 있도록 했다는 말이며 여기에 마케팅기능을 구축했다는 것으로 받아들일 수 있다. 마케팅의 캠페인관리나 리스트관리 등의 기능요소가 분석이라기보다는 고객에게 어떤 운영을 위한 활동이라고 간주할 수 있지만 최근에는 이러한 마케팅요소까지를 분석 CRM이라고 정의하는 경우가 많다. 이것은 기업이 분석 CRM의 주요 요소인 고객 데이터웨어하우스와 OLAP 등의 기능만을 갖고는 빠른 ROI를 누릴 수 없기 때문이며 상대적으로 마케팅은 컨택 센터 다음으로 빠른 ROI를 보여줄 수 있는 구성요소이기도 하기 때문이다.

또한 실제 프로젝트를 진행할 때 고객 데이터웨어하우스를 설계하여야 하는데 쉽게 간과하는 부분이 고객 데이터웨어하우스 및 OLAP와 마케팅 모듈을 별개의 것으로 생각하는 경우가 많은데 이것은 분석 CRM 프로젝트를 성공하지 못하게 하는 사고의 출발이라고 말할 수 있다. 반드시 고객 데이터웨어하우스는 캠페인 전략 등이 융화된 고객 데이터웨어하우스여야 한다.

그래야만 분석과정에서 발견된 마케팅 기회가 바로 리스트관리, 캠페인관리 등으로 이음새 없이 매끄러운 연결과 이에 대한 반응분석도 쉽게 이루어질 수 있는 것이다. 그래서 고객 데이터웨어하우스를 구축할 때는 OLAP 따로, 캠페인관리 툴 따로 구축하는 것은 시간적으로나 효과 측면에서 별로 바람직하지 못하고 고객 마트를 CRM 패키지가 포함하는 것이 오히려 유리하다고 볼 수 있다. 이러한 이유로 분석 CRM에 마케팅이 포함되어 있는 것이다.

이러한 분석 CRM 구축 시 고려사항은 먼저 고객을 이해하기 위한 다양한 분석 및 기술지원이 있어야 한다는 점과 고객지식 데이터베이스 구축이 관건이라는 점이다. 또한 특히 운영 CRM과 유기적 관계를 맺어야 하며, 데이터의 숨겨진 정보획득과 분석정보 이해를 위한 도식화 등이 중요한 고려사항이라 할 수 있다.

2. 분석 CRM의 단계

분석 CRM은 영업/마케팅/서비스 측면에서 고객정보를 활용하기 위해 고객데이터를 추출 · 분석하는 시스템이다. 이를 통해 사업에 필요한 고객과 시장의 세분화, 고객 프로파일링, 제품 컨셉트의 발견, 캠페인관리, 이벤트 계획, 프로모션 계획 등의 기회 및 방법에 대한 아이디어가 도출된다. 분석적 CRM은 CRM의 기반 기술들인 데이터웨어하우징, 데이터마이닝, OLAP 등의 기반기술을 이용하여 고객의 행동양식을 분석 · 예측하고 이를 통하여 고객의 충성도를 확보하는 것을 목표로 한다. 분석 CRM의 단계를 살펴보면 다음과 같다.

1) 1단계 : 고객분석 및 세분화

CRM을 위한 전략을 구상하는 단계로, 다양한 고객속성 및 구매정보 또는 데이터 마이닝 기법들을 이용하여 고객의 특성 및 성향을 다차원적으로 분석하고 그 결과로 고객을 세분화하여, 각 고객집단별로 구매를 창출할 수 있는 마케팅전략을 수립하는 단계이다. 이러한 분석과 세분화는 이후 캠페인관리와 효율적으로 연계 · 활용될 수 있도록 지원체계가 확립되어야 한다.

2) 2단계 : 캠페인관리

1단계에서 수립된 전략에 근거하여 반복적으로 다양한 채널을 통해 캠페인을 실시한다. 이때 반복적으로 수행된 캠페인의 결과를 여러 각도에서 분석하여 보다 개선된 캠페인을 도출할 수 있도록 한다. 즉, 축적된 캠페인 결과 자료들을 이용하여 최적의 캠페인을 수행하도록 한다.

3) 3단계 : 고객판매 및 서비스제공

2단계에서 수행된 캠페인들의 결과를 수확하는 단계로 고객을 상대로 판매행위를 하여 실질적인 매출신장을 성취하는 단계이다.

4) 4단계 : 고객반응 접수

앞에서의 단계들을 통해 수행된 일련의 마케팅과정에 대한 고객의 만족도를 조사하여 이를 분석하고 그 결과를 다시 1단계에 반영하여 한층 개선된 고객관계를 정립한다. 이때, 캠페인 성과의 분석내용으로는 캠페인 실적분석, 고객반응분석, 채널효율성분석, ROI분석 등이 있다.

동양종합금융증권 '분석 CRM 데이터마트(Data Warehousing)' C·A·S·E 살펴보기

▪ CMA 1등 기업의 '차원이 다른' 고객분석

동양종합금융증권은 CMA 가입자수 기준 국내 1위의 증권사이다. 하지만 이에 그치지 않고, 자본시장통합법 시행을 계기로 170여 개의 지점망을 갖춘 최고의 종합자산관리 금융회사로의 도약을 앞두고 있다. 이를 위해 증권사 최초로 세분화된 고객분석이 가능한 분석 CRM 환경을 구축하고 맞춤형 타겟마케팅을 강화하고 있다.

… (중략) …

▪ CMA 1등 기업에서, 종합자산관리 금융회사로의 도약

특히 2009년 2월부터 시행된 자본시장통합법(자통법)은 동양종합금융증권의 종합자산관리 금융회사로의 성장에 기폭제가 되고 있다. 자통법에 따라 기존의 은행과 증권사 간의 장벽이 무너짐으로써 증권사도 신용카드나 소액결제 등 기존에 은행에서만 이루어지던 금융업무를 추진할 수 있게 됐다.

이러한 시장흐름의 변화에 대응하기 위해 동양종합금융증권은 지난해인 2008년에 증권사 가운데에서는 처음으로 데이터웨어하우징(DW) 기반의 분석 CRM 환경을 갖췄다. 고객을 세분화하고 고객행동과 성향을 모니터링함으로써 각 고객에 최적화된 맞춤형 타겟마케팅을 할 수 있는 기반을 마련한 것이다.

이를 위해 동양종합금융증권은 한국IBM의 컨설팅과 DW용 DBMS인 IBM InfoSphere, ETL 툴인 IBM Data Stage, BI(OLAP) 툴인 IBM 코그노스(Cognos) 등을 도입했다.

▪ 맞춤형 금융상품 추천 위한 고객분석 필요

동양종합투자증권이 보다 세분화된 타겟마케팅의 필요성을 인식한 것은 2007년부터다. 동양종합금융증권은 현재 220만 명 이상의 CMA 가입자수를 보유, 전체 CMA 시장의 40% 이상을 점유하고 있는 그야말로 CMA 1등 기업이다. 하지만 이에 안주하지 않고, CMA 가입자들의 편의성을 높이고, 이들에게 보다 적합한 맞춤형 금융상품을 추천함으로써 종합자산관리대상 고객으로 충성도를 높일 필요성을 인식했다.

이에 더해 자통법 시행 후에는 고객이 원하지 않는 상품을 추천하거나 무리하게 가입시키는 등의 판매방식이 금지되기 때문에, 고객성향을 파악한 맞춤형 금융상품 제시가 더욱 중요해질 것으로 예측했다.

이러한 배경과 목적하에 동양종합금융증권은 2007년 말부터 분석 CRM 시스템 구축을 시작했다. 가장 먼저 고객세분화 모델 구현작업이 진행됐다. 약 3개월에 걸쳐 진행된 고객세분화 모델 구현작업은 동양종합금융증권과 전략적 제휴를 체결한 일본 TCI그룹 데이터분석팀과 한국IBM의 컨설팅팀이 함께했다. 이 과정을 통해 동양종합금융증권은 고객가치, 투자성향, 채널성향 등을 파악해 총 36개 모델로 고객을 세분화했다.

동양시스템즈 SM본부 IT서비스운영 2팀 최동웅 과장은 "고객세분화 모델 구현은 분석 CRM 구축의 근간이 된다. 고객성향을 파악하는 기준이 되고, 그 기준에 맞춰 마케팅과 캠페인을 진행할 수 있기 때문이다"라고 설명한다.

■ 고객정보 일괄수집, 다차원분석

동양종합금융증권은 이렇게 만들어진 고객세분화 모델에 기반해 분석 CRM 환경을 본격적으로 구현했다. 우선 원천데이터 수집이 이루어지는 채널을 전방위로 확대했다.

홈페이지인 MyAsset.com의 로그분석 데이터부터 콜센터시스템과 자산관리시스템(Wealth Management System) 그리고 트레이딩, 여신, 금융상품, 뱅킹서비스 등 상품별 관리시스템 등 전 기간계 시스템 중 고객과 관련된 모든 데이터가 DW 시스템에 수집되도록 했다. 즉, 이 DW 시스템이 분석 CRM의 데이터마트가 되는 것이다.

원천시스템으로부터 수집된 데이터들은 각 차원(고객, 고객분류, 예탁자산, 채널, 계좌, 상품 등)에 따라, 또는 각 코드(성별, 연령, 지역, 직업, 날짜 등)에 따라 나뉘어 1차 분류가 되며, 이 분류된 데이터를 다시 총 3개 영역으로 나눠 다차원분석이 이루어지도록 했다.

고객별 스코어링 분석정보, 고객 모니터링 평가정보, 고객행동예측, 고객통제분석 등의 정보를 담은 '고객분석 마트'와 영업점별 주요 지수분석, 기존 운영 CRM 내의 분석성 데이터 추출정보를 담은 '운영분석 마트' 그리고 홈페이지인 MyAsset.com으로부터 수집된 고객 웹로그 분석정보를 담은 '웹 개인화 마트' 등이 그것이다.

이 3개 영역에 맞춰 분석된 데이터가 OLAP 툴 기반에서 보고서화되며, 이 보고서를 경영진과 마케팅, 영업기획, 지점 운영팀, 영업팀 등이 각 권한에 맞는 수준에서 열람하게 된다.

■ 타겟마케팅으로 휴면고객 이탈 15% 방지

동양종합금융증권은 이를 기반으로 고객별 맞춤형 마케팅을 강화하고 있다. 분석 CRM 오픈을 기점으로 DB 마케팅팀을 추가로 신설해, 상품이나 고객에 대한 데이터분석을 보다 실무적인 관점에서 분석 · 추출할 수 있도록 했다.

이를 통해 지점에서 매매결과를 지점, 상품, 고객층별로 수집하고, 이에 대한 증감추이나 시장점유율 변동추이 등을 DB 마케팅팀에서 직접 분석자료로 수집해 고객맞춤형 상품개발과 장기적 · 단기적 이벤트 등을 수행하는 데 활용한다.

이러한 과정을 통해 동양종합금융증권은 휴면고객의 이탈을 방지하는 캠페인을 성공적으로 추진했다. 고객의 휴면 여부를 확인해서 이체수수료를 면제시켜 주는 등의 맞춤형 캠페인을 개발했고, 실제로 휴면고객 중 15% 고객의 이탈을 방지할 수 있었다고 한다.

최동웅 과장은 "이전에는 고객 타겟마케팅이 사실상 불가능했는데, 현재는 홈페이지에서도 고객별 차별화된 이벤트를 진행하고 DM 발송도 세분화된 고객별로 진행하는 등 타겟마케팅을 하고 있다"면서 "이런 수준의 분석 CRM은 은행권에서는 일반화됐지만, 증권사 중에서는 동양종합금융증권이 최초라는 점에서 더욱 의미가 크다"고 강조했다.

■ 연간 2억 원 유지보수비용 절감효과

또한 기존의 DW 시스템을 NCR테라데이터에서 IBM InfoSphere 기반으로 전환함에 따른 운영비용이나 관리효율성 측면의 효과도 보고 있다. 1995년부터 NCR테라데이터를 사용했는데, 폐쇄적인 구조 때문에 활용성이 떨어지고, 증권사 고객분석에 대한 지원을 할 수 있는 전문가가 부족해 어려움이 있었다. 또 무엇보다 유지보수비용이 비쌌다. 이를 IBM InfoSphere로 교체함으로써 오픈환경의 여러 애플리케이션과 연동이 자유롭고 IBM 내 인력들의 DW 구축경험이 많아 도움을 많이 받고 있다는 설명이다.

특히 DB2 자체가 MPP 구조로, 데이터분석에 적합한 아키텍처를 가지고 있어 분석처리 속도와 안정성이 매우 향상됐다. 또한 무엇보다 연간 2억 원의 유지보수비용이 절감되는 효과를 보고 있어 높은 만족감을 표시했다.

동양종합금융증권은 현재 전 기간계 시스템에 대한 UI와 데이터 표준화를 중점과제로 삼아 차세대 프로젝트를 진행 중이다. 내년 10월 중 오픈을 목표로 추진 중이다. 향후 비즈니스 성장이 예상되는 만큼 분석 CRM 시스템과 신규로 구축하는 차세대 시스템이 동양종합금융증권의 성장에 든든한 버팀목이 될 전망이다.

자료 : 아이티데일리, 2009. 7. 25

제3절 협업 CRM

1. 정의, 구성 및 고려사항

협업 CRM(Collaborative CRM)은 Customer Interaction Management라는 말과 같이 고객과 기업 사이에 정보교환이 원활하게 이루어지도록 e-메일, 개인화된 인쇄, e-커뮤니티 및 다른 유사한 도구들을 포함하는 협업적 서비스 제공과 활용을 지원한다. 인터넷을 기반으로 한 전자상거래 사이트 및 포털 사이트들의 급성장과 오프라인 기업들의 온라인화가 가속화되면서, 인터넷에 대응하는 신개념의 CRM으로서 특히 e-CRM에서 강화된 분야이다. 또한 협업이라는 의미는 분석과 운영시스템의 통합을 의미한다. e-비즈니스 환경에서 각 고객별로 차별화된 서비스를 제공하는 웹 개인화 서비스시스템이 대표적 예이다.

협업 CRM은 기존의 오프라인 CRM에 비해 인터넷을 통해 고객데이터를 수집하고 고객과 커뮤니케이션할 수 있다는 특징이 있다. 또 e-비즈니스의 특징인 실시간 반응(real time reaction), 실시간 가격책정(real time pricing) 등을 CRM에 도입할 수 있다는 장점이 있다. 또 e-CRM은 고객과 회사 간의 물리적인 거리를 제거함으로써 글로벌관점에서 고객관리를 할 수 있다. 즉 e-CRM을 이용하면 아프리카나 알래스카에 있는 고객이라도 얼마든지 관리할 수 있다.

물론 e-비즈니스 기업은 오프라인 비즈니스 기업에 비해 고객데이터를 쉽게 수집할 수 있는 특성 때문에 e-CRM을 도입하기가 용이하며, 더 정교한 e-CRM을 전개하고자 할 것이다. 그러나 e-CRM은 e-비즈니스 기업만이 실행할 수 있는 것은 아니다. 오프라인 기업도 고객관리는 인터넷을 통해 할 수 있으므로 e-CRM을 이용할 수 있다.

협업 CRM은 타 솔루션과의 상호연동을 위한 부분이다. 특히 이 부분에 대해서는 최근 확대되고 있는 파트너관계관리(PRM : Partner Relationship Management)와 수요사슬관리(DCH : Demand Chain Management)가 협업 CRM의 대표적인 것이며, 기업 내부의 기업 애플리케이션의 통합도 CRM에서는 중요한 요소이기 때문에 EAI(Enterprise Application Integration)도 협업 CRM의 중요한 요소이다. 또한 공동마케팅을 위한 Loyalty Program, Profiling, Publish Network 등이 있다.

협업 CRM에서의 고려사항은 먼저 [그림 5.6]과 같은 인터넷, e-메일, 전화, VoIP, 대면접촉 등과 같은 채널(Customer Touch Points)의 다양화 문제일 것이다. 또한 언제 어디서나 어떻게든 서비스를(Any Time, Any Where, Any How) 구현해야 하는 문제도 중요하다. 마지막으로 여러 다양한 서비스를 다양한 채널에 걸쳐 모두 일관된 메시지를 제공해야 한다는 것이 중요 고려사항이다.

그림 5.6 ▌ 고객접점

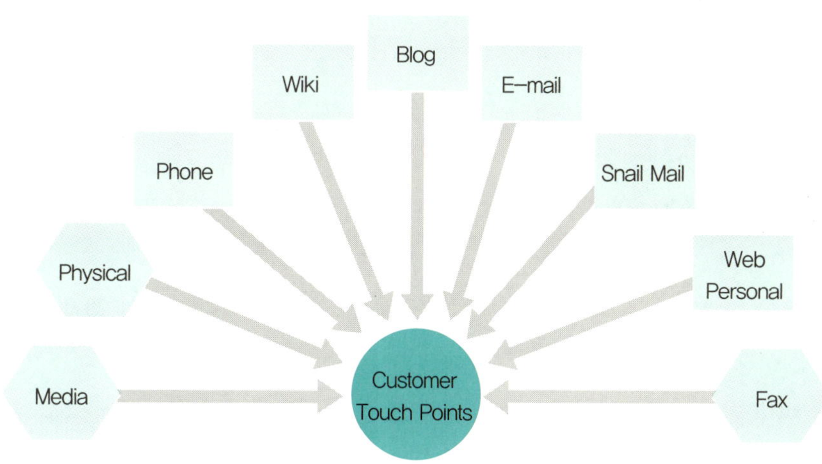

자료 : Elijah Ezendu, CRM.

2. 협업 CRM의 구성요소

협업 CRM 시스템은 고객접점채널과 이러한 고객접점채널들을 총괄하여 일관된 고객 커뮤니케이션을 이루도록 지원하는 고객상호작용센터로 구성된다.

1) 고객접점채널

고객접점채널은 크게 고객과의 직접적인 대면 여부에 따라 대면채널과 비대면채널로 구분할 수 있다.

(1) 대면채널

대면채널은 본사 · 본점, 지점, 매장, 영업사원의 방문, 그리고 고객서비스센터와 같이 고객과의 직접적인 대면접촉이 이루어지는 채널을 의미한다. 대면채널은 고객과의 직접적인 상호작용이 가능하므로 고객의 니즈를 충분히 파악할 수 있는 기회가 제공되기 때문에 비대면채널에 비해서 고객접촉의 효과가 매우 높게 나타나며, 아울러 풍부한 고객정보를 획득할 수 있다는 장점을 가지고 있다.

하지만, 대면접촉채널은 비대면채널에 비해 운영비용이 매우 높으며, 사람이 직접 응대한다는 점 때문에 인적자원 증대에 따른 부담과 시간과 공간의 제약사항이 존재한다는 단점이 있다. 또한, 대면채널의 성과는 고객을 응대하는 직원의 개별역량에 따라 많은 차이가 발생할 수 있다는 점을 고려해야 한다.

(2) 비대면채널

비대면채널은 고객과 직접적인 대면접촉을 하지 않는 전화, 인터넷, e-메일, 팩스, 우편, SMS, 그리고 ATM이나 키오스크(Kiosk)와 같은 무인단말기기 등을 포함한다. 비대면채널의 장점은 대면채널과는 반대로 운영에 있어서 시간과 공간의 제약이 거의 없으며, 초기 구축비용 이외의 운영비용도 상대적으로 낮다는 장점이 있다. 또한, 채널의 효과가 시스템적으로 운영되기 때문에 개인의 역량에 의해 좌우되지 않는다는 것도 장점이라고 할 수 있다.

단, 비대면채널은 기계적인 접촉채널인 만큼 고객과의 충분한 상호작용을 이끌어내기 어렵기 때문에, 새로운 고객관계를 획득하거나, 고객과의 관계를 강화하고자 하는 고도의 CRM 전략을 수행하는 데는 다소 한계가 있다는 단점을 가지고 있다.

한편, 대면채널과 비대면채널이 갖는 장 · 단점은 상호보완적인 측면에서 다루어져야 한다. 가령, 대면채널에서의 개별역량에 따른 채널성과의 차이와 높은 운영비용의 문제는 대면접촉 시 정보시스템을 통한 통합된 고객정보의 지원과 비수익성 고객에 대한 비대면채널로의 전환을 통해서 해결할 수 있다. 또한, 비대면채널의 상호작용 부족의 문제는 접수되는 고객의 요청과 메시지의 형태에 따라 전략적으로 대면접촉 채널과의 연계를 도모함으로써 해결될 수 있을 것이다.

따라서 고객접점채널의 할당과 운용은 상황에 따라 매우 동적으로 이루어져야 하는데, 이를 위해서는 제품 · 서비스의 특성, 고객의 특성, 고객의 선호, 개인별 채널의 성과, 내부적인 채널전략 기준, 그리고 마케팅 메시지의 특성 등과 같이 마케팅 채널전략을 구성하는 다양한 판단기준을 함께 고려하는 것이 필요하다.

2) 고객상호작용센터

고객상호작용센터(Customer Interaction Center)는 고도화된 콜센터기능과 고객서비스 지원기능, 그리고 기타 여러 운영 CRM 활동들의 채널 전개를 지원하는 통합된 고객접점 운영시스템이라고 할 수 있다. 고객상호작용센터의 이러한 특징으로 이것을 협업 CRM 시스템뿐만 아니라, 운영 CRM 시스템의 일부로 보는 시각도 있다.

협업 CRM 시스템의 관점에서 고객상호작용센터는 모든 채널들을 전사적인 관점에서 총괄하여 운영하기 때문에 이른바 '통합마케팅 커뮤니케이션(Integrated Marketing Communication)'을 구현하는 역할을 제공한다고 볼 수 있다. 또한 고객상호작용센터는 제품운송체계나 계약관리, 품질보증, 서비스부문의 계획, 그리고 결점 추적기능을 지원하는 필드서비스 자동화(FSA : Field Service Automation)와 FAQ, 주문 및 배송상태 조회, 고객자가진단, 온라인 원격지원과 같은 웹기반 고객서비스 기능을 제공하기 때문에 운영 CRM의 고객서비스 관점에서도 바라볼 수 있다.

3. 개인화

개인화(Personalization) 솔루션은 협업 CRM에서 가장 중요한 기능이다. 개인화 기능은 온라인상 많은 곳에서 그 역할을 첨가해 기존 기능이나 역할을 몇 배로 효과적이고 눈에 띄게 달라진 모습을 보여줄 수 있는 기능이기 때문이다. 다시 말하면 다른 투자에 비해 눈에 띄게 성과(ROI)를 볼 수 있는 기능이라고 할 수 있다. 그래서 협업 CRM 하면 가장 먼저 생각하는 것이 개인화이다.

그러나 개인화가 단순히 웹페이지 개인화만 생각해서는 안 되며 여러 가지 개체(Entity)들이 개인화를 필요로 하고 있다. 예를 들어 캠페인도 개인화를 요구하고 있으며, 콜센터의 CTI(Computer Telephony Integration)도 개인화를 필요로 하고 있다.

일반적으로 많이 쓰이는 방법들은 규칙기반 필터링(Rules-based filtering), 협업 필터링(Collaborative filtering), 학습 에이전트(Learning agent) 등을 들 수 있다. 각각의 방법들은 실행방법과 비용에서 차이를 가지고 있으며, 일반적으로 웹사이트 개인화에는 한 가지 방법만 사용하는 것이 아니라 위에서 말한 것들 중 두세 가지 방법을 혼합해서 사용한다. 따라서 각 방법들의 비용과 이로 인해 나타나는 직 · 간접적인 효과를 정확하게 판단하고 적절한 방법을 선택하는 것이 매우 중요하다.

개인화의 방법 중 가장 기초적이고 일반적인 것은 규칙기반 필터링(Rules-based filtering)이다. 이 방법은 사용자에게 개인신상, 관심분야, 선호도 등에 대한 몇 가지 질문을 하는 것이 일반적이다. 예를 들어 우편번호, 사용하는 컴퓨터의 종류, 취미, 어떤 특정한 사항에 대한 선호도 등을 묻는 경우 우편번호는 그 사람이 어떤 지역에 거주하는지를 알아내는 데 사용되며 몇 가지 질문을 거치는 것을 통해 그 사람에 대한 정보들의 프로파일(Profile)이 생기게 된다. 웹 개인화 담당자는 이렇게 수집된 사용자의 인구통계학적/심리적 정보와 사용자의 선호도 정보에 알맞은 정보 및 상품을 추천 혹은 제공하는 것이다.

협업 필터링(Collaborative filtering)은 사용자들의 기초정보와 고객들의 선호도/관심 표현을 바탕으로 선호도/관심에서 비슷한 패턴을 보이는 고객들을 묶는 것을 통해 고객서비스 방향을 결정한다. 즉 비슷한 취향을 가진 고객들에게 서로 아직 구매하지 않은 상품들을 교차 추천하거나 분류된 고객의 취향이나 생활형태에 따라 관련 상품을 추천하는 형태로 서비스를 제공한다.

협업 필터링이 사용자들의 자발적인 정보입력이나 구매를 기준으로 사용자들에 대한 정보나 추천을 제공하는 데 반해 학습 에이전트(Learning agent) 기술은 덜 의도적인 방법으로 사용자의 정보를 수집한다. 사용자가 사이트 내에서 어떤 페이지에 오래 머무르는지, 어떤 페이지를 인쇄하는지, 어떤 제품을 구매하는지 등 일종의 로그분석을 통하여 파악한 사용자들의 행동을 기준으로 사용자의 선호도와 관심을 알아내고 이를 바탕으로 사용자들에게 적절한 내용을 제공하게 된다.

1) 규칙기반 필터링

규칙기반 필터링(Rule-based filtering)에서의 규칙이란 어떠한 특정 규칙을 말한다. 즉, 흔히 우리가 표현할 때 If… Then…으로 표현하는 조건과 실행문으로 구성된 규칙을 말하는 것이다. 예를 들어 "Login 하면 해당고객 ID에 할당되어 있는 캠페인을 검색한다", "해당고객 ID에 할당된 캠페인 있으면 frame ID ××에 Campaign Contents ××를 채워라." 앞의 문장들은 모두 조건문과 실행문으로 구성된 규칙이다. 이러한 여러 관련 있는 룰들을 하나로 묶은 것을 규칙기반이라고 한다. 규칙기반이 여러 개 모여 규칙기반을 이용한 개인화를 가능하게 해준다.

2) 학습 에이전트

규칙기반 필터링이나 협업 필터링이 사용자들의 자발적인 정보입력이나 구매를 기준으로 정보를 제공하거나 추천하는 데 반해, 의도적인 방법으로 사용자의 활동상태를 통하여 관심을 갖는 내용을 학습하여 추천하는 방법이 학습 에이전트(Learning agent)이다. 이 방법은 일정한 기준을 두어 웹페이지를 분류하고, 사용자가 오래 머무르는 웹페이지(선택하거나 인쇄한 컨텐츠), 구매하는 상품 등을 토대로 지능적으로 고객이 선호하는 것을 파악하여 알맞은 정보를 제공하는 것이다. 예를 들어 고객이 노트북 상품 카테고리를 자주 살펴보고 체류하는 시간이 길어질 때 노트북 컴퓨터의 구매를 고려하고 있다고 판단하고 노트북에 대한 상품제안을 제시하는 형태이다.

3) 협업 필터링

협업 필터링(Collaborative filtering)은 추천시스템 분야에서 가장 성공적인 추천기법으로 전자상거래 기업에 널리 이용되고 있다. 협업 필터링의 핵심은 추천대상 고객과 유사한 고객들을 찾고, 선호도가 유사한 고객군에서 높이 평가한 아이템을 추천하는 것이다. 추천시스템에 이용되는 협업 필터링에는 크게 두 가지 접근방법으로 나눌 수 있다. 사용자기반 협업 필터링과 아이템기반 협업 필터링이 그것이다.[1]

1 Herlocker, J.L., Konstan, J.A., Borchers, A., Riedl, J.(1999), Proceedings of the 22nd Interna-

사용자기반 협업 필터링은 사용자 간의 유사성을 측정하여 선호도가 비슷한 다른 고객들이 평가한 상품을 기반으로 어떤 특정 고객이 선호할 만한 상품을 추천하는 방식이다. 즉, 사용자기반 협업 필터링 방식은 사용자와 사용자 간의 연관관계를 파악하는 것이 핵심이며, 이처럼 다른 사용자집단의 패턴을 기반으로 추천하는 알고리즘이라는 의미에서 '사회적 필터링'이라고 부르기도 한다. 사용자기반 협업 필터링에서 사용자 간의 연관성을 토대로 어떤 특정 고객과 선호도가 비슷한 이웃들을 선정하는 기법으로는 클러스터링, 최근접이웃 추출법, 베이지안 네트워크 등이 있다.

사용자기반 협업 필터링은 선호도가 비슷한 유사고객들이 동일하게 평가한 상품에 대하여 상대적으로 높은 예측력을 보이고 있고[2](Konstan et al., 1997), 새로운 상품에 대한 예측도 가능하며, 데이터가 많은 경우에는 다른 기법에 비해 상대적으로 정확한 예측을 한다는 장점을 가지고 있다. 그러나 사용자기반 협업 필터링의 한계점은 둘 또는 그 이상의 고객이 모두 평가를 내린 동일상품이 있어야 하는데, 고객들이 서로 이질적인 평가를 한 상품에 대해서는 단지 두 고객 사이에서만 상관관계를 구하므로 예측의 정확성이 떨어질 가능성이 있다는 것이다. 또한, 고객의 집단이 커지면 규모의 문제(scalability problem)가 발생하게 되어 연산처리를 많이 해야 한다는 단점도 가지고 있다.

협업 필터링의 또 하나의 방법으로는 아이템기반 협업 필터링이 있다. 아이템기반 협업 필터링은 대부분의 사람들이 과거에 자신이 좋아했던 상품과 유사한 상품을 선호하는 경향이 있고, 반대로 싫어하거나 선호하지 않았던 상품과 유사한 상품은 선호하지 않는 경향이 있다는 점을 근간으로 하고 있다. 아이템기반 협업 필터링은 아이템 간의 유사성, 즉 고객이 선호도 등급을 입력한 기존 상품들과 추천하고자 하는 상품들 간의 유사성을 측정하여 어떤 특정 고객이 어떤 상품을 선호하는지 예측하여 추천하는 방식이다.

즉, 예측하고자 하는 상품과 유사한 상품들에 대하여 고객이 높은 점수로 평가하였다면 그 상품도 높게 평가할 것이며, 반면에 낮은 점수로 평가하였다면 그 상품도 역시 낮은 점수로 평가할 것이라고 예측하는 것이다. 이 방법은 상품들 간의 유사도를

---

tional Conference on Research and Development in Information Retrieval, ACM, Berkeley, CA pp.230–7.

2 Konstan, J.A., Miller, B.N., Maltz, D., Herlocker, J.L., Gordon, L.R., Riedl, J.(1997), Communications of the ACM, Vol.40 No.3 pp.77–87.

계산하기 위하여 두 상품 모두에 선호도를 입력한 고객들의 선호도를 사용한다. 그러나 고객들 간의 유사도가 전혀 고려되지 않기 때문에, 어떤 특정 고객과 전혀 선호도가 다른 사용자들의 평가를 기반으로 한다면 상품들 간의 상관관계 정확도가 떨어지게 되어 추천시스템의 예측력과 추천능력이 떨어지게 될 수 있다.

Chapter 06

e-CRM과 웹마이닝

제1절 | e-CRM의 시작
제2절 | e-CRM
제3절 | m-CRM
제4절 | 웹마이닝
제5절 | CRM에서 웹마이닝

Chapter 06

e-CRM과 웹마이닝

기업경쟁이 심화됨에 따라 경영혁신은 기업생존의 필수조건이 되었고, 고객관리는 기업혁신에 있어서 매우 중요한 부분이 되었다. 기존의 판매자중심의 시장에서는 고객이 물건을 파는 사람을 찾아야 했지만, 현재의 고객중심의 시장에서는 기업이 고객의 특성 및 요구사항을 정확하게 파악하여 제품과 서비스를 공급해야만 기업의 핵심역량을 강화할 수 있다. 이에 따라 기업의 마케팅 패러다임은 제품판매중심에서 기존의 우수고객을 유지하고 신규고객을 확보하는 관계마케팅으로 이동하고 있다.

이와 관련된 정보기술의 발전을 살펴보면 정보접근도구의 발전과 인터넷의 발전으로 나누어 살펴볼 수 있다. 정보접근도구의 측면에서는 관계형 데이터베이스의 일반화 및 데이터웨어하우스의 발전을 들 수 있다. 기업들은 관계형 데이터베이스를 이용하여 트랜잭션중심의 정형화된 데이터를 효과적으로 관리하고 있으며, 데이터웨어하우스를 이용하여 의사결정 지원과 관계된 핵심 데이터의 관리를 수행하고 있다. 인터넷의 발전 측면을 살펴보면, 인터넷을 기반으로 기업들은 온라인 마케팅, e-메일 마케팅 등의 수단으로 고객에게 더욱 효과적으로 접근할 수 있게 되었으며, 마케팅 비용을 절감하는 동시에 정보를 전략적으로 제공, 수집할 수 있게 되었다.

위에서 언급한 정보기술의 발전을 이용하여 효과적인 고객관리를 수행하기 위해 도입된 개념이 CRM이며, 이를 인터넷중심으로 적용한 개념이 e-CRM이다. 이러한 e-CRM의 정확한 이해와 올바른 활용을 위해 e-CRM의 등장과 특징, 앞으로의 활동방안 그리고 사례를 통한 e-CRM의 분석을 살펴보도록 한다. 나아가 모바일기술의 발전에 따른 m-CRM에 대해서도 논의하겠고, 마지막으로 e-CRM에서의 웹마이닝에 대해서 분석활동과 함께 논의하겠다.

제1절 e-CRM의 시작

1. e-비즈니스의 출현

e-비즈니스는 인터넷을 기업경영에 도입하여 기존 기업의 경영활동영역을 가상공간으로 이전시킨 것을 말한다. 이를 통해 기업은 가치사슬 재구축을 통한 경영의 효율화를 도모하고 새로운 비즈니스 모델의 창출을 통해 신규 수익원을 확보하고, 고객관계 강화를 통해 고객가치를 증대시킬 수 있다.

디지털경제의 확산이 기존 제조업체들에게 위기로 인식되면서 e-비즈니스가 생존을 위한 필수요소로 자리 잡게 되었다. 이렇게 생성된 e-비즈니스 기업들은 진정한 고객을 확보하고 유지하는 방법에 대해 관심을 가지게 되었고, e-CRM의 발전으로 이어지게 되었다.

2. e-CRM의 발전단계

e-CRM의 발전단계를 시대적으로 살펴보면, 1970년대의 대중마케팅, 1980년대의 세분화마케팅, 1990년대 이후의 목표마케팅, 틈새마케팅, 일대일마케팅(One to One Marketing)으로 발전해 왔다.

1) 대중마케팅

1970년대는 대량생산체제와 영업 위주의 마케팅을 전개하는 시기였다. 따라서 국가 간 경쟁이 본격화되지 않은 시기라고 할 수 있다. TV와 같은 광고매체를 통하여 고객에게 상품을 알림으로써 대량판매가 가능하였다. 이 시대를 대중마케팅(Mass Marketing) 시대라고 표현한다.

2) 세분화마케팅

1980년대는 경쟁상황이 심화되면서 마케팅활동의 중요성이 부각되었다. 기업들은 다양화된 고객의 요구에 적합한 제품을 개발하고 제품의 품질을 개선해야 했다. 이때부터 고객만족도를 높이는 것이 마케팅의 주요한 목표가 되었다. 보다 나은 상품으로 고객의 선택을 받기 위해 기업은 품질을 개선하고 새로운 상품을 개발하는 데 초점을 맞추었고, 고객들에게 단지 제품을 홍보하는 차원이 아니라 보다 나은 이미지를 구축하기 위해 많은 기업들이 대중매체를 통해 기업이미지를 개선하는 데 주력하였다.

따라서 기업은 다양화된 고객의 기호와 치열해진 경쟁을 위해 시장을 세분화하고 세분된 시장에 맞는 제품을 공급하기 시장하였다. 이것이 세분화마케팅(Segment Marketing)이다.

3) 일대일마케팅

1990년대 기업 내 정보시스템의 구축과 데이터베이스 기술의 발전 등과 함께 세분화마케팅(Segment Marketing)은 목표마케팅(Target Marketing), 틈새마케팅(Niche Marketing), 일대일마케팅(One to One Marketing)으로 점차 세분화되고 고도화된다. 이러한 세분화된 마케팅방식은 대단히 많은 분량의 데이터를 요구하는 것으로, 기업들은 데이터베이스 기술을 활용해 데이터베이스마케팅(Database Marketing)을 도입하여 DM, TM 등에 많은 투자를 하였지만, 세분화된 시장에 적합한 마케팅전략을 전개하는 데는 많은 한계가 있었다.

즉, 특정 고객을 상대로 하는 제품을 전체고객에게 홍보하는 방식의 한계를 지니고 있었다. 또한 마케팅활동이 특정 부서중심으로만 진행되는 문제를 안고 있었다. 그러나 양방향성을 주 특성으로 하는 인터넷의 등장으로 이러한 데이터베이스마케팅의 한계를 극복할 수 있는 e-CRM이 대두되었다.

종합해 보면, 마케팅 패러다임 변천은 단순한 상품판매와 시장점유율 증대를 목적으로 하는 거래지향적 마케팅(Transaction-Oriented Marketing)에서 장기적으로 고객과의 관계를 구축하고 더 나아가서는 고객과 기업이 파트너십을 형성하는 단계로까지 나아가게 되는 관계마케팅(Relationship Marketing)으로 이동하였으며, 정보기술의 발달과 양방향 미디어인 인터넷의 등장이 이를 가속화시키고 있다.

3. CRM에서 e-CRM으로

앞서 말했던 것처럼 CRM을 실현시킬 수 있게 된 가장 큰 배경은 IT의 눈부신 발전이다. 그중에서도 인터넷의 폭발적인 보급으로 인해 CRM에 있어서 인터넷은 없어서는 안될 존재가 되었다. 원래 인터넷은 저비용의 정보매체인 동시에 효율적인 커뮤니케이션 수단으로서, 주로 기업에 있어 비용절감을 목적으로 이용되어 왔다. 그러던 것이 고객에 대한 일대일서비스(Personalize : 개인화) 채널로서의 풍부한 기능성, 가망고객화에서 고객화로 나아가 우량고객화, 지지자화에 이르기까지 CRM의 모든 단계를 실현시킬 수 있고, 고객의 행동이 그대로 데이터로서 축적되는 등 고객과의 관계를 유지하기 위해 다방면으로 쓰이게 되었다.

이러한 정보기술의 발달과 인터넷의 확산은 고객으로 하여금 용이하게 정보를 획득할 수 있도록 함으로써, 고객의 힘을 강화시키는 역할을 하고 있다. 또한 산업 간의 경계가 무너지고 시장진입이 용이해짐에 따라, 새로운 기회와 위협에 직면하게 된 기업은 변화의 필요성을 강하게 느끼게 되었다. 더욱이 정보의 공개화로 인하여 가격경쟁이 점차 가속화됨에 따라 기업은 생존하기 위하여 충성스럽고 가치 있는 고객을 선별 · 유지 · 관리할 필요성을 느끼게 되었다.

1) 증대된 고객의 파워

예로부터 정보는 곧 힘으로 인식되었다. 과거 대중마케팅 시대에는 기업이 정보를 가지고, 일방적인 커뮤니케이션 매체를 통하여 고객들에게 선별적이며 제한적으로 정보를 제공함으로써, 고객을 손쉽게 유인하거나 통제할 수 있었다. 그러나 인터넷과 정보기술의 발달로 기업과 고객 간의 관계는 새로운 전환기를 맞게 되었다. 고객은 인터넷 등 정보통신기술을 이용하여 광범위한 정보를 신속하게 획득하여 분석할 수 있게 되었다.

경우에 따라서는 기업보다 고객이 보다 폭넓고 깊은 정보를 가지고 있는 상황도 발생하고 있다. 이제는 구매자인 고객이 칼자루를 쥐고 기업을 선택한다. 즉, 인터넷으로 인하여 고객의 선택폭이 크게 확대됨에 따라 선택은 더 이상 기업의 전유물이 아니라 고객의 것으로 변해 가고 있다. 인터넷과 디지털정보기술의 발달은 협상의 힘을 기업에서 고객에게로 급속하게 이동시키고 있다. 이러한 기업으로부터 고객에게로의 파워의 이동이 인터넷의 발달과 확산으로 인한 가장 큰 변화로 나타나고 있는 것이다.

2) 기업변화의 필요성

인터넷의 발달과 확산은 기업의 입장에서는 기회인 동시에 위협요인이 되고 있다. 시장의 진입장벽을 낮추고 시간적 · 공간상의 제약을 제거함으로써 시장을 확대시키고 새로운 시장을 창출할 수 있다는 점이 기회요인이 된다. 그리고 자유로운 시장진출의 기회가 부여되고, 시간적 · 공간적 제약이 약화됨에 따라 기존의 시장을 확대하거나 다양한 틈새시장을 창출하는 것이 가능하게 되었다. 또한, 시 · 공간에 구애받지 않고 광고를 하여 수요를 창출할 수 있다는 이점과 새로운 사업자의 진출로 인하여, 인터넷상의 시장규모는 점차 확대되어 기업에게 중요한 기회요인이 되고 있다.

그러나 이러한 인터넷 정보혁명은 시장의 진입장벽을 낮춤으로써 경쟁이 심화되고 충분한 자본과 공간 없이 아이디어만 가지고도 시장에 진출하여 사업을 할 수 있게 되었다. 최근에 많이 생겨나고 있는 쇼핑몰 중에는 오프라인상에 창고나 상품 없이 인터넷을 통한 중개업무만을 수행하는 곳들이 많다. 이와 같이 새로이 시장에 진입할 경우, 부딪히는 진입장벽이 낮아짐에 따라 경쟁은 점차로 높아질 수밖에 없다. 따라서 인터넷 정보통신기술의 발달은 새로운 시장에 진입할 수 있는 기회를 제공함과 동시에 치열한 경쟁을 촉발시키는 위협요인으로 작용하고 있다.

또한 인터넷 정보통신기술의 발달은 산업 간의 경계를 없앰으로써 산업 간의 경쟁을 촉발시키고 있다. 산업 간의 경계는 불투명해지고 사라지게 될 것이다. 산업 간의 경계가 불투명하게 되면 기존의 명확한 경계 안에서 제한적으로 경쟁하는 경우와는 달리, 기업은 완전경쟁에 노출됨으로써 여러 산업의 선두기업들과 경쟁을 해야 한다. 이와 같이 인터넷과 정보통신의 발달은 산업 간의 경계를 없애고, 경쟁을 가속화시키고 있다. 경우에 따라서 이것이 기업에게 다른 무엇보다도 가장 큰 위협적 요인이 될 수 있다.

3) 치열한 가격경쟁

요즘은 거의 모든 고객들이 가격에 민감하게 반응하고, 가격에 대해 많은 신경을 쓰고 있다. 이처럼 가격에 대한 관심이 높아지고 있는 이유 중의 하나는 인터넷을 이용한 정보탐색이 쉬워졌기 때문이다. 이제 고객은 언제 어디서나 원하는 상품에 대한 정보를 손쉽게 비교해 볼 수 있다. 심지어는 낮은 가격을 찾는 것을 게임처럼 생각하고 이를 즐기는 사람들까지 생겨나고 있다.

또한 제품 구경은 대리점에서 하고, 실제 구입은 인터넷쇼핑몰 등 다른 유통채널을 통하여 구매하는 경우도 많다. 대리점에 와서도 "이 제품은 얼마입니까?"라고 물어보기보다는 "인터넷을 보니까 가격이 이러하던데 이 가격에 주실 수 있으십니까?" 라고 물어보는 고객들이 늘고 있다고 한다. 이처럼 인터넷쇼핑은 고객들로 하여금 상품에 대한 일반적인 특성보다는 가격에 보다 많은 관심을 집중하도록 유도하는 경향이 있다.

직접 대리점을 방문하여 이것저것 마음에 드는 제품을 만져 보고, 점원에게 질문도 건네면서 원하는 제품을 구입하던 과거에는, "다음에 오겠습니다"라는 말을 하고 점포를 나서게 되면 괜히 미안한 마음이 들었다. 그러나 요즘은 단순히 마우스를 한 번 클릭함으로써, 한 점포에서 다른 점포로 부담감 없이 옮겨 다닐 수 있게 되었다.

이것 또한 소비자로 하여금 점포와의 관계보다는 가격에 민감하게 반응하도록 유도함으로써, 기존의 충성스러운 고객까지도 가격에 연연하는 단순거래고객으로 전환시키는 역할을 하고 있다. 또한 서로 가격을 낮추는 가격경쟁은 고객들로 하여금 "조금만 기다리면 가격이 더 내리겠지"라고 생각하도록 만드는 학습효과를 제공하고 있다.

이처럼 가격에 치중하는 고객들이 많이 늘어남에 따라 기업은 보다 치열한 경쟁에 직면하게 되었다, 이러한 환경에서 생존하고 발전하기 위하여 기업은 수익성과 충성도가 높은 고객들을 보다 적극적으로 선별하여 집중관리하고 유지하여야 한다. 기업이 이러한 목적을 효과적으로 달성하기 위하여, CRM이 더욱 필요하게 되었다.

제2절 e-CRM

1. e-CRM

CRM은 'Customer Relationship Management', 즉 고객관계관리의 약자로서 온라인(on-line)과 오프라인(off-line) 등의 다양한 고객접촉경로를 활용하여 고객관계를 개선시키고 고객만족도와 고객상황 대응능력을 향상시키며 고정고객 관리능력을 개선함으로써 궁극적으로는 고객충성도를 증진시켜 기업의 수익구조와 고객의 이익을 개선하는 고객중심 경영활동 내지는 솔루션 운용활동을 말한다.

또한 신규고객의 획득, 기존고객의 유지 및 관리, 충성도 고객화 실현에 있어서 지속적인 고객 커뮤니케이션 활동을 진행하는 전사적인 고객경영활동이다. 최근에는 디지털기술을 활용하여 e-환경하에서 고객접점과 커뮤니케이션, 분석활동을 실시간에 전개함은 물론 고객과의 거래에 관계되는 온라인과 오프라인 정보를 통합적으로 관리할 수 있는 '고객정보통합시스템'을 구축하여 고객의 섬세하고 개별적인 니즈까지 파악하여 평생고객가치를 극대화하고 이익률을 제고하고 있다.

따라서 CRM은 고객정보와 거래정보의 통합활용으로 고객관계가치의 발굴, 고객정보의 차별적 활용, 커뮤니케이션 및 충성도를 강화함으로써 고객과 기업의 이익을 동시에 추구하는 것이라고 할 수 있다.

e-CRM은 첫째, 온라인상의 전자적 고객접점경로이다. 크게 상품과 서비스, 컨텐츠를 온라인상의 고객접촉수단(인터넷, e-메일, 이동통신, 스마트폰, 전자카탈로그 등)과 원리를 활용하여 수시 또는 즉시로 쌓이는 기업 내 · 외부의 고객관련 정보를 통합하고 가공 · 재정리 분류하여 이것을 전략적으로 분석함으로써 고객과의 관계개선을 통해 고객만족도를 향상시키고 고정고객화를 통해 고객충성도를 증진시켜 궁극적으로는 수익구조를 개선하는 경영관리활동 내지는 솔루션운용활동을 말한다.

둘째, 공격적 · 비대면적인 고객접촉이다. 온라인상에서의 고객접촉은 동시에 여러 경로에서 커뮤니케이션이 가능하며, 실시간 데이터 또는 비대면접촉이 가능하다. 또한 고객접촉 상황의 기록과 관리, 보관이 용이하며 실시간 고객행동의 분석과 자료추적 등이 강하다. 따라서 온라인 고객접점경로는 오프라인중심의 CRM 고객접점경로에 비해 대량의 e-메일 발송, 동시 캠페인 처리, 이벤트 참여, 평가나 테스트 결과 체크 및 자동 통보 등의 마케팅활동 내지는 서비스활동까지 비대면 접촉상황에서 공격적으로 실행할 수 있다.

셋째, 무점포중심의 통합커뮤니케이션이다. 일부에서는 오프라인중심의 고객접촉경로를 활용하면 CRM으로 보고, 인터넷 등 온라인중심의 무점포를 활용한 CRM을 e-CRM으로 보는 경우가 있다. 이처럼 e-CRM은 고객과의 비대면적인 무점포중심, 인터넷 네트워크중심의 고객접촉성이 높게 나타나는 대고객 커뮤니케이션 영역이라고 할 수 있다.

넷째, 디지털환경중심의 다기능 접촉도구의 활용이다. 디지털경영과 디지털마케팅이 강화될수록 e-CRM 중심의 고객접촉 빈도와 범위가 왕성해짐으로써 이에 대한 새로운 커뮤니케이션 방법과 장비, 관련 컨텐츠의 발굴과 관심사항의 업그레이드 등 고객관계를 향상시키려는 활동이 요구된다.

다섯째, 인터넷 고객센터에서의 고정고객관리 강화이다. 인터넷 고객센터에서는 네트워크환경중심에서 텔레마케팅을 실시간으로 연계하여 고객응대를 종합적으로 처리할 수 있고 고객응대 요원이 통합된 고객정보 데이터베이스를 활용하여 개별적으로 상세하게 상담에 임할 수 있다. 즉, 종전의 CTI(Computer Telephoney Integration)가 주로 콜처리중심의 데이터 통합이었다면 인터넷 고객센터는 음성데이터의 통합, 메시징, IT플랫폼 등으로 인터넷환경중심에서 콜처리능력을 강화함으로써 e-CRM 분석과 활용능력을 급격히 향상시키고 있다.

e-CRM을 통해서 기업들이 고객에게 제공하는 가치는 다양하며 가치의 분류에 따른 대표적인 예로 [표 6.1]을 살펴볼 수 있다.

표 6.1 ▮ e-CRM을 통해 고객에게 제공하는 가치

분류	회사	내용
매력적인 가격	이트레이드	기존 브로커 수수료의 1/10
	Key Fuels	법인고객을 대상, 750여 가맹주유소에서 도매가격으로 휘발유 판매
풍부한 선택	아마존닷컴	600만 종 이상의 도서, CD, 장난감, S/W 등
	유나이티드 항공	500여 개의 여행관련 기업의 상품을 온라인 판매 (100사 이상의 항공사 포함)
높은 편의성	Intuit	개인 및 중소기업에 대한 포털 금융정보서비스
	월마트	매장 대비 10배에 이르는 진열상품을 배송
맞춤화	eToys	요청한 선물을 친구, 가족에게 송부가능 생일 환기기능 등 다양한 부가기능 보유
	존슨&존슨, 우리아이닷컴	'온라인 일기'로 아이의 성장기록을 보존 아이의 성장시기에 걸맞은 정보를 e-메일로 전송

2. e-CRM과 CRM의 비교

국내에서 CRM과 e-CRM이 지속적으로 많은 이슈가 되고 있는데, CRM 영역이 e-CRM 영역보다 훨씬 넓게 나타난다. 이러한 구분은 고객접점과 커뮤니케이션의 경로에서 e-CRM 영역까지 구축할 수 있는지의 여부에 따른 것이다. 이것은 고객접촉경로, 활용목적, 활용범위, 활용능력 등에서 차이가 나타날 수 있다.

1) 차이점

(1) 고객접촉경로의 차이

e-CRM은 e-메일, 인터넷, 이동통신, 전자카탈로그, 스마트폰, 디지털 TV 방식의 온라인환경에서 고객과의 접촉 또는 커뮤니케이션을 통해 CRM 솔루션의 구축 및 운용이 가능하다. 반면에 CRM은 e-CRM의 접촉영역을 포함하여 전화, 팩스, 도·소매업자, 지역점 또는 체인점 등 기존의 오프라인중심 경로까지 구축할 수 있다. 따라서 엄밀히 말하면 e-CRM의 고객접점경로가 CRM의 고객접점경로에 포함된다.

(2) 활용목적의 차이

e-CRM은 실시간, 다채널, 동시의 커뮤니케이션 수단을 중시하는 반면에, CRM은 전통적인 오프라인 경로중심으로 고객관계 개선을 통한 경영효율성과 수익구조개선을 중시한다. 즉, e-CRM은 실시간적인 마케팅을 중시하기 때문에 공격적인 방법을 구사하고, CRM은 전사적인 임직원의 경영개선활동과 장단기적인 충성도 증대를 통해 수익향상을 실현한다.

(3) 활용범위의 차이

e-CRM은 마케팅적인 측면이 강하다. 즉, 고객에게 알림, 판촉, 쌍방향 커뮤니케이션 등을 개선하기 위한 의사전달 기능으로 컨텐츠 활용과 커뮤니케이션 빈도, 제품 및 서비스의 활용능력이 높다. 이에 따라 e-CRM은 메일기능은 물론 동호회, 홈페이지, 개인맞춤정보, 게시판, 채팅 등 인터넷환경의 대표적 형태인 4C를 활용하여 많은 기능을 통합하여 처리할 수가 있다. 반면에 CRM은 대면 또는 비대면접촉의 활성화, 판매 및 경영활동의 경로별 조화를 통한 경영효율성이 강하다.

(4) 활용능력의 차이

e-CRM은 고객 개개인의 행동특성과 상황데이터를 실시간으로 접할 수 있을 뿐만 아니라 복합적인 상황처리가 가능하다. 반면에 CRM은 과거의 경험, 분석된 가공정보를 중심으로 활용한다.

2) 공통점

CRM과 e-CRM의 공통점은 고객과의 접점을 매우 중시하고 철저하게 일대일마케팅(one-to-one marketing)을 활용하고 이익창출이 높은 충성도고객을 존중하며, 궁극적으로는 평생고객가치를 중시한다는 것이다. 즉, CRM의 가장 공통된 특성이라고 할 수 있는 일대일마케팅과 데이터베이스마케팅의 활용을 기초로 고객정보를 통합하고 고정고객화를 통해 고객의 수익기여도를 장기적 · 지속적으로 실현하고자 한다. e-CRM을 학습하고 인지하기 위해서는 CRM의 전체 영역을 동시에 학습하고 가치비중을 조정하여 실무에 활용해야 한다([표 6.2] 참조).

표 6.2 ▌ CRM과 e-CRM의 비교

구분	CRM	e-CRM
개념	• e-CRM 영역을 포함하여 기존의 오프라인중심 채널까지 구축, 운용할 수 있는 포괄적 솔루션	• 온라인 환경하에서 고객과 접촉, 커뮤니케이션이 가능한 CRM 솔루션
주요 채널	• 복수의 분산된 채널 (대면미팅, 전화, 팩스, 대리점, 체인점, 디지털 TV)	• 웹기반의 단일 통합채널 (e-메일, 인터넷, 모바일 또는 이동통신, 전자카탈로그, VoIP)
고객요청 처리과정	• 복잡하고 처리과정에 오류 개입 가능성 • 고객행동 패턴에 대한 추적이 어려움 • 제공되는 대인서비스 질의 불일치성, 실수	• 온 디멘드 액세스로 단순한 절차와 실시간처리 가능 • 고객행동분석 용이(쇼핑패턴, 정보탐색 패턴) • 고객특성에 맞는 서비스제공 가능 • 일관된 서비스의 질 유지
데이터 분석	• 고전적 통계기법, 데이터마이닝	• 실시간 고객성향분석, 고객활동 패턴분석

데이터 활용	• 마케팅 캠페인, 영업 강화, CTI, 프로모션	• 원투원 마케팅, 실시간 추천시스템, 웹사이트 개인화
비용	• 높은 인건비로 신규고객 유치와 관리비용이 상대적으로 높음	• 초기 IT 셋업 비용이 높은 반면, 유지관리비용이 매우 저렴
온라인 서비스 내용	• 주로 TM을 이용한 단순한 질의응답	• 음성, 동화상 멀티미디어, FAO, 기타 고객관심분야 정보제공
시간 · 공간적 범위	• 제한된 영업시간, 지역적 한계가 존재	• 하루 24시간, 전 세계를 대상으로 가능
지향점 (공통점)	• 고객접점, 커뮤니케이션 채널의 효율성 극대화 • 충성고객 확보와 LTV 증대 • 실시간으로 고객 개개인에 대한 차별적인 서비스를 제공 • 오프라인과 온라인의 채널통합 및 확대 • 유통채널을 통합관리하고 의사결정하기 위한 고객정보 통합의 실현	

대표적으로 e-CRM의 활동영역은 e-마케팅, e-판매, e-서비스로 나타낼 수 있다([표 6.3] 참조). e-마케팅은 웹을 활용해 전통적인 마케팅 기능 및 새로운 마케팅 기능을 구현하는 것이며, e-판매는 초기에 고객을 인식하는 것에서부터 상품, 서비스 전달과정에 이르기까지 고객의 전 구매과정을 웹상에서 처리할 수 있도록 하는 것이고, e-서비스는 고객서비스 및 지원을 하는 용도로 전자채널을 활용하는 것이다.

표 6.3 ▮ e-CRM의 활동영역

구분	내용	활동영역
e-마케팅	• 웹을 활용한 광고, 판매촉진, PR 및 다이렉트 마케팅 • 시장세분화를 위한 고객정보 확보목적으로 인터넷상에서 시장조사 • 서비스 개발과정 및 라이프사이클 결정에 인터넷을 통한 고객참여 • 서비스 가격결정에서 인터넷을 통한 유사서비스 가격정보 획득 • 판매 채널 믹스를 결정하고 통합에 포털과 같은 전자적 채널 활용	• 마케팅 커뮤니케이션 • 상품/서비스 마케팅 • 가격전략/프로그램 • 채널 마케팅

e-영업	• 웹을 통한 전 구매과정을 고객에 의한 셀프서비스화 • 인터넷상에서 고객의 구매의사와 지불능력을 파악 • 고객의 구매의도에 맞는 적정상품을 추천 • 고객에게 솔루션을 제공하기 위해 단위상품을 번들링 • 위 솔루션에 대해 고객의 지불능력을 고려하여 커스터마이즈 및 할인상품 추천 • 고객의 구매정보 및 지원정보 이력화 • 인터넷상에서 서비스주문 생성	• 자격(Qualification) • 고객욕구 파악 • 설정(Configuration) • 주문 생성/처리 • 서비스 개통
e-서비스	• 인터넷을 통하여 고객이 고객정보를 입력/갱신 • 인터넷으로 고객이 접속한 정보를 데이터베이스화 • 고객이 서비스 오더 및 고장신고처리 현황을 인터넷상에서 검색 • 고객의 질의 및 질의사항 처리 • 웹상에서 고객에게 필요한 교육 실시 • 웹상에서 고객이 서비스를 설계하고 개통 • 서비스 문제를 고객이 처리할 수 있도록 고장처리 매뉴얼 제공	• 고객서비스 정보입력/관리 • 고객 교육훈련 • 고객 질의관리 • 상품/서비스 온라인 개통 • 서비스 장애관리

3. e-CRM 활용사례

다음은 e-CRM 외에도 CRM이 여러 요소와 결합하여 활용되고 있는 사례이다. g-CRM이라는 새로운 개념이 나타났는데, GIS와 CRM의 합성어로서 GIS(Geographic Information System)는 전 국토의 지리공간정보를 디지털화하여 Digital map으로 작성하고 다양한 정보통신기술을 이용해 여러 분야에 활용되는 첨단정보시스템이다. GIS가 CRM과 결합돼 좀 더 세밀한 고객관리가 가능해졌다고 평가되고 있다.

지도기반 서비스 다양화 추세 향후 발전가능성 무궁무진

C·A·S·E 살펴보기

"해외 공간정보산업 전시회에 가보면 국내 공간정보산업 기술수준이 상당히 높음을 알 수 있습니다. 하지만 보유한 데이터에 비해 유통체계가 미비해 산업이 발전을 못한 것이지요. 향후 공공 · 민간부문에서 공간정보 데이터 유통이 활발해져 산업 활성화가 이뤄질 것을 기대하고 있습니다."

김학성 웨이버스 대표는 이렇게 국내 공간정보산업 활성화에 대한 기대감을 드러냈다.

김학성 대표는 쌍용정보통신 GIS팀장과 솔루션부문 이사를 거쳐 지난 2004년 웨이버스의 탄생과 함께 대표이사를 수행하고 있는 국내 공간정보산업 1세대이다. 오랜 시간 공간정보시장에 몸담아오면서 공간정보가 갖는 가치와 미래가능성에 대해 확고한 인식을 갖고 있다.

김학성 대표는 공간정보가 지도를 기반으로 한 다양한 서비스로 개념이 확대되고 있다고 분석했다. 김 대표는 "공간정보는 하나의 사용자 인터페이스(UI)를 표현하는 요소기술로 변화하고 있다"며 "전통적인 공간정보가 다른 분야와 융합돼 무궁무진한 가능성을 발휘하게 될 것"으로 내다봤다.

예를 들어 고객관계관리(CRM)가 GIS와 결합한 g-CRM이 금융기관에 도입돼 좀 더 세밀한 마케팅과 고객관리가 가능해진 것도 같은 맥락이다.

… (중략) …

김 대표는 "공간정보시장을 키우기 위해서는 대기업과 중소기업이 각자의 역할을 찾아 협력하는 상생체계를 형성해야 한다"며 "인력을 회사의 재산으로 삼고 신규사업 육성과 기존사업 강화에 주력해 국내뿐만 아니라 해외에서도 인정받는 기업으로 성장하겠다"고 말했다.

자료 : 디지털타임스, 2009. 10. 12

다음은 선두 유통업체인 신세계의 e-CRM 도입사례이다. 신세계뿐만 아니라 대부분의 유통업체들이 신속하고 정확한 고객데이터 확보와 관리를 위해 e-CRM 도입을 통해 오프라인 매장뿐만 아니라 온라인몰까지 그 영역을 확대하고 있다.

테라데이타, '이마트 온라인 쇼핑몰 마케팅 CRM'

C·A·S·E 살펴보기

이마트가 고객서비스 및 타겟마케팅 강화를 위해 테라데이타 데이터웨어하우징(DW)기반의 '이마트 온라인쇼핑몰 마케팅 고객관계관리(CRM)'를 구축했다.

이마트는 이번 프로젝트로 1회성 고객, 가격민감형, 건강민감형, 상품연관성과 같은 특성지표와 고객별 세분화 분석을 하게 됐다. 또, 고객이 온라인몰 방문 시 개인별로 차별화된 정보를 제공해 고객에 최적화된 쇼핑몰이 되도록 지원한다.

이마트는 테라데이타 DW기반의 온 · 오프라인 연계분석 e-CRM 시스템으로 기존 온라인몰에서 미흡했던 고객분석기능을 강화했다.

이마트는 테라데이타의 DW를 기반으로 마이크로스트레티지의 비즈니스 인텔리전스(BI) 솔루션 '마이크로스트레티지 9(MicroStrategy 9)'을 도입했다. 이를 통해 사용자의 다양하고 복잡한 요구사항들에 대한 다차원적인 분석기능을 제공할 수 있으며, 유비전트의 캠페인 관리시스템을 통해 기존 DW를 활용한 다양한 프로모션을 수행할 수 있다.

윤문석 한국테라데이타 사장은 "테라데이타는 업계 선두업체인 신세계이마트의 오프라인 DW에 이어 온라인몰 마케팅 CRM 구축에 참여하게 된 것이 기쁘다"며 "고객이 비즈니스 목표를 달성할 수 있도록 최선을 다할 것"이라고 말했다.

자료 : 전자신문, 2010. 10. 28

다음은 공공기관에서도 확산되고 있는 e-CRM의 사례에 대해 알아보도록 한다. 개인기업들은 경쟁에서 뒤떨어지지 않기 위해 고객니즈의 변화에 빠르게 대응하지만, 공공기업들은 실제로 둔감해 국민들의 불만이 많았다. 이번에 경찰 민원시스템에 e-CRM의 도입을 통해 효율성을 증대시키고 국민들의 편의를 증대시키려 노력하고 있다.

사이버범죄 신속 대응… 경찰, 민원시스템 개편 추진

C·A·S·E 살펴보기

경찰이 민원시스템 개선을 추진한다. 중요 사이버범죄에 대해 신속하게 대응하고 신고편익을 높이기 위해서다.

11일 경찰청에 따르면 경찰은 현재 운영 중인 인터넷 민원접수창구(e-CRM)와 콜센터(CTI) 시스템을 개선한다. 민원인 불편해소를 위한 신고시스템 개선과 처리율 향상이 필요하다는 지적 때문이다. 사업기간은 이달부터 11월까지다. 예산은 2,700만 원으로 책정됐다.

개선사항은 △실명인증 간소화와 분실 비밀번호 안내시스템 개선 △처리 관서 자동지정·처리결과 문자서비스 통지 △신고유형별 통계효율성 강화 및 지연민원관리시스템 도입 △민원별 처리매뉴얼 보강 및 상담원 연결률 향상 △ARS 안내멘트 개편 등이다.

경찰은 시스템 운영에 따른 여론을 반영해 지속적으로 프로그램을 개선할 방침이다. 지방청 민원안내정보센터에 유형별 상담매뉴얼도 배포할 계획이다.

자료 : 뉴시스, 2010. 9. 11

사이버범죄 예방정보 알리미–넷두루미

C·A·S·E 살펴보기

경찰청 사이버테러 대응센터(센터장 배용주)는 경찰청에 접수된 사이버범죄 민원을 자동분석해 네티즌에게 정보를 제공하는 '사이버범죄 예방정보 알리미–넷두루미(http://net-durumi.netan.go.kr)' 서비스를 17일부터 제공한다.

… (중략) …

'넷두루미(Net–Durumi)'의 주요 기능은 우선 경찰에 접수된 사이버범죄 민원을 실시간으로 분석하여, 전일, 전주, 전월 대비 신고건의 증감에 따라 죄종별로 '보통, 주의, 심각' 등 단계별 경보를 발령한다. 또한 전자상거래 전 인터넷 사기 의심자 여부를 휴대폰, 계좌번호 등으로 확인할 수 있도록 검색기능을 구축했으며 경찰에 동일한 계좌번호, 휴대폰으로 다수 신고된 건을 자동으로 보여줌으로써 동일인에 의한 범죄피해가 확산되는 것을 방지했다. 더불어 인터넷 사기 피해자 다수 발생 등 국민들의 각별한 주의가 필요한 사항에 대해 수시로 피해주의보를 발령하고, 각종 사이버범죄 검거 사례 등을 게재함으로써 사이버범죄에 대해 네티즌들이 경각심을 가질 수 있도록 했다. 특히 경찰청은 네티즌들이 넷두루미를 통해 쉽게 사이버범죄 관련 정보를 조회할 수 있게 하기 위해 다음, 네이버, 야후, 파란, CJ인터넷, 옥션, 지마켓 등 포털 · 쇼핑몰 · 게임사 등 20여 개 업체와 협조, 메인화면에 배너를 게재하는 등 홍보를 강화하기로 했다. 각종 카페 · 블로그 등에 자유롭게 게재할 수 있는 '위젯'도 제작 · 배포할 계획이다.

앞으로도 경찰청은 사이버범죄 피해확산을 방지하기 위해 강력한 단속활동을 전개해 나가는 한편, '넷두루미'를 통해 사전피해가 예방될 수 있도록 지속적인 관리 및 업데이트한다는 전략이다.

자료 : 전자신문, 2010. 2. 7

제3절 m–CRM

ICT의 발전과 함께 휴대기기는 소비자와 항상 함께하는 필수도구가 되었다. 사용자는 이러한 휴대단말기를 이용하여 언제, 어디서나 통화뿐만 아니라 다양한 서비스를 이용할 수 있게 되었다.

1. m-CRM 도입배경

CRM은 고객에 대한 이해를 바탕으로 영업, 마케팅, 고객서비스 프로세스를 재구성하는 일련의 활동이다. CRM은 고객에 대한 중요성이 증대됨에 따라 기업의 경쟁전략이 되었다. 고객은 이제 더 이상 제품판매를 위한 마케팅의 대상이 아니라 제품생산에서부터 판매까지 기업의 전략에 영향을 미치는 중요한 요소가 되었다.

고객을 유지하고 관리하기 위한 CRM의 목표는 크게 세 가지로 나눌 수 있다.

첫째는 고객중심의 업무방식의 변화이고, 둘째는 환경변화의 지속적인 반영이며, 셋째는 신개념의 마케팅전략의 도입이다. CRM의 목표를 달성하기 위해서 CRM의 고객 취향과 요구의 변화와 환경의 변화에 민감하게 반응하면서 변화하고 있다.

모바일기술은 무선인터넷의 발전과 네트워크 속도의 개선을 통하여 새로운 비즈니스의 가능성을 제시하고 있다. 특히 모바일 디바이스의 급격한 보급은 모바일을 이용한 비즈니스의 가능성을 더욱 높이고 있다.

특히 모바일기술을 통한 CRM의 가능성이 제기되면서 m-CRM이라는 새로운 분야가 개척되기 시작하였다. 현재 m-CRM은 Siebel Systems 같은 CRM 솔루션업체에서 제품을 출시하였지만 아직까지는 기존의 CRM에 모바일기술의 단순한 응용수준에 머물러 있다. 국내에서도 모바일업체와 CRM업체들이 공동개발을 활발히 추진하고 있는 상황이다.

앞에서 언급하였듯이 CRM은 고객의 변화와 환경의 변화에 민감하게 반응한다. 그 이유는 CRM이 고객중심의 전략이기 때문에 고객을 만족시키기 위해서는 고객의 취향과 요구의 변화에 민감하게 대처해야 하기 때문이다.

고객과 환경에 많은 변화를 가져온 모바일 발전의 중요성은 무엇일까?

첫째, 모바일의 발전은 고객에게 새로운 서비스에 대한 기대감을 준다. 모바일을 통해서 편리한 사용을 경험한 고객은 좀 더 높은 서비스를 요구하게 된다.

둘째, 모바일의 발전은 CRM에 새로운 방법을 제시한다. 모바일기술은 이동성과 즉시성을 바탕으로 기존의 CRM에 있었던 시간과 장소제약의 문제를 해결하였다. 기존의 CRM에서는 기업이 고객에게 직접 접촉하거나 고객이 기업에게 접근할 때에만 고객에게 서비스를 제공할 수 있었다. 인터넷을 이용한 e-CRM에서도 고객이 컴퓨터를 통해 기업의 사이트에 접속할 때만 개인화된 서비스를 제공할 수 있었다. 그러나 모바일은 기존의 CRM이 가지고 있던 시간과 장소의 제약을 해결할 수 있는 수단으로서 CRM을 한층 발전시킬 수 있는 요인으로 등장하였다.

2. 모바일시대의 CRM

CRM은 고객의 중요성이 지속적으로 증가함에 따라 고객관리와 유지를 위해서 더 나은 방법을 찾고자 노력하고 있다. CRM은 고객의 중요성이 증가함에 따라 계속적으로 변화하고 있다. 따라서, CRM의 변화과정을 분석함으로써 현재 CRM의 추세와 CRM의 변화를 예측하고자 한다. 또한 CRM의 변화 속에서 모바일이라는 새로운 기술의 발전이 CRM에 어떠한 영향을 줄 수 있는지에 대해 말하고자 한다.

1) CRM의 변화

고객관리를 위한 기업의 노력들은 지속적으로 변화하였다. 고객관리의 변화는 고객의 중요성이 변함에 따라 변해 왔는데 이를 마케팅의 관점에서 분류하면 다음과 같다.

(1) 1세대 : 매스마케팅(1980년대)

1세대 기업과 고객의 관계는 일방적이다. 고객의 정보는 상품을 판매할 때 기재된 고객자료들과 고객에게 우편발송 등을 통해 회수된 자료들로 수집되고, 이 자료를 통해서 고객을 분류하고 고객에 대한 정책을 결정하였다. 1세대의 고객에 대한 접근방식은 대량캠페인과 같은 일방적인 방식이었다. 오랜 기간 동안 누적된 대량의 자료를 통하여 고객을 분석하고 일시적인 대량캠페인을 통해서 일방적으로 제품을 판매한다. 이러한 접근방식은 과거의 데이터를 수집하고 분석하는 데 많은 시간과 노력이 필요하기 때문에 고객정보의 통합과 분류가 어려웠으며 고객의 변화에 민감하게 대응하지 못하는 단점을 가지고 있다.

(2) 2세대 : 데이터베이스마케팅(1990년대 초반)

2세대의 기업과 고객의 관계는 일시적이다. IT기술과 데이터웨어하우스의 고객자료를 이용하여 마케팅활동을 지원하였지만 일시적인 캠페인을 함으로써 제품판매가 끝나면 고객과의 관계가 단절되었다. 고객의 자료를 통합하고 이용하려는 노력이 이루어졌지만 지속적인 고객데이터의 관리와 유지에는 실패하였다.

(3) 3세대 : CRM(1990년대 후반)

3세대의 기업과 고객의 관계는 쌍방향 의사소통의 관계이다. 고객과 관련된 기업의 자료를 분석 · 통합하여 고객특성에 기초한 마케팅활동을 계획하고, 지원하며, 평가하는 것으로 대표할 수 있다. 고객을 획득하고 유지하기 위해서 콜센터, 캠페인관리 등의 CRM도구를 통해 지속적이고 반복적으로 고객관리를 실시하게 된다. 이러한 순환적인 고객관리시스템은 고객의 요구를 계속적으로 반영하는 효율적인 관리체제이다.

(4) 4세대 : 실시간마케팅(2000년대)

4세대의 기업과 고객의 관계는 밀접하게 연결된 가치창조의 관계이다. 고객은 단순히 제품을 판매할 대상이 아니라 기업의 전 분야에 걸쳐서 기업의 전략을 세우는데 중요한 요소가 되었다. 기업은 고객의 취향과 요구분석을 통해 고객에게 적합한 상품을 생산하게 되었고 이는 기업의 새로운 가치를 창출하는 데 도움이 되었다. 고객의 측면에서도 고객의 취향에 맞는 상품과 서비스를 제공받게 되었다. 기업과 고객은 서로 간의 만족과 이윤을 통해서 서로의 가치를 창출하는 관계가 되었다. 이제는 고객의 반응을 실시간으로 교류해야 할 필요성이 대두되었다. 이러한 수단으로서 인터넷은 CRM을 e-CRM이라는 분야로 확장시키면서 더 많은 고객의 정보를 얻고 분석하여 실시간으로 제공할 수 있는 기회를 제공하였다.

위에서 CRM의 변화과정을 분석하면서 CRM의 몇 가지 흐름을 유추할 수 있다.

첫째, CRM의 변화요인을 유추할 수 있다. CRM의 변화요인은 고객에 대한 관심과 변화와 기술의 발전을 들 수 있다. 특히 1세대에서 2세대로의 변화에서 알 수 있듯이 컴퓨터라는 새로운 기술은 데이터베이스라는 새로운 도구를 제공하였고 이는 고객관리의 새로운 가능성을 제시하면서 데이터베이스마케팅으로 발전하였다. 3세대에서 4세대로의 발전은 고객성의 중요성이 크게 부각되면서 고객의 요구에 민감하게 발전하고 있다. 고객은 예전보다 고객서비스의 새로운 경험을 통해서 취향과 요구사항이 높아졌다. 이를 만족시키기 위해서 기업은 실시간으로 개인고객의 취향을 만족시키기 위한 노력을 하고 있다.

둘째, CRM의 변화에 대한 예측을 할 수 있다. 4세대의 CRM에서 볼 수 있듯이, CRM은 변화하는 고객의 요구를 수용하기 위한 새로운 방법을 모색하고 있다. 좀 더 개인화된 정보를 적시에 고객에게 제공하기 위한 노력을 하고 있다. 이러한 변화의 노력을 만족시킬 수 있는 방법으로 모바일이 제시되었다. 인터넷을 통하여 CRM에 획기적인 발전을 이룩하였지만 급변하는 고객의 요구를 수용하기에는 한계를 가지고 있다. 고객이 인터넷에 접속하여 정보를 제공하고 받을 수 있는 상태에서만 e-CRM은 실시간으로 고객에게 정보를 제공한다. e-CRM에서도 고객채널의 일환으로 모바일을 포함하고 있었지만 그 당시에는 모바일기술이 지금처럼 발전하지 못했기 때문에 모바일을 단순한 고객접점으로만 인식하고 있었다. 그러나 모바일기술이 지속적으로 발전함에 따라 모바일기술을 이용한 모바일 CRM에 대한 연구의 필요성이 제기되었다.

2) 모바일이 CRM에 미치는 영향

코너(Korner)는 새로운 기술이 CRM에 미치는 영향에 대하여 분석을 하였다. 코너의 분석에 의하면 새로운 기술이 CRM에 미치는 영향을 크게 두 가지로 나누어 설명할 수 있는데 첫째, 새로운 기술의 영향으로 고객과의 새로운 접점이 확보된다는 점과 둘째, 고객의 행동이 많은 면에서 변화할 것이라는 점이다.

그림 6.1 ▮ 새로운 기술이 CRM에 미치는 영향

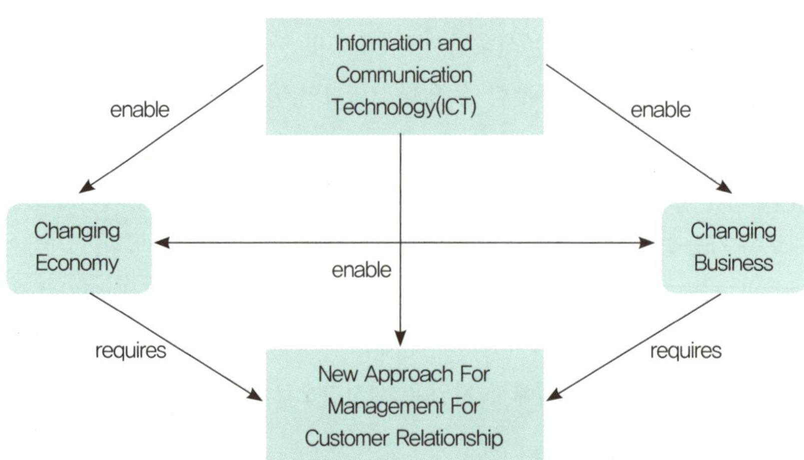

[그림 6.1]은 코너가 주장한 새로운 기술이 CRM에 미치는 영향을 그림으로 요약하여 표현한 것이다. [그림 6.1]에 나타나 있듯이 새로운 기술은 비즈니스 환경에 영향을 주게 되고 고객의 행동을 변화시키기 때문에 결국 고객관리에 있어서 새로운 접근방식이 필요하다는 것이다. 코너가 접근했던 방식과 유사하게 모바일이 CRM에 주는 영향을 분석하면 다음과 같다. 모바일이 CRM에 미치는 영향은 크게 두 가지로 나누어 볼 수 있다.

첫째, 기업의 입장에서 본다면 모바일은 고객과의 접점을 통해서 기존의 CRM이 가질 수 없었던 새로운 방법을 제시하고 있다. 기존의 CRM과 e-CRM은 고객을 관리하는 데 있어서 고객이 접속하거나 또는 기업이 고객에게 접촉하는 방식을 통해서만 고객관리가 이루어졌다. 반면, 모바일은 시간과 공간에 제약을 받지 않는 고객접점이라는 특징을 이용해서 기업은 시간과 공간에 제약을 받지 않고 고객을 관리할 수 있는 가능성을 가지게 되었다.

둘째, 고객의 입장에서 본다면, 모바일기술에 대한 기대감을 통해 고객은 좀 더 나은 서비스를 기대하게 되었다. 무선전화의 수가 유선전화수를 앞지를 만큼 모바일은 일반고객에게 대중화되었다. 무선인터넷 등과 같은 새로운 모바일기술을 접해 본 고객은 모바일의 장점을 인식하게 되었고 그에 대한 기대 또한 커지게 되었다. 또한 부분적으로나마 CRM 업체들은 모바일 CRM 솔루션을 출시하면서 모바일에 대한 기대감을 높이고 있다.

3) CRM에 있어서 모바일의 장점

모바일의 장점 중 CRM에 응용할 수 있는 장점으로는 개인화, 이동성, 즉시성, 위치인식, 연속성을 들 수 있다. 이를 자세히 살펴보면 [표 6.4]와 같다.

표 6.4 ▮ 모바일 CRM의 장점

특징	장점
개인화	• 기업은 모바일 디바이스에 기본적으로 포함되어 있는 기본적인 고객의 정보를 제공받아서 개인에게 알맞은 서비스와 컨텐츠를 제공한다.
이동성	• 모바일은 유선과 달리 이동 중에 휴대할 수 있는 장점이 있다. • 과거의 CRM에서는 고객이 회사에 접속해야만 고객의 정보를 획득하고 제공할 수 있었다. • 모바일의 등장으로 어느 곳에서나, 어느 시간대에나 실시간으로 고객관리를 하게 된다.
즉시성	• 과거의 CRM에서는 고객의 원하는 시점에 원하는 정보를 제공하는 것이 어려웠다. • 모바일을 통해서 고객이 원하는 시점을 파악하여 실시간으로 정보를 제공한다.
위치인식	• 모바일을 통하여 고객의 위치를 파악하는 것이 가능해졌다. • 고객의 위치파악은 과거의 CRM에서 제공할 수 없는 서비스를 제공할 수 있는 좋은 기회가 되었다.
연속성	• 모바일을 통해 파악된 정보와 기존의 정보와 결합하여 고객에게 필요한 정보를 만들어낸다. • 예를 들어, 고객이 CD 플레이어를 구입한 정보가 입력되는 순간 근처의 CD매장의 정보와 고객의 정보를 결합하여 할인쿠폰 같은 새로운 정보를 만들어낼 수 있다.

(1) 모바일 CRM의 활용

앞에서 언급한 모바일의 장점은 CRM에 여러 가지 방향으로 활용될 수 있다.

① 무선인터넷과 SMS의 활용

무선인터넷은 기존의 e-CRM과의 통합가능성을 제시한다. 모바일에서 인터넷이 가능하다면 인터넷을 통해서 구축되어 있는 고객의 정보를 그대로 활용할 수 있고 모바일을 통해 더 많은 고객정보를 얻을 수 있다. 모바일에서의 인터넷 사용은 네트워크 속도와 모바일 디바이스의 화면제약 때문에 기존의 유선인터넷을 통한 고객관리와는 다른 새로운 방법을 요구한다.

기업의 입장에서 고객에게 시간과 장소에 관계없이 접속할 수 있는 수단으로는 SMS를 들 수 있다. 기존의 CRM에서는 캠페인을 통해서 직접 고객에게 접근하거나 인터넷에 고객이 접속하기 전까지는 어떠한 정보도 제공할 수 없었다. 하지만, 이젠 SMS를 통해서 CRM은 언제 어디서나 고객에게 정보를 제공할 수 있는 채널을 확보하게 되었다. SMS는 현재 무선마케팅에 가장 많이 활용되고 있지만 앞에서 언급한 위치기반시스템과 무선인터넷에 있어 고객접점으로서 중요한 역할을 담당한다.

② 폐쇄루프(Closed Loop) CRM의 실시간 활용

CRM은 고객의 정보수집, 저장, 분석, 적용의 반복적인 프로세스를 통해서 이루어진다. 기존의 CRM 프로세스는 한 번의 사이클을 도는 데 많은 시간을 요구하였다. e-CRM을 통해서 사이클시간이 많이 단축되었지만 고객이 접속할 때까지 기다려야 하므로 적시에 고객서비스를 제공할 수 없었다. 모바일은 반복적인 CRM 프로세스시간을 단축시켜 실시간 고객서비스를 가능하게 한다. e-CRM을 통해서 구축되어 있는 기존 CRM 시스템에 모바일을 결합한다면 실시간으로 고객에게 맞게 개인화된 정보를 제공할 수 있게 된다.

③ 위치추적기술의 활용

모바일을 통한 고객의 위치추적기술은 기존의 CRM에 큰 영향을 주는 획기적인 기술이다. 이 기술을 통하여 기업은 고객의 위치를 실시간으로 제공받을 수 있다. 고객의 위치정보는 기존의 고객성향정보와 기업 내부정보와 결합하여 현재 위치에서 특정 고객에게 적합한 정보를 제공할 수 있다. 위치기반의 CRM은 기존의 CRM에서 제공할 수 없었던 새로운 가능성을 제시한다. 고객 개인에게 적합한 정보를 적시에 제공함으로써 기업은 고객관리와 유지뿐만 아니라 새로운 구매유도의 효과까지 얻게 된다.

④ 모바일마케팅과의 결합

m-CRM이 발전되기 전에 이미 모바일마케팅은 활성화되고 있다. 모바일마케팅은 휴대폰으로 대표되는 모바일 네트워크 단말기를 기존 미디어채널과 연계해 마케팅활동을 수행하는 것이다. 모바일채널을 마케팅으로 활용하면서 1:1 마케팅, 타이밍기반 마케팅, 위치기반 마케팅 등 새로운 마케팅의 가능성을 가지게 되었지만 무분별한 광고로 인하여 고객은 상당한 모바일광고에 대해서 불만을 가지게 되었다. 모바일마케팅이 CRM과 결합하여 고객의 특성에 맞춘 가치 있는 정보를 제공한다면 모바일마케팅의 새로운 가치를 획득하게 될 것이다.

제4절 웹마이닝

1. 웹마이닝이란?

1) 웹마이닝의 등장배경과 정의

인터넷의 확장과 온라인 비즈니스가 일반화되고, 인터넷을 통한 전자상거래가 새로운 사업의 기회로 인식되면서 웹에 대한 연구가 활성화되었다. 또한 데이터의 생산과 저장 및 처리기술의 혁신적인 발전은 온라인활동에 대한 방대한 양의 데이터의 기록이 가능해졌고, 이러한 데이터는 접속자의 행위에 대한 가치 있는 정보를 내포하고 있다. 가장 일반화되어 있는 분야는 웹로그데이터에 대한 분석이다. 분석 툴에 의해 분석되는 로그분석 결과는 동적인 웹서비스와 개인화된 웹서비스의 개발에 충분하지 않았다. 이러한 부족함을 극복하기 위하여 데이터마이닝을 웹에 적용하고자 하는 노력이 계속되어 왔다.

웹마이닝이라 함은 널리 알려진 의미로 다음과 같이 정의될 수 있다.

웹마이닝(Web mining)은 웹자원으로부터 의미 있는 패턴, 프로파일, 추세 등을 발견하기 위하여 데이터마이닝 기술(많은 데이터 가운데 숨겨져 있는 유용한 상관관계를 발견하여 미래에 실행가능한 정보를 추출해 내고 의사결정에 이용하는 과정)을 응용한 것이다. 그 활용분야에는 정보필터링, 경쟁자와 특허 그리고 기술개발 등의 감시, 이용도분석을 위한 웹 액세스 로그의 마이닝, 브라우징(고객의 웹에서의 이동경로 탐색) 지원 등이 있다.[1]

끊임없는 경영환경의 변화는 기업의 경영성과의 예측불가능성을 높이고 있고, 끊임없는 혁신 또한 요구하고 있다. 기업의 경영성과는 고객이 창출하는 만족을 통한 수익극대화만이 기업의 생존을 보장한다. 시장의 변화가 고객중심으로 이동하면서 보다 세분화되고 있는 고객의 니즈에 초점을 맞추어야 한다. 그러므로 기업은 이 니즈를 파악하기 위하여 많은 노력을 기울여야 한다.

마케팅적 측면에서 고객관계관리는 고객에게 기업이 주는 가치를 재평가하고, 기

1 http://ko.wikipedia.org/wiki/웹마이닝

업의 한정된 공급역량을 효율적으로 집중한다는 데서, 경쟁력을 강화하고 기업의 최종목표인 기업의 영속성을 유지하기 위한 방편이라 할 수 있다.

기업이 고객관계관리에서 한 방편으로 웹마이닝을 선택하게 된 기술적 배경은 정보기술의 발달과 네트워크 인프라의 급성장에 기인한다. 인터넷의 쌍방향성은 고객에게 새로운 대화채널을 형성함으로써, 기존의 물리적 채널보다 3A(Anytime, Anywhere, Anyplace)의 항상성을 지원하고, 기업 또한 그 항상성을 이용하여 더욱 효과적인 데이터마이닝을 가능케 하였다.

다른 측면에서 웹마이닝이란 웹의 정보로부터 데이터마이닝 툴을 사용하여 유용한 정보를 발견하고 분석하는 일련의 프로세스이다. 웹마이닝에 사용되는 데이터는 일반적인 로그분석에 사용되는 데이터에 고객의 데이터와 웹사이트 컨텐츠와 관련한 웹데이터의 해석이 동시에 이루어져야 한다.

웹마이닝은 분석의 바탕이 웹환경이란 점이 일반적 데이터마이닝과 구분될 수 있으며, 이러한 특성으로 여러 유의미한 추가적 내용을 발견할 수 있다. 웹에서 제공하는 하이퍼링크 또한 일반적인 데이터마이닝과는 다른 형태의 문서 간의 구조화에 대한 독특한 특성을 나타낸다.

웹마이닝의 단계는 다음과 같다.

① **자료수집** : 웹사이트를 구성하고 있는 웹페이지 및 웹과 연동되는 데이터베이스, 웹사이트의 구조정보, 웹사이트 사용자가 웹서버에 접속한 정보가 기록된 웹서버로그파일, 사용자 프로필 등의 정보를 직접 또는 에이전트를 이용하여 수집한다.

② **전처리과정** : 준비된 데이터들에 마이닝작업을 수행할 수 있도록 필터링한다. 그리고 정제(cleansing), 변형(transforming) 등의 작업을 하여 데이터를 재구성한다.

③ **일반화** : 각 목적에 맞는 다양한 데이터마이닝 알고리즘을 적용하여 하나의 혹은 여러 개의 웹사이트에 대해서 일반적인 패턴을 자동으로 발견한다.

④ **분석** : 데이터마이닝을 통해 발견된 패턴과 결과를 적절한 검증기법을 이용하여 해석 · 검증한다.

2) 웹마이닝의 분류

웹마이닝은 웹을 이용하는 고객의 데이터를 수집하고 분석하여 일정한 패턴을 찾는 일련의 기법들을 총칭한다. 쿨리(Cooley)와 모바셔(Mobasher)는 웹마이닝은 크게 웹컨텐츠마이닝(Web Contents Mining)과 웹이용마이닝(Web Usage Mining)으로 분류하였다.

웹컨텐츠마이닝은 전통적인 웹 검색엔진의 한계를 극복하고 정보의 품질을 위한 보다 지능적 도구를 개발하기 위한 노력으로 시작되었다. 웹컨텐츠마이닝은 다시 에이전트기반의 접근법과 데이터베이스 접근법으로 나누어 볼 수 있다. 에이전트기반 웹마이닝(Agent based Web Mining)시스템은 지능적 검색엔진, 정보필터링, 개인화된 웹에이전트(Personalization Web Agent) 세 개의 범주를 포함하고 있으며 데이터베이스 접근법에 의한 웹마이닝(Database based Web Mining)은 웹에 존재하는 반구조화(Semi-Structure)된 데이터를 보다 구조화된 자료의 집합으로 조직하기 위한 기술과 데이터마트를 이용한 분석기술에 초점을 두었다. 데이터베이스 접근법은 다층데이터베이스(Multi-database)와 웹질의시스템(Web Query System)을 포함하고 있다. 웹이용마이닝은 하나 혹은 그 이상의 웹서버에 접속하는 접속자의 연속패턴을 자동적으로 발견하는 것이다.

한편, 코살라(Kosala)와 블로킬(Blockeel)은 웹마이닝을 세 가지 범주로 구분하였다. 웹컨텐츠마이닝(Web Contents Mining), 웹구조마이닝(Web Structure Mining), 웹이용마이닝(Web Usage Mining)이다. 검색엔진과 웹스파이더에 의해 수집된 데이터를 검사하는 웹컨텐츠마이닝은 웹의 컨텐츠, 자료문서로부터 유용한 정보를 발견하는 것으로 정의된다. 웹컨텐츠는 비구조화된 텍스트 데이터와 반구조화된(HyperLink) HTML, 문서, 가장 구조화된 테이블이나 데이터베이스에 포함된 데이터 등으로 구성되어 있다. 웹컨텐츠마이닝은 정보검색과 데이터베이스 관점으로 구분하였다. 특정 웹사이트 구조와 관련된 데이터를 조사하는 웹구조마이닝은 웹문서 내의 하이퍼링크 구조에 초점을 두고 웹에 링크된 하위구조의 모델을 발견하고자 한다. 모델은 링크된 하이퍼링크 토폴로지(HyperLink Topology)에 기반하여 범주화 혹은 군집화한다. 한 번이라도 이용했던 형태의 데이터는 물론 특정 사용자의 브라우저와 관련된 데이터를 조사하는 데 사용되는 웹이용마이닝은 웹접속자의 세션이나 행동에 의해 생성되는 데이터를 탐색하여 웹접속자가 웹과 상호작용하는 동안 접속자의 행동을 예측하고자 하는 기술에 초점을 둔다.

표 6.5 ▌ 웹마이닝에 대한 분류

	웹컨텐츠마이닝		웹구조마이닝	웹이용마이닝
	1R 관점°	DB 관점		
데이터 관점	• 비구조적 • 반구조적	• 반구조적 • Web site as DB	• 링크구조	• 상호작용 (Interactivity)
주요 데이터	• 웹페이지 • 하이퍼텍스트 문서	• 하이퍼텍스트 문서	• 링크구조	• 서버 로그 • 클라이언트 로그
표현	• Bag of word • 단어, 문장	• Edge-labeled graph(OEM) • 관계	• 그래프	• 관계 테이블 • 그래프
방법론	• 기계적 학습 • 통계기법	• 소유(Proprietary) 알고리즘 • 연관성규칙	• 소유 (Proprietary) 알고리즘	• 기계학습 • 통계기법 • 연관성규칙
적용분야	• 그룹화 • 군집화 • 추출규칙 탐색 • 문장의 패턴 탐색 • 사용자 모델링	• 하위구조의 빈도 탐색 • 웹사이트 구조 탐색	• 그룹화 • 군집화	• 사이트 개발, 적용, 관리 • 마케팅 • 사용자 모델링

(1) 웹컨텐츠마이닝

웹컨텐츠마이닝(Web Contents Mining)은 웹의 컨텐츠에서 유용한 정보를 찾는 방법이다. 즉, 웹정보검색 및 활용의 패턴을 찾아 분석하는 것으로 웹페이지에 수록된 컨텐츠의 검색 및 활용에 관한 정보를 수집한다. 웹의 컨텐츠에는 텍스트 문서뿐 아니라, 이미지, 오디오, 동영상, 메타데이터, 하이퍼링크 등과 같은 다양한 형식의 데이터가 존재한다. 이런 데이터들을 마이닝하기 위해서는 비구조적인 텍스트 문서와 HTML과 XML 같은 반구조적(semi-structured)인 문서, 데이터베이스에 테이블로 저장되어 있는 구조적인 문서로 구분하여 데이터에 접근할 수 있다. 따라서, 웹컨텐츠마이닝의 두 가지 관점으로는 정보검색 접근방식과 데이터베이스 접근방식이 있다. 정보검색 접근방식에서는 사용자가 제공하거나 추론된 프로필로부터 정보를 찾고 필터링하는 데 사용하는 것이고, 데이터베이스 접근방식에서는 웹데이터의 구조를 찾아냄으로써 모델링하고, 키워드가 아닌 다른 효과적인 질의가 가능하도록 하는 것이다.

웹사이트의 컨텐츠, 자료, 정보 등의 관계를 분석하여 사용자의 요구에 가장 잘 부합하는 내용(사용자의 만족, 기호, 관심)을 보여줄 수 있도록 자동으로 찾아주는 프로세스이다. 웹사이트의 컨텐츠, 자료, 문서에서 유용한 정보를 찾는 웹마이닝 방법으로 예전과 달리 텍스트 문서뿐 아니라, 이미지, 오디오, 동영상, 메타데이터 등과 같은 다양한 데이터 형태(Fromat)로 구성되어 존재한다. 이러한 멀티미디어 데이터 마이닝 또한, 웹컨텐츠마이닝에 포함될 수 있으나, 현재까지 주된 흐름은 텍스트 문서 데이터에 연구가 집중되고 있다.

웹에 존재하는 문서는 비구조적인 무제약 텍스트 문서(Ascii 파일이나 Binary Document)나 HTML과 같은 반구조적 문서, 데이터베이스에 테이블로 저장되어 있는 구조적인 문서로 구분하여 데이터에 접근할 수 있다. 따라서 웹컨텐츠마이닝의 목표는 정보검색(IR : Inormation Retrieval) 접근방식과 데이터베이스 접근방식이 있을 수 있다. 정보검색 접근방식에서는 사용자가 원하는 정보를 빠르게 찾을 수 있도록 검색능력을 향상시키는 것(Search Engine : 자연어처리시스템)인 반면에, 데이터베이스 접근방식에서는 웹데이터, 비구조적이거나 반구조적인 문서를 포함한 모든 문서에 구조를 찾아냄으로써, 효과적인 질의(SQL)를 가능하도록 하는 것이다.

(2) 웹구조마이닝

웹구조마이닝(Web Structure Mining)은 웹사이트의 링크구조를 모델링하는 것으로, 웹페이지를 분류하고 각 페이지들 간의 유사성이나 관계정보를 찾아내는 작업이다. 즉, 웹이용자들이 어떻게 웹서핑을 하는지에 경로분석을 하여 웹이용자에게 최적의 접속경로가 제공될 수 있게 웹페이지를 조합하고 배열할 수 있게 하는 분석방법이다. 웹페이지 내의 하이퍼링크 구조에 초점을 두고 엡에 링크된 하위구조의 모형을 발견하고자 하는 것으로 이해할 수 있으며, 유사한 웹페이지를 군집화하거나 서로 다른 사이트 간의 관계에 관한 정보를 얻는 데 유용하다. 웹구조마이닝은 많이 참조되는 사이트(authority site)와 이런 문서들을 많이 연결해 놓은 사이트(hub site)를 찾는 작업을 수행한다. 최근에는 이러한 것을 이용하여 사이트들을 분류하거나 작은 공동체(micro community)를 찾는 데 적용되기도 한다. 웹구조마이닝은 다시 웹페이지 간의 하이퍼링크를 분석대상으로 한 외부적 구조마이닝과 웹페이지 내의 하이퍼링크를 분석대상으로 하는 내부적 구조마이닝 그리고 URL을 분석대상으로 하는

URL마이닝으로 구분된다.

웹구조마이닝은 웹상에 존재하는 하이퍼텍스트로 구성된 문서들의 구조에 대하여 마이닝하여 구조적 정보를 표준화시키는 과정이다. 하이퍼텍스트에서 상호연결(link)된 문서들 중에서 중요문서들을 포함하고 있음으로써 많이 참조(선호도 조사)되는 사이트(authority site)를 통하여 이런 문서들을 많이 연결(link)해 놓은 사이트(hub site)를 찾는 작업을 수행한다. 최근에는 이러한 것을 이용하여 사이트들을 분류하거나 공동체 사이트(community site)를 찾는 데 적용되기도 한다.

(3) 웹이용마이닝

웹이용마이닝(Web Usage Mining)은 사용자가 웹에 접속하여 만들어진 데이터나 세션에 의해 만들어진 데이터를 분석하여 사용자의 탐색에 관한 패턴이나 접속자의 관심분야 등의 의미를 찾아내는 작업이다. 분석대상이 되는 데이터로는 사용자의 접속내용이 웹서버에 저장되는 웹서버로그 등의 로그데이터, 사용자프로필, 사용자세션, 북마크데이터, 쿠키, 마우스클릭과 스크롤, 웹상에서 사용자가 직접 작성한 등록정보, 설문조사 등이 있다.

웹이용마이닝은 웹서버에 저장된 웹로그데이터를 통해 웹서버접속자의 접속패턴을 발견하고 분석하는 프로세스를 말한다. 이러한 웹이용마이닝에 사용되는 데이터는 웹서버 로그파일, 프락시서버 로그파일 등 웹로그파일뿐만 아니라 접속자의 프로파일, 로그인 데이터, 사용자의 세션이나 거래, 쿠키, 사용자 질의, 북마크 데이터, 마우스클릭이나 스크롤 등 사용자의 웹사이트 사이에 발생하는 모든 데이터를 사용한다. 웹서버의 로그데이터를 분석하는 웹로그분석도 웹이용마이닝의 한 분야라고 할 수 있다. 일반적으로 웹이용마이닝의 경우 대부분의 데이터마이닝 기법들을 그대로 이용할 수 있는데, 크게 두 가지 주된 애플리케이션이 있다. 하나는 접속자의 프로파일을 학습하거나 접속자를 모델링하여 순응적인 인터페이스를 제공하는 등 효과적인 웹사이트 구축과 운영에 이용할 수 있으며 다른 하나는 접속자의 탐색패턴을 학습하여 고객의 평생가치 측정, 교차판매전략, 세분화된 고객분류에 따른 목표광고, 캠페인효과 측정 등에 응용할 수 있다. 웹이용마이닝은 최근 개인화라고 하며, 웹에 접속하는 사용자별 서비스를 제공하거나, 개인화 맞춤서비스, 시스템 개선, 사이트 개선, 업무 프로세스 개선, 사용자 특성분석 등을 통하여 마케팅에 사용되고 있다.

웹이용마이닝은 웹을 이용하는 행동데이터를 수집하여 웹이용자의 패턴을 분석함으로써 웹이용자의 행동을 분석하는 것으로 웹로그파일을 많이 이용한다. 주로 이용되는 로그파일들은 다음과 같다.

① **액세스 로그** : 일반적인 사이트 방문기록 등을 기록하며, 웹사이트 방문시간 및 방문경로를 파악할 수 있는 기초적 정보를 제공하는 로그파일로 방문자 IP, 도메인네임, 파일 요청시간, 처리시간, 요청한 파일의 종류 및 결과 등을 제공한다.

② **레퍼럴 로그(Referrer Log)** : 해당 웹페이지를 요청하기 전에 어디에 있었는지에 대한 정보를 가지고 있는 로그파일이다. 방문자가 어디를 통해서 방문했는지에 대한 정보, 방문자의 이용 검색엔진, 키워드, 거친 URL 경로 등 연결관계에 대한 근거를 제공한다.

③ **에이전트 로그** : 방문자의 웹브라우저 종류, 운영체제 등에 관한 정보를 제공하여 최적화된 사이트 구성의 단서를 제공한다.

④ **에러 로그** : 웹서버의 오류에 대한 모든 정보를 제공한다. 존재하지 않는 파일, 서버설정에 대한 오류 등을 통해 사이트의 신뢰성을 개선하는 근거를 마련해 주는 로그파일이다.

다음, SNS기반 '소셜웹' 검색 오픈

C·A·S·E 살펴보기

다음커뮤니케이션(대표 최세훈)은 11일 소셜네트워크서비스(SNS) 데이터기반의 '소셜웹' 검색서비스를 본격적으로 시작한다고 밝혔다.

소셜웹 검색서비스는 트위터, 요즘, 다음 플레이스앱, 미투데이, 페이스북, 포스퀘어 등 국내외 대표적인 SNS 서비스의 공개된 데이터를 검색결과로 제공한다.

지난 4월 선보인 실시간 검색서비스가 검색시점 기준으로 올라온 카페, 블로그, 뉴스, SNS 게시물을 초단위로 보여주는 실시간에 초점을 맞춘 서비스라면, 소셜웹 검색은 실시간으로 올라오는 게시물은 물론 공개돼 있는 과거 게시물까지 함께 보여준다. 즉, 소셜웹 검색은 SNS 서비스를 이용하는 사람의 아이디를 검색할 경우, 공개된 프로필과 함께 데이터마이닝 기술을 통해 최근 작성한 글에서 추출한 주요 관심 키워드인 '최근관심주제', 답글관계의 글에서 추출한 '대화 많이 한 사람'을 결과로 제공한다.

다음은 이와 함께 SNS 이용자들 사이에서 이슈가 되는 링크(URL)를 실시간으로 발굴해 제공하는 '이슈 링크' 코너를 신설, SNS에서 많이 언급되는 링크를 최대 5건 보여준다. 아울러 소셜웹 검색을 통해 검색한 결과를 요즘, 트위터 등 SNS로 공유할 수 있고, 검색결과에서 바로 해당 게시물에 답변(반응글 쓰기, reply), 리트윗(RT)도 가능하도록 했다.

다음은 연내 이용자 본인의 네트워크, 즉 지인중심으로 검색결과를 얻을 수 있도록 하는 'My 소셜검색(가칭)'을 선보일 예정이다.

자료 : 디지털타임스, 2010. 10. 12

3) 웹마이닝의 활용

웹마이닝이란 웹서버로그(web server log)로부터 웹이용자의 의미 있는 접속패턴을 발견하는 과정이다. 웹서버는 웹사이트 이용자의 행동패턴에 대한 정보를 웹서버로그파일에 저장하는데 여기에는 IP 주소, HTTP 요청페이지, 요청에 응답한 시간 등 사용자에 관한 귀중한 정보가 들어 있다. 이에 따라 웹사이트 운영자는 웹서버로그 파일을 분석함으로써 이용자의 관심이 어느 곳에 있는지, 자신의 사이트가 이용자의 요구를 잘 반영하고 있는지를 파악할 수 있고, 이를 통해 웹사이트의 디자인과 성능 등을 개선할 수 있을 뿐 아니라 효과적인 마케팅전략을 세울 수도 있다.

또한 고객 개개인을 분석하여 고객의 가치를 측정할 수 있고 교차판매를 유도할 수 있으며 캠페인을 효과적으로 수행하기 위한 정보를 얻을 수도 있다.

웹마이닝의 목적 중 하나는 개인화된 사용추적으로 개별적인 웹이용자의 행동패턴과 성향을 파악하고 이를 통해 웹사이트를 이용자에 맞게 개인화시키는 것이다. 즉 웹이용자의 행동패턴에 근거해서 웹사이트에 제시되는 정보, 웹사이트의 구조 등을 개인화하는 것이다. 웹사이트를 개인화하려면 웹서버로그뿐만 아니라 고객정보, 거래정보를 통합하여 분석해야 하는데, 이를 통해서 제품추천이나 개인화된 광고 등을 제공할 수 있다. 이러한 개인화된 웹사이트를 적응형 사이트(adaptive site)라고 부르는데, 웹이용자의 행동패턴을 학습하고, 행동패턴에 맞게 스스로 자신을 향상시키는 웹사이트를 말한다.

(1) 경로완성

웹마이닝을 수행하기 위해 꼭 거쳐야 되는 절차 중의 하나가 바로 경로완성(Path Completion) 단계이다. 경로완성은 웹서버로그파일에 저장되지 않은 중요한 요청페이지들을 찾아내어 사용자 행동이력에 포함시키는 과정이다. 이 과정이 필요한 이유는 브라우저 캐시(cache)에 그 원인이 있다. 대부분의 브라우저는 PC의 파일시스템에 있는 로컬 객체 캐시에 최근 불러온 HTML 파일, 이미지파일과 같은 객체를 저장해 놓고, 웹이용자가 그 페이지로 다시 오면 웹서버에 페이지요청을 하지 않는 대신 캐시 안에 저장되어 있던 페이지를 불러온다. 이런 경우 웹서버로그에는 이 사건에 대한 아무런 기록도 저장되지 않는다. 경로완성은 이와 같이 브라우저 캐시에 의해 기록되지 않은 요청페이지들을 찾는 과정이라 하겠다.

(2) 패턴발견

패턴발견(Pattern Discovery)은 웹마이닝의 가상 중요한 단계이다. 이것은 패턴발견의 여러 기법을 이용하여 사용자들의 패턴을 찾아내는 과정으로 여기서 찾아낸 패턴을 이용하여 고객의 성향을 파악하고 행동을 예측하는 등의 고객응대전략을 세우게 된다. 패턴발견과정에서는 연관성규칙, 순차적 패턴, 군집화, 분류 등의 기법을 사용한다.

웹마이닝에서의 연관성규칙은 함께 접속하게 되는 페이지를 뜻한다. 예를 들어 AB와 같은 연관성규칙은 페이지 A를 보는 고객은 페이지 B도 본다는 의미이다. 연관성규칙을 평가하는 기준으로는 지지도(support), 신뢰도(confidence), 향상도(lift or improvement)가 있다. 연관성규칙 AB의 지지도는 전체 사용자 중에서 페이지 A와 페이지 B를 모두 접속한 사용자의 비율로 표현된다. 즉, 두 페이지를 모두 볼 확률 P(AB)를 의미한다. 신뢰도는 페이지 A를 본 사용자 중에서 페이지 B도 본 사용자의 비율을 나타낸다. 즉, 조건부확률 P(B|A)로 표현할 수 있다. 향상도는 전체 사용자 중에 페이지 B를 본 사용자의 비율, P(B)와 페이지 A를 본 사용자 중에서 페이지 B를 본 사용자의 비, 즉 신뢰도 AB의 비율로 나타낸다. 즉, P(B|A)/ P(B)가 된다. 이는 페이지 A를 본다는 것이 페이지 B도 역시 방문하도록 만드는가를 재는 값으로 1보다 크면 페이지 A가 페이지 B의 방문비율을 높게 하는 것이고 1보다 작으면 연관성이 낮다는 것을 의미한다. 그러므로 의미 있는 연관성규칙은 일정값 이상의 지지도와 신뢰도를 가져야 하고, 향상도가 1 이상이 되어야 한다.

한편 순서를 갖는 연관성규칙을 찾아낼 수도 있는데 이를 순차적 패턴이라 한다. 순차적 패턴은 시간순서로 된 방문(혹은 구매)의 집합에서 '어느 한 페이지의 접속이 다른 페이지의 접속 이후에 나타난다'와 같은 방문(혹은 구매) 간의 패턴을 찾는다. 순차적 패턴 발견을 통해 웹사이트 운영자는 앞으로의 사용자 접속패턴을 예측할 수 있다.

2. e-CRM과 웹마이닝

e-CRM과의 통합을 통해 인터넷 비즈니스는 저비용의 매스 비즈니스 수준에서 정교하게 타겟팅된 수익성 높은 비즈니스의 모습으로 변화될 수 있다. 이들 간의 연계

와 상호보완적인 기능의 통합은 더 이상 새로운 시장이 생겨나기 어려울 정도로 포화 상태에 이른 시장에서 기업의 생존과 지속적인 성장을 위한 통합된 고객중심 마케팅 전략 실행으로의 혁명을 실제로 가능하게 할 것이다.

e-CRM에서 웹마이닝은 다음과 같은 이유로 필요하다. 첫째, 고객들을 개별적으로 파악하고 대우하려면 고객세분화를 위한 웹마이닝의 사용이 필요하다. 즉, 개별고객의 가치를 기준으로 제공하는 혜택 및 고객서비스 수준을 차별화하거나, 동일가치를 갖는 고객들도 개인특성 및 요구에 따라 혜택종류나 의사전달방법을 다양화하기 위해서 필요하다. 둘째, 고객가치의 극대화를 통한 수익창출을 위해서이다. 즉, 연관성분석을 통한 교차판매를 수행하기 위해서, 최소의 비용으로 최대의 이익을 얻을 수 있는 높은 가치의 고객을 확보하기 위해서, 그리고 잠재가치가 높은 기존고객 유지 및 상승/교차판매를 통해 고객가치의 극대화를 추구하기 위해서 필요하다. 셋째, 쌍방적이고 지속적인 고객과의 관계구축을 중시하기 때문에 필요하다. 즉, 목표고객 선별을 위해 웹마이닝이 필요하며, 특정 거래와 상관없이 지속적으로 e-메일 같은 상호 교류매체를 활용하여 고객과의 연대성 강화를 위해서 필요하다. 마지막으로 정량화된 고객반응분석을 통해 각각의 활동을 끊임없이 보완/개선하고 고객 개개인의 정보를 추적/분석하여 마케팅을 계획하는 데 반영하기 위해서 웹마이닝은 필요하다.

효율적인 e-CRM을 위해서 꼭 필요한 것, 즉 고객에 대한 특성정보와 구매의사결정 기준, 그리고 구매행위에 대한 정보를 획득하고 관리하는 과정에는 상당한 비용과 시간이 소요되며, 그보다는 최초에 입력되는 고객정보는 신뢰성이 부족하여 지속적으로 갱신되지 않으면 e-CRM을 통해 얻을 수 있는 이점은 거의 없다.

이렇게 수집된 데이터가 각종 통계, 데이터마이닝 기법으로 분석되어 고객 개개인을 타겟으로 한 수준 높은 마케팅 조치가 설계될 수 있기 때문에 기존의 CRM과 그 격이 달라진다. 웹사이트에서 수집한 고객등록정보들과 그 내용들에 대한 마이닝을 통해 기업은 인구통계학적 소비자 선호도를 발견하고 특정 광고나 배너를 포지셔닝할 수 있도록 하는 기초자료를 추출할 수 있다.

새로운 데이터나 정보가 웹사이트를 통해 수집되면 이 정보들은 지속적으로 데이터웨어하우스로 통합되어 향후의 의사결정에 도움을 주는 분석결과를 제공하고, 데이터베이스 마케팅과 전략기획을 위한 자료로 활용된다. 또한 웹사이트 데이터마이닝을 통해서 온라인상에서 제공하는 서비스와 제품 간의 연관관계를 밝혀내어, 적절한 제품이 적절한 서비스와 함께 판매가 되고 있는지의 여부를 밝혀내게 할 수도 있다.

데이터마이닝을 통해서 기업은 웹사이트의 패턴을 의미 있는 정보로 종합해 내고, 인터넷상의 고객들과 예상치들을 이해하고 연관시킬 수 있게 된다. 데이터와 웹이 제공하는 방대한 사업지식의 흐름에 근거한 웹 데이터마이닝은 온라인 고객과의 관계를 생성하고 유지시키며 생산성 있는 상점의 최전선을 구축하는 데 있어 결정적 열쇠가 되는 것이다. 즉, 고객이 웹사이트에 방문하여 등록할 때 입력한 고객의 신상정보와 고객이 접근한 시간, IP주소, 에이전트 등의 정보를 바탕으로 고객이 재방문하였을 때 고객이 관심 있을 만한 정보를 동적으로 서비스해 준다.

1) e-CRM의 웹마이닝 작업

e-CRM의 웹마이닝 작업은 데이터마이닝과 유사하다. 하지만 확연히 구분될 수 있는 기준은 분석대상인 데이터의 종류이다. 이에 따라 마이닝의 작업유형인 연관규칙, 연속규칙, 군집화 등을 동일하게 적용시킬 수 있다. 웹마이닝의 작업은 데이터마이닝과 다른 접속자의 탐색특성을 발견하는 접속경로분석(Path Analysis or Click Stream Analysis) 등이 특별히 다른 점이다. 경로분석은 경로를 탐색하여 웹페이지의 구조를 접속자의 선호나 필요에 맞게 합리적으로 리모델링할 수 있게 한다([표 6.6] 참조).

표 6.6 웹마이닝 작업

웹마이닝 작업	내용 및 특성
연관규칙	• 아이템 간의 연관성 탐색 • 데이터의 크기에 의존적 • 효과적 마케팅 의사결정, 사이트 구조 개선, 교차판매, 메일서비스
연속규칙	• 접속 방문패턴 예측 • 타겟광고, 맞춤형 제품&서비스(특정 시간, 특정 사이트 방문 접속자의 특성, 특정 페이지 접속시간 간격에 대한 정보)
분류규칙	• 부류값에 따라 데이터를 분류, 예측모형 설계 • 목표마케팅, 이메일 응답자의 특성 파악
군집화	• 유사한 특성을 갖는 아이템을 그룹화 • 고객세분화 • 개인화된 컨텐츠 제공, FAQ 정보

경로분석	• 가장 빈번히 방문되는 경로탐색 • 연관규칙과 연계 • 합리적인 경로설계

2) e-CRM의 웹마이닝 프로세스

웹마이닝 프로세스가 데이터마이닝 프로세스와 다른 점은 분석대상인 데이터의 차이에 있다. 우선 로그데이터의 특성상 오프라인의 데이터 정제과정과 다른 의미의 정제과정이 필요하며, 웹마이닝의 분석데이터의 원천(Raw Source)이 웹로그데이터, 회원정보데이터, 컨텐츠데이터로 구성된다는 점에서 데이터마이닝과는 다소 다른 프로세스를 갖게 된다. 데이터마이닝 프로세스를 크게 구분하면 데이터 사전준비, 모형개발, 데이터마이닝 결과의 해석으로 나눌 수 있듯이 웹웨어하우스가 구축된 상태에서 웹마이닝의 프로세스를 크게 구분하면 데이터마이닝의 프로세스와 같다고 볼 수 있다.

① 로그데이터의 클리닝(Log Data Cleaning) : 분석에 불필요항목을 제거하는 필터링 과정

② 트랜잭션 구분(Transaction Identification) : 세션(Session)의 인식 및 구분을 통하여 유효한 트랜잭션의 기준을 가지고 트랜잭션을 구분

③ 데이터 통합 : 유효한 트랜잭션 데이터, 컨텐츠 데이터 그리고 사용자 프로파일 데이터(사용자정보를 통한 접속자 구분)를 결합하여 하나의 의미 있는 통합 데이터베이스로 구축. 웹웨어하우스의 구축이 이 단계에 해당

④ 데이터 변형 : 데이터의 분석목적에 맞게 결합 · 분리 · 첨가하며, 적용하고자 하는 웹마이닝 작업에 적당한 형태의 목적형 데이터마트를 생성

⑤ 패턴의 발견(분석모형 개발) : 기초분석을 통해 데이터에 대한 전반적 이해를 가지고 분석목적에 맞는 패턴을 개발(발견)하고 모형의 타당성을 평가

⑥ 패턴분석(결과해석) : 발견된 패턴의 결과치를 분석하며 추가적 처리가 필요한지 검토

3. 웹마이닝 방법

웹마이닝 방법들은 앞 장에서 언급한 데이터마이닝 방법들과 유사하다. 온라인, 웹에서 발생하는 데이터를 사용하고 이와 관련된 분석활동을 하는 것이 차이점이라 하겠다. 이러한 방법들에는 앞 장에서 언급한 군집분석, 분류분석, 패턴분석, 연관성 규칙, 순차적 패턴, 예측 외에 협업 필터링이 포함된다.

1) 군집분석(Cluster Analysis)

군집은 분류규칙 탐사와 관련되어 있으나, 어떠한 그룹도 사전에 정의되어 있지 않다는 점에서 분류규칙과 다르며, 군집은 데이터 내에 존재하는 상이한 그룹을 구분해 내는 기법이다.

군집화란 다양한 특성을 지닌 관찰대상을 유사성을 바탕으로 동질적인 집단으로 분류하는 데 사용되는 기법이다. 분류가 어느 한 레코드가 미리 정의된 계층에 지정되는 것에 비하여 군집화는 사전에 정의된 계층이 없이 레코드의 유사성에 기반하여 그룹화되는 것이다. 분류규칙이 불명확하거나 또는 집단의 수를 미리 정하지 않는 경우에는 군집화가 매우 유용하며 다른 데이터마이닝 작업을 위한 선행작업으로서의 역할을 수행하는 경우가 많다.

웹마이닝에서 군집화는 유사한 행동들의 패턴을 보이는 사용자의 그룹을 묶는 것이다. 군집화에서 사용자의 군집은 사용자의 세션정보를 기반으로 하는 세션 간의 유사성과 혹은 비유사성을 측정하여, 이를 그룹으로 묶어 분석하여 구매가격에 의한 사용자 분류, 카테고리 이용에 따른 고객이용 성향들을 분석할 수 있다.

또한 이 그룹을 통해 사용자의 인구통계학적 변수를 추정해서 시장을 세분화하고 사용자에게 개인화된 웹컨텐츠를 좀 더 쉽게 제공할 수 있다. 사용자의 군집은 먼저 사용자 세션 간의 유사성(similarity), 혹은 비유사성(dissimilarity)을 측정하고, 이를 이용해 계보적(hierarchical) 군집분석방법을 통해 얻을 수 있다.

군집분석은 다른 형태의 웹마이닝이나 모형화의 사전작업으로 활용될 수 있다. 예를 들어, 시장세분화를 위한 노력의 첫걸음으로 사용될 수 있는데, '어떤 홍보가 고객들에게 가장 좋은 반응을 얻을 수 있을지'에 대해 하나의 규칙에 모든 고객들을 맞추는 방식보다는, 먼저 고객들을 비슷한 구매습관을 가진 고객들의 군집으로 나누고,

각 군집에 대해 어떤 홍보방식에 잘 반응하는지를 따져보는 것이다.

예를 들어서, 소셜커머스 쿠팡은 가입 시 얻은 정보를 바탕으로 지역과 연령이라는 인구통계학적인 분석을 통해 고객을 관리한다. 실제 이들의 CRM 시스템을 살펴보면 소비자가 직접 신청한 위치정보, 나이정보, 기타 관심정보를 바탕으로 고객들을 지역별(50여 개 지역), 나이별(20, 30, 40, 50대 네 가지 변수로 구별), 기타 관심정보(성별, 과거 구매내역 등)를 통해 세분집단을 나누고 각각의 소비자에게 가장 어울리는 상품을 개별소비자의 화면에 보여준다.

또한 몇 가지 패턴을 구상하여 소비자의 니즈변화에 따라 이런 시스템이 유기성 있게 변화하도록 설계하였다. 이 중심에는 고객의 구매내역이 있는데, 장기적 관점에서 보면 소비자의 니즈는 항상 변한다는 것을 전제로 하여 소비자의 구매패턴이 기존의 동질집단에서 완벽하게 빠져나가는 경우(즉, 과거의 구매상품과 현재 구매상품의 카테고리가 일치하지 않는 경우) 현재고객의 구매내역을 다시 분석하여 소비자가 원하는 새로운 니즈에 맞는 새로운 동질집단으로 이동시켜 준다. 그리고 이렇게 나누어진 동질집단에게 구매 후의 평점, 원하는 특정 서비스, 업체에 대한 설문조사를 실시하여 이들이 원하는 서비스를 제공해 주기 위해 노력하고 있다.

특히 이런 시스템은 각 세분집단이 고정되어 있지 않고, 유동적이라는 점에서(시간이 경과함에 따라 세분집단이 사라지기도 하고 다른 세분집단과 합쳐지기도 한다) 분류분석과 구별된다.

북미 스마트폰 구매자 절반 "다음엔 아이폰 구매하겠다" C·A·S·E 살펴보기

안드로이드기반 스마트폰이 여러 제조사에서 앞다퉈 쏟아지고 있지만 북미지역에서는 아이폰에 대한 애정이 식질 않고 있다. 한 시장조사업체의 설문조사에 따르면 2명 중 1명꼴로 "다음 3개월 내 구매하고 싶은 스마트폰"으로 아이폰을 선택했다.

체인지웨이브의 북미지역 설문 조사 결과 "향후 3개월 내 구입할 스마트폰"으로 아이폰이 절반 가까이 차지했다.

〈체인지웨이브리서치 조사〉

체인지웨이브리서치가 최근 발표한 설문조사에 따르면 "향후 3개월 내 스마트폰을 구매한다면 어떤 제품을 선택할 것인가" 하는 질문에 46%가 아이폰을 선택했다. 이 설문조사는 4,163명을 대상으로 조사됐으며 설문응답자 대부분이 북미지역 거주자이다. 체인지웨이브는 응답자 89%가 북미 거주자이며 11%가 해외 거주자라고 밝혔다.

체인지웨이브는 지난 3월에도 동일한 설문조사를 실시했는데 당시에는 아이폰을 선택하겠다는 응답자기 44%였으며 2분기에는 2% 더 증가했다.

구글 안드로이드기반 스마트폰을 구매하겠다는 응답자는 32%로, 3월 조사보다 1% 증가했다. RIM을 선택하겠다는 답변은 단 4%였으며, 이는 이 설문조사가 시작된 2008년 이래 가장 낮은 수치다.

2008년 1월 RIM은 21%를 득표했으며 같은 해 9월에는 32%로 아이폰의 22%보다 10%P나 앞서기도 했다. 하지만 2010년 3월부터 12%로 뚝 떨어져 이후 현재까지 한 자리 숫자를 유지하고 있다.

체인지웨이브의 설문조사에서 나타난 아이폰 선호도는 올 가을 발표될 애플 아이클라우드에도 영향을 끼칠 것으로 보인다.

현재 아이폰을 사용하고 있다는 사용자들 중 "아이클라우드가 애플제품 구매에 긍정적 영향을 끼칠 것인가" 하는 질문에 그렇다고 대답한 응답자는 29%였다. 반면 아이폰 사용자가 아닌 사람들은 단 13%만이 그렇다고 답변했다.

또 이 조사에서는 모바일 운용체계(OS)에 대한 만족도 설문조사도 병행했는데 애플 iOS 단말기를 보유한 사용자들 중 "매우 만족한다"고 답변한 사람은 70%였다. 반면 구글 안드로이드 사용자는 50%가 매우 만족한다고 답변했으며 RIM 블랙베리는 26%에 그쳤다.

한편 만족도조사는 MS에게도 만족할 만한 결과가 나타났는데 MS 윈도폰 OS 사용자 중 27%가 매우 만족한다고 답변했다. 이전 조사에서는 단 14%에 그쳤다.

자료 : 전자신문, 2011. 7. 19

2) 분류분석(Classification Analysis)

분류는 각 사용자들을 미리 정해진 몇 개의 그룹 중 하나에 할당하는 것을 말한다. 이는 사용자그룹이 미리 규정되어 있다는 점에서 군집화와 구분된다.

다시 말하면, 분류규칙은 가장 많이 사용되는 데이터마이닝 결과로서 부류값이 포함된 과거의 데이터로부터 분류별 특성을 찾아내어 분류모형을 만들고, 이를 토대로 미리 정해진 부류(Class)들 중의 하나로 배정하여 부류값을 예측하는 것을 의미하며 전체 데이터에 대한 윤곽을 잡을 수 있다. 그리고 웹마이닝상의 분류규칙이란, 웹상에서 이러한 작업을 진행 중임을 의미한다.

사이트의 운영자는 보유하고 있는 사용자들 중 다른 경쟁사이트로 이탈할 사용자들은 누구이며 그 특성은 어떤지, 또는 특정 제품을 구매하는 사용자들은 누구이며 어떤 특성을 갖는지 등의 내용을 알고 싶어 한다. 이런 경우 사용할 수 있는 웹마이닝 기법이 분류이며 의사결정나무(decision tree), 나이브 베이지안(Naive Bayesian) 분류, 신경망분석 등의 알고리즘을 이용하여 분석을 수행할 수 있다.

이러한 분류규칙은 어떤 항목이 속하는 그룹의 특성을 가장 잘 나타낼 수 있는 특징들을 발견하는 것이다. 예를 들어서, 많은 기업들이 가지고 있는 공통적인 문제 중의 하나는 단골고객의 이탈이다. 이탈하는 고객들과 그렇지 않는 고객들의 차이를 발견함으로써 기업은 어떠한 고객이 앞으로 이탈할 가능성이 있는지 예측할 수 있으며, 고객유지 및 유치전략을 보다 효과적으로 개발할 수 있을 것이다.

분류분석 활용 사례로 옥션의 경우 현재 고객들을 구매액수에 따라 VIP, Diamond 등으로 나누고 각기 다른 서비스를 제공하고 있다. 이는 고객들의 구매량을 증가시키고 생애가치를 증가시키는 효과를 가지고 있다. 특히 다른 오픈마켓에 비해 옥션이 지니고 있는 장점은 이러한 정보들이 국내에서 가장 오랫동안 축적되었다는 점이다.

옥션은 이렇게 축적된 고객의 구매정보를 바탕으로 이들이 주로 구매하는 카테고리를 통해 고객을 또다시 Club W(여성용 의류, 패션, 뷰티), 마미클럽(유아, 식품, 생활), 액션클럽(스포츠, 자동차)으로 구분해서 각기 다른 서비스를 제공하고 이들에게 해당 카테고리에 대한 할인혜택을 부여하고 있다.

삼성 등 안드로이드폰 시대 끝났나… 41% "아이폰 사겠다" C·A·S·E 살펴보기

구글의 안드로이드폰 시대는 저물고 있나.

최근 모바일광고 네트워크회사인 '인모비(inMobi)'가 미국의 스마트폰 사용자를 대상으로 여론조사한 결과 무려 41%가 애플의 '아이폰 5'를 사겠다고 응답했다. 조사에서 특히 눈길을 끈 것은 응답자의 절반 이상이 앞으로 6개월 이내에 애플의 아이폰 5 구매의사를 밝힌 대목이다. 현재 애플의 아이폰은 지난 6월 현재 시장점유율이 27%다. 그러나 아이폰 5 출시와 함께 점유율이 41%까지 치솟을 것으로 전망된다.

구글의 운영체계(OS)인 안드로이드를 장착한 스마트폰은 여전히 시장에서 선두를 달리고 있다. 구글이 삼성 등 전 세계 스마트폰 제조업체들에 무상으로 공급해 주기 때문이다.

반면 애플은 자체개발한 소프트웨어 'iOS'를 아이폰에만 공급하고 있어 아무래도 점유율이 안드로이드에 비해 뒤질 수밖에 없다. 그러나 아이폰 5가 출시되면 상황이 달라진다는 것이 '인모비'의 분석이다.

더욱 우려되는 상황은 기존 안드로이드폰 사용자들의 집단 움직임이다. 여론조사에서 블랙베리 사용자들은 52%가 애플의 아이폰을 구입하겠다고 밝혔다.

전체적으로 안드로이드폰 사용자들은 네 명 중 한 명꼴로 애플의 아이폰 구매의사를 밝혀 일각에선 아이폰이 세계 스마트폰 시장을 평정하게 될 날이 그리 멀지 않았다고 공언하고 있다.

자료 : ukopia.com, 2011. 10. 5

3) 패턴분석(Pattern Analysis)

패턴분석과정은 웹마이닝의 마지막 단계로, 패턴발견과정에서 찾아낸 규칙이나 패턴 중에서 유용하지 않거나 의미 없는 규칙과 패턴을 걸러내는 단계라고 할 수 있다. 또한 유용하고 의미 있는 규칙과 패턴을 찾아냈다면 그것을 이해하고, 해석하는 단계이기도 하다. 발견된 패턴을 분석하는 기법으로는 시각화(visualization)와 OLAP(On-Line Analytical Processing)이 있다. 시각화 기법에서는 패턴을 그래프로 표현하고 이를 다른 색깔들로 구분함으로써 전반적인 패턴이나 성향을 강조한다. OLAP은 다차원 데이터베이스(multidimensional database) 안에 저장되어 있는 데이터를 선택적으로 추출해 내고, 여러 관점으로 데이터를 볼 수 있도록 해준다.

삼성카드 사례 C.A.S.E 살펴보기

골프광인 중소기업체 K 사장(39)은 최근 생일을 맞아 삼성카드로부터 골프의류 할인쿠폰과 골프공을 사은품으로 받았다. 얼마 전 부인 Y 씨(36)가 결혼기념일 때 패밀리레스토랑 쿠폰을 받은 이후 두 번째 기분 좋은 선물이다. 삼성카드가 고객 입맛에 맞는 맞춤형 서비스를 가능케 한 원동력은 e-CRM 덕분이다.

… (중략) …

우량카드고객인 A 씨(45)는 지난 연말 가족과 함께 백화점 쇼핑을 했다. 부모님 새해 선물과 가족들 겨울 점퍼를 한 벌씩 삼성카드로 구매했다. 사용금액은 140만 원. 이런 정보는 곧바로 삼성카드 슈퍼컴퓨터에 입력된다. 입력되는 정보는 신용판매실적과 카드대금 사용처 등 20여 가지에 달한다. 그 이후 삼성카드 마케팅부서별로 발걸음이 바빠진다. 다음 달 삼성카드 마케팅전략팀은 A 씨에게 이메일로 유통업체 무이자 할부서비스 안내서를 띄운다. 상품부서는 똑같은 내용을 A 씨 회사로 DM 발송을 보낸다. 또 콜센터는 콜센터대로 비슷한 정보를 휴대폰 문자서비스로 보내는 식이다. 말하자면 같은 회사에서 각기 다른 부서가 각기 다른 방법으로 마케팅을 전개했다. 고객은 짜증이 나고 회사는 많은 비용이 지출해야 했다. 이를 e-CRM으로 바로잡으면 A 씨가 평소 가장 선호하는 정보 수신방식으로 정보를 받아보게 된다. 삼성카드가 강조하는 e-CRM의 가장 큰 장점은 고객별로 정확한 서비스를 제공함으로써 재구매를 유도해 경영효율화를 꾀할 수 있다는 점. 이를 기존 CRM과 비교하면 다음과 같은 차별성을 보인다는 게 삼성카드 측 주장이다.

… (중략) …

박세훈 삼성카드 상무는 "e-CRM은 기존 CRM을 업그레이드해 기업 전체를 고객중심 마케팅 지원체제로 바꿔놓았다"고 평가한다.

자료 : 매경ECONOMY 제1206호

4) 연관성규칙(Associatioan Rules)

웹마이닝에서 연관성분석이란 둘 또는 그 이상의 상품들 사이의 수많은 연관성규칙 중에서 지지도와 신뢰도, 향상도에 근거하여 일반화할 수 있는 의미 있는 규칙을 발견하는 웹마이닝 기법이라고 할 수 있다.

연관성규칙을 활용한 예로서 온라인쇼핑몰에서의 화장품 구매를 살펴보자. 온라인쇼핑몰 데이터베이스를 데이터마이닝한 연관성규칙 탐사에서 화장품 스킨→수분크림(지지도 65%, 신뢰도 90%, 향상도 2)이라는 규칙이 탐사되었다면 '스킨을 구입하면 수분크림도 같이 구입한다'로 해석하는 것이다. 여기서 지지도가 65%라는 것은 거래 데이터베이스 내의 고객 구매내역 중 스킨과 수분크림이 동시에 팔려나가는 확률이 65%라는 의미이고, 신뢰도가 90%라는 것은 스킨을 구입할 때 수분크림도 같이 구입하는 확률이 90%라는 것을 의미한다. 즉 지지도가 높을수록 탐사된 규칙이 여러 개의 거래에서 빈발했다는 것이고, 신뢰도가 높다는 것은 일정지지도 이상의 탐사된 규칙 내에서 규칙의 전제부를 구성하는 품목이 나머지 귀결부 항목들과 높은 연관성을 나타낸다는 의미이다.

연관성규칙을 활용한 사례로서, 아마존닷컴에서는 상품 하단에 해당 상품을 구입한 사람들이 함께 구입한 물건의 정보를 보여주고 있다. 실제 아마존을 이용할 때 해당 상품을 구입한 사람들이 함께 구입한 물건 중 연관성이 높은 아이템을 찾아 'Customers Who Bought This Item Also Bought'라고 보여준다. 실제로 최근 발매한 『스티븐 잡스 전기』의 페이지를 보면 스티브 잡스의 단어선택, 프레젠테이션, 혹은 아인슈타인의 전기 같은 다른 구매자들이 구매한 도서 중 가장 연관성이 높은 항목을 순서대로 볼 수 있다. 이는 소비자들의 아이템 구매를 증가시킬 수 있으며 단기적인 판매목적뿐만 아닌, 광고의 효과를 누릴 수도 있다. 즉 소비자는 무의식적으로 관련상품에 노출되며 자신이 구입하는 상품과 함께 진열이 되어 있다는 이유만으로도 연관 상품에 대한 긍정적 태도를 형성할 수 있으며, 이는 기업의 매출을 증가시켜주는 방향으로 발전할 수 있다.

이베이나 반디앤루니스가 후발주자로서 같은 서비스를 시행하려고 했으나, 실제 연관성규칙을 활용할 경우 단순히 소비자의 연관에 대한 정보뿐만 아닌 해당 담당자의 주관적 판단 역시 중요한데 이를 잘 충족시키지 못해 해당 서비스를 중지하였다. 즉 실제 획득한 데이터의 단순한 연결은 실제 소비자에게 전달될 때 의도치 않은 방향으로 전달되는 경우가 많았으며 이를 자체적으로 필터링하는 것도 중요하다는 것이다.

5) 순차적 패턴(Sequential Pattern)

연관성규칙을 찾는 과정 중에서 순서를 갖는 규칙을 찾아내는 것을 순차적 패턴이라 하는데 이는 시간순서로 된 페이지 방문(혹은 구매)의 집합에서 '어느 한 페이지의 접속이 다른 페이지의 접속 이후에 나타난다'와 같은 방문(혹은 구매) 간의 패턴을 찾는 것이라고 할 수 있다. 순차적 패턴의 발견을 통해 웹사이트 운영자는 앞으로의 사용자 접속패턴을 예측할 수 있다. 또한 사건이 발생할 시점에서 다른 Offering을 할 수도 있다.

순차적 패턴을 활용한 예로서, 루리웹은 콘솔/PC 게임패키지 판매전문회사이다. 그런데 게임타이틀을 구매하는 소비자의 대부분이 게임타이틀의 구매 후 해당 게임에 대한 커뮤니티를 찾는 순차적 패턴을 파악하고(게임타이틀 구매→해당 게임의 커뮤니티 사이트 방문), 자사의 홈페이지를 게임커뮤니티 사이트로 전환하였다. 현재는 커뮤니티를 먼저 보고 게임타이틀을 구매하는 역순차적 패턴 역시 발생하고 있다(게임의 커뮤니티 사이트 방문→게임타이틀 구매).

또 다른 예로서, 홈쇼핑이나 온라인쇼핑몰에서 소비자가 구매한 물건의 목록을 관찰하여 다음에 구매할 가능성이 높은 물건들의 쿠폰이나 카탈로그를 발송하는 것이나, 우편주문이나 전자상거래 사이트에서 고객이 미래에 구매할 물건을 예측하는 데 사용되고, 병원의 진료기록을 보고 과거의 어떤 증상이나 치료과정이 현재 걸린 병을 유발하는 원인이었는지를 찾아내는 데 이용할 수 있다.

6) 예측(Prediction)

예측은 분류(Classification)나 추정(Estimation)과 유사하나, 미래 행위를 분류하거나 미래의 값을 추정한다는 점에서 차이를 가진다. 예측작업에서 분류의 정확성을 확인할 수 있는 유일한 방법은 미래시점까지 기다려서 확인하는 수밖에 없다. 예측을 분류나 추정과 분리해서 다루는 주된 이유는 예측적 모형화에 있어서는 입력변수들과 목표변수의 예측치 간의 순차적인 관계에 대한 추가적인 고려가 필요하기 때문이다.

분류나 추정에 사용되는 모든 기법들이 예측될 변수들의 값이 이미 나와 있는 훈련용 예제들과, 그러한 예제들에 대한 과거 데이터와 함께 예측작업에서 적용될 수 있다. 이 과거 데이터들은 현재 관찰되는 행동들을 설명하는 모형을 만드는 데 사용할 수 있다. 이 모형이 현재의 입력변수들에 적용되면 미래행동에 대한 예측을 결과로 얻을 수 있다.

고급분석의 등장배경 중 가장 크게 요구되는 사항인 예측분석은 기본적으로 과거 데이터마이닝과 같은 맥락에서 이해하면 된다. 물론 비즈니스 인텔리전스(BI : Business Intelligence)도 이러한 관점에서 과거 데이터를 기반으로 트렌드 분석 후 예측값을 제시하는 단순한 기능을 제공하였으나, 예측분석에서는 대용량 데이터를 기반으로 패턴과 추세를 파악하여 분석모델을 만들고, 모델의 변수를 적용하는 방법을 적용하여 규모 및 접목기술에서 차이점을 보인다. 또한 기존분석이 주로 분류나 연관성 등 데이터의 통계적 규칙 혹은 패턴을 찾아내는 것에 중점을 둔다면, 예측분석은 '향후 발생가능한 상황의 예측'을 통해 선제적 의사결정의 지원을 목적으로 한다.

대용량 데이터를 고속으로 처리하는 '빅데이터' 시대가 도래함에 따라 엔터프라이즈 컴퓨팅시장에 고급분석이 주요 화두로 떠오르고 있다. 빅데이터는 하둡(hadoop) 기술로 정형 및 비정형 데이터를 분석하고 병렬처리로 기존보다 5배 이상 빠르게 데이터를 로딩하는 것이 특징이다. 고급분석은 이들 데이터에 숨겨진 패턴을 찾아 과거와 현재의 비즈니스 현상을 깊게 이해하고 미래상황을 예측함으로써 선제적인 의사결정을 지원하는 차세대 데이터분석 기술이다.

고급분석이 주목받는 이유는 데이터들이 폭증하면서 전략과 마케팅에 활용할 정보의 추출 필요성이 커지고 있기 때문이다. 고급분석을 이용하면 보다 '의미 있는' 결과를 추출하거나 예측하는 데 필요한 시간과 절차를 단축시켜 기업이 의사결정을 하고 사업을 수행하는 데 도움이 될 것으로 기대되고 있다.

고급분석은 예측정보를 보다 정교하게 분석할 수 있다는 점에서 기존 관계형 데이터베이스 분석과 차별화된다. 미래에 대한 예측으로 자원확보가 용이하다는 장점도 있어 데이터 예측의 성공률도 높일 수 있다.

실제로 한 기업은 가격인하 요구가 있을 때, 이를 실현하기 위해서 2천 개 점포를 대상으로 4억 개 이상 의사결정과정이 필요했다. 이 같은 상황에서 20분 만에 판매를 예측, 자동으로 결과를 산출해 낼 수 있게 된 것은 기업 내부에 고도의 데이터 분석

능력과 이를 실행하는 조직이 있었기 때문이었다.

스마트폰으로 건강관리… '모바일 헬스' 개봉박두 C·A·S·E 살펴 보기

50대 만성질환자 김모 씨는 스마트폰으로 직접 자신의 병원 진료기록을 관리한다. 스마트폰으로 다운받은 '헬스아바타 CCR+' 애플리케이션에는 건강기록 · 진료카드 · 처방전이 들어 있다. 그동안 다녔던 병원에서 받은 처방내역은 물론, 병원을 다른 곳으로 옮길 시 전에 진료받았던 진료기록을 헬스아바타로 전송받아 병원에 제시할 수도 있다. 지난 22일 서울의대 정보의학실이 아주대의료원, 가천의대 길병원, 부산대학교병원, 전남대학교병원 등과 연구교류를 통해 정보통합과 교류시스템을 구축해 개발한 '헬스아바타 CCR+' 시범사업 진행내용이다.

본격적인 모바일 헬스시대가 개막되고 있는 것

모바일 헬스란 스마트폰 · 개인휴대정보단말기(PDA) · 태블릿PC 등 모바일기기를 이용해 환자와 의사가 시간과 공간 · 장소 등에 구애받지 않고 자유롭게 의료서비스를 주고받는 것이다.

특허청에 등록된 모바일 헬스케어 관련 국내 특허출원 건수는 2002년 48건에서 2008년 93건, 2009년 107건으로 증가추세다. 모바일 헬스시장에 관심을 두고 있는 업체는 통신사업자다. 인프라 구축에 추가비용을 들이지 않고도 새로운 수익원을 창출할 수 있기 때문이다. 미국 · 일본 · 영국 등에서는 이동통신사업자들이 모바일 헬스시장 진입을 선언하며 본격적인 행보를 전개하고 있다.

모바일 헬스시장에 가장 적극적으로 뛰어드는 국내 통신업체는 SK텔레콤이다.

SK텔레콤은 최근 바텍코리아와 협력, 치과를 중심으로 한 스마트 헬스사업 공동추진협약을 맺었다. 양사는 하반기 치과대상 경영지원솔루션을 선보일 계획이다. 이 서비스를 이용하는 병원은 스마트폰 · 태블릿PC를 활용해 언제 어디서나 원활한 업무처리를 할 수 있게 된다.

SK텔레콤은 의료분야에 대한 다양한 서비스를 지속적으로 개발한다는 방침이다. 특허청은 고령화 사회로 빠르게 진행되면서 모바일 헬스케어 기술분야 선점 및 대기업의 모바일 헬스케어 핵심 원천기술 확보를 위한 투자가 지속적으로 늘어날 것으로 전망했다.

자료 : 아주경제 , 2011. 6. 27

7) 협업 필터링(Collaborative Filtering)

CF는 협업 필터링이라고도 하며, 추천시스템으로 널리 사용되고 있는 기법으로 현재 웹사이트에서 상승판매, 교차판매를 위해 사용되고 있다. 데이터마이닝의 대표적인 분석기법인 연관성분석을 통해서 제품의 추천을 하는 경우도 있으나 고객 간의 유사성을 통해 제품을 추천하는 최근접이웃(nearest neighborhood) 알고리즘이 보다

많이 사용되고 있다.

인터넷 사용자를 대상으로 협업 필터링에 의한 추천을 하는 과정을 Sarwar 등은 다음과 같이 세 가지 절차로 나누고 있다. 첫 번째는 자료의 표현단계이고 두 번째는 가까이에 있는 개체를 모르는 단계이며, 세 번째는 추천항목을 생성해 내는 단계이다. 웹에서 발생한 데이터에 협업 필터링을 적용할 때 대상이 되는 자료는 고객이 어떤 제품을 구매했는가, 혹은 어떤 페이지를 보았는가 등의 과거 행동자료이다. 만일 n명의 고객의 m개의 제품에 대한 구매이력을 이용해 자료를 구성하여 상품추천을 위해 협업 필터링을 적용한다고 하면 자료의 형태는 크기 $n \times m$의 행렬 R로 표현된다. 행렬 R의 원소 r_{ij}는 i번째 고객이 j번째 제품을 구매했으면 1, 그렇지 않으면 0의 값을 갖는다. 그런데 이 행렬 R은 다음과 같은 문제점을 갖고 있다. 우선 보통의 경우 제품의 수 m은 큰 수가 되고 고객들이 구매하는 제품은 그 중에 극히 일부의 품목이 되므로 행렬 R은 많은 원소들이 0으로 채워지게 된다. 또한 자료행렬 R의 크기가 커짐에 따라 그 계산횟수가 급증하게 되어 실제 추천을 위한 계산에 어려움을 겪게 된다. 이와 같은 문제를 해결하기 위한 자연스러운 방법은 자료행렬 R의 크기를 줄이는 것이다. 우선 유사제품 간의 통합으로 제품의 종류를 줄일 수 있다. 물론 이는 자동적으로 처리할 수 없으며 제품에 관한 충분한 이해가 있는 사람의 힘을 필요로 한다. 그리고 특성값분해(singular value decomposition)를 통한 행렬의 차원 축소를 시도해 볼 수 있다. 이처럼 차원을 줄인 자료는 0이 아닌 값으로 원소를 채울 수 있고 계산의 부담도 줄어들게 된다.

다음 단계는 서로 유사한 고객을 찾는 것이다. 이는 유사한 구매행태를 보이는 다른 고객의 구매이력을 통해 제품을 추천하기 위함이다. 고객 간의 유사성의 측정에는 피어슨상관계수나 각각의 고객데이터를 하나의 벡터로 간주하고 사잇각 θ를 이용해 계산한 코사인값을 이용할 수 있다. 이런 방법으로 고객 간 유사성이 측정되고 나면 각 사용자에 대해서 가장 유사한 k명의 고객을 찾는다. 즉, 고객 i에 대해$(1 \leq i \leq n)$ $N_i = \{N_{i1}, N_{i2}, \cdots, N_{ik}\}$를 구한다. 그리고 이 k명의 구매이력에 근거하여 각 고객에게 적절한 상품을 추천하게 된다. 제품의 추천에는 k명의 고객이 가장 많이 구매한 제품을 추천하는 방법과 k명의 고객의 자료를 이용한 연관성규칙을 통해 추천하는 방법이 있다. 연관성규칙을 이용하는 방법은 전체고객 자료를 이용했을 때 발생하는 대규모의 계산과정은 피할 수 있으나 단지 k명의 자료에 의존한 결과이기 때문에 k명의 자료가 충분한 정보를 담고 있지 못할 경우 부적절한 추천이 생성될 수도 있다. 이와 같은 추천시스템은 단순 방문자들의 구매를 유도해 내고 기존 보유고객에 대해 교차판매, 상승판매의 효과를 얻을 수 있으며 고객의 충성도를 제고할 수 있다.

협업 필터링은 개인화된 추천을 제공하는 데 특화되어 있다. 협업 필터링 시스템은 사람들의 취향에 대한 기록으로부터 시작된다. 거리함수는 유사성을 취향중심의 기반으로 결정한다. 즉, 같은 것을 좋아하는 사람들이 가까이 있다고 생각한다. 거기에 추가로, 투표들은 거리로 보장이 되기 때문에 좀 더 가까운 이웃들의 표는 추천에 더 큰 영향을 미친다. 다른 말로 하자면, 이는 비슷한 취향을 가져 선택된 친구집단의 판단을 사용하여 특정 사람의 취향에 맞는 음악, 책, 와인이나 다른 임의의 물건을 찾는 기법이다. 이 접근방식은 사회적 정보필터링(social information filtering)이라고도 불린다.

협업 필터링은 누가 어떤 것을 좋아할지를 결정하기 위해서 구전효과를 자동화시킨다. 많은 사람들이 무언가를 좋아했다는 사실만으로는 충분하지 않다. 누가 그것을 좋아했는지가 또 중요하다. 모든 사람들은 어떤 사람들의 추천을 다른 추천들에 비해 더 진지하게 받아들인다. 지금까지의 추천들이 잘 맞아 왔던 친한 친구의 추천은 자신이 보통 좋아하지 않는 장르라 해도 특정 영화를 보러 가도록 이끌기에 충분하다. 반면, 정말 재미없는 영화를 보고 재미있다고 생각하고 재미있는 영화에서는 별 감명을 받지 못하는 친구로부터의 추천은, 이 영화를 보러 가기 싫게 만들 것이다.

자동화된 협업 필터링 시스템을 이용하여 새로운 고객에게 추천을 준비하는 과정은 세 단계로 구성된다.

① 새로운 고객으로 하여금 영화, 음악, 혹은 식당과 같은 물품들을 평가하도록 하여 고객 프로파일을 생성한다.

② 새로운 고객의 프로파일을 유사성 측정방법을 이용하여 다른 고객들과 비교한다.

③ 비슷한 프로파일을 가진 고객들의 평가의 결합을 이용하여, 아직 새로운 고객이 평가하지 않은 물품들에 대한 평가를 예측한다.

좋은 협업 필터링 시스템은 사용자들에게 예측에 대해 의견을 제시할 기회를 제공하여, 그에 따라 프로파일을 바꾼다.

① **아마존닷컴** : 인터넷서점에서 책을 구매하는 사람들은 그들이 책을 사는가 사지 않는가로 그 책에 대한 선호도를 암시적으로 드러내게 된다. 따라서 같은 책을

구입했던 고객들은 마찬가지로 비슷한 선호도를 가질 것이다. 이런 요소들은 아마존 인터넷서점에서 적용되고 있는데, 같은 책을 구매했던 사람이 구매했던 책 리스트를 보여주는 방식으로 적용되고 있다. 아마존닷컴에서는 'ITEM-TO-ITEM'이라고 불리는 협업 필터링 방식을 사용하고 있다. 이 방법의 핵심은 'PRODUCT-TO-PRODUCT MATRIX'인데, 이는 소비자들에게 매우 질 좋은 상품추천을 가능하게 한다. 예를 들어, 아마존닷컴에서 스티브 잡스의 전기를 구매하려고 하면 그들은 그 책을 구매한 고객이 구매한 다른 관련 책들을 보여준다. 이를 통해 스티브 잡스의 프레젠테이션 기술에 관련된 책 등이 연관검색된다.

② 애플 : 애플의 Itunes는 세계에서 가장 성공한 인터넷 컨텐츠 마켓이다. 특히 최근의 아이폰, 아이패드의 등장으로 인한 애플스토어 이전에도 아이튠즈는 세계에서 가장 성공한 뮤직마켓이었는데 그 비결은 다름 아닌 협업 필터링에 있다.
아이튠즈의 협업 필터링은 고객이 직접 자신의 아이패드에 평소 자신이 듣는 음악에 대한 별점을 매겨두면, 아이튠즈 접속 시 고객의 별점을 아이튠즈와 동기화하여 고객의 취향에 맞는 추천앨범을 보여주고 한편으로는, 이 별점으로 각 앨범에 대한 평가를 취합하는 시스템이다.
이 시스템은 하루에 수십여 개의 앨범이 발매되는 미국의 음반시장에 소비자를 위한 뮤직 가이드 맵을 제시함으로써 소비자의 입장에선 피로도를 줄여주고, 공급자의 입장에서는 자신의 제품을 적합한 소비자에게 한 번에 전달해 주는 혁신적인 시스템으로서 애플 특유의 폐쇄성에도 불구하고 아직까지도 세계 최고의 뮤직 마켓 자리를 고수하고 있다.

(1) 협업 필터링이란?

협업 필터링은 많은 사용자들로부터 얻은 기호정보에 의하여 사용자들의 관심사를 자동적으로 예측하게 해주는 방법이다. 협업 필터링 접근법의 근본적인 가정은 사용자들의 과거의 경향이 미래에서도 그대로 유지될 것이라는 전제에 있다. 예를 들어, 음악에 관한 협업 필터링 혹은 추천시스템(Recommendation system)은 사용자들의 기호(좋음, 싫음)에 대한 부분적인 목록을 이용하여 그 사용자의 음악에 대한 기호를 예측하게 된다. 이 시스템은 특정 사용자의 정보에만 국한된 것이 아니라 많은 사용자들로부터 수집한 정보를 사용한다는 것이 특징이다. 이것이 단순히 투표를 한 수를 기반으로 각 아이템의 관심사에 대한 평균적인 평가로 처리하는 방법과 차별화된 것이다. 즉 고객들의 선호도와 관심표현을 바탕으로 선호도, 관심에서 비슷한 패턴을 가진 고객들을 식별해 내는 기법이다. 비슷한 취향을 가진 고객들에게 서로 아직 구매하지 않은 상품들은 교차추천하거나 분류된 고객의 취향이나 생활형태에 따라 관련 상품을 추천하는 형태의 서비스를 제공하기 위해 사용된다.

(2) 협업 필터링의 종류

① 능동적 필터링

능동적 필터링(Active Filtering)은 최근에 인기가 증가한 방법이다. 그 이유는 WWW(World Wide Web)의 유저들이 사용할 수 있는 정보기반이 계속 증가하고 있기 때문이다. 하지만 인터넷을 통하여 기하급수적으로 증가하고 있는 정보의 양으로 인해 가치 있는 정보의 검색효율성은 갈수록 어려워지고 있다. 최근에 WWW을 통한 기본적인 정보검색은 수많은 결과를 찾아주지만 그 결과의 검색방법이 효과적이지도 않고 관계도도 떨어지고 있다. 오늘날 시장에서 수많은 데이터와 검색엔진들이 검색을 위해 사용되고 있지만 대부분의 사람들은 검색을 위한 모든 옵션의 사용에 대하여 익숙하지가 않다. 이런 환경에서 능동적 필터링이 효과적인 방법으로 대두되고 있는 것이다.

능동적인 필터링은 P2P 방식이기 때문에 다른 협업 필터링과도 차별화된다. 이것은 비슷한 관심사를 가진 동료, 친구 등의 사람들이 상품 등을 평가하고 또한 웹에서 이런 정보들을 공유하고 서로 볼 수 있다. 이 시스템은 사람들이 다른 비슷한 사람들과 함께 구매한 물건에 대한 정보를 공유하기를 원하다는 사실에 기초하고 있다. 능동적인 필터링은 웹을 통하여 정보를 보낸 다른 사용자들의 상품의 평가(Rating)를 볼 수 있고 그것을 기반으로 자신만의 구매결정을 하게 해준다.

능동적인 필터링(Active filtering)은 많은 경우에 많은 사람들에게 유용하다. 이 능동적인 필터링은 유도 웹검색기반이 없는 경우(non-guided web search)에 가장 중요하고 효율적이다. 유도 웹검색기반이 없는 것은 단지 수많은 정보만을 생산하기 때문에 정보에 정확하게 접근하려고 하는 사람에게는 효율적이지도 유용하지도 않다.

② 수동적 필터링

미래의 가장 잠재력 있는 협업 필터링 방법은 정보를 함축적으로 수집하는 수동적 필터링(Passive Filtering)이다. 여기서 웹브라우저는 사람들의 행동을 추적하고(following) 평가에 의해 사용자들의 기호도를 저장하기 위하여 사용된다. 이 필터는 사용자들이 좋아할 만하고 추천받을 만한 관심사 중에 다른 상품을 구매결정하기 위하여 사용된다.

수동적인 협업 필터링의 중요한 특징은 사용자가 문서를 단순히 스캐닝할 것인지 정독을 할 것인지에 대한 결정을 하기 위한 측면에서 시간을 사용한다는 것이다. 이 시스템의 가장 큰 장점은 능동적인 필터링에서 일반적으로 나타나는 분석들로부터 특정한 변화를 제거할 수 있다는 것이다. 예를 들어, 단지 특정한 종류의 사람만이 사이트의 평가를 하기 위해 시간을 보내는 것과는 달리 수동적 협업 필터링에서는 모든 사람이 자동적으로 주어진 데이터를 가지고 접근할 수 있다.

③ 아이템기반 필터링

아이템기반 필터링은 협업 필터링의 또 다른 방법으로서 사용자들 대신에 평가된 아이템이 파라미터(parameter)로 사용된다. 아이템기반 협업 필터링은 대부분의 사람들이 과거에 자신이 좋아했던 상품과 비슷한 상품이면 좋아하는 경향이 있고 반대로 싫어했던 상품과 비슷한 상품이면 싫어하는 경향이 있다는 점을 기반으로 하고 있다. 이 필터링 방법은 고객이 선호도를 입력한 기존의 상품들과 예측하고자 하는 상품과의 유사도(similarity)를 계산하여 고객의 선호도를 예측하는 방법이다. 즉, 예측하고자 하는 상품과 비슷한 상품들에 대하여 고객이 높은 평가를 하였다면 그 상품도 높게 평가를 할 것이라고 예측하고, 낮은 평가를 하였다면 그 상품도 낮게 평가를 할 것이라고 예측하는 것이다. 아이템기반 협동적 필터링 방법은 상품들 간의 유사도를 계산하기 위하여 두 상품에 모두 선호도를 입력한 고객들의 선호도를 사용한다. 그러나 고객들 간의 유사도가 전혀 고려되지 않기 때문에 만약 특정 고객과 전혀 선호도가 비슷하지 않은 사용자들의 평가를 기반으로 한다면 상품들 간의 상관관계의 정확도가 떨어지고 아울러 추천시스템의 예측능력과 추천능력이 저하될 수 있다.

(3) 협업 필터링의 활용

협업 필터링에 몇몇 단점이 있지만 실무에서의 우수성을 인정받아 많은 웹사이트에 적용되었다. 현재 운영 중인 웹사이트에서 제공하는 대표적인 서비스는 다음과 같다([표 6.7] 참조).

표 6.7 협업 필터링 활용 사례

사이트	추천 서비스	서비스 형태
아마존	Customer who bought	• 고객이 선택한 책을 이미 구매한 고객들이 가장 빈번하게 구매하는 책을 추천 • 고객이 선택한 책의 저자의 책을 이미 구매한 고객들이 가장 빈번하게 구매하는 저자의 책을 추천
	Book Matcher	• 고객이 읽어본 책에 대한 평가를 하도록 함
	Customer Comments	• 다른 고객이 평가한 사항에 대한 정보제공
CdNow	My CDNOW	• 자신이 좋아하는 앨범, 좋아하는 음악가로 자신만의 상점을 형성하도록 함
	Album Advisor	• 싱글앨범인 경우에는 앨범에 관련된 다른 10개의 앨범을 추천 • 여러 명의 음악가인 경우에는 음악가에 관련된 10개의 앨범을 추천
eBay	Feedback Profile	• 거래가 이루어지면 거래에 대해 평가를 하도록 하고, 이를 구매자에게 정보제공(만족/불만족 – 상품, 판매자)

[표 6.7]에 있는 서비스를 살펴보면, 각 사이트에서는 고객이 선호하는 제품이나 고객의 선호도를 특정한 방식으로 표현하도록 하고 있다. 또한 표현된 선호도를 타인의 선호도와 비교하여 적절한 서비스를 제공하거나 타인의 선호도를 열람할 수 있도록 하여 추가적인 구매를 유도하는 형태로 서비스를 제공하고 있다는 것을 알 수 있다. 이와 같이 협업 필터링은 유사한 성향의 고객의 선호도를 토대로 상품을 선정하고 추천하는 방식이라 할 수 있다.

수많은 다양한 웹사이트에서 협업 필터링을 사용하는 이유는 다음과 같은 세 가지의 목적을 달성하기 위한 도구로 인식되고 있기 때문이다. 첫 번째는 단순 방문자를 구매자로 전환시키고자 하는 목적이다. 자주 방문하지만 구매를 하지 않는 고객이 있다면 성향과 관심에 적합한 상품을 고객에게 추천하고 이를 구매하도록 하는 것이다. 두 번째는 고객이 상품을 구매하려고 할 때, 추가적으로 고객의 취향에 적합한 상품을 추천하여 같이 구매를 하도록 하는 목적이다. 고객의 특성을 파악하여 고객의 취향과 관심에 적합한 제품을 권유함으로써 판매량을 증대시킬 수도 있고 최소한 고객이 가질 수 있는 거부감을 줄일 수 있다. 마지막 세 번째는 고객의 충성도를 높이고자 하는 목적이다. 고객의 취향에 적합한 상품을 추천해 줌으로써 고객의 만족도는 향상되고, 이는 고객의 웹사이트 재방문과 구매로 이어져 전반적인 고객의 충성도를 높일 수 있는 실질적 수단이 될 수 있다.

포젠, eCRM 솔루션 출시

C·A·S·E 살펴보기

eCRM 솔루션 전문회사 ㈜포젠(www.poxen.co.kr, 대표 김형주)은 고객정보의 수집에서부터 캠페인 기획, 실행, 고객분석에 이르는 마케팅 전 과정을 통합관리할 수 있는 eCRM 솔루션인 'POXEN eCRM'을 개발, 본격적인 마케팅에 나섰다고 28일 밝혔다.

'POXEN eCRM'은 특히 고객행위분석(CBA : Customer Behavior Analysis) 기법을 적용해 인터넷상에서 고객 개개인의 관심사를 정확히 분석해 같은 관심사를 가진 사람이 구매한 상품을 추천하는 방식을 채택했다. 그리고 이러한 고객정보에서부터 프로모션관리, 사용현황 및 충성도 분석 등을 원클릭으로 제공한다. 이와 함께 같은 관심사를 갖는 다른 고객과 가상의 커뮤니티를 형성하고 고객은 동시에 여러 개의 가상 커뮤니티에 가입할 수 있도록 해 자신의 행동양식에 의한 정보를 실시간으로 추출할 수 있다.

기존 eCRM 솔루션에서의 고객분석방식으로는 고객의 연령, 수입, 기호 등 프로파일(profile)을 기반으로 한 개인화 방법(Rule Based Personalization)이나 유사 구매행태 비교에 따른 상품추천방식(Collaborative Filtering Based Personalization) 등이 있다. 이들 기법은 상호연관된 경로가 복잡하고 고객수의 증가에 따라 시스템의 부하를 일으킬 수 있는 단점이 있다. 그러나 포젠의 고객행위분석기법은 고객의 수와는 상관없이 기존의 기법에 비해 상대적으로 구현이 간단해 시스템 부하가 적다는 것이 장점이다.

김형주 사장은 "POXEN eCRM은 고객관리, 수익관리에서 사업컨설팅까지 한꺼번에 제공하는 새로운 개념의 토털 솔루션"이라고 말하고, "고객분석에 기초한 우량고객의 유지와 신규고객의 유치 및 관리를 통한 수익성 증대와 효율적인 영업마케팅 수행을 통한 기업의 비용절감에 도움이 될 것"이라고 설명했다.

또한 김 사장은 "그동안 대부분의 CRM 도입이 실패하는 것은 초기 도입 시 고객사에 대한 정확한 분석을 통한 최적의 방안을 제시하지 못하기 때문"이라고 말하고 "포젠은 'POXEN MAKE'라는 컨설팅방법론을 제공해 자체적으로 eCRM을 도입하기 위해 필요한 고객사의 요구와 현황분석, CRM을 통한 고객사의 향후 업무방향, 'POXEN eCRM'의 적용을 위한 환경구성 등 eCRM을 성공적으로 도입할 수 있도록 지원할 것"이라고 덧붙였다.

한편 포젠은 1998년 설립, 현재 30여 명의 직원을 보유하고 있으며 미국 뉴욕에 현지법인을 두고 있다. 그동안 신한은행, 주택은행, 대구은행 등 금융권의 인터넷뱅킹 시스템을 구축했다. 최근에는 'POXEN eCRM'을 금융권으로 특화시켜 금융권을 위한 eCRM 솔루션인 'POXEN eBank'를 개발, 출시를 서두르고 있다.

자료 : 머니투데이, 2001. 8. 28

제5절 CRM에서 웹마이닝

웹마이닝은 결국 마케팅 의사결정에 도움을 주기 위해 하는 작업이다. 그럼 마케팅 의사결정에 도움을 주는 CRM을 생각해 보지 않을 수 없다. 웹마이닝과 CRM과의 관계는 어떤 것인가? 웹마이닝은 CRM에서 어떤 위치를 차지하고 있을까? 먼저 CRM을 메타그룹에서 정의한 기준으로 분류해 보면 분석 CRM, 운영 CRM, 협업 CRM의 세 가지 범주로 나누어 볼 수 있다([그림 6.2] 참조).

그림 6.2 ▮ CRM의 분류

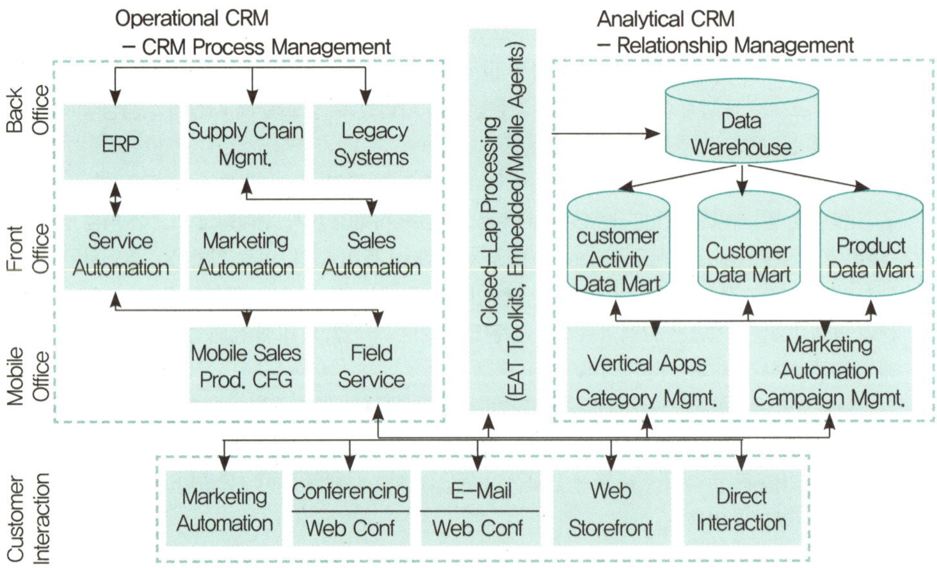

자료 : META Group

각각의 비즈니스 구성요소 대한 설명은 다음과 같다.

분석 CRM에서는 관계관리(Relationship Management)를 한다. 고객행동, 니즈, 사용형태, 고객 데모그래픽(Demographic), 접촉(Contact)정보 등을 바탕으로 고객에 대한 이해를 돕는 CRM의 분석기능들을 의미한다. 시간성을 가지며 요약되어 있는 기업의 의사결정용 데이터베이스시스템을 의미하는 데이터웨어하우징(Data

Warehousing), 목적에 따른 분석을 용이하게 하기 위해 구성되는 데이터마트, 대량의 데이터로부터 의사결정에 활용할 수 있는 숨겨진 정보를 찾아내는 데이터마이닝, 데이터에 대한 다양한 뷰를 제공하는 OLAP 등의 분석기술을 주로 활용한다. 이 영역에서는 분석된 정보가 영업, 마케팅 및 서비스 측면에서 활용이 가능하도록 구성되어야 하며 고객접점에서 수집된 정보가 원활하게 전달될 수 있도록 통합적인 측면이 고려되어야 한다.

분석 CRM에서 데이터웨어하우스를 대상으로 하고 있는 데이터를 좀 더 세분해 보면 다음과 같다([표 6.8] 참조).

표 6.8 ▮ 데이터의 분류

<table>
<tr><th colspan="3">종류</th><th>예</th></tr>
<tr><td rowspan="7">내부데이터</td><td colspan="2">기초데이터</td><td>1. 고객의 이름, 주소와 같은 데모그래픽
2. 상품정보</td></tr>
<tr><td colspan="2">행동데이터</td><td>트랜잭션 데이터임</td></tr>
<tr><td rowspan="3"></td><td>인터넷</td><td>1. 웹로그
2. 쿠키</td></tr>
<tr><td>거래정보</td><td>1. 주문(장바구니)데이터
2. 구매이력
3. POS 데이터
4. 통장
5. ATM
6. 신용카드 거래자료</td></tr>
<tr><td>문의/불만</td><td>1. 콜센터
2. 헬프 데스크</td></tr>
<tr><td colspan="2">조사데이터</td><td>1. 서베이 데이터, 패널 데이터, 직접반응광고 데이터
2. 이미 분석과 변환을 거친 데이터로 특정 지역과 연봉으로 분류한 것과 같은 데이터를 의미</td></tr>
<tr><td colspan="2" style="display:none"></td></tr>
<tr><td rowspan="2">외부데이터</td><td colspan="2">직접 입수 데이터</td><td>3. 제휴 사이트 데이터
4. 전문 정보공급업체, ISP 현황</td></tr>
<tr><td colspan="2">제휴 활용 데이터</td><td>5. 제휴를 통한 타 기업 고객정보 간접활용
6. 정보중개자의 정보 간접활용</td></tr>
</table>

웹마이닝은 CRM에서 분석 CRM의 종류에 속하며 데이터는 행동데이터인 인터넷

상의 웹로그와 쿠키정보를 중심으로 데이터마이닝을 하는 것이다.

운영 CRM에서는 CRM 프로세스관리(CRM Process Management)를 한다. CRM의 실행 측면을 지원하는 전방위적인 시스템으로서 기존의 조직과 고객 간의 관계를 효과적이고 효율적으로 지원하는 시스템이다. 고객 데이터웨어하우스를 통하여 계획된 마케팅, 영업, 서비스에 대한 전략을 구체화하여 사업전략에 활용하는 방안에 대한 실행 및 평가를 지원하게 된다. 즉, 영업자동화, 서비스, 제품지원, 마케팅자동화와 관련된 비즈니스 프로세스의 자동화를 의미한다. 일반적으로 조직에 따라서 CRM 프로세스에 영향을 미칠 수 있는 비즈니스 규칙들이 많이 다를 수 있기 때문에 CRM 프로세스를 성공적으로 적용하기 위해서는 수정된 비즈니스 규칙을 쉽게 통합할 수 있고 워크플로우 지향적(Workflow-driven)인 프로세스를 정립해야 한다.

협업 CRM에서는 접촉관리(Access Management)를 한다. 고객의 서비스요청에 대한 처리를 지원함과 동시에 고객을 상대로 마케팅 및 영업활동을 하기 위한 채널을 관리한다. 그 목적은 고객이 셀프서비스 또는 기업에 서비스를 요청하는 등의 고객의 문제해결방법에 상관없이 웹, 무선인터넷, 전화, 팩스, 이메일 등 여러 형태의 창구를 통해서 커뮤니케이션할 수 있도록 지원하는 것으로 주로 채널관리부서에 의하여 이용된다.

일대일마케팅 혹은 개인화의 개념은 접촉관리영역 중에서 고객과의 상호작용 시에 고객접촉정보, 구매정보, 사용형태, 고객 프로파일 등의 정보를 이용하여 고객의 입맛에 맞는 정보를 선택적으로 볼 수 있도록 지원하는 개념에서 출발한 것이다. 이 개념은 고객이 기업과 상호작용할 때 개별고객에 맞게 적절한 제품 또는 서비스를 추천하는 추천시스템 등에서 주로 활용된다.

Chapter 07

소셜 CRM

제1절 | 소셜미디어
제2절 | 소셜네트워크서비스
제3절 | 소셜 CRM
제4절 | 소셜 CRM과 웹마이닝

Chapter 07

소셜 CRM

웹 2.0이 소개되면서 소비자들은 블로그, 페이스북, 링크드인, 유튜브, 트위터 등 소셜네트워크서비스 사이트에 이미 수억 명의 회원들이 가입하여 컨텐츠를 만들고, 공유하며, 사회적인 네트워킹을 형성하고 있다. 고객중심의 사회에서는 고객들이 직접 누구와 커뮤니케이션하고, 무엇을 커뮤니케이션할 것인지 스스로 통제하고 있으며, 그들이 사용하는 기술과 채널을 통해 그들의 구매경험을 전파하고 있다. 이러한 비즈니스 환경변화로 기존의 CRM에서 e-CRM으로, 그리고 소셜네트워크서비스를 통해 고객의 목소리를 듣고 이에 대한 적절한 대응을 하여 기업과 고객과의 접점을 넓혀 고객의 반응을 통해 기업의 전략에 반영하는 소셜 CRM(Social CRM)이 등장하였다.

더불어 다양한 소셜네트워크서비스(Social Network Service)의 확대와 함께 소셜미디어를 활용한 기업들의 마케팅 및 CRM이 본격화되고 있다.

본 장에서는 소셜미디어와 SNS, 그리고 SNS의 이용확대와 함께 등장한 소셜 CRM에 대해서 알아보도록 하겠다.

SNS, '소셜 CRM'으로 거듭난다 C·A·S·E 살펴보기

친구들과의 수다 떨기 수단에 불과하던 소셜네트워킹서비스(SNS)들이 이제는 기업의 고객관계관리(CRM) 솔루션으로 거듭나고 있다.

CRM은 고객관리 및 고객정보분석 등을 제공하는 주요 기업용 소프트웨어이다. 고객과의 거래내역 등을 데이터베이스화해 각 고객에 최적화된 서비스를 제공하고 이를 마케팅에 활용하게 해주는 게 CRM의 주된 기능이다. 고객맞춤형 서비스에 대한 욕구가 강한 기업들은 비싼 가격을

주고 CRM을 구입한다.

하지만 최근 들어 SNS를 CRM의 보완 또는 대체재로 활용하는 기업들이 늘고 있다. 사용자들이 올린 메시지들이 '고객정보'로서의 가치를 발휘하고 있다는 얘기다. 이른바 '소셜 CRM'이 등장한 것이다.

■ 소통을 통한 고객대응 및 고객정보 축적

기업들은 SNS를 통해 고객관리를 할 수 있다. 가령 고객이 불만을 제기했을 때는 홈페이지나 콜센터보다 빠른 대응을 할 수 있고, 고객들과 메시지로 소통한 내역들은 해당고객을 분석하는 데 도움이 되는 훌륭한 데이터베이스가 된다.

미국에서 페이스북이나 트위터는 많은 사용자들에게 이미 익숙해져 있다. 이 때문에 기업의 고객관리 툴로 이 사이트들을 활용하기 위해서 직원들에게 별도의 교육을 시킬 필요가 없다는 장점도 있다.

실제로 트위터를 고객관리에 활용하는 기업들이 속속 등장하고 있다. 미국 최대 케이블TV 업체 콤캐스트는 10명의 전담인력을 두고 트위터를 고객서비스센터로 활용하고 있다.

항공사 제트블루는 고객이 항공기 좌석배치 불만을 트위터에 올리자 즉시 대응해 호평을 얻은 사례가 있다. 국내 통신사 KT도 향후 트위터를 콜센터 보강책으로 활용하는 방안을 고려 중이다.

이 같은 추세를 반영하듯 아예 페이스북과 트위터를 접목한 기업용 솔루션이 출시되기도 했다. 웹기반 기업용 소프트웨어업체 세일즈포스닷컴은 최근 주력 솔루션인 '서비스 클라우드'에 페이스북 및 트위터 기능을 추가했다.

기업의 고객서비스 담당자들은 서비스 클라우드를 통해 소비자들이 페이스북이나 트위터에 올린 자사제품에 대한 글을 볼 수 있으며 답변도 할 수 있다. 세일즈포스닷컴은 앞서 페이스북과 기업 솔루션을 결합한 '페이스포스'를 출시한 바 있다.

■ 모바일로 '실시간 소셜 CRM' 구현

SNS의 묘미는 모바일이다. 휴대폰이나 스마트폰으로 실시간으로 친구들과 쉽게 메시지를 주고받을 수 있다는 점에서 모바일 SNS가 각광받았듯이, 기업에서도 모바일 SNS를 고객관리에 활용해 '실시간 소셜 CRM'을 구현할 수 있다.

SNS는 모바일 고객센터 및 고객정보분석 플랫폼으로도 유용하다. 고객들을 자사 SNS 계정에 친구등록을 해놓으면 휴대폰을 통해 실시간으로 고객들의 문의나 불만에 응대할 수 있으며, 이들의 메시지들을 기반으로 고객의 관심사를 파악할 수 있다.

또 모바일 SNS는 등록된 친구들에게 쉽게 e-메일이나 전화를 할 수 있다. 휴대폰 화면상에 나타나는 친구목록 중 한 명의 이름을 클릭하면 자동으로 연락처에 연동이 되는 식이다. 즉 일일이 휴대폰에 e-메일주소나 전화번호를 저장하는 번거로움이 사라진다. 모바일 SNS를 이용하는 고객관리 직원들은 수많은 고객들의 연락처를 일일이 저장하거나 들고다닐 필요가 없다는 얘기다.

무엇보다, CRM의 중요한 목표가 '타겟마케팅'이듯, SNS도 소셜 CRM 기능을 통해 훌륭한 타겟광고 플랫폼으로 거듭날 전망이다.

자료 : 아이뉴스24, 2009. 9. 14

제1절 소셜미디어

1. 소셜미디어의 정의

소셜미디어(Social Media)란 사람들이 의견, 생각, 경험, 관점 등을 서로 공유하기 위해 사용하는 온라인 툴과 플랫폼을 의미한다. 이러한 소셜미디어는 텍스트, 이미지, 오디오, 비디오 등의 다양한 형태를 가지고 있으며,[1] 최근에는 모바일서비스(Mobile Service), 동영상, 소리 등 독립적인 매체들도 사회적 매체로 기능할 경우 소셜미디어로 보기도 한다.[2]

이러한 소셜미디어의 개념 정의에 있어 뉴손, 호가튼, 패튼(Newson, Hougheon & Patten, 2009)은 소셜미디어는 크리스 쉬플리(Chris Shipley)에 의해 개념화되었다고 정리하며, 블로그(Blog)나 네트워킹 사이트(Networking Site), 위키피디아(Wikipedia), 팟캐스팅(Podcasting)과 비디오캐스팅(Video Castiong), 가상세계(Virtual World), 소셜북마킹(Social Book Marking) 등을 통해 온라인상 정보의 커뮤니케이션과 참여와 축적이 가능케 하는 온라인 툴(Online-Tool)이나 프로그램(Program)을 의미한다고 정리했으며, 샤프코와 브레이크는 소셜미디어란 문서나 그림, 동영상, 음원 등을 전송하거나 제작할 수 있게 해주는 웹기반의 응용 소프트웨어를 통칭하는 대화형 미디어(Interactive Media)를 통해 참여자들이 정보와 지식, 의견을 공유할 수 있게 해주는 미디어(Media)로 개념화하였다.

2010년 10월 현재 '위키피디아(www.wikipedia.org)'에 의하면 소셜미디어는 그 자체가 일종의 유기체처럼 성장하기 때문에 소비와 생산의 일반적인 메커니즘이 동작하지 않으며, 일방향성을 활용하여 사람들이 참여하고 정보를 공유하며 사용자들이 만들어나가는 미디어로서 접근이 용이하고 확장가능한 출반기법을 사용하여, 사회적 상호작용을 통하여 배포될 수 있도록 설계되었으며, 방송미디어의 일방적 독백을 사회적 미디어의 대화로 변환시키는 웹기반의 기술을 이용하면서 지식과 정보의 민주화를 지원하며 사람들을 컨텐츠(Contents) 소비자에서 컨텐츠(Contents) 생산

1 FKII조사연구팀(2006), 소셜미디어란 무엇인가?
2 김중태(2010), 소셜네트워크가 만드는 비즈니스 미래지도, 한스미디어

자로 변화시킨다고 좀 더 구체적으로 정의하고 있다.

2. 소셜미디어의 등장배경

소셜미디어의 등장배경으로는 사회와 문화의 새로운 패러다임의 등장, 커뮤니티문화의 진화, 다양한 정보공유와 네트워킹기능의 확대, 사람들의 친화욕구와 자기표현욕구의 증대 등 일반적으로 네 가지 요인으로 정리될 수 있다.[3]

첫째, 첨단 정보통신기술과 멀티미디어기술의 발전 및 융합의 결과로서 사회와 문화의 새로운 패러다임이 등장하였고, 인터넷의 대중화, 디지털카메라 및 MP3의 보급 등으로 오디오, 비디오 등을 활용한 사이버공간상의 대인 커뮤니케이션이 발전함에 따라 사용자들이 컨텐츠를 소비하는 동시에 생산도 하는 프로슈머(Prosumer)의 활동이 가속화되었다.

둘째, 개인화와 네트워크화로 대표되는 사회의 분화와 재통합에 따른 커뮤니티 문화의 진화는 퍼스널미디어의 등장을 일으켰고, 소셜네트워킹서비스의 등장으로 이어짐에 따라 퍼스널과 소셜의 융합을 촉진하게 되었다.

셋째, 웹기반 기술의 발달로 다양한 정보공유와 네트워킹기능이 확대된 것도 무시할 수 없다. 참여와 공유를 표방하는 웹 2.0기반의 시스템 발전이 소셜미디어에 대한 사람들의 참여를 편리하게 만들어주었다.

끝으로, 개인주의화와 인터넷의 발달로 누구나 손쉽게 커뮤니케이션하고 표현할 수 있는 욕구가 증가하였다. 이런 트렌드의 이면에는 멀티미디어 양방향성 소통을 통한 참여와 숙의라는 사회적 합의가 배경이 되고 있다.

소셜미디어 등장의 사회적 · 인류적 욕구에 대해서 롤프 옌센(Rolf Jensen)은 물리적인 거래로 인해 아는 사람과 친구의 범위가 정해지던 지리적인 감옥은 서서히 무너지게 되며, 비행기, 고속기차 그리고 자동차 등과 같은 운송수단에 의한 범위의 확대가 이루어질 것이지만, 범위의 확대에서 디지털 고속도로(=인터넷)가 중요한 역할을 차지하게 될 것이고, 관심을 공유하고, 정보를 교환하며 그리고 가능하다면 만나기도 하는 모임을 가지며 범세계적으로 자신들과 관심을 같이하는 어떤 사람이든, 어디에 사는 사람이든 접촉할 수 있게 되는 '사이버국가'가 형성될 것이라고 하였다.[4]

3 FKII조사연구팀(2006), 소셜미디어란 무엇인가?
4 Jenson Rolf(2008), *Dream Society*

3. 소셜미디어의 형태별 분류

소셜미디어는 그 기술적 형태와 비즈니스 모델에 따라 크게 블로그, 소셜네트워크, 컨텐츠 커뮤니티, 위키피디아, 팟캐스트 등으로 분류할 수 있다.

블로그는 웹과 로그를 합친 낱말로 웹로그로 불리기도 한다. 스스로가 가진 느낌이나 품어오던 생각, 알리고 싶은 견해나 주장 같은 것을 웹에다 일기형태로 적어 올려, 다른 사람도 보고 읽을 수 있도록 개방되어 있는 글모음이다. 보통 시간의 순서대로 기록되며 별도의 기능을 제공하는 경우 시간을 수정하여 글순서를 바꿀 수 있다. 여러 사람이 글을 쓸 수 있는 게시판과는 달리 한 사람 또는 몇몇 소수의 사람만이 글을 올릴 수 있도록 글의 기록에 대해서는 다소 제한적으로 운영된다. 이렇게 블로그를 소유해 관리하는 사람을 블로거라고 한다. 블로그는 개인적인 성격을 가지고 있지만 상황에 따라서는 인터넷을 통하여 기존 대형미디어에 못지않은 영향력을 발휘할 수 있기 때문에 '1인 미디어'라고도 불린다.

블로그의 시초는 컴퓨터통신 게시판 등에 자신의 이야기를 올리던 것으로, 인터넷이 발달하여 개인적으로 게시판을 운영할 수 있게 되는 서비스와 환경이 제공됨에 따라 인기를 끌게 되었다. 초기의 블로그는 단순한 텍스트 형태의 글을 올리고 읽는 것만 가능하였으나 사진, 음악, 플래시 동영상 같은 멀티미디어를 수용하게 되면서 급속하게 확산되었다. 블로그의 특징은 댓글과 트랙백(Trackback)으로 독자와 블로거 사이의 의사소통을 확장한 것과, RSS나 Atom 같은 편리한 구독지원서비스이다. 블로그는 텍스트중심에서 분화되어 뒤이어 설명할 팟캐스트, 유튜브 등과 같은 멀티미디어 컨텐츠 형태로 발전하고 있다. 블로고스피어(Blogosphere)는 커뮤니티나 소셜네트워크 역할을 하는 모든 블로그들의 집합을 일컫는다. 블로그 검색전문 사이트인 테크노라티(Technorati)의 2007년 블로고스피어 현황을 살펴보면 블로그의 폭발적인 성장을 확인할 수 있다. 테크노라티에서 수집되는 블로그수는 약 7천만 개이고 하루에 12만 개씩 신규 블로그가 생성되고 있어 초당 약 1.4개가 증가하고 있는 것으로 조사되었다. 이러한 조사결과로 블로그의 폭발적인 성장세를 추정할 수 있다.

소셜네트워크는 웹상에서 개인 또는 집단이 하나의 노드(node)가 되어 각 노드들 간의 상호의존적인 관계에 의해 만들어지는 사회적 관계구조를 말한다.

일반적으로 통용되는 소셜네트워크(Social Networks)는 소셜네트워크서비스(Social Networks Service)로서, 온라인 인맥구축서비스를 말한다. SNS는 블로그와 같은 1인 미디어, 1인 커뮤니티, 정보공유 등을 포괄하는 개념이며, 참가자가 서로에게 친구를 소개하여, 친구관계를 넓힐 것을 목적으로 개설된 커뮤니티형 웹사이트이다. 전 세계적으로는 페이스북(Facebook), 트위터(Twitter), 마이스페이스(Myspace), 링크드인(Linkedin) 등이 있으며, 국내에는 싸이월드(Cyworld), 미투데이(me2day), 요즘(yozum), 링크나우(Linknow) 등이 많은 가입자를 보유하고 있다.

대부분의 SNS는 웹기반의 서비스로서 전자우편 또는 인스턴트 메신저(Instant Messenger)서비스를 통해 사용자들끼리 서로 연락할 수 있는 수단을 제공함으로써 사람들 간의 의사소통이나 정보를 공유하는 데 있어 새로운 수단으로 자리 잡고 있다.

SNS의 종류를 서비스유형으로 구분하면 가장 많은 유형은 사람들을 일정기준으로 분류하여 제공하는 서비스로서 국내에서는 아이러브스쿨 등을 예로 들 수 있으며, 친구들과 연락을 주고받을 수 있는 수단을 제공해 주는 서비스, 사용자들 간의 신뢰관계를 기반으로 무언가를 추천하는 시스템을 갖추고 있는 서비스 등이 대부분이며, 위에서 언급된 모든 서비스가 혼재되어 있는 경우도 상당수이다. 이러한 SNS의 강점은 수천만 명의 고유한 서비스 사용자를 모을 수 있다는 점에 있다. 초기 SNS의 단점은 등록된 사용자를 통한 수익모델을 창출하기가 어렵다는 점이었으나, 급증하는 모바일 SNS 사용자들을 대상으로 노출되는 광고수익, 특정 사업자들에 대한 직간접적인 광고방송을 통해 사업을 홍보하는 방식 등 주로 광고를 중심으로 비즈니스 모델(Business model)이 창출되고 있으며, 최근에 주목받기 시작한 소셜게임(Social game)의 컨텐츠시장도 또 다른 비즈니스 모델로 주목받고 있다.

SNS는 마이크로블로그(microblog)라는 블로그서비스와 혼용되는 경우가 많은데 이는 마이크로블로그가 가진 블로거가 올린 한두 문장의 단편적 정보를 블로그에 관심 있는 개인들에게 실시간으로 전달하는 통신방식과 사용자들 사이에 서로 메시지를 주고받는 형태를 가진 인스턴트 메신저서비스의 제공이 SNS와 유사하거나 동일한 것이 원인이라고 할 수 있다.

컨텐츠 커뮤니티(Contents community)란 특정한 종류의 컨텐츠를 만들고 공유하는 커뮤니티로서 주로 공유의 대상이 되는 컨텐츠는 사진, 비디오와 웹사이트 북마킹(website bookmarking) 등이 있다.

개방하고 공유할 수 있는 컨텐츠는 사용자가 제한적으로 선택할 수 있으며, 일단 공개된 컨텐츠에 대해서는 무한정 공유가 가능하며 각각의 컨텐츠에 대해서는 다른 사용자의 평가와 댓글이 이어지고, 개인의 커뮤니티에 즐겨찾기 등을 통해 정기적인 구독도 가능하다. 대표적인 커뮤니티로는 사진을 공유할 수 있는 플리커(Flickr), 피카사(Piccasa), 비디오를 공유할 수 있는 유튜브(Youtube), 훌루(Hulu) 등과 웹사이트 북마킹을 공유할 수 있는 인스타페이퍼(Instapaper), 딜리셔스(Delicious) 등이 있다.

이러한 컨텐츠 커뮤니티들의 특징은 모든 화제와 정보의 중심이 다루고 있는 컨텐츠에 집중하여 발생한다는 것이고, 이로 인해 다소 제한적인 영역이나 상업적인 홍보의 수단에 국한되고 있다는 점이다.

최근에는 SNS의 대표적인 페이스북(Facebook), 트위터(Twitter) 등에서 사진, 동영상 등에 대한 공유가 활발하게 이루어지면서 컨텐츠 커뮤니티와의 경계가 다소 모호해지고 있는 상황이다.

위키피디아(Wikipedia)는 모두가 함께 만들어 가며 누구나 자유롭게 쓸 수 있는 다국어판 인터넷(Internet) 백과사전이다. 배타적인 저작권을 가지고 있지 않기 때문에 사용에 제약을 받지 않는다. 전문가들이 작성했던 백과사전인 누피디아(Nupedia)를 보완하여 2001년 1월 15일에 만들어졌고 비영리단체인 위키미디어(Wikimedia) 재단에서 운영하고 있다. 2010년 9월 기준 영어판 340만여 개, 한국어판 14만여 개를 비롯하여 모든 언어판을 합하면 1,600만여 개 이상의 글이 수록되어 있으며 꾸준히 성장하고 있다.

위키피디아의 가장 큰 특징은 누구나 편집과 관리에 참여할 수 있다는 점으로, 인터넷에서 누구나 글을 고칠 수 있는 체계인 위키(Wiki : 하이퍼텍스트문서의 한 가지 또는 그런 문서를 작성하는 협력 소프트웨어)로 만들어져 있다. 편집자들에 대한 위키피디아의 정책 중 한 가지는 중립적 시각을 견지하는 것으로 이는 논란이 되는 주제가 있을 경우 그에 대한 중요한 시각들이 편향되지 않게 기술할 뿐 진리가 무엇인지는 결정하려 들지 않는 것을 말한다. 위키피디아의 개방적인 성격 때문에 악의적인 편집, 즉 문서훼손이 일어날 수 있고 부정확한 내용이나 위키피디아 내의 다른 곳의 내용과 모순된 내용이 수록되거나 전반적으로 내용의 질이 고르지 못하게 되고 근거 없는 의견이 수록될 수도 있기 때문에 참고자료로서 위키피디아의 지위는 항상 논란의 대상이 되어 왔다. 또 체계적 편파에 대한 비판과 신뢰할 만한 전문적인 시각보다는 다수의견을 선호한다는 비판도 있고, 기존 종이 백과사전과 비교하여 책임성이나 권위성이 부족하다는 시각도 있다.

그럼에도 불구하고 소셜미디어로서의 위키피디아의 가치는 개방과 참여, 공유에 따른 협업에 의해 특정 사안에 대한 다수의 의견이 모아진다는 것이고 그것이 특정 다수의 이익을 대변하거나, 왜곡된 정보일 경우 인터넷 사용자들의 의견교환을 통하여 조정된다는 것이다.

팟캐스트(Podcast)는 애플(Apple)사의 아이팟(iPod)의 pod과 방송(Broadcast)의 cast가 합쳐진 단어이다. 팟캐스팅은 인터넷을 통해 컨텐츠를 시청하려는 사용자들이 팟캐스트를 선택하여 정기적 또는 신규내용이 올라올 때마다 자동으로 구독할 수 있도록 함으로써 방송을 전달하는 방법을 의미한다. 주로 MP3와 같은 미디어파일 등을 웹에 올리고 RSS 파일의 주소를 공개하는 방식으로 배포하며 애플사의 아이튠즈(iTunes)와 같은 응용 프로그램으로 팟캐스트를 검색하고 구독하며, 컴퓨터에서 직접 재생하거나 디지털 오디오 플레이어로 전송한 뒤 재생하기도 한다.

제2절 소셜네트워크서비스

1. 소셜네트워크서비스란?

1) 소셜네트워크서비스의 정의

소셜네트워크서비스(Social Network Service)는 온라인상에서 불특정타인과 관계를 맺을 수 있는 서비스를 말하며, SNS(Social Network Service)라고도 한다. 이용자들은 소셜네트워크서비스를 통해 인맥을 새롭게 쌓거나, 기존인맥과의 관계를 강화시킨다. 국내의 대표적인 소셜네트워크서비스로는 '싸이월드'를 들 수 있다. 페이스북의 등장 등 다양한 형태의 소셜네트워크서비스의 등장으로 세계적으로 소셜네트워크서비스의 인기는 높아졌다. 소셜네트워크서비스가 큰 인기를 끌면서 서비스와 형태도 다양해졌다. 휴대전화와 결합되면서 모바일 접속이 가능해졌고, 통화 · 회의 · 쇼핑 등 다양한 기능이 소셜네트워크서비스에 부가되었다.

2) 소셜네트워크서비스의 종류 및 특징

소셜네트워크서비스란 온라인상에서 서비스 이용자들이 서로 새로운 인맥을 쌓거나 각종 정보들을 공유하며 기존의 인맥과의 관계를 더 밀접하게 할 수 있게 해주는 서비스를 의미한다. 국내에서 사람들에게 익숙한 서비스라면 아이러브스쿨이나, 싸이월드 등이 있다.

1999년에 소개된 "아이러브스쿨"의 경우 우리나라 최초의 소셜네트워크서비스라고 할 수 있는데 당시 아이러브스쿨은 연락이 두절된 친구를 다시 만날 수 있다는 소문이 퍼지면서 2000년 9월 한 달 동안 98만 명이 넘는 신규가입자가 생겨날 정도로 엄청난 파급효과를 가져왔지만 새로운 비즈니스 모델을 제시할 수 없어 사업확장에 실패하여 잠시 동안 흥행했다가 곧 사라졌다. 그 뒤 3년 만에 새로운 서비스가 등장했는데 바로 아직까지도 인기를 끌고 있는 SK커뮤니케이션즈의 '싸이월드'다.

싸이월드는 친구 찾기는 물론 e-머니(도토리)를 활용한 비즈니스 모델을 적용함으로써 사용자들에게 다양한 컨텐츠들을 제공하고 흥미를 유발시킴으로써 지금은 국내 인터넷 사용자라면 누구나 하나씩 미니홈피 주소를 가지고 있을 정도로 대중화되었다. 소셜네트워크서비스는 국내뿐만 아니라 전 세계적으로 각광받고 있는 서비스다. 세계 최대규모로 알려진 마이스페이스(Myspace)와 페이스북(Facebook) 그리고 최근 스마트폰의 확산과 함께 다수의 국내 사용자를 유입한 트위터(Twitter) 등이 있다.

그림 7.1 ▮ SNS 분류

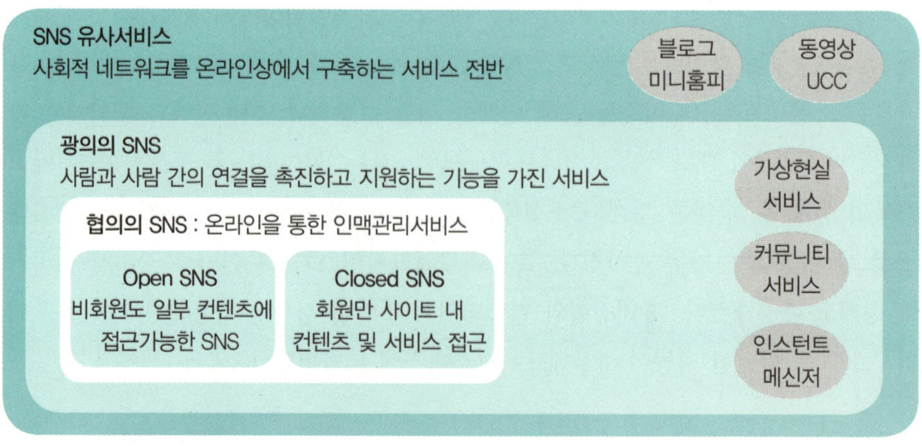

자료 : 일본 총무성, 블로그, SNS의 경제효과에 관한 조사연구 보고서.

다음, SNS 기록 다 찾아주는 '소셜웹 검색' 출시

C·A·S·E 살펴보기

다음커뮤니케이션이 소셜네트워크서비스(SNS) 데이터기반의 '소셜웹' 검색서비스를 본격적으로 시작한다고 11일 밝혔다.

다음은 최근 실시간 정보에 대한 높은 관심과 SNS 서비스가 생활밀착형 정보 플랫폼으로 진화해 감에 따라 이번 '소셜웹' 검색서비스를 새롭게 선보이게 됐다. '소셜웹' 검색서비스는 트위터, 요즘, 다음플레이스앱, 미투데이, 페이스북, 포스퀘어 등 대표적 SNS 서비스의 공개된 데이터까지 검색결과로 제공한다.

지난 4월 선보인 '실시간 검색' 서비스가 검색시점 기준으로 올라온 카페, 블로그, 뉴스, SNS 게시물을 초단위로 보여주는 '실시간'에 초점을 맞춘 서비스라면, '소셜웹' 검색은 실시간으로 올라오는 게시물은 물론 공개되어 있는 과거 게시물까지 함께 보여준다. 또한, 소셜네트워크를 통해 유용한 정보가 원활히 소비 · 유통되고, 관심사나 정보를 바탕으로 사람과 사람이 보다 쉽게 연결될 수 있는 선순환구조를 만든 것이 특징이다.

다음 '소셜웹' 검색은 SNS 서비스를 이용하는 사람의 아이디를 검색할 경우, 공개된 프로필과 함께 데이터마이닝 기술을 통해 최근 작성한 글에서 추출한 주요 관심키워드인 '최근관심주제', 답글관계의 글에서 추출한 '대화 많이 한 사람'을 결과로 제공한다. '슈퍼스타 K' 등 특정 키워드를 입력해도 해당 키워드에 관심 있는 사람을 최대 5명까지 보여준다. 이를 통해 같은 관심사를 가진 사람을 보다 쉽게 찾고 인맥을 쌓을 수 있게 됐다.

이와 함께 SNS 이용자들 사이에서 이슈가 되는 링크(URL)를 실시간으로 발굴해 제공하는 '이슈 링크' 코너를 신설한다. 재미있거나 공감하는 글을 '소문내기', 'RT(retweet)' 등의 기능으로 빠르게 확산시킬 수 있는 SNS의 특성을 활용한 것으로, SNS에서 많이 언급되는 링크를 최대 5건 보여준다.

이 밖에 '소셜웹' 검색을 통해 검색한 결과를 요즘, 트위터 등 SNS로 공유할 수 있고, 검색결과에서 바로 해당 게시물에 답변(반응글 쓰기, reply), RT도 가능하다.

다음 박혜선 검색기획팀장은 "이번 소셜웹 검색이 양질의 생활밀착형 정보가 보다 원활하게 소비, 유통되고, 사람들이 새로운 인맥을 쌓는 데 기여할 것으로 보인다"며, "앞으로 더욱 발전된 형태의 소셜 검색을 선보이며 검색 신뢰도 및 만족도를 지속적으로 높여나갈 것"이라고 밝혔다.

한편, 다음은 연내 이용자 본인의 네트워크, 즉 지인중심으로 검색결과를 얻을 수 있도록 하는 'My 소셜검색(가칭)'을 선보여 한 단계 더 진화해 나갈 예정이다.

자료 : 헤럴드경제, 2010. 10. 11

소셜네트워크서비스는 넓은 범위에서 보면 인간관계를 중심으로 한 모든 서비스들을 의미한다. 그러나 서비스마다 그 성격이 조금씩 다르기 때문에 최근에는 이들을 좀 더 세부적으로 나누어서 해석하는 경우가 많아졌다. 이를테면 블로그, 미니홈피 등은 소셜네트워크서비스 유사서비스, 커뮤니티 서비스나 인스턴트 메신저 등은 광의의 소셜네트워크서비스, 페이스북, 트위터 및 미투데이의 경우 협의의 소셜네트워크서비스로 분류하여 볼 수 있다([그림 7.1] 참조).

표 7.1 SNS 서비스 분류 및 예시

구분	예시
카페/클럽/동호회	• 카페/클럽 : 다음 카페, 네이버 클럽, 프리챌 커뮤니티 • 동호회 : 사진동호회 '포토아지트', 쇼핑몰동호회 '내가게' 등
블로그/미니홈피	• 블로그 : 다음/네이버 블로그, 이글루스 등 • 미니홈피 : 싸이월드/세이클럽 미니홈피 등
인스턴트 메신저	네이트온, MSN, 버디버디, 드림위즈, 지니 등
인맥관리서비스	페이스북, 마이스페이스, 링크나우, 토씨 등
가상현실서비스	세컨드라이프, 싸이월드, 미니라이프 등

자료 : IT정책연구시리즈, '한 · 미 · 일 SNS 서비스 비교 분석' 제11호

[표 7.1]에서 보이듯 다양한 SNS 서비스들이 존재한다. 하지만 여기서 주의 깊게 살펴봐야 할 부분은 컨버전스 디바이스가 대중화되면서 급격히 확산된 인맥관리서비스이다. 이러한 SNS가 급격히 확산될 수 있었던 이유에는 SNS가 가진 정보교환의 즉시성과 실시간성, 무계층성, 공개성, 개인화라는 특징이 있었기 때문이다.

첫째, 즉시성은 어떠한 사건에 대해 정보가 생성되는 시간을 말하는데 SNS의 경우 모바일 단말기가 인터넷과 접목되면서 사건발생 즉시 정보를 생산하고 실시간으로 다른 사람들과 정보교환 및 피드백을 할 수 있고 단문으로 정보를 생성하기 때문에 블로그나, 이메일보다 즉시성과 실시간성이 높다고 할 수 있다. 이러한 실시간 정보 확산과 피드백은 사회적 부존재감이나 사회와 격리되어 있다는 불안감을 해소할 수 있다.

둘째, 무계층성은 누구와도 의사소통이 가능하다. 예를 들어 대통령이나 정치인 또는 연예인 등은 쉽게 대화를 할 수 없으며 공식카페나 블로그 등에서 일방적인 메시지를 듣는 것이 일반적이었다. 그러나 SNS는 이러한 의사소통 장벽이 없으며 누구와도 소통할 수 있기 때문에 참여의 효능감과 자신감이 증대된다.

셋째, 공개성은 정보의 투명성과 진실성이 높음을 말한다. SNS는 사회적 네트워크로 공개된 공간이므로 투명성이 높다. 때문에 정보의 전달속도가 빠르며 혼자만의 공간이 아니기 때문에 정보의 내용 또한 진실성이 높다.

넷째, 웹 2.0기반 SNS의 특징은 '네트워크화된 개인주의(Networked Individualism)'라고 정의할 수 있다. 사회학자 카스텔은 네트워크화된 개인주의는 일면 네트워크 연계성의 효과도 가지고 있지만 그것이 고립적으로 나타나고 관심사에 따라 언제든지 개인화될 수 있는 것으로 설명한다. 이러한 네트워크화된 개인주의의 특징을 또한 가지고 있다.

SNS 사용자가 급증하면서 정치적, 경제적, 사회적 이용이 확산되고 있다. SNS를 이용한 마케팅은 이미 국내외 주요 기업에서 적용되고 있다. 특히 미니 블로그로 불리는 트위터는 바이럴마케팅(viral marketing)의 주요한 도구로 사용되고 있다. 최근에는 정치적 목적으로도 활용되고 있다. SNS기반 웹캠페인은 다수의 젊은 세대를 정치에 관심을 가지게 했다. 트위터나 페이스북 등을 개설 운영하는 정치인들이 계속 증가하고 있음은 SNS가 정치적 활용도가 높음을 나타낸다. 이러한 현상은 SNS를 활용한 새로운 기업문화와 정치현상으로 나타나고 있다.

2. 소셜네트워크와 데이터마이닝

소셜미디어 이용정보와 함께 모바일환경에 의한 사용자 위치정보를 활용하여 실시간으로 서비스사용자의 행동패턴, 선호도와 고객경험을 파악하는 상황인지(context awareness)가 가능해졌으며, 이를 바탕으로 기업들은 자사의 서비스나 제품 등 다양한 오퍼를 고객의 상황에 맞게 즉시 추천할 수 있게 되었다. 트위터의 타임라인, 팔로워(follower) 혹은 리트윗을 통해 전달된 맛집정보, 특정 상품 사용후기 등을 분석한다면, 전통적인 조사방법을 통한 시장조사보다 즉시성과 역동성을 지닌 결과를 얻을 수 있을 것이다.

페이스북의 "좋아요(Like)" 버튼을 통한 사용자의 선호정보와 그 선호정보를 접하는 친구들의 반응은 타겟팅을 위한 소중한 정보이다. 입력된 검색어에 따라 서비스 사용자의 위치를 고려하여 해당 서비스, 상품을 추천하는 구글의 애드워즈(Google AdWords) 서비스도 사용자 스스로가 제공한 데이터기반 추천이라고 할 수 있다. 즉, 기업 내부적으로 확보된 고객의 거래정보에만 의존하는 과거 분석방식의 한계를 소셜 인맥상의 인터넷 활동공간에서 생산된 데이터와 실시간 위치기반 데이터를 활용하여 극복할 수 있어, 이에 대한 분석이 요구되고 있다.

이렇게 사용자의 현재상황과 감정까지 포함한 가치 있는 엄청난 정보를 어떻게 활용할 것인가를 많은 기업들이 고민하게 되었다. 1990년대 말은 기업이 확보한 고객정보의 활용을 고민하던 시기였다면, 현재는 사회구성원인 잠재고객들의 생각과 행동을 파악하고 이해하며 다가가고 싶은 모든 기업들이 소셜미디어와 그를 통해 발생한 데이터의 분석을 고민하고 있다. 그러다 보니 1990년대 말 분석의 이슈는 많은 고객과 고객정보를 확보한 통신사, 금융권중심이었으나, 현재 소셜미디어 데이터의 활용은 전 산업군에 걸쳐 관심의 대상이 되고 있다. 그렇다면, 다양한 소셜네트워크를 통해 발생한 데이터를 어떤 기술을 활용하여 어떤 일들을 할 수 있는지 논의해 보겠다.

1) SNS와 데이터마이닝 활용

우선 SNS와 데이터마이닝에 대해서 논하기 전에 빅데이터(Big data)에 대한 이해가 필요하다.

빅데이터란 기존의 방식으로 저장 · 관리 · 분석하기 어려울 정도로 큰 규모의 자료를 의미한다고 글로벌경제지, 컨설팅그룹 등이 보도 · 분석하고 있으나, 일반적으로 두 가지로 정의할 수 있는데 데이터베이스의 규모에 초점을 맞춘 정의(McKinsey, 2011)에 따라 '일반적인 데이터베이스 소프트웨어가 저장 · 관리 · 분석할 수 있는 범위를 초과하는 규모의 데이터'로 정의할 수 있다. 다른 정의로는 데이터베이스가 아니라 업무수행에 초점을 맞춘 정의(IDC, 2011)로서 '빅데이터는 다양한 종류의 대규모 데이터로부터 저렴한 비용으로 가치를 추출하고 데이터의 초고속 수집 · 발굴 · 분석을 지원하도록 고안된 차세대 기술 및 아키텍처'라고 정의한다.

빅데이터 현상은 기업들의 고객정보 수집활동 및 멀티미디어 컨텐츠의 폭발적 증가와 스마트폰 보급, M2M, SNS 활성화 및 사물통신망 등의 저변확대로 빠르게 확산되고 있다.

기업들은 온라인 · 오프라인 사용자정보, 소비자행태에 대한 정보수집에 적극적이며, 고객관련 정보수집의 증가로 더 많은 데이터 스토리지와 정교한 분석능력을 필요로 하게 되었고, 따라서 기업의 고객데이터 트래킹 및 수집행위가 증가하게 되었다.

멀티미디어 컨텐츠와 컨텐츠 사용에 관한 정보의 증가가 두드러졌는데, CT 스캔, CC 카메라 등 다양한 부분에서 대용량 멀티미디어 컨텐츠 생산이 증가하였고, 특히 고화질 동영상은 이미 인터넷 전체 트래픽의 50% 이상을 차지(2013년 70%로 증가)

하게 되었다. 더불어 오리지널 컨텐츠뿐 아니라 컨텐츠 소비에 관한 정보도 대량생산(사용자정보, 선호 등)하게 되었다.

더욱이 SNS의 급격한 확산과 비정형 데이터의 폭증 역시 빅데이터를 생성하게 되었는데, SNS는 스마트폰의 확산과 더불어 젊은층에서 중장년층으로까지 확산되었고, 페이스북에서만 매월 한 이용자당 평균 90개 이상의 컨텐츠를 업로드하고 있으며, 유튜브에서는 1분마다 24시간 분량의 비디오가 업로드되는 등 SNS 미디어데이터가 폭증하는 현상이 발생하고 있다.

또한 M2M 확산에 따른 센서 저변확대 역시 많은 데이터를 발생시키는데 현재 3천만 개 이상의 사물 인터넷센서가 설치되었고, 향후 5년 동안 CAGR 35% 증가가 예상되는 상황이다. 더불어 원격헬스모니터링을 통한 헬스케어, RFID를 이용한 소매업, 스마트미터기술을 활용한 유틸리티사업에서도 데이터 발생량이 증가할 것으로 전망된다.

(1) 분석방법 측면

축적된 데이터로부터 유용한 정보를 찾아내는 데이터마이닝은 고급분석(advanced analytics)이라는 이름으로 다시 주목받고 있다. 고급분석에서 언급하는 기술들은 이미 소개된 데이터마이닝의 방법론들과 비교하여 전혀 다른 것이 없으나, 분석대상인 데이터가 소셜미디어를 통해 생산되는 텍스트 형태의 비정형 형태라는 점과 사용자 간의 관계 및 유사 커뮤니티를 발굴하기 위한 비지도학습(unsupervised learning) 기법의 활용빈도가 높다는 특징이 있다. 즉, 텍스트마이닝(text mining), 소셜네트워크분석(social network analysis)과 군집분석(clustering)이 주로 사용되고 있다.

텍스트마이닝은 트위터나 페이스북 사용자가 올린 글들을 분석하여 특정 상품, 서비스, 음시점, 카페 추천 등의 선호도 및 여론의 방향을 파악하는 것으로, 문장형태의 비정형 데이터를 정형화하는 데이터 전처리기술과 사용자의 호감(positive)과 비호감(negative)의 선호도를 인지할 수 있는 해당 단어들이 어떤 것들인지에 대한 노하우가 필요하다. 선호도를 나타내는 표현과 단어는 소프트웨어만을 이용한 분석으로 파악하는 것이 불가능하여, 실제 문장을 읽고 해당 글이 호감 혹은 비호감을 나타내는지에 대한 전문가 판단이 축적되어야 한다는 점이 중요하다. 텍스트마이닝은 구전효과를 모니터링하는 입소문분석(viral analysis)과 평판분석(sentiment analysis)

에 적용되고 있다. 그리고 특정 서비스 및 상품의 시장규모 예측을 위해, 관련 상품 혹은 서비스가 인터넷 공간에서 논의된 횟수 및 심도, 그리고 소셜미디어 기반의 입소문 데이터를 활용하여 예측모델링하는 마케팅 인텔리전스에 사용되고 있다.

소셜네트워크 분석은 수학의 그래프이론(graph theory)에 근간하는데, 주로 사용자의 중요도를 측정하여, 입소문의 중심이나 허브역할을 하는 사용자를 발굴하는 데 활용된다. 즉, 소셜네트워크의 연결구조상 다른 사용자에게 많은 영향을 끼칠 수 있는 사용자를 찾아 해당 사용자의 입소문을 모니터링하고 관리하는 데 활용된다.

군집분석은 소셜네트워크 사용자의 특징을 파악하여 비슷한 성향의 사용자군을 발굴하는 데 사용된다. 예를 들어, 소셜네트워크 관계하에서 주로 언급되는 트위터 내용이 겨울 등산에 관심이 있는 사용자그룹이 있을 수 있고 사진촬영을 위한 출사에 관심 있는 사용자군을 찾을 수 있는 것이다. 즉, 사용자가 주로 언급한 단어들을 통해 같은 관심이나 취미를 갖고 있는 사용자군을 탐색하는 데 활용될 수 있다.

(2) 분석인프라 측면

실시간으로 엄청난 규모로 발생하고 있는 빅데이터를 모아 분석을 수행할 수 있는 IT환경은 어떤 모습일까? 기업들이 도입하는 일반적인 컴퓨팅환경으로 빅데이터를 처리하기 위해서는 엄청난 비용이 필요할 것이며, 과연 분석이 가능할지 의문이다. 기업들은 어떤 IT 인프라환경을 갖추고 있는지 살펴볼 필요가 있다.

빅데이터라고 부르는 대형 데이터처리를 분산처리기술을 활용하여 저렴하고 효율적으로 수행하고 있다. 이는 저비용 · 고효율의 클라우드서비스에 활용되고 있는 오픈소스의 비약적인 발전과 함께 데이터분석 분야에서도 오픈소스 기반의 통계분석 엔진 성능이 상업용 소프트웨어를 훨씬 능가하기 시작했기 때문이다.

분석에 있어 가장 많은 시간과 비용이 필요한 과정이 데이터의 전처리과정이다. 실시간으로 쌓이는 각종 로그 혹은 거래관련 데이터는 각종 리포트나 예측모델링을 위한 데이터 형태로 변환하기 위해 복잡한 처리과정을 거치며 최초의 데이터 크기보다 축소되면서도 새로운 형태의 정보가 파생되어 생성된다. 이 전처리과정이 분석결과의 품질을 결정하는 단계로 가장 많은 시간과 비용이 소요되며, 데이터가 어떻게 가공되어야 하는가에 대해 분석전문가의 경험이 가장 필요하기도 하다. 이와 같이 너무나 많은 시간과 비용이 소비되어 분석에 엄두를 내지 못하던 빅데이터의 처리가 현실화되며 빅데이터분석이 가능해질 수 있었다.

(3) 서비스 측면

기업에서 소셜네트워크 데이터분석을 통해 마케팅 고도화 혹은 신상품이나 서비스에 대한 고객반응, 평판을 파악할 수 있는 방법은 무엇일까? 즉, 소셜미디어 데이터 분석을 도입하는 방안은 무엇인가?

과거 내부의 고객데이터를 분석하던 상황과는 달리, 기업이 소셜미디어 데이터를 수집하고 빅데이터분석 환경을 기업 자체적으로 구축하는 것은 어려울 것이다. 물론 분석목적과 데이터 규모에 따라 데이터 수집을 구글이나 네이버와 같은 검색엔진을 활용하여 모으고, 오픈소스나 상업용 분석 소프트웨어를 활용하는 방안도 있을 수 있다. 이런 경우는 B2B 형태의 비즈니스를 하는 기업이 최종사용자 시장 동향을 파악하기 위한 분석을 수행할 때와 같이, 데이터가 크지 않고 분석목적이 단순·명확한 경우이다. 그러나 B2C 비즈니스처럼 대중의 활동, 여론, 기업의 서비스 및 제품평가를 파악하여야 하고 소셜네트워크 분석을 통해 빅마우스 사용자를 찾아내고 싶은 경우, 데이터 수집 노하우 및 대형 스토리지, 그리고 고성능의 컴퓨팅환경이 필요할 것이다.

현재 국내기업들은 SNS를 활용한 마케팅활동을 페이스북의 팬페이지와 기업이름을 인지할 수 있는 트위터 아이디로 전개하고 있다. 소셜네트워크상에서의 고객반응은 각 소셜미디어업체가 제공하는 리포팅기능을 활용하여 모니터링하는 수준이며, 분석 측면에서 좀 더 고도화하려는 기업들은 소프트웨어 벤더들이 제공하는 소셜미디어 데이터분석 툴의 도입을 고민하는 것으로 파악된다. 그러나 비용 대비 그 효과가 얼마나 있을까를 고민하여 기업 자체적인 소셜미디어 데이터분석을 통한 SNS 마케팅 고도화를 추진하기 시작하였다.

물론 자체적인 분석환경 구축이냐 아니면 클라우드의 SaaS(Software as a Service) 형태의 분석 플랫폼을 활용하느냐는 기업 스스로 판단할 몫이다. 하지만 도입효과란 시스템 구축이나 서비스 활용 후의 단순효과가 아니라, 그 시스템과 서비스를 기업이 어떻게 활용하는가의 문제이다. 시스템이나 서비스는 회사의 전략을 수행하기 위한 도구일 뿐, 그 도구 스스로가 기업에게 이윤을 창출해 주지 않는다. 도입효과를 보기 위해서, 특히 데이터분석을 통해 매출이나 이익증대를 확인하기 위해서는 많은 시행착오와 시간이 필요하다. 데이터를 모으는 시간, 그리고 목적에 맞는 분석용 데이터 형태를 발굴하는 시간, 적절한 분석방법을 찾고 그 결과를 해석하는 노하우를 축적하는 시간들이 필요하다. 대부분의 기업들은 데이터가 없어 분석을 하지 못한다고 한다. 이는 데이터가 있으면 모든 것이 해결될 수 있다는 의미인데, 그러한 데이터는 존재하지 않는다. 분석 도입의 효과는 기업의 정착된 문화와 프로세스에 의해 빛을 발휘하는 것이다.

빅데이터분석을 통한 SNS 마케팅 고도화 이전에 소셜네트워크를 활용한 마케팅활동을 실행해 보며 고객의 반응을 살펴보고, 고객반응을 예측하는 데 필요한 데이터들을 정의해 보는 내부적인 노력이 선행되어야 할 것이다. 그러한 과정을 거쳐 명확한 분석의 목적, 필요한 데이터, 분석방법이 정의된 후 마케팅 고도화를 위한 자체 시스템의 구축 혹은 클라우드 형태의 서비스 활용 등을 추진하는 것이 좋을 것이다.

2) 소셜 CRM 적용 사례

(1) SNS가 연 소셜 빅데이터 시대 : 마이닝 기법을 통한 빅데이터의 분석

빅데이터(Big Data)라는 개념은 오래전부터 연구되어 왔다. 이전에는 빅데이터라는 단어보다는 데이터마이닝(Data mining)이라는 포괄적 단어를 많이 사용했다.

긴 역사는 아니지만 빅데이터를 분석하고 이를 체계화하기 위해 많은 고민과 연구가 지속적으로 이어져 왔다. 초기 IT/웹 기술에서는 빅데이터를 분석한 데이터마이닝은 꿈의 영역이었다. 하지만 지금은 기술적 제약에서 굉장히 많이 풀려 가능성이 높은 분야가 되었다. 온라인에서 유통되고 생산되고 소비되는 엄청난 양의 데이터들을 잘 분석하고 이를 효율성 있게 이용하고자 하는 기본적인 니즈가 현실화된 것이다.

또 하나의 문제점은 빅데이터를 분석하기 위해서는 그만큼의 데이터가 쌓이고 다양해야 하는데 온라인에 생성되는 빅데이터라는 것은 대부분이 검색, 포털(Search, Portal)회사들이 독식을 하고 있어 일반 서비스에서는 활용하기 어렵다는 것이다. 데이터를 독식하는 독점회사의 틀에서 벗어날 수 없다는 것이 가장 문제이다.

기업/기관이 주로 데이터 또는 정보생산의 중심이 되었기 때문에 정보 독점가능성이 굉장히 높았다. 뿐만 아니라 기업/기관중심에서 생산된 데이터는 기업/기관의 입장 때문에 편향적 데이터일 가능성이 높아 DSS(Decision Support Systems : 의사결정시스템)이나 KMS(Knowledge management Systems : 지식관리시스템)를 구성하는 데 큰 도움이 되지 않았다. 당연히 국민, 고객, 사용자에 접근되기 위해서는 그들의 입장에서 생산된 데이터를 분석하는 것이 타당할 것이다.

사용자들이 스스로 만들어낸 데이터는 기업의 이익이나 편의성 등 편향적 데이터가 아니라 대중적 의견가능성이 높다. SNS의 가장 큰 가치는 바로 여기에 있다. 누구나 생활 중에 자유롭게 이야기하고, 표현하고 다른 사람들과 나눌 수 있는 가치, 즉 웹 라이프(Web Life)를 구현하면서 데이터를 생산하고 공유하여 집단지성을 형성할 수 있는 가치이다.

SNS는 바로 이런 가치를 실현시켜 주고 있으며, SNS기반 속에서 자유롭게 생산되는 대량의 데이터를 잘 분석하고 활용할 수 있다면 더 넓은 새로운 가치를 창출할 수 있으리라 기대한다.

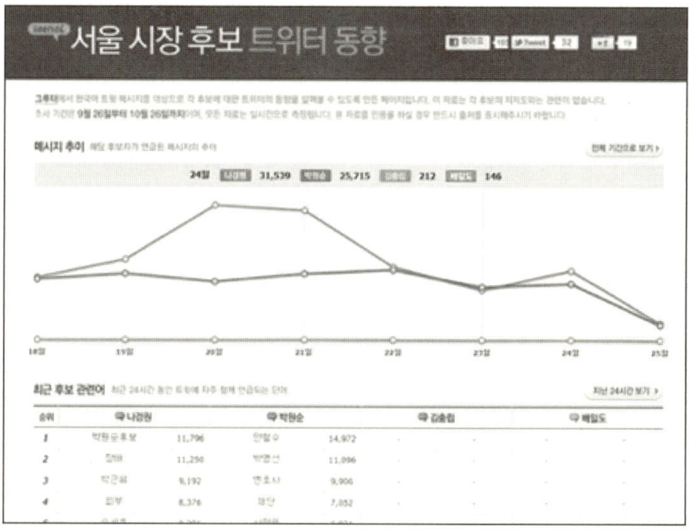

자료 : 그루터 서울시장 트위터 동향 분석. 2011. 10. 26

2011년 10 · 26 재보선에서 SNS, 트위터 등을 통해 지지도를 확인하고 시민과 연결된 후보가 유리한 전략을 구사하고 우위를 점하였다. 영국에서는 트위터 내용을 분석하는 펀딩상품이 좋은 수익률을 내고 있다. 그리고 해외의 몇몇 기관들은 SNS의 특성과 집단지성을 이용한 정보구축 프로젝트를 활발하게 추진하고 있다. 미국, 영국 의회는 플리커(flicker) 서비스를 이용해서 국가적 중요한 이미지 컨텐츠를 발굴하는 프로젝트를 성공적으로 추진하고 있다.

이처럼 소셜 빅데이터 활용은 다양할 것이다. 물론 이런 가능성은 SNS에 의해 만들어진 것이다. 앞으로 기업에서 '어떻게 소셜 빅데이터를 활용할 것인가'의 능력에 따라 경쟁사와의 우위를 점할 수 있을 것이고, 공공기관에서는 국민, 시민들의 의견과 여론을 형성하고 분석하고 정책에 반영하는 데 유용할 것이다.

SNS는 오랫동안 고민해 오던 데이터마이닝을 한 단계 발전시킬 수 있는 동기를 만들어주었다. 이제는 시시각각 쏟아져 나오는 엄청난 정보, 데이터, 그것도 국민, 고객의 생활과 생각, 입장에 굉장히 밀접한 데이터들이 온라인을 통해 유통되고 공유되고 있다. 이런 데이터를 기업, 기관 등이 어떻게 효율적으로 분석하고 활용할 수 있을지 고민해야 한다.

(2) 트위터를 이용한 웹마이닝 사례

우리 삶에서 모든 생각과 행동은 기본적으로 말과 글이라는 언어의 소통에 의해 표현되거나 발현된다. 대중매체의 광고가 사람들의 소비에 영향력을 끼치는 것도 이와 같은 이유에서다. 대중매체의 광고도 또한 소통의 일환이기 때문이다. 이러한 점을 통틀어 보면, 수많은 사람들의 말과 글을 살펴보면 세상의 흐름을 읽을 수 있다고 할 수 있을 것이다.

앞에서 살펴본 바와 같이 트위터는 다른 SNS와는 차별적인 특성을 가지고 있다. 140자 이내, 정보추구적 미디어, 빠른 정보확산 등 정보를 분석하는 데 있어 효율적이고 효과적인 면을 가지고 있다. 이러한 점에서 SNS의 데이터마이닝 중 트위터를 집중적으로 살펴보고자 한다.

① 트위터 분석요소

트위터는 인간의 커뮤니케이션 기본패턴인 독백, 방백(tweet), 대화(mention), 귓속말(쪽지, DM), 전파(RT, Retweet)에 덧붙여서, 기억(favorite)과 분류(list)는 물론이고 듣고 말하는 것으로 발생하는 간접적인 종속관계(팔로잉, 팔로워)까지 구현되어 있다.

이 외에 분석을 방해할 만한 기타 변수(noise 등)는 없으므로 오프라인 커뮤니케이션을 시뮬레이션한 형태로 고려할 수 있다. 따라서 트위터에서 진행되는 커뮤니케이션을 패턴화시켜서 분석할 경우 소비자의 행동이나 생각의 흐름에 대하여 읽을 수 있고, 미래의 상황을 알 수 있을 것으로 보인다.

문자를 통한 커뮤니케이션이기 때문에 분석을 하는 것도 용이하다. 정성적 분석을 통하여 트윗 안에 포함된 단어들을 개별추출하고, 그에 붙어 있는 맥락을 파악할 수 있다.

② 트위터와 웹마이닝

트위터는 처음 가입할 때, 특별한 정보를 묻지 않는다. 이메일과 이름, 아이디, 비밀번호 외에는 기입하는 란이 없다. 따라서 나라에 대한 정보나, 직업, 취미, 선호하는 것 등에 대하여 초기에 획득할 수 없다. 이러한 특성상 트위터에서는 강력한 데이터마이닝 기법인 군집화가 불가능하다. 하지만 현재 트위터를 사용하는 사람들이 세계적으로 2억 명, 국내는 500만 명에 육박한다는 점을 고려할 때, 보편적인 대표성은 일정부분 충족되고 있다고 볼 수 있다.

한편, 이러한 상황으로 인해 트위터에서 분석할 수 있는 데이터는 트위터 유저가 게재하는 140자의 단문의 메시지에 의존한다. 그 외에 트위터 방문횟수, 시간 등의 로그도 분석의 대상이 된다.

따라서, 트위터를 통해 분석할 수 있는 내용들을 정리하면 '이용자의 수', '리트윗의 수', '멘션의 수', '계정의 수', 'favorite의 수', '특정 시간정보', '특정 위치정보', '특정 계정의 언급', '특정 단어', '특정 태도', '특정 URL', '팔로우 관계', '디바이스위치' 등과 같다.

이러한 정보를 다양한 방식으로 조합함으로써 현상을 살펴볼 때, 제품 간의 연관성이나 패턴분석을 통해 브랜드 또는 제품 등의 이미지와 소비자인식 등을 파악하는 데 도움을 줄 것으로 보인다. 또한 마케팅효과 평가 및 전략수정 등에도 주효할 것이라고 판단된다.

③ 트위터를 사용한 예시

가령, 삼성에서 트위터를 통하여 2011년 11월에 출시한 '슬레이트PC'에 대한 분석을 한다고 가정해 보자. 획득할 수 있는 정보는 개략적으로 다음과 같이 분류할 수 있다.

- 지난 한 달간 '슬레이트'라는 단어가 포함된 트윗수
- 지난 한 달간 '슬레이트'라는 단어가 포함된 트윗을 작성한 사람수
- '슬레이트'를 거론한 1인당 트윗수
- '슬레이트' 관련 트윗의 리트윗 상위 10개
- 리트윗(RT), 링크가 달린 '슬레이트' 관련 트윗수
  - 삼성의 트위터 계정 팔로워수 변화
  - '삼성'이 올린 트윗의 RT 횟수

– 지난 한 달간 '삼성'의 계정을 언급(mention/retweet)한 트윗과 이용자의 수
– '슬레이트'와 관련된 트윗에 대한 'favorite' 지정수

위에서 제시한 사항 중 몇 가지를 분석한 결과, 다음과 같이 나타났다. '단어'분석 중 상품 카테고리에서는 '태블릿과 아이패드'라는 단어와 가장 많이 나타나고 있었고, 노트북과 패드, 스마트폰 등과 함께 나타나고 있었다. 속성부분에서는 '광고'와 '드라마', '가격' 등이 강력한 연결고리를 가지고 있었고, 심리적인 면에서는 '새로운' '사고 싶다', '비싸다' 등과 함께 사용되고 있음을 알 수 있었다.

슬레이트가 가장 많이 트위터에 나타난 날짜는 11월 9일로 슬레이트제품 공식런칭을 발표하는 날이었다. 그래프 곡선에서 두 번째로 높은 11월 7일은 '슬레이트'를 11월 9에 공개하겠다고 발표한 날이다. 11월 20일의 경우, 'TV광고'를 3분짜리 미니드라마로 찍었다는 보도자료가 나간 이후 트윗된 것이라고 분석할 수 있다.

슬레이트에 대한 여론 동향은 670건 중 469건이 긍정적으로, 140건은 부정적으로, 57건은 중립적인 것으로 나타났다. 11월 18일의 경우 다른 시기에 비하여 긍정적인 트윗이 많은 것으로 나왔다. 17일 당시 여러 언론에서 슬레이트에 관련한 긍정적인 기사를 유독 많이 게재하였고, 국내 최초 브랜디드 엔터테인먼트 광고를 진행하였다는 보도자료를 공개했다는 것을 알 수 있었다.

이처럼 단편적인 정보로도 제품에 대한 여론이 어떠한 방향으로 흘러가는지 알 수 있다는 점에서 마케팅전략 수립 및 평가뿐만 아니라, 제품 PR 및 위기관리에도 효과적으로 활용될 수 있다.

페이스북 '알 만한 사람' 어떻게 알아낼까?
이메일 정보 등 종합분석… 쿠키도 적극 활용

C·A·S·E 살펴보기

"도대체 어떻게 알고 추천하는 걸까?"

페이스북 이용자라면 '알 만한 사람' 목록을 보고 깜짝 놀란 경험이 있을 것이다. 한때 알고 지냈던 사람부터 오랜 기간 연락이 뜸했던 친구들까지 목록에 올라오는 것을 보면 섬뜻한 생각이 든 적이 적지 않다. 페이스북 내의 모든 활동이 감시당하는 것 같아 불쾌한 생각이 들기도 한다. 실제로 일부 이용자들은 이런 사생활침해가 불편하다며 아예 페이스북 사용을 중단하기도 한다.

요즘 미국에서도 페이스북의 사생활침해 문제는 연일 이슈가 되고 있다. 미국 하원의원과 소비자보호단체들이 페이스북이 이용자들의 온라인활동을 어떻게 추적하는지 조사해 달라고 연방

정부를 압박하기도 했다.

이런 가운데 페이스북이 처음으로 이용자들의 활동을 추적하는 '비법'을 공개해 관심을 모으고 있다.

USA투데이는 17일(현지 시간) 아투로 배야르 페이스북 엔지니어링이사, 그레그 스테판킥 페이스북 엔지니어링매니저, 그리고 앤드류 노예스, 베리 슈니츠 대변인과의 인터뷰를 토대로 페이스북이 8억 명에 달하는 사용자들의 활동을 어떻게 추적할 수 있었는지에 대한 심층분석 기사를 게재했다.

페이스북은 모든 사용자들을 동일한 방식으로 추적하지 않는다. 페이스북에 로그인을 하고 자신의 계정을 사용하는 사람들과 로그아웃하거나 회원이 아닌 사람들을 구분해 각각 다른 방법으로 추적한다.

■ 브라우저 쿠키-세션 쿠키 2종 활용

페이스북은 처음 접속한 이용자의 브라우저에 '브라우저 쿠키'와 '세션 쿠키' 등 두 종류의 쿠키를 삽입한다.

쿠키란 사용자가 어떤 웹사이트에 방문하거나 이용할 때 사용되는 각종 접속정보를 말한다. 쿠키를 저장해 놓을 경우 해당 사이트에 접속할 때 서버가 사용자 컴퓨터를 좀 더 쉽게 인식할 수 있게 된다. 이 중 '세션 쿠키'는 통신이 연결된 상태에서만 작동하며 브라우저를 닫게 되면 쿠키가 삭제된다. 반면 브라우저 쿠키는 브라우저를 닫더라도 계속 정보를 보유하게 된다.

이용자가 페이스북에 접속하게 되면 세션 쿠키가 각종 정보를 저장한다. 즉 이용자의 이름, 이메일주소, 친구목록 같은 정보들을 저장한다. 또 IP 주소, 화면해상도, 사용하는 브라우저, 운영체제 같은 고유 데이터를 저장한다. 이와 함께 이용자가 페이스북에 로그인한 뒤 방문한 각종 사이트의 URL과 날짜, 시간 같은 정보도 저장하게 된다.

사용자가 페이스북 이용을 끝내고 로그아웃하게 되면 각 세션 쿠키에 고유번호를 부여해서 저장하게 된다. 이때 개인식별은 하지 않는다고 페이스북 측이 설명했다.

페이스북은 이러한 쿠키를 통해 매 시간 정보를 수집한다. 또 '좋아요' 버튼 위젯을 설치한 사이트를 방문할 경우 이용자들이 '좋아요' 버튼을 클릭하지 않더라도 해당 웹사이트에 접속한 시간과 어떤 내용의 컨텐츠를 접했는지를 알 수 있다. 뿐만 아니라 페이스북은 사용자의 컴퓨터를 확인할 수 있도록 독특한 특성들도 함께 저장한다.

사용자가 친구들과 컨텐츠를 쉽게 공유하고 뉴스나 각종 엔터테인먼트 사이트에서 보다 많은 방문객을 끌어들이고자 추가한 페이스북의 '좋아요' 버튼 위젯이 사실상 사용자의 웹사이트 방문기록을 추적할 수 있는 강력한 도구로 사용되고 있는 것이다.

페이스북은 이렇게 정보를 저장한 뒤 최근 90일간의 활동을 '일지'로 기록하고 있다. 사용자 개인의 접속정보를 담은 쿠키파일은 90일을 지나게 되면 자동삭제한다.

자료 : 아이뉴스24, 2011. 11. 8

SNS 분석, 새 수익모델 부상

C·A·S·E 살펴보기

국산 검색 솔루션기업들이 경쟁적으로 블로그, 카페, 트위터 등 소셜미디어와 소셜네트워크서비스(SNS) 분석시장에 뛰어들고 있다. 기존의 기업 내부데이터 검색 솔루션시장의 성장세가 한풀 꺾인 가운데 수요가 빠르게 늘어나고 있는 소셜미디어 분석을 새로운 주요 수익원으로 삼기 시작한 것이다.

관련업계에 따르면 다음소프트, 와이즈넛, 코난테크놀로지, 다이퀘스트 등 국산 검색 솔루션 기업들이 최근 잇따라 소셜미디어 분석 서비스와 솔루션을 선보이고 있다.

다음소프트는 게시판, 블로그, 카페, 트위터, 페이스북 등에 올라온 정보를 수집해 숨겨진 의미를 발굴하고 결과를 정리해 한눈에 보여주는 마이닝 검색서비스를 제공한다. 또 시장조사기업인 TNS RI 코리아와 소셜미디어 관련 시장조사에 대한 파트너십을 맺고 관련 사업을 강화하고 있다.

와이즈넛은 소셜 분석서비스이자 온라인 소비자반응 모니터링서비스인 '버즈인사이트'와 한국어 트위터 검색서비스인 '트윗트렌드'를 제공한다. 버즈인사이트는 다양한 인터넷 공간에서 발생하는 기업, 브랜드, 제품, 인물 이슈에 대한 소비자반응을 모니터링하고 분석 · 보고하는 서비스로 르노삼성자동차, 한국후지제록스, 현대카드 등에 공급됐다.

코난테크놀로지는 웹기반의 소셜미디어 분석서비스(펄스-K)를 개발하고 있으며, 오는 9월에 상용서비스를 할 예정이다. 펄스-K는 자연어처리 및 텍스트마이닝 기술을 바탕으로 트위터, 블로그와 카페 등에 올라온 네티즌의 의견을 분석, 평판을 모니터링하고 온라인 버즈의 전파경로를 알려준다.

다이퀘스트는 기업, 브랜드, 프로모션 등에 대해 온라인 반응과 관심을 분석하는 브람스 서비스를 공급하고 있다. 브람스는 출현빈도, 경쟁기업, 브랜드와의 입소문 점유 비교, 확산추세, 채널분포 등 다양한 분석시각을 제공해 정책수립이나 사용자 대응에 활용할 정보를 얻을 수 있다.

솔트룩스는 하반기에 소셜 시맨틱서비스 플랫폼인 '아울림'을 기반으로 한 소셜미디어분석 서비스를 선보일 계획이다.

업계에서는 올해 하반기를 기점으로 소셜미디어 분석시장이 본격화될 것으로 보고 있다.

다음소프트 최재원 부장은 "그동안 소셜미디어 분석이 홍보, 마케팅 등 개별부서 단위로 제품결함에 대한 반응, 경쟁사 정보 확보 등을 위해 조금씩 사용돼 왔는데, 최근 들어 전사차원의 서비스 도입을 검토하는 곳이 늘고 있다"며 "올해 하반기부터 적극적인 활용이 가시화되고, 내년이 기업들이 본격적으로 도입하는 시점이 될 것으로 본다"고 말했다.

관련 기업들은 소셜미디어 분석이 기존의 기업 내 데이터 검색에 비해 실시간성이 중요하고, 소셜미디어와 SNS의 특징인 짧은 글에서 의미 있는 트렌드를 발견하고, 단순 검색결과가 아니라 숨어 있는 의미를 제시하는 것이 핵심이라고 보고 서비스와 솔루션의 수준을 높이는 데 주력하고 있다.

와이즈넛 김영래 차장은 "소셜미디어 검색이 더 빠르게 확산되기 위해서는 모니터링 결과에 대한 신뢰성을 높이고, 의사결정에 바로 활용할 수 있는 수준의 분석결과를 제시할 수 있어야 한다"며 "결국 사용자의 이상적인 요구와 제공하는 서비스의 수준 사이의 괴리를 줄이는 것이 시장 성공의 열쇠"라고 말했다.

자료 : 디지털타임스, 2011. 7. 20

3. 소셜네트워크와 CRM

비즈니스의 중심에는 고객이 있고, 소셜네트워크는 이러한 고객과 더욱 상호호혜적이고 솔직한 관계를 맺을 수 있는 기회를 제공한다. 하지만 기업이 가시적인 비즈니스 혜택을 누리기 위해서는 소셜네트워킹 활동에 관한 계획, 관리 및 측정이 한 단계 개선되어야 한다. 바로 이 점이 CRM과 소셜네트워킹의 관점이 일치한다.[5] 유명 리서치 업체인 가트너의 아담 사너(Adam Sarner)는 "소셜네트워킹에서 CRM은 완전히 다른 비즈니스 모델의 ROI가 실현되는 영역이다. 새로운 방식으로 고객과 연결하고 고객의 참여를 유도하는 것이 중요하다"라고 분석한다. 이것은 놀라운 사실이 아니다. 소셜네트워크를 사용하는 고객은 기업과의 의미 있는 소통을 원한다. 그리고 기업은 소셜네트워크에서 새로운 사업 시도를 관리하고 평가할 수 있는 수단을 원한다. 소셜네트워크와 CRM이 잘 어우러지면 기업은 고객의 의견에 더 귀를 기울이고 소셜 고객의 자발적인 참여를 유도하면서, 그러한 고객과의 활동을 체계적으로 관리하고 평가할 수 있게 된다. 또한, 다른 방법으로는 연계나 관리가 어려운 온라인 대화를 소셜네트워크를 통해 이용함으로써 고객을 전면적으로 파악하여 마케팅, 영업, 고객서비스를 더욱 최적화할 수 있을 것이다.

1) CRM에서 소셜네트워크서비스의 활용방안

지금까지 CRM과 소셜네트워크서비스에 대해서 각각 알아보았다. 그렇다면 소셜네트워크서비스를 CRM에 활용하기 위해서는 어떻게 해야 하는지 한번 살펴보고자 한다.

프로보스트(Provost)와 볼린스키(Volinsky)에 따르면, 대부분의 고객들은 온라인을 통해서 알고 지내던 지인들이 구매한 제품을 별다른 의심 없이 구매하는 경향이 있고, 마케팅팀이 선정한 판매대상 고객들이 발생시킨 매출보다 지인을 통해서 제품을 구매한 고객들이 발생시킨 매출이 3~5배가량 더 많았다.

이러한 사례를 통해서 보더라도 고객들은 평소에 관계를 맺고 있던 지인들이 추천하거나 이미 사용하고 있는 제품에 대해서는 대부분 쉽게 구매한다는 사실을 알 수 있다. 이런 사실을 바탕으로 기업들이 소셜네트워크서비스를 활용하여 CRM 활동을

5 McKay, Lauren. 2009년 6월. "Everything's Social Now". *CRM Magazine*.

할 수 있는 몇 가지 방안을 보면 다음과 같다.

첫째, 전문가들의 네트워크 활용이다. 우리가 어떤 제품을 구매하거나 서비스를 이용하기 위해서 제일 먼저 하는 것은 인터넷을 통해서 이미 그 제품을 구매한 사람들의 구매후기나 제품리뷰글을 검색해서 읽는 것이다. 이때, 일반 사용자들이 작성한 글도 도움이 되지만, 만약 그 분야의 전문가가 추천하는 제품이라면 정보의 신뢰도가 높아 구매의사를 결정하는 데 큰 도움이 될 것이다. 예를 들면, 스티브 잡스가 추천하는 노트북, 산악인 엄홍길이 추천하는 등산화라면 믿음을 가질 수밖에 없다.

둘째, 고객의 친구들 네트워크 활용이다. 일반적으로 사람들은 인적 네트워크 형성에 많은 관심을 가지고 있다. 고객들에게 자사의 제품을 친구들에게 적극 추천하고 추천받은 고객이 제품을 구매할 경우 인센티브를 제공하는 방식으로 마케팅활동을 펼친다면 적은 비용으로 빠른 효과를 얻을 수 있을 것이다.

셋째, 고객의 거주지역 활용이다. 고객이 현재 거주하고 있는 지역을 파악하여 동일 거주지에 속한 고객들만을 선정하여 각 지역의 생활패턴, 소득수준에 따라서 다양한 마케팅활동을 펼칠 수 있을 것이다.

넷째, 고객의 학연 활용이다. 과거 아이러브스쿨, 다모임 같은 동창회 소셜네트워크서비스를 통해서 학연을 중심으로 빠르게 뭉치는 고객들을 보았다. 졸업생들을 중심으로는 동문 간의 안부와 소식을 전하는 창구이자 모교에 다양한 장학사업을 진행할 수 있도록 해주었다. 재학생들을 대상으로는 같은 조직에 속해 있다는 연대감을 활용한 다양한 마케팅활동을 펼친다면 다수의 잠재고객을 확보할 수 있을 것이다.

다섯째, 전문가 동호회, 카페 커뮤니티 활용이다. 과거에는 친목도모나 취미공유를 위한 커뮤니티가 많이 존재하였으나, 최근에는 일반 사용자들도 전문가 못지않은 지식과 정보를 공유하는 커뮤니티가 많이 개설되고 있다. DSLR 디지털카메라 커뮤니티, PDA/스마트폰 커뮤니티에서 생산되고 유통되는 지식과 정보는 전문가들과 비교하여 전혀 부족함이 없다. 기업들이 신상품을 출시할 때 일반 사용자들의 평가를 받기 전에 이런 전문 커뮤니티에 먼저 소개하여 반응을 살펴보는 것이 최근 추세이다.

여섯째, 고객의 연령대 네트워크 활용이다. 연령대별로 선호하는 사이트는 다르므로 온라인 마케팅활동을 실행할 때 고려해야 한다. 인터넷 순위전문 사이트인 랭키닷컴의 웹사이트 방문자 분석을 살펴보면 10대의 경우 게임사이트를 선호하고, 20대의 경우 구직사이트를 즐겨 찾는다. 30대는 실생활에 유용한 사이트를 방문하는 반면

4~50대는 경제관련 사이트를 자주 방문하는 것으로 나타났다. 즉, 연령이 높아질수록 개인의 취향에 따라서 좀 더 다양화된 사이트를 방문하는 경향이 있다.

2) CRM에서 소셜네트워크서비스 활용사례

CRM에서 소셜네트워크서비스를 실제 활용한 사례를 해외를 중심으로 살펴보고자 한다.

첫째, 마이크로소프트사는 Connect라는 사이트를 통해서 사용자들로부터 마이크로소프트사의 제품에 대한 피드백을 실시간으로 얻고 있다. 예를 들면, 마이크로소프트사에서 새로 출시하거나 베타버전 상태인 제품을 사용한 후 발생한 버그에 대한 신고, 기능개선사항이 있을 경우 Connect 사이트에 방문하여 의견을 남기면 해당제품을 개발한 마이크로소프트사의 개발팀에서 직접 답변을 해주어 마이크로소프트사의 제품을 사용하는 고객들의 충성도를 높이고 불만율을 감소시키는 역할을 훌륭하게 수행하고 있다.

둘째, 세일즈포스닷컴(Salesforce.com)사는 구글에서 제공하는 소셜 플랫폼인 Open Social을 이용하여 다양한 서비스를 제공하고 있다. Salesforce.com이 마이크로소프트사와 다른 점은 자사 솔루션 개발을 위한 SDK(Software Development Kit)를 공개하여 AppExchange라는 사이트를 통해서 외부의 소프트웨어 개발사들이 직접 서비스를 제공하도록 하고 있다는 점이다. 사용자는 이를 이용하여 자신이 관리하는 고객의 지인들을 쉽고 빠르게 확인할 수 있다

셋째, 오라클은 Oracle CRM On Demand 솔루션에서 주요 의사결정자와의 컨택을 위해 소셜 네트워킹 응용 프로그램을 탑재하여 제공하고 있다.

넷째, 국내 대표적인 CRM 솔루션업체인 공영 DBM은 자사 솔루션에 다음/네이버 카페와 유사한 기능을 구현하여 기업과 고객 및 파트너사 간의 소통을 위한 장을 마련할 수 있도록 도와주고 있다.

제3절 소셜 CRM

웹 2.0기반의 소셜네트워크서비스(Social Network Service)가 생겨나면서 소비자의 구매행동과 커뮤니케이션 방식이 변하고 있다. 제품을 구매할 때 더 이상 기업의 광고나 전문가의 이야기를 듣는 것이 아니라 친구의 이야기를 듣고, 제품을 구매할 때는 가격비교사이트에 들려서 가격을 비교하고 타 사용자의 후기를 검토해 가면서 구매의사를 결정한다.

소비자들은 기업의 공식홈페이지보다 개인이 만든 블로그를 찾고 카페에 가입하여 커뮤니티 활동을 적극적으로 하고 있다. 특히 스마트폰의 보급으로 주위 동료들과의 커뮤니케이션도 트위터나 페이스북 같은 소셜미디어 사이트에 가입하여 인간관계를 넓혀 가고 있다. 이러한 변화로 소비자는 단순히 기업의 제품을 소비하는 소비대상이 아니라, 기업에 대한 경험을 적극적으로 알리고 기업경영에 참여하는 진정한 프로슈머(prosumer)로 바뀌어 가고 있는 것이다. 이제 기업들은 이러한 소비자들 그룹에 끼어들어갈 수 있어야 살아남는 세상이 되어 가고 있다.

소셜네트워크의 확산에 따라서 이제 기업은 기업과 고객과의 관계관리뿐 아니라 고객과 고객, 고객과 파트너, 고객과 경쟁사의 관계도 관리해 나가야 하는 시대가 되었다. 따라서 온라인상의 고객관리뿐만 아니라 이러한 소셜네트워크 환경에 적응하기 위하여 기존 CRM도 소셜네트워크 환경에 대응하는 소셜 CRM으로 진화하고 있다([그림 7.2] 참조).

그림 7.2 ▮ 소셜 CRM

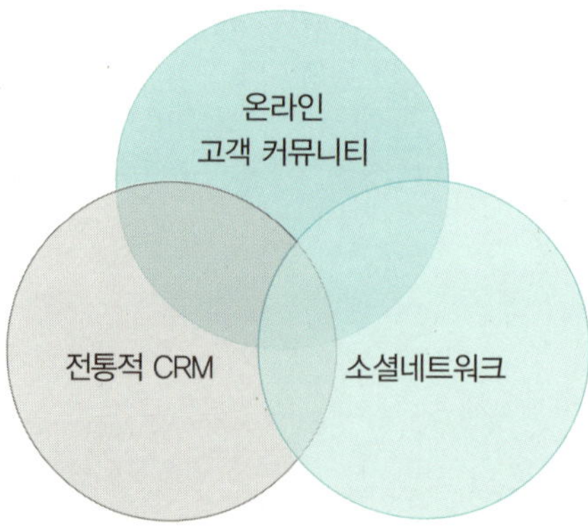

1. 소셜 CRM의 정의

소셜 CRM(Social CRM)이란 기업이 인터넷, 무선통신 등을 기반으로 하는 다양한 소셜미디어 또는 소셜네트워크를 활용, 기업의 수익을 창출하기 위해서 고객과의 관계를 유지 및 관리하는 것을 말한다. 이는 최근 스마트폰과 무선인터넷의 사용확대로 언제 어디서나 쉽게 누구든지 인터넷에 접속이 가능해지면서 일반 소비자들의 소셜미디어와 소셜네크워크 사용이 일반화됨에 따라 나타났다([그림 7.3] 참조).

그림 7.3 ▮ 소셜 CRM의 진화

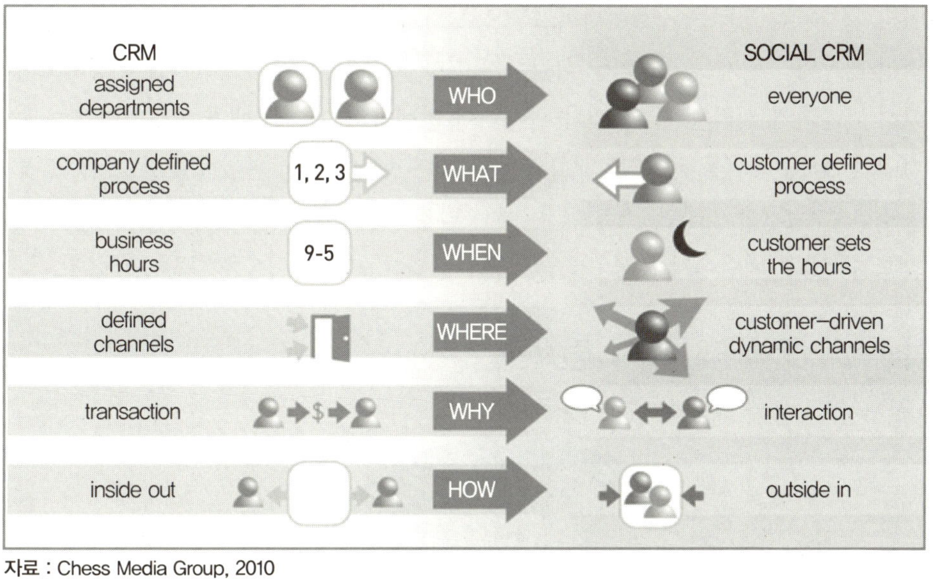

자료 : Chess Media Group, 2010

소셜 CRM은 CRM을 대체하는 것이 아니라 CRM의 확장된 형태이다. 기존의 CRM이 데이터에 주로 의존했다면, 소셜 CRM은 고객과의 관계, 고객 간의 소통, 그리고 고객의 참여를 중요시하는 전략이다. 또한 소셜 CRM은 기업 내부의 문제를 해결하는 것이 아니라 고객의 문제를 해결하는 소셜미디어 환경에서 고객들의 관심과 행동을 분석하여 마케팅과 영업, 서비스, 제품개발에 적극적으로 반영하는 "Outside–in" 전략이다. 소셜미디어 사이트를 통하여 고객의 니즈를 파악하고 다양한 시장조사활동을 하며, 대중들의 아이디어를 모아 제품이나 서비스를 개발하고, 목표고객에 대한 가망고객을 발굴하여 매장방문을 유도하며, 제품을 구매하기 위한 의사결정 정보를 제공하고, 구매 후에도 제품의 사용경험을 적극적으로 공유하게 함으로써 고객과의 관계를 강화해야 한다.

소셜 CRM 개념이 나왔다고 해서 CRM 본질이 바뀌는 것은 아니고, 고객의 변화에 따라 CRM 방식도 계속 변해 가야 하는 것이다. 소셜미디어를 이용한 시장조사, 제품 개발, 마케팅, 영업, 서비스업무를 고객중심으로 해나가는 것을 소셜 CRM이라 할 수 있다.

CRM은 기업들이 소비자들을 자신의 고객으로 만들어 이를 유지하고자 하는 경영 기법이며, 기업들이 고객과의 관계를 관리하고 고객을 확보하며 고객, 판매인, 협력자와 내부정보를 분석하고 저장하는 데 사용하는 광대한 분야를 포함하는 방법이다. 이러한 개념적 정의를 소셜미디어로 확장시키면 소셜미디어상의 이해관계자들과 기업이 네트워크 관계를 형성하고 확장하기 위한 노력, 형성된 네트워크를 확장하고 견고히 가져가기 위한 관리, 기업과 관계되어 발생하는 이슈에 대한 모니터링과 대응, 기업의 이해관계자들과의 정보교류와 발생되는 정보에 대한 관리라고 말할 수 있다.

소셜 CRM을 정의하면 '소셜미디어에서 발생하는 관계에 대한 관리와 활용'이라고 말할 수 있다. 기업에서 소셜 CRM의 개념 도입이 필요한 이유에 대해 포레스트리서

그림 7.4 ▮ 새로운 CRM 솔루션 에코시스템

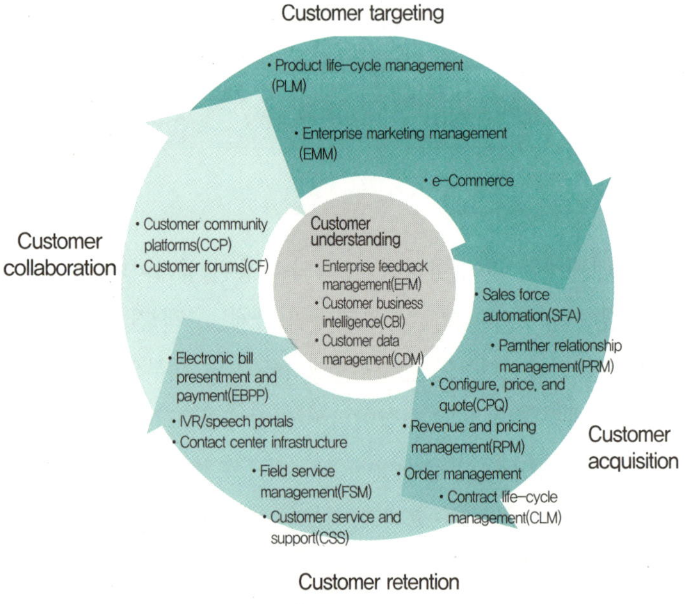

자료 : Forrester Research(2010), "Social CRM Goes Mainstream."

치(Forrest Research)의 보고서는 기존에는 기업이 고객 간의 관계만 생각하면 되었지만, 소셜컴퓨팅 때문에 기업과 고객, 고객과 고객, 고객과 경쟁사, 심지어 기업과 경쟁사의 관계도 고객관리에 포함해야 하는 시대가 도래했으며, 이것이 소셜 CRM이라고 설명하고 있다.

또한 소셜 CRM은 기존의 CRM과는 전혀 다른 것인가 하는 문제에 대해 기업들이 기존 CRM을 그대로 이용하면서 소셜컴퓨팅의 기능을 접목하는, 즉 새로운 CRM 솔루션 에코시스템(echosystem)을 정확히 이해하는 것이 필요하며 새로운 에코시스템은 [그림 7.4]와 같이 고객을 정하고 획득, 유지, 이해, 협업하는 것을 지원하는 핵심 기술로 이루어진다고 정의했다.

즉, 소셜 CRM은 기존 CRM의 고객 대면 트랜젝션(transaction)형 프로세스를 최적화하는 전통적 관점에다가 고객과 공급업체, 심지어 경재사와의 협업과 소셜 연계를 개발할 수 있는 기술과 전략을 모두 포함하는 솔루션이라고 말하고 있다.

소셜 CRM은 기존의 CRM처럼 소비자들에 대한 정보를 수집 · 분석하여 고객관리를 통해 수익창출을 기여하기도 하지만 '소셜', 즉 '사회'라는 개념을 도입함으로써 단순한 데이터와 정보분석보다 소비자와의 대화와 관계를 다루는 데 중점을 두고 있다. 이와 같은 대화와 관계 형성은 기업과 소비자 간뿐만 아니라 소비자와 소비자 사이에서도 발생한다. 특히 전자보다 후자가 더욱 크게 형성되고 소비자에게 더 큰 신뢰를 주기 때문에 기업은 이러한 관계가 형성되는 곳을 꾸준히 모니터하고 관리하게 된다.

기존 CRM에 비교해서 소셜 CRM이 가지는 장점은 다음과 같다.

① **고객불만처리** : 소셜네트워크를 이용한 고객서비스는 기존의 홈페이지나 콜센터보다 빠른 대응이 가능하다.

② **직원교육** : 기존의 CRM 사용을 위해서는 직원에 대한 교육이 필수적이었다. 하지만 소셜네트워크서비스를 이용한 소셜 CRM의 경우, 이미 많은 사람들이 페이스북이나 트위터와 같은 소셜네트워크서비스에 익숙해져 있기 때문에 시스템의 사용을 위해 추가적인 교육의 필요성이 최소화된다.

③ **고객 관심사 파악** : CRM의 기본 중 하나인 고객의 관심분야를 파악하기에 용이해진다. 소셜네트워크서비스에 고객들이 작성한 메시지를 기반으로 하여 해당 고객의 관심사 파악이 쉽게 가능하다. 고객의 빠른 피드백을 기반으로 빠르고 저렴한 비용으로 고객 관심사 파악이 가능하다.

④ **정보저장의 불필요** : 고객에 대해 종래에는 매번 e-메일, 주소, 모바일번호 등을

저장하던 것과 달리, 소셜네트워크서비스의 아이디어를 통한 컨택을 이용하면 이러한 정보저장이 필요하지 않다.

⑤ **목표마케팅** : 기존의 CRM보다 더 개인화된 목표마케팅이 상대적으로 저비용에 가능하며, 이에 대한 효과 또한 뛰어나다.

⑥ **고객의 이익** : 고객은 제품/서비스에 대한 평가를 친구들에게 이야기하듯 실감나게 올리거나 신제품개발 과정에 적극적 참여가 가능하다.

⑦ **구전마케팅** : 현대 마케팅의 중요기법인 입소문마케팅이 소셜네트워크서비스를 통해서 가장 효과적으로 구현가능하다.

2. 전통적인 CRM 환경의 변화

친구들과 대화수단에 불과하던 소셜네트워크서비스들이 이제는 기업의 CRM 솔루션으로 거듭나고 있다. CRM은 고객관리 및 고객정보분석 등을 제공하는 주요 기업용 소프트웨어이다. 고객과의 거래내역 등을 데이터베이스화해 각 고객에 최적화된 서비스를 제공하고 이를 마케팅에 활용하게 해주는 것이 CRM의 주된 기능이다. 고객맞춤형 서비스에 대한 욕구가 강한 기업들은 비싼 가격을 주고 CRM을 구입한다. 하지만 최근 들어 SNS를 CRM의 보완 또는 대체재로 활용하는 기업들이 늘고 있다. 이는 사용자들이 올린 메시지들이 '고객정보'로서의 가치를 발휘하고 있기 때문이다.

1) 소통을 통한 고객대응 및 고객정보 축적

기업들은 SNS를 통해 고객관리를 할 수 있게 되었다. 예를 들면 고객이 불만을 제기했을 때는 홈페이지나 콜센터보다 빠른 대응을 할 수 있고, 고객들과 메시지로 소통한 내역들은 해당고객을 분석하는 데 도움이 되는 데이터베이스가 된다. 미국에서 페이스북이나 트위터는 많은 사용자들에게 익숙해져 있다. 이 때문에 기업의 고객관리 툴로 이 사이트를 활용하기 위해서 직원들에게 별도의 교육을 시킬 필요가 없다는 장점도 있다. 실제로 트위터를 고객관리에 활용하는 기업들이 계속적으로 등장하고 있다.

미국 최대 케이블 TV업체 컴캐스트는 10명의 전담인력을 두고 트위터를 고객서비스센터로 활용하고 있다. 항공사 제트블루는 고객이 항공기 좌석배치 불만을 트위터에 올리자 즉시 대응해 호평을 얻은 사례가 있다. 국내 통신사 KT와 SKT도 트위터를 통한 고객 소통에 적극적으로 대응하였으며 향후 트위터를 콜센터 보강책으로 활용하는 방안을 고려 중이다. 이 같은 추세를 반영하듯 페이스북과 트위터를 접목한 기업용 솔루션이 출시되기도 했다. 웹기반 기업용 소프트웨어 업체 세일즈포스닷컴은 최근 주력 솔루션인 '서비스 클라우드'에 페이스북 및 트위터 기능을 추가하였다. 기업의 고객서비스 담당자들은 서비스 클라우드를 통해 소비자들이 페이스북이나 트위터에 올린 자사제품에 대한 글을 볼 수 있으며 답변도 할 수 있다. 세일즈포스닷컴은 앞서 페이스북과 기업 솔루션을 결합한 '페이스포스'를 출시한 바 있다.

2) 기업 마케팅을 위한 모바일 SNS 대두

모바일 SNS는 여러 가지 이유로 주변 기업들의 주목대상이 되고 있다. 먼저 모바일 SNS가 갖는 네트워크 효과가 있다. 이미 수천만 명이 가입한 SNS를 활용한다면 손쉽게 홍보 마케팅 효과를 얻을 수 있거나 새로운 사업을 시작할 수 있다. 이를 노리고 수많은 기업들이 SNS 서비스에서 개방한 Open API를 이용하여 새로운 서비스를 제공하여 자사서비스 방문을 유도하고 있다. 루프트는 페이스북과 트위터 등과 연계된 서비스를 제공하는 기업으로 페이스북에 글과 사진을 올리도록 지원하면서 페이스북 회원을 루프트 회원으로 공유할 수 있게 만든다. 또한 생활정보 검색전문 사이트인 옐프와 연동해 주변 맛집을 검색할 수 있도록 한다. 그 외 'Moximity, Brightkite, Gypsii, JuiceCasterMoximity, JuiceCaster' 등의 다양한 연동서비스가 있다. 브라이트카이트(Brightkite)의 경우 이런 방식을 통해 200만 명의 UV와 월 5,000만 건의 문자메시지(SMS) 발송건수를 기록했다. 미트모이(meetMoi)는 회원을 검색하여 프로필을 보고 서로 메시지를 전송할 수 있게 함으로써 이성과 만남을 주선하는 데이트서비스이다. 보다폰이 3,150만 유로에 인수한 덴마크의 자이브(Zyb)는 휴대폰에 저장된 주소록의 지인과 연결해 주는 서비스이다. 북미 시장의 모코스페이스(MocoSpace)는 벨소리 외에도 블로그, 사진공유, 채팅 등 다양한 서비스를 제공하고 모바일 포털서비스를 제공함으로써 600만 명의 회원을 모았다.

3) 기업의 소셜 CRM, 온라인 고객센터까지 활용

기업의 모바일업무가 트위터를 통한 위기대응만 있는 것이 아니다. 모바일은 고객관리에 활용할 수도 있다. 기업들은 페이스북이나 트위터 같은 서비스를 기업의 온라인 고객센터로 활용할 수 있다. 기업 입장에서는 이미 수억 명이 가입한 서비스에 자리를 틀게 됨으로써 고객센터 구축비용이 들지 않으면서도 대부분의 고객과 상담이 가능하다는 장점을 취할 수 있게 되고, 페이스북이나 트위터는 기업 고객을 사용자로 확보하는 윈윈 구조를 갖게 된다. 고객대응은 단순하게 문자로만 이루어지는 것이 아니라 음성통화 및 음성회의 등을 이용할 수도 있다.

이처럼 SNS를 활용한 고객응대서비스가 늘면서 기업용 '소셜 CRM'이라는 새로운 시장이 열리고 있고, 모바일 SNS 서비스들이 음성채팅 등의 음성지원기능을 강화하는 것이다. 이처럼 기업 입장에서도 온라인 SNS는 단순한 홍보 마케팅도구 이상의 의미를 지닌다. 고객관리에서부터 실제 주문과 상담까지 다양한 고객응대서비스에 활용할 수 있다. 더불어 모바일 SNS 시장의 활성화는 오프라인 기업에도 도움이 되는 발전 방향이다.

3. 전통적 CRM과 소셜 CRM

소셜 CRM은 완전히 새로운 개념이 아니라 전통적 CRM에서 진화된 개념으로서, 그동안 기업과 고객과의 관계, 기업 내의 마케팅, 영업, 서비스 프로세스의 자동화 등에 힘써 왔다면, 이제는 고객과 고객과의 관계, 고객과 양방향 의사소통, 고객으로부터의 기업 내부혁신 등으로 그 개념을 확산하는 개념이다. 이제 기업들은 그동안의 CRM 실패를 극복하고 진정으로 '고객중심의 경영'으로 전환하기 위해 소셜 CRM으로 진화해야 한다.

표 7.2 ▌ CRM 1.0과 CRM 2.0

	CRM 1.0	CRM 2.0
고객개념	컨슈머	프로슈머
방향성	• customer-driven • 기업을 중심으로 고객지향적 • inside out	• customer-centric • 고객을 중심으로 기업혁신 • outside in
통신방식	1-way communication (outbound)	2-way communication (in/outbound)
IT	웹 1.0	웹 2.0
툴	search, broadcasting	collaboration/dialogue
관계	• '기업과 고객' 관계에 초점 • 고객에게 회사의 가치를 제공하고 고객은 회사에 가치를 제공	• '고객과 고객' 관계까지 확장 • 고객이 상호창조적인 가치를 위하여 협업적인 활동
고객정보	고객에 대한 제한된 정보 (선호도, 커뮤니티, 습관)	고객과 고객의 커뮤니티를 이해하기 위한 소셜네트워크 정보
전달가치	타겟화된 메시지의 가치	대화, 참여, 공유의 가치
touch point	전화, 팩스, 이메일, SMS, 편지, 대면, 회사홈페이지, 메신저, 채팅, 미디어	블로그, RSS, 페이스북, UCC, 유튜브, 트위터, 위키, 팟캐스트, 소셜네트워크, 위젯, 비디어쉐어(video sharing), Forum, Auction website, slide sharing, 링크드인(LockedIn), 매쉬업(Mashup)
프로세스	• 고객 프로세스가 회사의 관점에서 개발(기업을 위한 고객 라이프사이클) • 프로세스중심적 : 더 좋은 고객 인터랙션을 지원하는 프로세스 • CRM 프로세스에 초점	• 회사의 프로세스가 고객의 관점에서 개발(고객을 위한 기업 라이프사이클) • 대화중심적 : 브랜드 커뮤니티와 아이디어 수집 • 가치사슬 프로세스에 초점
기술	• 내부 비즈니스 프로세스 자동화 • 마케팅, 영업, 서비스 프로세스를 지원하는 운영 CRM에 초점	• 내부, 외부 커뮤니티 생성에 초점 • 소셜 미디어 툴과의 통합 : 블로그, 위키, 팟캐스트 등 • 고객의 경험을 개선하기 위한 운영 CRM과 협업 CRM
성과지표	브랜드인지도, 브랜드만족도, 브랜드자산	브랜드구전, 브랜드참여, 브랜드공유
가치사슬	분리된 회사 가치사슬 (SCM, ERP, PRM, CRM)	고객과 공급업체까지 고객을 중심으로 통합된 가치사슬

소셜미디어라는 변화의 물결 속에서 기업의 새로운 고객관리시스템 및 프로세스 확립에 대한 니즈가 부각됨에 따라 전통 CRM이 소셜 CRM으로 진화하게 되었다. 일반적으로 전통 CRM은 시장조사, 마케팅, 세일즈, 서비스, 제품/서비스 개발의 다섯 가지 영역으로 구분될 수 있다. 고객에 대해 알고, 그 정보를 바탕으로 핵심고객에 접근하여 제품을 구매하도록 유도하며, 구매 후 제품에 대한 충성도를 높이기 위해 다양한 프로그램을 실시하는 것, 그리고 그 과정에서 포착한 정보들을 바탕으로 신제품과 서비스를 빠르고 효과적으로 개발, 제품화하여 공급하는 것이 CRM의 영역이었던 것이다. 그러나 소셜 CRM이라는 개념으로 진화하면서 이 다섯 가지 영역은 그 방법론 및 심지어 목적부분에서 다음과 같은 변화를 겪고 있다.

첫째, 시장조사에서의 변화이다. 전통적 CRM 관점에서 시장조사는 판매활동이나 제품개발에 포커스를 맞춰, 고객과 시장정보를 수집 · 분석해 가장 가치 있는 잠재고객을 파악하고 이를 마케팅 측면에서 활용하는 것을 목적으로 하였다. 따라서 주로 콜센터나 대리점을 통해 수집 · 통합, 구축된 고객 데이터베이스를 중심으로 이루어졌으며 이러한 방법은 자료를 수집하고, 재가공하고, 그 안에서 의미 있는 결론을 도출하는 데까지 많은 인력과 비용이 투자되었으나 조사대상의 범위가 한정적이고, 시장조사의 결론이 도출되는 때까지 시간이 소요되어 의미 있는 정보의 시의적절성에서 한계가 존재한다는 점에서 비효율적인 측면이 발생할 수밖에 없었다. 반면, 소셜 CRM은 버즈(Buzz) 모니터링이라는 방법을 통해 광범위한 고객의 의견을 수집할 수 있으며, 시스템을 통한 분석이므로 그 데이터의 활용이 용이성과 실시간성을 바탕으로 한다는 점을 특징으로 한다. 버즈 모니터링을 통해 소비자가 남긴 블로그의 사용후기, 또는 트위터에서 친구에게 보낸 한 줄의 언급을 통해 제품에 대한 소비자의 선호도와 관심도, 더 나아가 기업에 대한 선호도까지도 파악이 가능하여 마케팅전략에 반영 및 제품기능상의 개선점을 찾아낼 수 있기 때문이다.

둘째, 마케팅에서의 변화이다. 소셜 CRM은 기업과 소비자 간의 양방향 소통을 기본으로 전제하고, 이를 바탕으로 소비자와 소비자 간의 소통을 재창조하는 다자간 커뮤니케이션(multi-way communication) 방식이 가능하도록 한다. 또한 기업과 고객이 대화한 내용을 바탕으로 양자 간의 대화를 지켜보던 다른 소비자들이 또 다른 토론을 발생시켜 기업의 제품에 대한 관심이 고조되기를 기대할 수 있다. 이른바 입소문마케팅으로 소셜미디어 시대에 새롭게 그 가치가 주목되고 있는 마케팅기법이다.

한편 소셜 CRM에서는 기업의 메시지가 소비자와 어느 정도 소통을 하였으며, 소비자에게 어느 정도 관심을 일으키는 데 성공하였는지를 보다 폭넓은 소비자를 대상으로 파악할 수 있다. 온라인 소셜미디어상의 소비자 프로모션 전/후의 버즈의 양을 비교하여 해당 프로모션이 제품에 대한 대중의 관심을 어느 정도로 불러일으켰으며, 프로모션을 통해 대중의 평가를 프로모션 이전과 비교하여 어떤 방향으로 이끌어냈는지 파악이 가능하다.

셋째, 영업 방식의 변화이다. 웹 2.0 시대, 그리고 소셜미디어의 시대에서 소비자의 의사결정과정은 이전과는 다르게 일방향적으로 진행되는 것이 아니라 구매하기 직전까지 접근(access), 경험(experience), 상호작용(interaction)의 각 단계를 끊임없이 옮겨다니며 외부와의 소통에 의해 새로운 정보를 접하고, 이전에 고려되었던 정보들이 제거되는 과정을 거치게 된다. 그리고 이 과정에서 가장 중요한 역할을 하는 인플루언서(influencer)는 앞서 언급한 바와 같이 기업이 아닌 주변의 지인이다. 이는 기업이 소비자의 의사결정과정 전 단계에서 기업의 직접적인 세일즈 활동뿐만 아니라 이미 제품 및 서비스를 구매한 고객을 기업의 홍보자로 만들고 이들을 통해 다양한 제품과 관련된 버즈를 발생시키는 데에 좀 더 다양한 시점에, 다양한 방법을 사용하는 것을 고려해야 한다. 기업의 충성고객을 새로운 인플루언서로 만들고 그들이 발생시키는 버즈를 통해 새로운 의사결정 모델의 각 단계마다 새로운 고객층에게 영향을 미칠 수 있어야 한다.

넷째, 서비스 제공방식의 변화이다. 소셜미디어의 확산으로 인해 기업과 고객 간 쌍방향 커뮤니케이션(two-way communication)에서 고객 상호 간의 상호작용으로까지 커뮤니케이션 방식이 확대됨에 따라 소셜 CRM 관점의 서비스방식에도 변화가 일어나고 있다. 기업은 정보공유를 목적으로 한 고객 간 인터랙션의 플랫폼, 즉 커뮤니티 등을 제공함으로써 고객들이 서로의 문제점을 함께 해결하고 새로운 아이디어를 창출할 수 있도록 지원하는 것으로 그 역할이 변화하고 있다.

마지막으로 제품 및 서비스의 변화로서 소셜미디어 시대에 소비자들은 단순히 제품과 서비스를 소비하는 소비의 주체를 넘어 제품과 서비스에 대한 의견, 아이디어를 타인과 공유하고, 제품 및 서비스의 개발에 적극 참여하는 진정한 의미의 프로슈머(Prosumer)로 진화하고 있다. 이와 같은 프로슈머 타입 소비자 주도의 소셜미디어 환경하에서 기업은 다양한 플랫폼을 기반으로 고객의 의견과 아이디어를 수집(Crowd Sourcing), 분석하여 이를 제품/서비스 개발에까지 적극 반영하고, 또한 제품을 구매하기 위한 의사결정 정보제공 및 제품구매 후에도 사용경험을 공유하게 함으로써 소셜 CRM을 통한 고객관계를 강화하게 된다. 이와 같이 소비자의 직접적인 개선 아이디어가 반영된 제품의 출시는 소비자로 하여금 기업에 자신의 의견이 존중되었다는 느낌과 함께 기업에 긍정적인 이미지 및 충성도를 형성하게 하는 바탕이기도 하다.

4. 소셜 CRM의 필요성

모바일과 소셜은 모두 새로운 형태의 정보와 실시간 피드백을 제공하여 판매와 마케팅에 있어 절대적 위치를 차지한다. 따라서 기업이 소셜 CRM을 이용하려는 이유를 세일즈로지스틱스(SalesLogistix)의 데이비드 타버(David Taber)는 다음과 같이 나타냈다.

1) 소셜은 선택에 큰 도움을 준다

CRM 프로젝트의 중요한 성공요소 중 하나는 이용자 선택의 폭과 속도일 것이다. 많은 이용자들이 시스템에 데이터를 추가하면 할수록, CRM은 다른 이용자들에게 더욱 유용한 자산이 된다. 더 많은, 더 고품질의 데이터로 인해, 더 많은 이용량, 더 많은 이용자, 더 완벽한 고객관계가 형성된다.

하지만 그 최초이용자들을 만들어내기가 항상 가장 힘들다. 판매담당자들은 예상구매자들을 입력하고 CRM에 데이터를 계속적으로 주입시킬 시간이 없다고 불평할 것이고, 그들은 종종 시스템에 접속하는 것 자체를 거부하기도 한다. 트위터, 페이스북의 사용, 이메일 전송, 그들 자신의 소셜네트워크 접속에는 불평하지 않으면서 말이다.

2) 모두가 놀기 좋아한다

사용량 증가와 빠른 채택에 중요한 영향을 미치는 만큼, 소셜의 게임화는 무시할 수는 없다. 새로운 연구는 게임과 도박이 어떻게 사람들을 끌어들이는지 정확히 밝혀내고 있다. 그 기술이 적절히 사용된다면, 사람들의 행동을 바꿀 수 있다.

많은 수의 창업기업들이 사용량 증가뿐 아니라 고객참여 증대, 빠른 문제해결, 향상된 협력, 건강한 경쟁 등의 사업적 목적 달성을 위해 사업 애플리케이션의 게임화 작업을 하고 있다. 이 기술들은 아직 초기 단계에 그치고 있지만, 마케팅과 판매의 효용성에 어떤 의미가 있을지 주시해야 한다.

3) 고객의 평판은 무엇보다 중요하다

반복된 거래가 새 고객획득보다 짧은 판매주기에 도움이 된다. 큰 이윤은 결국 가장 충성심이 높은 고객들에게서 올 수밖에 없다. 그 점 하나만으로도 고객들 사이에서 평판을 파악하고 명성을 올려야 하는 이유가 되기에 충분하다.

소셜미디어 매트릭스(social media metrics)는 당신 회사이미지를 파악할 수 있게 해준다. 가장 강력한 사용 예로는, 외부 측정시스템을 당신의 웹사이트와 통합하고, 조사엔진, 마케팅 자동화와 CRM 시스템 등이 있다. 이를 통해 고객결정과 구매과정에 대해 새롭게 이해할 수 있다.

이 작업은 힘들고, 본격적인 분석을 필요로 한다. 또 고객행동 모델을 개발하고 조율하는 데 시간이 걸린다. 그러나 수익성과 고객유지에 미치는 영향은 궁극적으로 투자수익률에 도움이 된다.

4) 확실히 고객을 볼 수 있다

단순화한 CRM은 사업체를 직원들이 UI 페이지에 입력한 정보와 연관짓고, 판매활동이 더욱 조직적이고 계측적이 되도록 해준다. 그게 말대로 되면 좋겠지만, 말처럼 되지 않는게 현실이다. 고객들은 1세대 CRM 시스템에 아무런 정보를 입력하지 않는 것이 보통이고, 결과적으로 우리는 어떤 고객들인지, 고객들이 무슨 생각을 하는지에 대한 정보를 제대로 얻을 수 없었다.

소셜미디어는 예상고객이나 고객들에게 그 어떤 새로운 일도 요구하지 않는 "무료"의 틀 안에서 완전히 새로운 범위의 프로파일링과 독특한 행동지표 등의 정보를 우리에게 제공한다. 소셜네트워크는 누가 누구에게 영향을 미치는지에 대한 정보도 제공하는데, 이를 통해 훨씬 효율적으로 마케팅과 연락 노력의 목표설정을 할 수 있다.

5) 평가점수를 자동으로 부여한다

CRM이 판매 담당자들의 업무에 순위를 매긴다면 절대로 그들에게 신뢰를 얻을 수 없다. 마케팅 담당자들이 적용하는 멍청한 규칙들로 인해 자의적으로 규정된 평가는 종종 제멋대로다. 그러므로 평가에 따라 행동을 변화시키는 담당자들은 실제로 거의 없다.

마케팅 자동화시스템의 행동점수조차 판매분야 사람들에게는 별로 중요하게 인식되지 못하고, 그래서 전화목록에 우선순위를 정하는 데 역시 별로 사용되지 않는다.

하지만 전통적 프로필과 행동적이며, 시간에 기반한 점수와 소셜네트워크로부터 얻은 새 정보를 통합하면 훨씬 더 현실적이고 실시간적인 잠재고객들의 관심도지수를 알 수 있다. 당연히, 그 잠재고객들이 무슨 생각을 하는지 절대 알 수 없다. 그러나 지금의 소셜 CRM은 그들의 행동에 대한 훨씬 더 많은 정보를 제공한다.

5. 소셜 CRM으로 진화

소셜 CRM으로 진화하는 데 필요한 전략과, 기존의 CRM과 비교하여 CRM이 가지는 특징과 현황에 대해서 알아보도록 하겠다.

1) 접근전략

(1) 'Inside-Out'→'Outside-In'

고객과 관계를 유지하기 위해서는 양방향 의사소통이 원활해야 한다. 지금까지 기업들은 회사의 제품을 대량으로 생산하여 제품을 판매하기 위해 매스미디어를 통한 일방적인 커뮤니케이션을 했다. 이제는 고객이 원하는 제품을 만들어야 성공이 가능하고 광고보다는 고객과 적절한 의사소통을 통해서 관계를 유지해야 한다. 그러기 위해서는 기업에 전략적으로 가치가 높은 목표고객을 명확히 설정하고, 그들의 불만과 요구사항을 제대로 파악하여, 고객니즈에 맞는 제품과 서비스를 차별화할 수 있는 CRM으로 전환해야 한다.

(2) 고객의 협력

이제 고객의 개념은 소비의 주체가 아니라 상호협력자로 인식해야 한다. 고객은 직원들보다 제품개발에 대한 더 많은 아이디어를 가지고 있을 수 있으며, 고객 한 사람당 수천 명의 소셜네트워크를 형성하고 있다. 고객과의 관계개념을 확장하여 고객과 상호창조적 가치를 위해 협력관계를 유지하는 것이 전략적으로 매우 중요해지고 있다. 델컴퓨터의 경우 IdeaStorm.com 사이트를 이용해 소비자들이 새로운 제품개념에 대한 투표와 제안을 할 수 있도록 참여를 적극적으로 유도하고 있다.

(3) 소셜네트워크에 적극 참여

이제 소비자들은 '학자나 전문가들의 말'보다도 '나와 비슷한 사람의 말'을 믿고 있으며, 필요한 정보를 네이버, 구글, MSN, 트위터 등을 통해 거의 실시간으로 공유하고 있다. 이미 네이버 카페나 트위터 등에는 관심사가 비슷한 사람들이 모여 다양한 커뮤니티 활동을 하고 있다. 마케터 입장에서 보면 타겟 세그멘트 별로 소비자들이 잘 모여 있는 것이다. 이제 기업들은 회사와 상호교감할 수 있는 커뮤니티를 만들어가야 하며, 이러한 소셜네트워크를 적극적으로 지원하고 그들과 서로 협력하는 비즈니스 모델을 만들어야 한다.

2) 소셜 CRM의 특징

(1) 데이터수집(Data aggregation)

전통적인 CRM은 기업 내부 접점들, 즉 전화, 이메일, 방문, 우편 등과 같은 접점으로 유입되는 고객의 소리를 통합하고 있다면, 소셜 CRM은 블로그, 트위터, 페이스북 등과 같은 소셜미디어마다 흩어져 있고 서로 다른 형식의 데이터를 모아야 하는 것이 특징 중 하나이다. 그리고 어떤 경우에는 응대가 불가능한 데이터도 포함되어 있는데 이때에는 향후 소셜공간 내에서 기업의 스탠스와 포지셔닝을 가져가는 기본 데이터로 활용하면 된다.

(2) 대화(Conversation)

전통적인 CRM의 경우 고객과 기업은 대화를 하지만 실제로는 정해진 스크립트에 의한 응대를 할 뿐이었다면, 소셜 CRM은 고객과 케이스마다 다양한 대화가 이루어지고 있다. 예를 들면 콜센터에 전화를 하는 경우 이미 고객은 기업이 정한 방향으로만 이야기를 할 수밖에 없다. 수수료 관련 문의하는 상담원에게 통화품질을 질문할 수 없기 때문이다. 소셜 CRM에서는 다양한 소셜공간을 통해 대화가 가능한 기술적인 구현이 반드시 제공되어야 하고 이를 통해서 기업이 일관성 있는 대화가 가능할 것이다.

(3) 고객이 정하는 정책

소셜공간에서의 대화는 주도권이 기업에 있지 않고 대화라는 틀 안에 문의, 제안, 불만, 기타 등등의 내용이 담기게 된다. 대화내용이 어떤 식으로 진행될지 충분히 예상을 해서 대화를 해야 한다. 다만 주도권이 기업에 있지 않고 고객에게 있기에 전통적인 CRM에서의 응대방식이 내부규정 운운하는 것은 매우 위험할 수 있다. 따라서 소셜 CRM의 경우 대화 및 정책수립 시에 기업에서 고객만족을 담당하고 있는 부서와 외부 커뮤니케이션을 담당하고 있는 부서의 협조가 필수적이다.

(4) 맥락(Context)의 이해

전통적인 CRM에서는 모든 경우가 기업에서 통제가능한 것이다. 따라서 기업의 어떤 고객접점과 만나게 되도 고객은 동일한 응대를 받고 이를 통해서 동일한 고객경험을 하게 된다. 기본정보가 확인되면 사용자의 구매이력부터 상담이력까지 모든 정보를 알기에 현재 어떤 맥락에서 고객문의가 이루어지는지 알 수 있다. 하지만 소셜 CRM의 경우 기업이 만나는 고객의 맥락을 명확하게 파악하기 힘들다.

따라서 고객의 맥락을 이해할 수 있도록 소셜공간을 충분히 분석해야 한다. 이를 위해서 가장 중요한 것은 기업의 평판, 기업과 관련된 고객들의 이야기, 고객들의 관심사 등을 분석하여 고객들이 소셜공간에서 어떤 맥락으로 기업에 대한 이야기를 하는지 알아야 한다.

3) 소셜 CRM의 현황

웹상에서 사람들이 네트워크를 형성하는 것이 소셜네트워크이다. 소셜 CRM은 소셜네트워크서비스와 동시에 등장했다고 할 수 있다. 커뮤니티 사이트의 공동구매 등과 같이 존재해 왔었지만 소셜네트워크서비스의 규모나 효율의 문제로 큰 주목을 받지 못했다.

하지만 스마트폰의 보급과 그에 따른 소셜네트워크서비스의 폭발적인 성장으로 인해 현재는 기업과 소비자 모두에게 큰 관심을 받고 있다. 최근 가장 주목받고 있는 서비스인 페이스북이나 트위터가 이러한 개념에 기초하고 있으며 스마트폰과 태블릿 PC의 등장으로 이러한 네트워크 구조는 더욱 발전하고 있다. 기업들은 이러한 소셜 네트워크를 통해 CRM을 수행하고 있으며 대표적인 사례는 [표 7.3]과 같다.

표 7.3 ▮ 소셜 CRM 현황

기업	현황
델	• "@delloutlet"이라는 판매계정을 직접 만들어 특별할인쿠폰과 재고정리 세일 등 프로모션으로 순식간에 60만 명의 팔로워를 끌어들이고 300만 달러 이상 수익창출
제트블루	• 트위터로 항공권 세일, 추천 여행지, 와이파이망 지원 등의 정보제공 • 북미지역 항공사 만족도 1위 • 저가항공에서 젊고 건강한 항공으로 기업이미지 변화
올레 KT	• 아이폰 국내 도입 이후 트위터를 활용한 적극적인 커뮤니케이션 시도 • 2010년 1, 2분기 영업이익 6년 만에 SKT 추월 • 공기업, 공룡기업에서 혁신적이고 젊은 기업으로 이미지 변화 • 기존의 고객만족부서에서 하던 고객상담 및 이슈 해결
컴캐스트	• 북미 1위 케이블업체로서 트위터를 통해 고객관리 • 10명의 전담인력이 트위터에서 발생하는 모든 고객의 VOC에 대응 • 트위터를 통해 연간 2,000여 건의 VOC처리, 고객만족도 9% 상승
스타벅스	• "@mystarbucksidea"라는 트위터 계정을 통해 제품개발 단계부터 고객의 의견 반영 • 이벤트를 진행, 의견제시를 가능하게 하여 입소문을 통해 효과적으로 여론 형성

다시 주목받는 CRM의 오해와 진실 C·A·S·E 살펴보기

소셜 CRM의 도래와 구현방안

CRM은 데이터베이스 마케팅에서 출발하여 타겟중심의 CRM(Target Driven CRM)으로 발전했고, 현재는 이벤트중심의 CRM(Event Driven CRM)이 대세를 이루고 있다. 향후 유비쿼터스 환경이 도래하면 상황인지 CRM(Context Awareness CRM)으로 발전할 것이라고 전망하는 학자

들도 있다. 하지만 이제 소셜네트워크의 발전과 함께 소셜 CRM의 등장을 주목할 필요가 있다.

가트너그룹은 소셜 CRM을 구현하기 위한 소셜네트워크 분석(SNA : Social Network Analysis) 방법론을 제시했다. 이것은 그룹에 속한 사람들 사이의 관계를 강화하고, 그 안에서 흐르는 정보를 이해하기 위해 기업들이 사용해 온 방법이다. 발디스 크렙스는 소셜네트워크 분석을 '사람, 그룹, 조직, 컴퓨터, 웹사이트 및 기타 정보와 지식 프로세스 개체들의 관계와 흐름을 지도화하고 측정하는 것'이라고 정의하기도 했다.

SNA가 CRM에 가져올 효과로는 △판매 측면에서 협업강화를 통한 수익증대 △고수익을 발생시키는 네트워크의 복제 △주요 고객과의 클라이언트 연결성 및 교차판매 효과 증대 △조직 내부의 프로세스 집행 및 측면 조정효과 발생 등을 들 수 있다. 충성도가 높은 고객층을 형성하여 판매에 도움을 주고 특히 이들 고객층이 서로 연결되고 커뮤니케이션할 수 있다는 얘기이다.

이 밖에 SNA는 시장조사 측면에서 고객들이 상호 간에 주고받는 메시지를 지속적으로 모니터링할 수 있는 능력을 부여한다. 이는 부정기적인 설문조사나 포커스그룹 대상 인터뷰보다 훨씬 효과적인 시장조사 수단이다.

이미 소셜 CRM은 방문판매를 중심으로 하는 기업에게는 매우 중요한 도구가 되었다. 일반기업들은 인구통계학적으로 고객을 세분화하여 캠페인 전략을 세우고, 고객가치를 기반으로 고객을 분석하여 차별화된 고객대응을 하고 있다. 여기에 방문판매사원이 파악한 고객인맥을 추가하여 고객 네트워크를 분석하고 중심고객과 매개고객에 대한 대응전략을 세우는 것은 매우 효과적인 고객전략으로 떠오르고 있다.

페이스북이나 트위터를 통한 소셜네트워크 활동은 갈수록 활발해지고 있다. 기업들이 소셜네트워크를 활용하여 프로모션이나 정보수집을 하는 수준의 소셜마케팅 전략으로는 진정한 의미의 경쟁력을 갖기 어렵다. 소셜네트워크를 구체적으로 파악하고 중심고객과 매개고객을 분석하여 새로운 관점의 입소문전략을 구현해야 한다.

여기에서 주의할 것은 소셜네트워크가 기업이 아닌 고객주도의 관계구축이기 때문에 '기업주도 CRM'이 아닌 '기업참여 CEM'이 되어야 한다는 점이다. 또한 기업의 공식적인 유통조직 관리보다는 다양한 형태의 비공식적인 조직관리를 강화해야 한다. 기존 기업의 웹 개인화(Web Personalization)가 대규모 고객을 상대로 하는 1대1 개인화였다면, 소셜네트워크를 위한 소셜개인화(Social Personalization)는 네트워크 고객에 대한 소규모 네트워크별 개인화이다.

시장조사업체 포레스트리서치는 소셜 CRM을 구현하는 과정으로 △소셜 CRM의 실험절차를 당장 시작하고 △고객상황을 벤치마크하고 사회적 준비상황을 전망하며 △해당기업이 확보한 고객의 사회적 성격을 분명히 규정하고 △기업의 소셜 CRM 역량을 평가하며 △소셜 CRM 솔루션의 전반적인 상황을 이해하며 △기업의 소셜 CRM 역량구축 계획과 일정을 명확하게 하고 △CRM의 성공 매트릭스를 확정할 것을 지목하고 있다.

향후 CRM은 실시간 기업으로 가능, 다양한 수단을 통해 원래의 목적이었던 '고객관계관리'라는 차원을 넘어 고객과의 새로운 경험을 창출하고 고객이 기업활동의 한 주역으로 참여하는 형태로 나아갈 전망이다. 모바일 혁명과 소셜네트워크는 이런 기업 생태계의 발전에서 중요한 변수가 될 것으로 보인다.

자료 : 전자신문, 2010. 6. 14

제4절 소셜 CRM과 웹마이닝

앞에서 언급한 바와 같이 소셜 CRM은 소셜네트워크서비스상에서 발생하는 다양한 데이터를 분석하여 마케팅에 활용하는 것이다. 따라서 다양한 데이터마이닝 방법들, 즉 웹마이닝 방법들을 사용하여 이를 수행한다.

1. 소셜미디어와 웹마이닝

1) 빅데이터 시대의 도래

20년 전의 PC 메모리, 하드디스크의 용량과 최신 PC, 노트북 사양을 비교해 보면 과거에 비해 데이터가 폭발적으로 늘어났다는 것을 실감할 수 있다. 특히 스마트 단말기 및 소셜미디어 등으로 대표되는 다양한 정보채널의 등장과 이로 인한 정보의 생산, 유통, 보유량의 증가는 계속적으로 데이터의 기하급수적인 증가를 이끌고 있다. 하지만 많은 데이터 중에서 가치 있는 데이터는 소수에 불과하기 때문에 대용량 데이터를 처리하고, 의미 있는 데이터를 발굴하는 기술이 필요하다.

빅데이터에 대해서 구체적이고 정량적인 정의가 합의된 바는 없지만 맥킨지는 그들의 보고서에서 "빅데이터의 정의는 기존 데이터베이스 관리도구의 데이터 수집, 저장, 관리, 분석하는 역량을 넘어서는 데이터셋(Dataset) 규모로, 그 정의는 주관적이며 앞으로도 계속 변화될 것이다. 또한 데이터량 기준에 대해 산업분야에 따라 상대적이며 현재 기준에서는 몇십 테라바이트에서 수 페타바이트까지가 그 범위이다"라고 설명했다.[6]

이렇게 데이터 단위의 관점에서 빅데이터를 생각할 수도 있지만, 어떠한 종류의 데이터들이 빅데이터를 구성하고 있는지 알아볼 필요도 있다.

6 McKinsey & Company(2011), Big data : The Next Frontier for Innovation, Competition, and Productivity.

표 7.4 빅데이터의 종류[7]

정의	설명
정형 (Structured)	고정된 필드에 저장된 데이터로, 관계형 데이터베이스 및 스프레드시트 등을 예로 들 수 있다.
반정형 (Semi-Structured)	고정된 필드에 저장되어 있지는 않지만, 메타데이터나 스키마 등을 포함하는 데이터로, XML이나 HTML 텍스트 등을 예로 들 수 있다.
비정형 (Unstructured)	고정된 필드에 저장되어 있지 않은 데이터로, 텍스트 분석이 가능한 텍스트 문서 및 이미지/동영상/음성데이터 등을 예로 들 수 있다.

이 중 비정형 데이터의 증가속도는 누구도 예측할 수 없는 정도이며, 비교적 선형적으로 증가하던 정형 데이터조차 연간 40~60%에 이르는 증가세를 보이고 있다.

그렇다면 빅데이터의 처리는 기존 데이터 처리와 어떻게 다를까? 기존 데이터 처리와 빅데이터 처리는 다음과 같은 차이점이 있다.

① 빠른 의사결정이 상대적으로 덜 요구된다 : 대용량 데이터에 기반한 분석 위주로, 장기적/전략적 접근이 필요하다. 따라서 기존의 데이터 처리에 요구되는 즉각적인 처리속도와는 달리, 즉각적인 의사결정이 상대적으로 덜 요구된다.

② 처리 복잡도가 높다 : 다양한 데이터소스, 복잡한 로직 처리, 대용량 데이터 처리 등으로 인해 처리 복잡도가 매우 높으며, 이를 해결하기 위해 통상적으로 분산처리기술이 필요하다.

③ 처리할 데이터량이 방대하다 : 클릭스트림(Clickstream) 데이터를 예로 들면, 고객정보수집 및 분석을 장기간에 걸쳐 수행해야 하므로 기존 방법과 비교해 처리해야 할 데이터량은 방대하다.

④ 비정형 데이터의 비중이 높다 : 소셜미디어 데이터, 로그파일, 클릭스트림 데이터, 콜센터 로그, 통신 CDR 로그 등 비정형 데이터 파일의 비중이 매우 높다. 처리의 복잡성을 증대시키는 요인이기도 하다.

⑤ 처리/분석 유연성이 높다 : 잘 정의된 데이터 모델/상관관계/절차 등이 없어, 기존 데이터 처리방법에 비해 처리/분석의 유연성이 높은 편이다. 또한, 새롭고 다양한 처리방법의 수용을 위해 유연성이 기본적으로 보장돼야 한다.

⑥ 동시처리량(Throughput)이 낮다 : 대용량 및 복잡한 처리를 특징으로 하고 있어, 동시에 처리가 필요한 데이터량은 낮다. 따라서 (준)실시간 처리가 보장되

7 조성우(2010), Big Data 시대의 기술.

어야 하는 데이터분석에는 적합하지 않다.

2) 빅데이터를 위한 분석기법

앞에서 말한 빅데이터 처리의 특징을 만족시키기 위해 다양한 스토리지, 컴퓨팅기술 및 분석기법들이 빅데이터 처리를 위해 개발되었다. 대부분의 분석기법들은 통계학과 전산학, 특히 기계학습/데이터마이닝 분야에서 이미 사용되던 기법들이며, 이 분석기법들의 알고리즘을 대규모 데이터 처리에 맞도록 개선하여 빅데이터 처리에 적용시키고 있다. 최근 소셜미디어 등 비정형 데이터의 증가로 인해, 분석기법들 중에서 텍스트/오피니언마이닝, 소셜네트워크분석, 군집분석 등이 주목을 받고 있다.

(1) 텍스트마이닝

텍스트마이닝(text mining)은 비/반정형 텍스트 데이터에서 자연어처리(Natural Language Processing) 기술에 기반하여 유용한 정보를 추출 · 가공하는 것을 목적으로 하는 기술이다. 텍스트마이닝 기술을 통해 방대한 텍스트 뭉치에서 의미 있는 정보를 추출해 내고, 다른 정보와의 연계성을 파악하며, 텍스트가 가진 카테고리를 찾아내는 등, 단순한 정보검색 그 이상의 결과를 얻어낼 수 있다. 컴퓨터가 인간이 사용하는 언어(자연어)를 분석하고 그 안에 숨겨진 정보를 발굴해 내기 위해 대용량 언어자원과 통계적 · 규칙적 알고리즘이 사용되고 있다. 주요 응용분야로 문서분류, 문서군집, 정보추출, 문서요약 등이 있다.

(2) 오피니언마이닝

텍스트마이닝의 관련 분야로는 오피니언마이닝(opinion mining) 혹은 평판분석(sentiment analysis)이라고 불리는 기술이 있다. 오피니언마이닝은 소셜미디어 등의 정형/비정형 텍스트의 긍정, 부정, 중립의 선호도를 판별하는 기술이다. 오피니언마이닝은 특정 서비스 및 상품에 대한 시장규모 예측, 소비자의 반응, 입소문분석(Viral Analysis) 등에 활용되고 있다. 정확한 오피니언마이닝을 위해서는 전문가에 의한 선호도를 나타내는 표현/단어자원의 축적이 필요하다.

(3) 소셜네트워크분석

소셜네트워크분석(Social Network Analytics)은 수학의 그래프이론(Graph Theory)에 뿌리를 두고 있다. 소셜네트워크 연결구조 및 연결강도 등을 바탕으로 사용자의 명성 및 영향력을 측정하여, 소셜네트워크상에서 입소문의 중심이나 허브(Hub)역할을 하는 사용자를 찾는 데 주로 활용된다. 이렇게 소셜네트워크상에서 영향력이 있는 사용자를 인플루언서(Influencer)라고 부르는데, 인플루언서의 모니터링 및 관리는 마케팅관점에서 중요하다고 할 수 있다.

(4) 군집분석

군집분석(Cluster Analysis)은 비슷한 특성을 가진 개체를 합쳐 가면서 최종적으로 유사 특성의 군(Group)을 발굴하는 데 사용된다. 예를 들어 트위터상에서 주로 사진/카메라에 대해 이야기하는 사용자군이 있을 수 있고, 자동차에 대해 관심 있는 사용자군이 있을 수 있다. 이러한 관심사나 취미에 따른 사용자군을 군집분석을 통해 분류할 수 있다.

2. 소셜 CRM과 웹마이닝

소셜미디어 이용정보와 함께 모바일환경에 의한 사용자 위치정보를 활용하여 실시간으로 서비스 사용자(고객)의 행동패턴, 선호도와 고객경험을 파악하는 상황인지(context awareness)가 일부 가능해졌으며, 이를 바탕으로 기업들은 자사의 서비스나 제품 등 다양한 오퍼를 고객의 상황에 맞게 즉시 추천할 수 있게 되었다. 트위터의 타임라인, 팔로워 혹은 리트윗을 통해 전달된 맛집 정보, 특정 상품 사용후기 등을 분석한다면, 전통적인 서베이를 통한 시장조사보다 즉시성과 역동성을 지닌 결과를 얻을 수 있을 것이다.

앞 장에서 알아보았던 몇 가지 웹마이닝 방법들이 소셜 CRM에 도입되고 있는 사례를 살펴보도록 하겠다.

1) 연관성규칙

앞에서 논의된 것처럼 연관성규칙은 하나의 세션에서 발생한 아이템 사이의 연관성을 찾아주는 마이닝 기술이다. 웹이용마이닝에서는 사용자가 하나의 세션에서 본 페이지들 사이의 연관성을 찾아준다. 이를 통해 사용자가 웹사이트를 방문해서 함께 참조하는 페이지 정보를 얻을 수 있다.[8]

예를 들어서 사이버머니의 충전 및 사용 시 사용자들은 게임이나 선물가게 등을 구매예정지로 함께 보는 경향이 있다. 대표적인 사례로 '싸이월드'에서 사이버머니인 도토리의 구매 시 도토리가 사용가능한 지역을 연관성으로 묶어진 사이트라 분석하여 함께 알려줌으로써 더욱더 많은 사이버머니의 소비를 권유한다. 이것은 한 번에 함께 산 물건들에 관한 연관규칙을 찾아내어 나타내는 기술이다.

2) 순차적 패턴

연관성규칙은 물건을 한 번에 살 때 같이 구매한 것들을 이용해 규칙을 찾는 것인 반면, 순차적 패턴 발견은 순서대로 일어난 데이터를 분석해 빈도수가 높은 순차적 패턴을 찾아내는 기술을 말한다. 예를 들어 비디오테이프 대여점에서 고객의 데이터를 분석해 〈포레스트 검프〉를 빌려본 고객은 나중에 〈아폴로 13〉이나 〈캐스트 어웨이〉를 함께 빌려본다는 패턴을 발견했다고 가정하자. 이러한 패턴정보를 편의상 '({포레스트 검프}) → ({아폴로 13, 캐스트 어웨이})'로 나타내보자. 이 순차적 패턴정보에 따라 다른 고객 역시 〈포레스트 검프〉를 빌려본 사람이고 나머지 두 영화를 아직 빌려보지 않았다면 대여점을 방문했을 때 이 두 영화를 추천해 줄 수 있다.[9]

예를 들면, 사용자들은 전에 방문한 사용자의 미니홈피를 일정한 시간 이내에 다시 방문하는 경향이 있다.

① **사례 1** : 싸이월드의 미니홈피 상단에는 자신이 방문했던 사람의 이름이 순차적으로 표시된다. 그래서 이전 방문했던 사용자의 접근을 비교적 용이하게 만든다.

② **사례 2** : 싸이월드에서 자신이 가진 페이지 내의 배경을 꾸밀 수 있는 '스킨'의 구입 시, 싸이월드에서 자신의 페이지 내 배경음악으로 사용되는 음악을 무료로 주고 할인쿠폰 또한 제공한다. 이것은 음악을 필요로 하는 사람의 대부분이 배경을 꾸밀 수 있는 '스킨'을 다시 살 것이라는 웹마이닝의 패턴을 발견하여 접목시킨 것이다.

8 Microsoftware 2001.5.

9 http://adeuxist.egloos.com

3) 군집화

군집화는 유사한 특징이 있는 여러 가지 객체를 몇개의 군집으로 생성하는 데이터마이닝 방법 중 하나이다. 웹이용마이닝에서 군집화의 대상이 되는 객체는 웹사이트를 방문한 사용자와 웹사이트를 구성하는 페이지가 된다. 따라서 군집화기법을 이용하면 사용자와 웹페이지를 유사한 형태의 군집으로 묶을 수 있다.

텍스트마이닝은 트위터나 페이스북 사용자가 올린 글들을 분석하여 특정 상품, 서비스, 식당 추천 등의 선호도 및 여론의 방향을 파악하는 것으로, 문장형태의 비정형 데이터를 정형화하는 데이터 전처리기술과 사용자의 호감(positive)과 비호감(negative)의 선호도를 인지할 수 있는 해당단어들이 어떤 것들인지에 대한 노하우가 필요하다. 선호도를 나타내는 표현과 단어는 소프트웨어만을 이용한 분석으로 파악하는 것이 불가능하여, 실제 문장을 읽고 해당 글이 호감 혹은 비호감을 나타내는지에 대한 전문가 판단이 축적되어야 한다는 점이 중요하다. 텍스트마이닝은 구전효과를 모니터링하는 입소문분석(viral analysis)과 평판분석(sentiment analysis)에 적용되고 있다. 그리고 특정 서비스 및 상품의 시장규모 예측을 위해, 관련 상품 혹은 서비스가 인터넷 공간에서 논의된 횟수 및 심도, 그리고 소셜미디어기반의 입소문 데이터를 활용하여 예측모델링하는 마케팅 인텔리전스에 사용되고 있다.

소셜네트워크분석은 주로 사용자의 중요도를 측정하여, 입소문의 중심이나 허브역할을 하는 사용자를 발굴하는 데 활용된다. 즉, 소셜네트워크의 연결구조상 다른 사용자에게 많은 영향을 끼칠 수 있는 사용자를 찾아 해당 사용자의 입소문을 모니터링하고 관리하는 데 활용된다. 여기서 군집분석은 소셜네트워크 사용자의 특징을 파악하여 비슷한 성향의 사용자 군(group)을 발굴하는 데 사용된다.

기업에서 소셜네트워크 데이터분석을 통해 마케팅 고도화 혹은 신상품이나 서비스에 대한 고객반응, 평판을 파악할 수 있는 방법은 무엇일까? 즉, 소셜미디어 데이터 분석을 도입하는 방안은 무엇인가? 과거 내부의 고객데이터를 분석하던 상황과는 달리, 기업이 소셜미디어 데이터를 수집하고 빅데이터 분석환경을 기업 자체적으로 구축하는 것은 어려울 것이다. 물론 분석목적과 데이터 규모에 따라 데이터 수집을 구글이나 네이버와 같은 검색엔진을 활용하여 모으고, 오픈소스나 상업용 분석 소프트웨어를 활용하는 방안도 있을 수 있다. 이런 경우는 B2B 형태의 비즈니스를 하는 기업이 최종사용자 시장 동향을 파악하기 위한 분석을 수행할 때와 같이, 데이터가 크지 않고 분석목적이 단순명확한 경우이다. 그러나 B2C 비즈니스처럼 대중의 활동, 여론, 기업의 서비스 및 제품평가를 파악하여야 하고 소셜네트워크분석을 통해 빅마우스 사용자를 찾아내고 싶은 경우, 데이터 수집 노하우 및 대형 스토리지, 그리고 고성능의 컴퓨팅환경이 필요할 것이다.

예를 들어, 소셜네트워크 관계하에서 주로 언급되는 트위터 내용이 삼성 스마트폰에 관심있는 사용자그룹이 있을 수 있다. 이들에 대한 정보를 모아 군집화시킨다. 그 후 마이닝을 통해 그들이 삼성 스마트폰에 호감을 가지는지 비호감을 가지는지 분석한다. 또 상품의 시장규모 예측을 위해, 관련 상품 혹은 서비스가 인터넷 공간에서 논의된 횟수 및 심도, 그리고 소셜미디어기반의 입소문 데이터를 활용하여 예측한다. 그 후 이에 대한 그들의 입소문분석과 평판분석을 실시한다. 이러한 데이터를 마이닝시키는 것은 삼성 스마트폰의 시장규모나 앞으로의 새로운 제품을 만들거나 업데이트시키는 등 미래의 시장을 예측할 수 있게 한다. 모바일분야의 경우 제품주기가 굉장히 짧다고 한다. 제품의 히트 여부가 3개월 안에 결정난다. 그래서 고객불만 등을 단기간에 처리하면 반응이 좋아져서 제품이 성공한다. 소셜분석을 활용하면 시중의 이런 반응에 대해서 적극적으로 파악할 수 있게 되기 때문에 기업들이 적극적으로 소셜분석을 활용하려 한다.

다른 예를 들면, 사용자 1과 사용자 2는 입력한 거주지역이나 직장 등으로 판단해 볼 때 같은 군집에 속한다. 즉, 방문패턴이 비슷한 사람들이라 추측할 수 있다. 예로서 페이스북의 친구 추천에서는 방문했던 페이지나 사용자들 간의 '아는 사이'를 바탕으로 같은 관심사를 가진 친구나 잊고 지냈던 사람을 쉽게 찾을 수 있도록 도와준다.

4) 분류

분류는 각 사용자들을 미리 정해진 몇 개의 그룹 중 하나에 할당하는 것을 말하는 것으로 이는 사용자그룹이 미리 규정되어 있다는 점에서 군집화와 구분된다. 사이트의 운영자가 보유하고 있는 사용자들 중 다른 경쟁사이트로 이탈할 사용자들은 누구이며 그 특성은 어떤지, 또는 특정 제품을 구매하는 사용자들은 누구이며 어떤 특성을 갖는지 등의 내용을 확인할 수 있다. 예로서, 사용자의 입력된 거주지역이나 학교, 직장 등을 통하여 그룹을 미리 규정지어 놓는다. 이에 따라 사용자들을 분류한다. 페이스북의 경우, 스마트리스트는 같은 학교나 직장을 다니는 사용자들만 따로 묶어서 보여주기도 하고, 같은 지역 내에 거주하는 사용자들만 따로 묶어 뉴스피드로 나타내 주기도 한다.

5) 예측

데이터 일반화란 데이터의 일반적인 특성을 분석하는 것으로 데이터베이스에서 많은 관련된 데이터를 낮은 개념 레벨에서 높은 개념 레벨로 추상화시키는 작업이다. 통상 여러 추상화 레벨에 있는 데이터에 관하여 일반화된 뷰를 제공하는 것은 바람직하다.

예를 들어 예측이란 과거의 데이터를 바탕으로 관측되지 않은 변수의 미래의 값을 평가하는 것이다. SNS의 데이터를 통하여 소셜 CRM을 구축하는 것 자체가 데이터 일반화라고 볼 수 있다.

앞에서 말한 바와 같이, 이제 웹을 통한 소비자의 정보교환 등은 제품 구매의사결정에 있어 상당한 위치에 자리잡고 있다. 이러한 상황에서 웹에 대한 정보를 수집하여 필터링하거나 상관관계를 확인함으로써 소비자행동에 대한 예측이 가능해졌다. 이는 비단 홈페이지나 포털에서뿐만이 아니라, 개인적 또는 집단적으로 상호소통하는 SNS의 영역에도 해당한다.

소셜네트워크 경영, 어드밴스트 애널리틱스 뜬다.
대용량 SNS 데이터 수집 · 분석… 기업에 고객평판 등 정보제공
쌍방향 마케팅전략 적극 활용

C·A·S·E 살펴보기

삼성전자의 스마트폰 '갤럭시 S2'가 지난달까지 120개국에서 140여 개 글로벌 사업자를 확보,글로벌 예약주문이 300만 대를 넘어섰다. 출시 초기 100여 개 국가에서 110개의 공급망을 확보했던 '갤럭시 S'에 비해 국가수와 사업자수가 각각 20%, 27% 늘어난 것이다. 이 같은 '갤럭시 S2'의 성공은 소셜네트워크를 이용한 삼성전자의 마케팅전략 덕분이다. 삼성전자는 지난 2월 제품을 처음 공개하면서 페이스북과 트위터 등 소셜네트워크서비스(SNS)를 적극 활용해 제품의 동영상을 퍼뜨리고 커뮤니티를 만들어 입소문을 냈다. 이로 인해 '갤럭시 S2'의 높은 성능에 대한 기대감을 세계적으로 전파할 수 있었고, 삼성전자의 스마트폰 시장선점에 큰 역할을 하고 있다.

■ SNS 활용하면 소비 트렌드 알 수 있어

SNS는 단순한 온라인 커뮤니티를 넘어 세계 8억여 명의 사용자들 간에 소통의 장(場)으로 발전하고 있다. 대중과의 접촉이 많은 통신 및 전자산업의 경우 신제품 정보나 브랜드 평가는 거의 실시간으로 퍼져 나간다. SNS 데이터를 분석하면 소비자의 요구를 일시 현상이 아닌 트렌드로 파악할 수 있다.

하지만 SNS의 디지털 공간정보가 12억 테라바이트(음악파일 25만 개, 고화질영화 125편에 해당하는 방대한 양)에 달하는 상황에서 기업이 활용가능한 SNS 정보를 추출 · 분석한다는 것이 쉬운 일이 아니다. 최근 이런 비정형성 데이터를 신속하게 처리할 수 있는 어드밴스트 애널리틱스(advanced analytics) 분석기법이 화제다. 어드밴스트 애널리틱스란 대용량의 SNS 데이터나 웹 컨텐츠를 실시간 수집 · 분석하여 기업의 선제적인 의사결정을 지원하는 차세대 데이터분석 기술이다. 주요 기법은 두 가지로 나눌 수 있다.

① '예측분석' 통해 고객관리 최적화

첫째는 '예측분석'이다. SNS나 웹에 떠도는 정보를 실시간으로 수집하고 분류한 뒤 최적의 예측값을 도출해 낼 수 있다. 이를 통하면 고객관리를 최적화할 수 있다. 이동통신 고객의 해지율을 낮추거나 우수고객을 등급화하고, 고객불만을 사전에 예방할 수 있는 아이디어의 기반이 된다. SAS의 소셜미디어 분석 솔루션이 대표적인 예다. 이 솔루션은 웹, 이메일, 블로그, 미디어 등 기업 안팎에 떠도는 비정형 데이터를 분석해 기업이미지와 제품에 대한 고객의 평판, 트렌드 정보를 제공한다.

또 다른 솔루션의 하나로 소셜네트워크분석(SNA)은 SNS 내에 구축돼 있는 사용자 간의 관계(link)를 분석하는 기법을 말한다. SNS 사용자는 주로 자신의 관심사에 대한 컨텐츠를 SNS를 통해 주변 사람들과 공유하므로 사용자 간 공유하는 정보의 흐름을 분석하는 것은 관련 주제별로 사용자 네트워크를 재구성할 수 있게 한다.

② 텍스트로 소비자 감정까지 분석

두 번째는 '텍스트 분석'이다. 현재 기업에서 생성하는 정보의 80%는 그림, 웹문서, 음성, 비디오, 이메일 등의 비정형 데이터이다. 앞으로 최대 90%까지 증가할 것으로 예상되기 때문에 텍스트기반 데이터를 분석하는 기술은 중요한 분석방법이 될 것으로 보인다. 텍스트분석은 문장을 형태소 등의 최소단위로 분해하고 언어학적 구조를 패턴화해서 문장의 의미를 파악할 수 있다.

텍스트에 표현된 긍정 또는 부정적 감정을 자동적으로 파악할 수 있기 때문에 '감정분석'이라고도 한다. 특정 제품이나 서비스에 따라 키워드를 식별해 텍스트 문맥에서 긍정, 부정적 평가를 구분한다. 장기간에 걸쳐 이런 감정을 추적하면 일종의 트렌드와 패턴이 보인다.

SNS와 가장 밀접하게 연결돼 있는 통신 및 전자산업에서는 고도의 데이터분석 기술을 갖추는 것이 필수이다. 하지만 기술적인 요인에만 집중한 나머지 기업 내에서 정보활용의 운영 프로세스를 구체적으로 계획하지 못한다면 기대한 만큼의 효과를 얻기 힘들다. SNS 정보가 수집에서 정보활용에까지 일관된 흐름을 가질 수 있도록 전사적으로 최적화한 전담분석 조직과 분석 프로세스를 갖추는 것이 필요하다. 실례로 LG디스플레이는 최근 전문분석가 조직을 신설했다. 생산현장에서 나온 데이터를 제대로 활용하지 못하는 이유는 데이터를 분석 · 연계하는 기술과 인력이 부족했기 때문이라고 판단해서다.

자료 : 한국경제신문, 2011. 6. 23

6) 협업 필터링

협업 필터링은 고객들의 인구통계학적인 기본정보와 웹페이지들의 성격을 명확히 하여 사용자들의 표현으로 선호도, 관심에서 비슷한 패턴을 보이는 고객들을 묶는 것을 통해 고객서비스 방향을 결정한다. 즉 비슷한 취향을 가진 고객들에게 서로 아직 구매하지 않은 상품들을 교차추천하거나 분류된 고객의 취향이나 생활형태에 따라 관련 상품을 추천하는 형태로 서비스를 제공하게 된다. 즉 선호도를 비교하여 유사한 취향을 가진 사용자들이 공통적으로 선호할 것이라 예상되는 정보를 추천하는 방식이다. 이를 위해 비슷한 취향을 가진 사용자를 그룹화하는 작업이 필요하다. 하지만 사용자 성향을 학습하기까지 시간이 걸리고, 그룹 안에서 다루지 않은 새로운 상품이 나타났을 경우 추천이 불가능하며 그룹의 사람들과 다른 기호를 지닌 사용자를 수용하지 못한다는 단점이 있다.

예를 들면 대상고객과 유사한 성향과 속성을 갖는 고객이 선택하는 상품들을 분석하여, 해당고객도 유사한 상품을 선호할 것이라는 가정을 갖고 추천하도록 개인화된 상품을 제시한다.

사례로서 페이스북 내의 스폰서 페이지는 가까운 친구가 좋아하는 페이지를 우선적으로 나타내주거나, 자주 들어가본 과거의 페이지와 관련된 스폰서를 우선적으로 추천한다.

인터넷 공간 속 무궁무진한 정보 중에서 자신의 관심사에 딱 맞는 정보를 찾기란 쉽지가 않다. 이러한 개인의 욕구에 발맞추기 위해서 많은 기업에서 여러 가지 시스템 개발을 시도하고 있다. 그 중 이글루스는 꼬리표(태그) 단점을 보완한 '블로그 추천글' 서비스를 오픈하였다. 이 서비스를 이용하면 꼬리표 달기에 익숙치 않은 사용자들이 클릭 한 번으로 쉽게 사용할 수 있을 뿐만 아니라, 트랙백으로 느슨하게 연결되어 있는 '블로거 커뮤니티'의 새로운 의사소통 통로로 활성화될 수 있을 것으로 예상된다.

블로그 간에 관련된 글을 자동으로 연결시켜 주는 이 기능은 블로그에 새 글을 작성하면 밀접히 연관된 글이 5개 정도 자동으로 추천되는 서비스로 단순 키워드 일치도가 아닌 문맥파악에 의한 추천방식을 구현했다.

사용자들은 새로운 글을 쓰고 '추천글 보기'라는 아이콘을 누르면 다른 블로거가 작성한 문장을 파악하여 유사한 내용의 글을 상위 5개까지 추천해서 보여준다. 글 제목을 누르면 해당 포스트가 열리고 관련이 있다고 판단된 글을 선택하면 상대 블로그 바로 밑에 내 글이 관련글로 배치된다. 반대로 누군가 나의 글을 관련글로 추천받아 자신의 블로그에 등록했다면 더 많은 노출효과를 얻을 수 있으며, 생각이 비슷한 블로거들과 연결되는 커뮤니티도 형성할 수 있다.

단순 단어로 관련글들을 묶어주는 방식과는 달리 문맥을 파악하여 비슷한 내용을 찾아줌으로써 보다 정확하게 자신의 생각과 비슷한 블로그 커뮤니티를 형성시켜 준다는 점에서 가치가 높다고 할 수 있다.

이 사례는 개인적인 성향과 선호도, 더 나아가 신념과 가치관을 담는 블로그 글 간의 연결성을 구축하고 비슷한 생각과 선호도를 가진 사용자들에게 보다 더 정확한 정보의 접근성을 제공한다는 점에서 협업 필터링 기반의 시스템을 구축했다고 볼 수 있다.

3. 소셜 CRM의 활용

1) 채용정보서비스

채용을 위해 각 기업들이 페이스북에 페이지를 만들거나 트위터에 트윗을 하게 되면 그 기업에 관심이 있는 구직자가 페이지에 접속을 하거나 팔로잉을 하게 된다. 이렇게 기업들은 SNS를 이용하여 구직자들과 소통하여 구직자들에게 따뜻하고 친근한 기업으로 다가가기 위해 노력하고 있다. 예로서 CJ그룹의 트위터는 구직자들과 가장 소통이 잘 되는 것으로 알려진 채용정보 SNS이다.

"채용도 SNS 시대" 현대차 '채용 트윗수' 1위
삼성전자, 팔로워 1만 1,448명 가장 많아

C·A·S·E 살펴보기

최근 많은 기업들이 소셜네트워크서비스(SNS)를 통해 구직자들과 직접 커뮤니케이션을 하고 다양한 취업관련 정보를 제공하고 있다.

취업포털 잡코리아가 채용 트위터를 운영하고 있는 기업 39개를 조사한 결과 현대자동차가 트윗수 2,171건으로 가장 많은 정보를 제공하는 것으로 나타났다. 특히 구직자들에게 면접관 수와 면접내용 등 상세한 정보를 알려주고 있었다.

2위는 총 1,472건의 트윗수를 보유한 CJ그룹이 차지했다. CJ는 '탐님'이라는 문구로 구직자들과의 활발한 소통을 하고 있다. 탐님이란 '탐난다 당신'이란 뜻으로 CJ그룹의 채용 슬로건이다.

이어 LG디스플레이(1,145건), 스타벅스(1,084건), 넥슨(1,051건) 등의 순이었다.

삼성전자는 총 1만 1,448명으로 채용 트위터 중 가장 많은 팔로워를 보유한 것으로 나타났다. 실제로 삼성전자 공식 트위터의 팔로워수는 6만 명이 넘었다. 이어 CJ그룹(8,317명), 현대차(4,709명), 하나은행(3,756명), LG디스플레이(3,453명) 등 순이었다.

CJ그룹의 트위터 팔로잉수는 총 6,444명으로 구직자들과의 소통이 가장 활발했다. 다음으로 하나투어(3,391명), KBS(2,545명), 넥슨(1,890명), LG디스플레이(1,357명) 등 순이었다.

마지막으로 구직자들이 가장 관심 있게 보는 채용 트위터로는 가장 많은 팔로워를 보유한 삼성전자가 1위를 차지했다. 삼성전자의 리스티드수는 434건이었으며 이어 CJ그룹(301건), LG디스플레이(144건), SK그룹(128건), 다음(107건)이었다.

잡코리아 관계자는 "SNS는 정보의 확산속도가 빠를 뿐만 아니라 쌍방향 커뮤니케이션이 실시간으로 가능하기 때문에 많은 기업들이 채용에서도 활용하고 있다"고 설명했다.

자료 : 아시아투데이, 2011. 11. 21

SNS 채용시대

C·A·S·E 살펴보기

학력과 스펙이 빼곡히 적힌 이력서와 자기소개서로 취업하는 시대가 지나가고 있다. 점점 더 많은 기업이 구직자의 트위터, 페이스북 계정을 살피고 있고 링크드인과 같은 비즈니스 인맥서비스에서 경력자를 찾고 있다.

CNN 인터넷판에 따르면 미국 기업의 채용 담당자 가운데 상당수는 이력서 대신 e-메일에 첨부돼 있는 취업희망자의 비즈니스 인맥서비스 링크드인의 계정이나 페이스북 프로필, 블로그 등을 채용결정에 주요 자료로 활용하고 있다. 국내 500대 기업 17.1%는 채용을 위한 전용 소셜네트워크서비스(SNS) 계정을 운영 중이다. 지난 2월 초 취업포털 사람인이 인사담당자 397명을 대상으로 설문조사한 결과, 절반이 넘는 206명이 구직자 SNS를 참고한다고 답했다. 이들 중 94%는 "인재선발에 SNS가 도움된다"고 답했다.

나아가 학력, 영어점수 등 각종 스펙을 완전히 배제하고 SNS 활용능력으로만 인재를 뽑기도 한다. SK텔레콤은 지난 4월부터 3개월에 걸쳐 트위터, 페이스북 등 SNS만으로 소셜매니저 2명을 채용했다. 회사 측이 제공하는 미션에 대해 SNS 사용자들의 참여를 많이 이끌어내는 사람이 가산점을 획득하는 방식으로 진행된 채용에 1,100여 명이 응시해 높은 경쟁률을 보였다.

채용을 위한 SNS도 속속 등장하고 있다. 비즈니스 인맥서비스 링크나우(대표 정장환, www.linknow.kr)는 미국의 링크드인과 유사한 서비스. 현재 15만여 명이 가입해 있고 푸마코리아, 블리자드 등 1,600명의 기업체 인사 담당자와 700명의 헤드헌터가 상주하며 이력서에 준하는 가입자 프로필을 보고 연락을 취해 입사를 제의한다.

베타서비스를 진행 중인 소셜 헤드헌팅 네트워크 '훕스'(대표 김지민, beta.whoops.co.kr)는 추천인이 구직자에 대한 정보와 평가, 추천사유 등을 입력해 기업에 추천하는 서비스이다. 페이스북이 연동돼 다른 친구들과의 관계와 해당 구직자의 평소 생각 등도 확인할 수 있다. 기업은 일반 헤드헌터들에 주는 수수료의 10분의 1 수준만 운영자에게 지불하면 된다.

채용에 SNS가 광범위하게 사용되면서 부작용도 나타나고 있다.

정확한 수를 가늠하기 어렵지만 기업에 제출하기 위한 '위장용' SNS 계정을 따로 운영하는 구직자들이 늘고 있다. 실제 사용하는 계정의 내용 때문에 불이익을 받을 수도 있기 때문이다.

실제로 지난 4월 국내 한 출판사가 채용이 확정된 지원자가 SNS에 '자신은 반사회적 존재'라고 올린 내용을 보고 하루 만에 합격을 취소한 바 있다. 채용에 있어 SNS의 활용 정도와 사생활 보호에 대한 합의가 필요한 시점이다.

자료 : 헤럴드경제, 2012. 7. 18

2) 소비자반응 예측

제품이나 서비스를 출시했을 때 SNS에서의 반응을 보고 이미 이 제품이나 서비스의 수익성을 예측할 수 있다. 또는 기존의 제품이나 서비스에 대한 소비자들의 댓글로서 소비자가 원하는 니즈가 무엇인지 파악하고 어떤 기능 혹은 서비스가 앞으로 선호될지를 예측할 수 있다. 예로서 삼성화재의 페이스북 페이지를 보면 소비자들이 대체로 전화상담이 많이 오지 않고 본인이 필요한 것을 스스로 찾아서 가입하는 인터넷 보험가입이 선호받고 있다는 것을 알 수 있다. 앞으로 이런 인터넷 보험가입은 점점 증가할 것으로 예상된다고 예측할 수 있다.

또 다른 예로, 최근 인기가 급증하고 있는 '소셜커머스'를 들 수 있다. 소셜커머스(Social Commerce)란 트위터나 페이스북 등 소셜네트워크서비스(SNS)에 기반한 전자상거래를 말한다. 선별된 상품을 할인된 가격에 고객에게 제공, 고객들의 체험을 통한 소비를 촉진시켜 향후 재방문 및 부가매출을 유도하는 마케팅수단이다. '반값할인'이나 '원어데이' 등으로 잘 알려져 있다.

지난 2008년 설립된 그루폰(Groupon)을 통해 전 세계 소셜커머스 붐이 일었으며, 국내에는 2010년 3월 위폰 등장 이후 쿠팡, 티켓몬스터, 위메이크프라이스 등이 설립되어 시장을 이끌고 있다.

SNS를 즐겨하는 소셜커머스 특성상 젊은층의 이용이 활발하다. 요일별 판매량, 주요 소비자층의 연령대, 누적금액, 재구매율 등을 분석한 결과 소셜커머스의 경우, 화요일에 생필품 등의 구입량이 제일 많이 증가하였다. 이는 주소비자층의 라이프패턴과 일치한다. 대체로 젊은 직장인들이 소셜커머스를 구입하는데 이들은 월요일에 바쁜 회사일처리 때문에 구입량이 저조하다. 한편 금~일요일 등 주말의 경우, 이들은 여가활동에 많은 시간을 투자하는 관계로 소셜커머스의 구입량은 생각보다 저조하였다.

따라서 이러한 결과분석을 바탕으로 하여 20~30대 직장인들일 경우 화요일에 가장 많은 거래가 이루어질 것을 예측할 수 있으며 이를 바탕으로 하여 화요일에 집중적으로 그들이 원하는 품목을 구성하고 적극적인 프로모션을 한다면 수익을 극대화할 수 있을 것이다.

블레이드앤소울 폭풍반응, SNS가 먼저 찜했다!
"될성부른 게임은 SNS부터 알아본다?!"

C·A·S·E 살펴보기

최근 SNS가 온라인게임의 새로운 인기척도가 되고 있다. 29일, 블레이드앤소울(블소)의 2차 클로즈베타테스트가 실시되면서 SNS를 통한 유저 간 소통이 활발하다. SNS 열기는 테스트 첫날부터 달아올랐다. 성미 급한 유저들은 게임 설치과정과 캐릭터 생성화면 등 초반 컨텐츠를 SNS를 통해 실시간으로 중계했다.

반응도 다양하다. 유저들은 트위터와 페이스북을 통해 "블소 테스트 시작, 퀄리티가 좀 쩌는 듯", "대박, 이건 그냥 콘솔게임", "1시간 플레이 소감, 와우보다 우월 인증" 등 게임에 대한 찬사를 쏟아냈다. 보통 테스트가 시작되면 해당 게시판이나 홈페이지가 북적이는데, 블소의 경우 SNS가 제2의 게시판 역할을 하며 인기를 견인하는 분위기다.

자료 : 베타게임, 2011. 8. 30

블랙스미스, SNS 소통강화 소비자반응 좋아

C·A·S·E 살펴보기

블랙스미스(대표이사 김선권)가 참신한 SNS 활동을 바탕으로 고객과의 소통을 강화하며 업계의 모범사례로 꼽히고 있다. 블랙스미스에 따르면(8일 기준) 현재 트위터 팔로워는 7,600여 명, 페이스북 팬은 1,400여 명에 달한다. 공식 SNS 관리기간이 2개월인 점을 감안하면 폭발적인 수치이다.

블랙스미스는 단순히 SNS를 통해 이벤트 공지나 할인쿠폰을 제공하는 것에서 그치지 않고, 고객들이 쉽게 불만사항이나 의견 등을 접수할 수 있도록 함으로써 인기를 얻은 것으로 보인다. SNS를 고객과의 소통창구로 자리매김하는 데 많은 노력을 기울이고 있기 때문이다. 블랙스미스 관계자는 "고객 불만사항이 접수됐을 경우 실시간으로 그 사안을 확인, 불만사항을 해소해 줄 때 고객들의 신뢰도가 점차 높아지는 것 같다"고 말했다.

실제 블랙스미스 트위터나 페이스북을 통해 "외식상품권을 만들면 좋겠다" "어디 상권에 매장을 내달라"는 등 다양한 의견을 접수하거나 "프리마베라 피자가 봄에만 가능한 거 아니겠죠", "신사역점에서 송승헌 씨와 사진을 찍었다"는 등 매장방문 후의 후기성 멘션도 활발히 남기고 있다.

블랙스미스 관계자는 "블랙스미스에 관한 의견은 모두 환영한다. 작은 관심이 블랙스미스가 좋은 외식공간으로 거듭날 수 있는 데 힘이 된다. SNS를 활용해 다양한 고객의 목소리에 최대한 귀 기울이기 위해 노력하겠다"고 말했다.

자료 : 스포츠조선, 2012. 3. 9

3) 기업이미지 향상 및 개선

SNS로 소비자와 직접 소통함으로써 친근한 기업, 소비자와 가까운 기업의 이미지로 나아가고자 하는 기업들이 늘고 있다. 또 다양한 이벤트를 제공함으로써 해당기업에 관심이 없던 소비자들의 관심을 이끈다. 현대카드는 뮤지컬, 연극, 전시 등의 다양한 이벤트로 현대카드를 사용하지 않는 잠재고객들의 관심을 많이 받고 있다. 또한 고객의 댓글 하나하나에 세심한 댓글을 달아줌으로써 따뜻하고 가까운 카드회사로 거듭나고 있다.

'사장님들은 고객 속으로'… 현장 · SNS서 맹활약 C·A·S·E 살펴보기

소비자들과 직접 소통에 나서는 최고경영자(CEO)들이 하나둘 늘고 있다. 제품 체험행사는 물론 문화공연과 봉사활동 등을 함께하며 시장반응을 살피고 새로운 아이디어도 모색하는 것이다. 이는 소비자만족도를 높이는 동시에 기업이미지 개선에도 적잖은 보탬이 된다는 게 CEO들의 생각이다.

… (중략) …

스마트폰이 폭발적으로 확산되면서 트위터나 페이스북 등과 같은 소셜네트워크서비스(SNS)에서 뛰는 CEO들도 늘어나고 있다. 소소한 생활이야기를 비롯해 사회 이슈에 대한 토론에 나서며 연예인 못지않은 인기를 모으는 이들도 적잖다.

SNS 마니아로 알려진 박용만 (주)두산회장이 대표적인데, 그의 트위터 팔로워는 10만 명이 훌쩍 넘는다. 박 회장은 특유의 유머감각은 물론 직접 시식하거나 사용해 본 제품후기를 남기는 것으로도 유명하다. 덕분에 '옆집 아저씨'라는 친근한 별명도 생겨, 두산의 기업이미지를 올리는 데도 일조했다.

지난해 2월 트위터를 시작한 정태영 현대카드 · 캐피탈 사장도 남 못지않은 인기를 자랑한다. 트위터를 통해 디자인과 마케팅에 대한 철학을 펼치는 한편, 회사경영에 관한 질문에도 일일이 답하며 온라인상 경영을 펼치고 있다.

주원 KTB투자증권 대표도 트위터에서 활발하게 대중들과 소통하고 있다. 젊은 세대들이 무엇

에서 즐거움을 느끼는지 이해하기 위해 트위터의 소녀시대 팬클럽인 '소시당'에 가입하기도 했다.

최기의 KB국민카드 사장은 페이스북을 통해 소식을 전한다. 그 역시 회사 소식부터 시시콜콜한 얘기까지 SNS를 통해 소통한다.

자료 : 머니투데이, 2011. 10. 10

네티즌 72.6%, 기업 SNS와 친구 되니 이미지 좋아져

C·A·S·E 살펴보기

기업들의 소셜네트워크서비스(SNS) 사용이 늘고 있는 가운데, 기업 SNS와 친구를 맺은 후에는 이미지가 더 좋아지고 있는 것으로 나타났다.

13일 SK텔레콤이 자사 소셜미디어 구독자수 100만 명 돌파를 기념해 실시한 설문조사에 따르면 네티즌들은 기업 SNS를 이용하는 이유에 대해 '이벤트 및 프로모션에 참여하기 위해서'라는 답변이 71.3%로 가장 높게 나왔다. 원래 좋아하는 브랜드여서(48.3%), 기업정보를 얻기 위해서(44.1%) 등도 있었다.

특히 기업과 SNS 친구를 맺은 후에는 '이미지가 더 좋아졌다'는 답변이 72.6%로 가장 높았으며 변화가 없다는 답변(26%)과 간격이 컸다. 악화됐다는 답변은 1%에 불과했다.

기업들이 SNS에 관심을 갖는 이유는 SNS를 통한 소통의 영향력이 기존 미디어를 압도하고 있기 때문이다. 장기불황이 가시화되는 상황에서 종합편성채널 등에 대한 광고비 부담이 증가해 기업 트위터나 페이스북을 통한 직접 소통에 적극적이기도 하다.

아울러 SNS를 통한 소통에 늦으면 브랜드이미지에 치명적인 손상이 발생할 수 있다는 점도 기업들을 움직였다. A호텔 한복사건이 터졌을 때 트위터 계정을 만든지 얼마 안 됐던 해당 호텔은 팔로워가 많은 그룹사 것을 빌려 사과 트윗을 내보내기도 했다.

그런데 실제로 기업 SNS가 기업의 브랜드이미지를 좋게 만든다는 조사결과가 나와 주목되고 있다.

한편 현재 사용 중인 SNS가 무엇인지 묻는 질문에 '페이스북'을 사용하고 있는 사람이 전체의 94.1%로 가장 높은 비중을 차지했으며, 다음으로 트위터와 카카오스토리를 사용하는 비율은 각각 29.6%와 28.9%로 비슷했다.

하루에 SNS를 사용하는 빈도는 매 2~3시간에 한 번 확인한다는 답변이 30.3%로 가장 많았지만, 매 30분 또는 1시간마다 확인한다는 답변도 20.4%와 20.5%로 높게 나타났다.

SNS로 인한 긍정적인 측면으로는 빠른 뉴스와 정보습득을 57.4%로 가장 많이 꼽았으며, 부정적인 측면으로는 '원치 않는 사람에게 사생활이 많이 노출된다'는 답변이 80.8%로 압도적인 우위를 차지했다.

SK텔레콤은 이번 설문조사를 통해 나타난 SNS 사용자들의 인식을 바탕으로 '바른SNS를 위한 소셜릴레이'를 통해 긍정적인 SNS 문화 확산시키기에 앞장선다는 계획이다.

자료 : 이데일리, 2012. 11. 13

4) 제품개발

기업은 신제품을 개발하는 데 소셜 CRM을 활용한다. 기존의 블로그마케팅이나 프로슈머를 통한 제품개발 및 평가에 대한 노력은 이제는 소셜미디어를 활용하는 방향으로 바뀌었다. 소셜미디어를 이용하여 제품의 개발단계부터 고객들을 참여시켜 다양한 피드백을 얻고 이를 통해서 제품의 품질 등을 향상시켜 신제품의 성공적인 출시를 돕는다.

기업들 SNS 데이터 활용, 제품개발 및 마케팅으로 확대 C·A·S·E 살펴보기

소셜네트워크서비스(SNS)에서 모아진 데이터를 제품 연구개발(R&D) 및 마케팅에 활용하려는 움직임이 일고 있다. SNS 활용이 과거 기업홍보 및 커뮤니케이션 수단을 넘어 제품경쟁력 강화 수단으로 확대되는 셈이다.

13일 관련업계에 따르면, 삼성전자, LG전자, 현대카드, 신세계, 두산, KT 등 대기업은 페이스북, 트위터 등 SNS에서 산출되는 데이터를 기반으로 이용자의 소비형태를 파악해 경영활동에 활용하고 있다.

현재 가장 적극적으로 SNS 데이터를 활용하고 있는 기업은 삼성전자, LG전자 등 국내 대형 글로벌 전자업체다. 이들은 각종 SNS에서 유통되고 있는 다양한 데이터를 원하는 키워드로 검색해 정보를 수집한 뒤 이를 분석해 신제품개발이나 마케팅에 활용하는 방안을 마련 중이다.

특히 삼성전자는 SNS나 인터넷에서 원부자재관련 가격 등의 정보를 수집 · 분석해 구매시기를 결정하는 방안도 추진하고 있다. 또 신기술 추이와 관련한 데이터분석을 통해 향후 제품 고도화 및 생산에 반영하는 방안도 도입할 예정이다.

신세계는 최근 이마트사업 부문이 분사함에 따라 새로운 사업모델 발굴을 위해 SNS에 고객관계관리(CRM)를 적용하는 방안을 적극 검토하고 있다. 향후 소셜 CRM을 도입하면 SNS를 통해 얻어지는 잠재고객 요구는 물론이고 경쟁사관련 정보를 기반으로 다양한 사업 아이디어를 확보할 수 있을 것으로 기대하고 있다. 이러한 SNS 활용방안은 롯데백화점도 적극 검토 중이다.

금융권에서는 현대카드가 빠르게 움직이고 있다. 현대카드는 모바일기반으로 활용되고 있는 SNS의 데이터를 수집해 새로운 서비스 개발에 활용하고 있다. 또 일부 대형 은행은 이용자와 커뮤니케이션 수단으로 활용하고 있는 SNS의 데이터를 저장하고 분석하는 시스템을 갖출 계획이다. 통신사들은 사용자의 SNS 네트워크를 분석해 가입자 이탈방지에 적극적으로 활용하고 있다. 광고대행사 등 일부 서비스 회사들은 SNS 기반의 CRM 분석을 새로운 사업모델로 추진하고 있다.

그러나 아직까지는 기업이 SNS 데이터를 활용하는 데 한계도 있다. SNS에서 산출되는 비정형 데이터의 양이 매우 방대해서 이를 모두 저장하고 분석하기가 쉽지 않기 때문이다. 또 이러한 데이터를 핵심 경영활동에 활용하려면 데이터 신뢰성을 한층 높여야 하는 점도 해결할 과제이다.

자료 : 전자신문, 2011. 6. 13

5) 제품판매

소셜미디어의 확산과 함께 소셜커머스(Social Commerce)가 등장하였다. 즉 소셜네트워크서비스를 이용하여 제품이나 서비스를 판매하겠다는 것이다. 소셜네트워크상에서 단체구매 등의 방법을 활용하여, 저가의 제품과 서비스를 제공하고 있다. 대표적인 국내 소셜커머스의 예로는 쿠팡, 티켓몬스터, 위메이크프라이스 등이 있다.

"93년생 남자와 여자 주민증 3만 원에 팝니다" C·A·S·E 살펴보기

술집 등에서 미성년자 단속을 피하기 위해 청소년들이 인터넷과 소셜네트워크서비스(SNS) 등을 통해 성인 주민등록증을 암거래하는 사례가 급증해 대책마련이 시급하다는 지적이 제기되고 있다.

평소 친구들과 술집에 가고 싶었으나 단속에 걸릴 것이 걱정됐던 A(16)양은 지난 6월 SNS의 일종인 '카카오스토리'를 통해 성인 주민등록증을 판매한다는 고등학생 B(16)군의 글을 보고 3만 원에 주민등록증을 구입했다.

지난 10월 서울 강남구 신사동의 술집에서 친구와 함께 술을 마시던 A양은 신분증 제시를 요구하는 강남경찰서 소속 단속 경찰에게 구입한 주민등록증을 내밀었다. 하지만 신분증 사진과 얼굴이 다른 것을 의아하게 여긴 경찰은 A양을 추궁한 끝에 주민등록증을 불법구매해 사용했다는 진술을 받아내 공문서 부정행사 혐의로 불구속 입건했다.

최근 SNS는 물론, 각종 인터넷 포털사이트와 게시판 등에 성인 주민등록증을 판매한다는 글이 잇따르고 있다. 실제로 한 인터넷 중고물품 거래사이트에 올라온 글에는 '93년생 남자와 여자 주민등록증 팝니다. 남자는 안경 쓰고 모범적인 스타일이고 여자는 단발 어깨 정도 오고 화장을 해서 거의 닮으실 거라 생각돼요. 가격은 2만 원입니다'라고 적힌 글이 올라와 있었다.

10일 경찰청에 따르면 지난 2008년부터 올해 7월까지 다른 사람의 주민등록증을 부정사용하다 적발된 청소년은 모두 2,225명에 달한 것으로 집계됐다. 특히 지난 2011년 한 해 주민등록법 위반으로 검거된 청소년은 모두 627명으로 2008년의 221명에 비해 3배 가까이 증가했다.

경찰관계자는 "인터넷에 청소년 대상으로 성인 주민등록증을 판매한다는 글이 다수 올라와 있고 이미 시장가격까지 정해져 장당 평균 3만 원에 거래되는 실정"이라고 밝혔다.

자료 : 문화일보, 2012. 12. 10

6) 위치기반서비스

이동통신의 발달과 더불어 모바일기기의 사용확대와 함께 위치기반서비스가 등장하기 시작하였다. 모바일기기와 함께 고객의 위치를 기준으로 다양한 서비스를 제공

하고 있으며, 이러한 서비스는 점차 확대되어 가고 있다.

위치정보기반 실시간 소통 관심 C·A·S·E 살펴보기

위치기반 SNS(소셜네트워크서비스)가 2030세대를 중심으로 인기가 확산되고 있다. 위치기반 SNS란 언제, 어디에서 무엇을 하고 있는지에 대해 '체크인'이라는 행위로 장소, 글, 사진 등의 컨텐츠를 함께 공유할 수 있는 응용 프로그램을 뜻한다.

대표적인 위치기반 SNS 서비스인 씨온 앱의 경우 2030세대 고객들의 비중이 최근 3개월 동안 매월 20% 이상 꾸준히 증가했다. 12일 현재 씨온 앱의 2030세대 이용자들은 전체의 80%를 차지하고 있다.

씨온 앱의 2030세대 이용자들은 이 앱을 사용하면 현재 위치정보를 바탕으로 주변 사람들과 네트워크를 형성할 수 있고 실시간 지역할인정보 등의 이벤트 혜택도 받을 수 있다는 점에 주목하고 있다.

일례로 직장인 이지혜(26) 씨는 최근 씨온 앱을 통해 새로운 이성친구를 사귀었다. 주변에 있는 사람들과 같은 주제로 댓글을 달고 대화를 하다 보니 자연스럽게 실제 만남으로 이어지게 됐다. 이미 씨온을 통해 만나 결혼에까지 골인한 커플도 있다고 한다.

직장인 김영석(27) 씨는 여자친구와 핫플레이스 맛집을 방문하는 재미에 빠졌다. 여러 맛집들이 엄선된데다 이미 다녀간 이용자들의 평도 살펴볼 수 있어서 원하는 곳을 쉽게 찾을 수 있었다는 게 그의 설명이다. 씨온의 핫플레이스는 전국적으로 1만여 개가 등록돼 있다.

이 밖에 위치기반 SNS는 현재 위치정보에 바탕을 둔 타겟마케팅이 가능하다는 이유에서 자영업자들의 마케팅수단으로도 관심을 끌고 있다. 가령 씨온샵 가맹점포의 경우 주변에 있는 씨온앱 사용자들에게 실시간으로 할인쿠폰, 이벤트 등을 제공하는 프로모션을 진행할 수 있다.

서울 반포동에서 금강치킨호프를 운영하고 있는 한정수(53) 사장은 최근 씨온샵을 이용한 홍보전략으로 월평균매출이 20%나 증가했다. 한 사장은 "그날그날 상황에 맞춰 실시간으로 이벤트를 진행하자 의외로 많은 이용자들의 방문이 이어졌다"고 말했다.

이번 18대 대통령 선거에서도 씨온은 2030 눈높이에 맞춰 후보들의 유세현장을 알리는 역할을 하고 있다. 박근혜 후보와 문재인 후보 캠프 모두 씨온을 이용해 후보자의 실시간 위치와 유세현장 소식을 생생하게 전하고 있다.

자료: 이데일리, 2012. 12. 13

7) 고객유지

CRM은 고객을 이해하고 차별화된 서비스 제공 및 커뮤니케이션을 고객과 진행한다. 즉, 고객에 대한 분석을 통해서 고객의 요구를 인지하고 적절한 마케팅, 영업, 서

비스활동으로 커뮤니케이션을 최적화하는 것이다. 기업들은 고객을 이해하는 데 많은 노력과 비용을 투자해 왔으며 고객유지와 같은 다양한 CRM 활동을 통해서 기업을 최적화하려고 노력한다.

소셜네트워크서비스의 활성화와 함께 고객유지를 위한 다양한 활동 역시 소셜네트워크상에서도 이루어지고 있다. 기업은 소셜미디어를 이용하여 고객유지를 위한 활동으로 2차 구매를 유도하거나 고객이탈방지 및 고객충성도를 높이기 위한 다양한 활동을 한다.

SK텔레콤, 이통시장 1위 수성비결은 '충성고객 확보' C·A·S·E 살펴보기

SK텔레콤이 충성고객 확보에 공을 들이며 이동통신 1위를 지키고 있다. SK텔레콤은 충성고객 확보를 위한 전략으로 자사 공식트위터, 페이스북, 미투데이 등 SNS(소셜네트워크서비스)도 적극 활용하고 있다.

지난달 초 국내 이통사 중 처음으로 트위터, 페이스북, 미투데이 총이용자수가 100만 명을 돌파했다. SNS에서 고객과 실시간 소통하면서 다양한 정보를 공유하고, 서비스 등 불만사항에 귀 기울이며 서비스 개선창구로 이용하고 있는 것이다.

실제로 2009년 3월 국내 기업 중 처음으로 개설한 트위터(@SKTelecom)에서는 고객들과 IT, 영화, 여행, 건강 등의 정보를 공유하는 'TJ(트윗자키)'를 운영 중이다. 또 매주 금요일 오후 3시부터 1시간 동안 운영되는 'T나는 상담실' 프로그램을 통해 고객들의 관심이 많거나 혹은 불만이 많은 서비스를 접수하고 있다.

페이스북(www.facebook.com/sktworld)에서는 '나는 소셜매니저다'라는 프로그램을 통해 자기소개, 미션수행 등 채용의 모든 과정이 진행되기도 했다. 미투데이(me2day.net/t_suda)에서는 젊은 여성고객들을 타겟으로 삼고 각종 행사와 이벤트를 운영 중이다.

자료 : 중앙일보, 2012. 12. 3

찾아보기

ㄱ

가격(Price) 46
가망고객(prospect) 121
가지(Branch) 90
가트너그룹(Gartner Group) 9
개인화(Personalization) 233, 260
거래(transaction) 193
거래지향적 마케팅(Transaction-Oriented Marketing) 242
거시환경 14
경쟁사 14
고객 14, 118, 121
고객관계관리(CRM : Customer Relationship Management) 2
고객데이터(Customer Data) 217
고객상호작용센터 233
고객세분화 143
고객수익성 199
고객수익성분석 198
고객유지율(retention rate) 177
고객자산 200
고객전략 53
고객전환비용 171
고객지향적 마케팅 4
고객충성도 3, 135
고객충성도 프로그램 140
고객획득 159
고객획득비용 171
고리(link) 93
골수단골손님(advocates) 121
공급체인(Supply Chain) 47
관계마케팅(relationship marketing) 2, 4
광고(Advertising) 50
교차판매 191
구전마케팅 324
군집 274
군집분석(Cluster Analysis) 274, 307
군집화 78, 101, 274, 342
군집화 방식 157
그루폰(Groupon) 349
그리드 방식 156
기업내부데이터 19
기존고객 120
기초인적데이터 18
깊이(Depth) 90
끝마디(Terminal Node) 90

ㄴ

나이브 베이지안(Naive Bayesian) 276
내부고객 119
내부데이터 18
내부판매(Inside Selling) 52
내부환경 14
능동적 필터링(Active Filtering) 286

ㄷ

다자간 커뮤니케이션(multi-way communication) 방식 328
단골손님(client) 121
대면채널 232
대중마케팅(mass marketing) 2, 241
데이터마이닝 23, 65, 73, 305
데이터마트(Data Mart) 66
데이터베이스마케팅(Database Marketing) 242, 256
데이터웨어하우스(Data Warehouse) 23, 66

동적(시계열적)평가 124
DBM(데이터베이스마케팅) 5

ㄹ

리드 218
리드관리(Lead Management) 218
링크나우(Linknow) 299
링크드인(Linkedin) 299

ㅁ

마디(Node) 90
마이스페이스(Myspace) 299
마케팅(Marketing) 217
마케팅믹스전략 42
매스마케팅 256
매출액 성장률(Sales Growth) 201
모바일영업(Mobile Sales) 216
모형화 81
목표마케팅(Target Marketing) 242
미투데이(me2day) 299

ㅂ

범주지출액(Size of Wallet) 201
베타테스트(Betatest) 45
변환 및 조정 81
부모마디(Parent Node) 90
부정적 기준(Negative Criteria) 33
분류 76
분류분석(Classification Analysis) 276
분석 CRM 210, 223
불만고객 120
블로그마케팅 353
비대면채널 232, 232
비충성도(No Loyalty) 139
빅데이터(Big data) 306
뿌리마디(Root Node) 90

ㅅ

사이버마케팅(cyber marketing) 7
상대평가 123
상품전략 55
샘플링 80
생존율(Survival rate) 202
생활주기단계에 따른 기준 153
서비스(Service) 219
선천적 충성도 161
세분화마케팅(Segment Marketing) 242
소셜 CRM 294, 326
소셜네트워크분석(social network analysis) 305, 307
소셜네트워크서비스(Social Network Service) 294, 301, 349
소셜미디어(Social Media) 296, 328
소셜커머스(Social Commerce) 349, 354
손님(buyer) 121
수동적 필터링(Passive Filtering) 287
수요사슬관리(DCH) 231
수익성 162
수익성점수(profitability score) 125
순차연관규칙(sequential association rule) 113
순차적 패턴(sequential pattern) 113, 280, 341
시계열(time series) 113
시장세분화(Segmentation) 30
시장점유율(Market Share 201
시퀀스(sequence) 113
신경망분석 276
신뢰도(Confidence) 108, 109, 193, 270
실시간마케팅 257
실질성(Substantiability) 30
실행가능성(Actionability) 31
실현가치 204
심리적 기준 152
심리적 시장세분화 32
싸이월드(Cyworld) 299
CRM 5, 243, 257
CRM 1.0 327
CRM 2.0 327
CRM 전략 26

ㅇ

IMC(Integrated Marketing Communication) 50
아이템기반 필터링 287
안정성(Stability) 31
ROI(Return of Investment 98
Retweet 312
RFM 분석 188, 202
RFM점수(Recency) 128
RFM점수 산출방식 130
SCR(Share of Category Requirement) 201
Frequency 128
m-CRM 254
Monetary score 128
연관성규칙 77, 107, 279, 340
연관성분석 193
연속성 260
영업(Sales) 215
영업사원자동화 216
예측 77
OLAP(On-Line Analysis Process) 67
오픈베타 45
외부데이터 19
외부판매(Outside Selling) 52
외부환경 14
요즘(yozum) 299
운영 CRM 210
원시데이터 69
웹구조마이닝 266
웹마이닝 23, 262
웹이용마이닝(Web Usage Mining) 264, 267
웹컨텐츠마이닝(Web Contents Mining) 264, 265
위치기반서비스 354
위치인식 260
위험성점수(risk score) 125
유사성 집단화 77
유지율(Retention) 202
유통경로(Distribution Channel) 47
유형제품(Tangible Product) 43
은닉층(Hidden layer) 95
이탈률(Defection) 202
의사결정나무 방식 157
의사결정나무(decision tree) 76, 89, 276
의사결정시스템 310
e-CRM 243, 245
이동성 260
이전고객가치(Past Customer Value) 202
인공신경망(neural network) 76, 93
인구통계적 기준 152
인구통계적 시장세분화 31
인적판매(Personal Selling) 52
인터넷영업(Internet Sales) 215
일대일마케팅(One to One Marketing) 242
입력층(Input layer) 95
입소문분석(viral analysis) 307

ㅈ

자료 193
자식마디(Child Node) 90
잠재가치 204
잠재고객(suspect) 120, 121
잠재적 충성도(Latent Loyalty) 139
장바구니분석(market basket analysis) 78, 196
적합성 162
전사적 자원관리(ERP : Enterprise Resource Planning) 212
전통적 CRM 326
전파(RT) 312
절대평가 123
접근가능성(Accessibility) 31
접촉/거래데이터 18
정적평가 124
제품(Product) 43
제휴활용데이터 19
중간고객 119
중간마디(Internal Node) 90

즉시성 260
지리적 시장세분화 31
지식관리시스템 310
지지도(Support) 108, 109, 193, 270
직접입수데이터 19

ㅊ

채널전략 56
초우량 충성도(Premium Loyalty) 139
촉진(Promotion) 49
최근접이웃(Nearest Neighbor) 98
최대시퀀스(maximal sequence) 113
최종고객 119
추정 76
출력층(Output layer) 95
충성도계수분석 163
측정가능성(Measurability) 30

ㅋ

캠페인 계획(Campaign Plan) 217
캠페인 실행관리 218
커버리지점수(coverage score) 127
컨텐츠 커뮤니티(Contents community) 299
K-Means 알고리즘 103
K-최근접이웃 99
코-브라우징(Co-Browsing) 214
콜센터 220
클로즈베타 45
클릭쓰루지수 171

ㅌ

타겟마케팅 120
타겟팅(Targeting) 33
타성적 충성도(Inertia Loyalty) 139
탐색 80
텍스트마이닝(text mining) 307, 339
투자수익률 98
트위터(Twitter) 299, 349
틈새마케팅(Niche Marketing) 242

ㅍ

파트너관계관리 231
판매촉진(Sales Promotion) 51
페이스북(Facebook) 299, 349
편익에 따른 기준 153
평균구매시간(AIT : Average Inter-Purchase Time) 202
평생고객가치(Life Time Value) 7, 131, 184, 203, 205
평판분석(sentiment analysis) 307, 339
포지셔닝(Positioning) 30, 34
표적시장선택(Targeting) 30
프로슈머(prosumer) 320
프로파일링 78
플리커(flicker) 서비스 311
PR(Public Relations) 50

ㅎ

하우스홀딩(house-holding)분석 165
학습 에이전트 235
항목(item) 193
핵심제품(Core Product) 43
행동적 기준 152
행동적 시장세분화 32
향상도(Lift or Improvement) 108, 109, 193, 270
협업 CRM 210, 230
협업 필터링(Collaborative Filtering) 282, 235, 346
혼합적 기준 154
확장제품(Augmented Product) 44
획득률(Acquisition Rate) 170, 201
획득비용 170

| **저자약력** |

조준서

경희대학교 무역학과 졸업
미국 New York University 전산학 석사
미국 Rutgers University 경영학 박사
미국 NHM 컨설턴트
미국 CAFT 컨설턴트
미국 IBM T. J. Watson Research Center 연구원
현, 한국외국어대학교 경영학부 교수

[주요 저서]
초보자를 위한 웹프로그래밍(공저, 한국외국어대학교 출판부, 2008)
고객관계관리(공저, 한국외국어대학교 출판부, 2011)

CRM과 데이터마이닝

2013년 8월 25일 1판 1쇄 발행
2015년 2월 20일 1판 2쇄 발행

저 자 조준서
발행인 이수영
발행처 도서출판 청람

㊥ 121-811
서울시 마포구 독막로 288(대흥동, 세양상가 109호)
TEL : 02)3272-2601(대)~2 FAX : 02)3272~2603
E-mail : crbooks@hanmail.net
http://www.crbooks.co.kr

등록 : 2000. 8. 26 제6-0509호

ISBN 978-89-5972-335-5 93320 [정가 23,000원]